Last oder Lust?

Waxmann Verlag GmbH
Steinfurter Straße 555, 48159 Münster
info@waxmann.com

Beiträge zur Bildungsforschung

herausgegeben von der
Österreichischen Gesellschaft für
Forschung und Entwicklung
im Bildungswesen (ÖFEB)

Band 1

Ewald Feyerer
Katharina Hirschenhauser
und Katharina Soukup-Altrichter (Hrsg.)

Last oder Lust?

Forschung und Lehrer_innenbildung

Waxmann 2014
Münster • New York

Bibliografische Informationen der Deutschen Nationalbibliothek
Die Deutsche Nationalbibliothek verzeichnet diese Publikation in der
Deutschen Nationalbibliografie; detaillierte bibliografische Daten sind
im Internet über http://dnb.d-nb.de abrufbar.

ISSN 2198-9583
Print-ISBN   978-3-8309-3093-8
E-Book-ISBN   978-3-8309-8093-3

© Waxmann Verlag GmbH, 2014
www.waxmann.com
info@waxmann.com

Umschlaggestaltung: Pleßmann Design, Ascheberg
Umschlagabbildung: J. Phillipp
Satz: Stoddart Satz- und Layoutservice, Münster

Gedruckt auf alterungsbeständigem Papier,
säurefrei gemäß ISO 9706

Inhalt

Vorwort

Die Idee zu diesem Buch entstand im Rahmen der Tagung *Lernen in der Praxis / für die Praxis durch Forschung*, die in Kooperation der Pädagogischen Hochschule Oberösterreich, dem Institut für Pädagogik und Psychologie der Johannes Kepler Universität Linz und der Sektion Lehrer_innenbildung und Lehrer_innenbildungsforschung der Österreichischen Gesellschaft für Forschung und Entwicklung im Bildungswesen (ÖFEB) im Herbst 2012 in Linz an der Pädagogischen Hochschule Oberösterreich stattfand. Folgende Fragen standen dabei im Mittelpunkt:

- Brauchen Lehrpersonen Forschungskompetenzen und, wenn ja, welche?
- Wie forschen Studierende in der Schulpraxis und/ oder in Lehrveranstaltungen und welche Effekte hat dies?
- Wie können Studierende in Forschungsprojekte von Lehrerbildner_innen so einbezogen werden, dass dies Sinn für ihre Kompetenzentwicklung macht?
- Wie werden Qualifizierungsarbeiten (z. B. Bachelor- oder Masterarbeiten) in Forschungsprozesse eingebettet?
- Was lernen Lehrer_innen in der Schule als Praxisforscher_innen? Welche Settings sind besonders hilfreich?
- Welche Bedingungen benötigen Ausbildungslehrer_innen und Betreuungslehrer_innen, wenn sie ihr schulisches Arbeitsfeld für Forschung zur Verfügung stellen? Welche Auswirkungen hat dies auf ihre Unterrichtsarbeit, welche auf die schulpraktische Ausbildung?
- Welche Erkenntnisse werden von Lehrenden in der Lehrer_innenbildung als Praxisforscher_innen gewonnen und welche Auswirkungen hat das auf ihre Lehre?

Diese Fragen zeigen konkrete Forschungsfelder an Bildungsinstitutionen für Lehrer_innen, wobei diese Forschungsfelder immer mit Lernprozessen von angehenden oder bereits im Dienst stehenden Lehrerinnen und Lehrern verknüpft sind.

Die Organisatorinnen der Tagung gingen davon aus, dass Forschung in der Lehrer_innenbildung nicht nur unverzichtbar ist, um relevantes Wissen für die Weiterentwicklung von Unterricht, Schule und Bildungsinstitutionen zu generieren, sondern dass die Teilhabe an Forschungsprozessen auch einen wesentlichen Aspekt der Professionalisierung von Lehrerinnen und Lehrern darstellt. Nach Donald Schön (1983) erfordert professionelles Handeln in einem Berufsfeld, das nicht die Anwendung von Routinen, sondern auch Handeln in „uneindeutigen" Situationen auf einer brüchigen Wissensbasis erfordert, die Kompetenz des *Forschens im Kontext der Praxis*. Diese umfasst die Fähigkeit, Situationen pädagogischer Praxis bzw. das eigene Handeln zu analysieren, daraus Schlüsse für weitere Handlungen zu ziehen, um kompetent im Berufsfeld zu agieren und die eigene Professionalität weiterzuentwickeln. Dieser reflexive Umgang mit Lehrer_innenhandeln sollte bereits in der Ausbildung praktiziert und eingeübt werden. Um den Erwerb dieser Kompetenz zu gewährleisten, bieten sich verschiedene Möglichkeiten an. Einige davon werden im vorliegenden Band diskutiert:

Die Frage nach der Bedeutung von Forschung in der Lehrer_innenbildung kann auf mehrfache Weise verstanden werden und lässt sich dementsprechend auf verschiedenen Ebenen beantworten. Wir haben dieses Buch in drei Teile gegliedert, die nach verschiedenen Frageebenen geordnet wurden:

„WAS tut Forschung in der Lehrer_innenbildung?" In den Beiträgen des ersten Teils werden verschiedene Theoriestücke für das Lernen in der Lehrer_innenbildung durch Forschung dargestellt (*Professionalisierung durch forschendes Lernen*). Im zweiten Teil geht es um die Frage „WIE sieht Forschung in der Lehrer_innenbildung aus?" (*Studierende lernen durch Forschung*) Hier werden Beispiele forschenden Lernens in der Lehrer_innenbildung präsentiert, die einen Bogen von Forscherwerkstätten in den naturwissenschaftlichen Fächern über Fallverstehen in den Geisteswissenschaften bis hin zu Evaluierungen und Qualifizierungsarbeiten beschreiben. Der dritte Teil „WOHIN führt Forschung in der Lehrer_innenbildung?" (*Unterrichts- und Schulentwicklung*) hinterfragt die Wirksamkeit einiger zuvor präsentierter Ansätze und enthält zugleich methodisch spannende Herangehensweisen, Ziele und Visionen.

Mit dem vorliegenden Band aus 15 Beiträgen von 34 Autorinnen und Autoren kann nur die Momentaufnahme einer möglichen Vielfalt dargestellt werden. Die Beiträge demonstrieren, welche Bandbreite unterschiedlicher Herangehensweisen an *Forschung* in der Lehrer_innenbildung möglich ist. Die vielfältigen Herangehensweisen der Autorinnen und Autoren in diesem Buch zeigen unter anderem, dass den einzelnen Beiträgen einige gemeinsame Nenner innewohnen, nämlich das Streben nach Weiterentwicklung der Erfahrungsmöglichkeiten und Leistungen von Lernenden und Lehrenden, reflektiertes Handeln, die Entwicklung von Mehrperspektivität sowie die Weiterentwicklung von organisatorischen Maßnahmen und anregenden Lernumgebungen. Lernen ist Motivation, Inhalt und Ziel von Lehrer_innenbildung und Schulpraxis – hier soll speziell die Frage, wie man lustvolles statt belastetes Lernen fördern kann, im Zentrum stehen.

Alle Beiträge dieses Bandes wurden einem gegenseitig anonymen („double-blind") Peer-review Verfahren unterzogen. Jeder Beitrag wurde von zwei Gutachterinnen oder Gutachtern kommentiert und dementsprechend von den Autorinnen und Autoren überarbeitet. Wir danken allen Beteiligten herzlich für ihre Kooperationsbereitschaft. Es war eine Freude zu erleben, wie bei allen an diesem Buch Mitwirkenden die Lust zu schreiben/ forschen/ denken über die Last des Alltags gesiegt hat – ganz im Sinne des Titels.

Ewald Feyerer,
Katharina Hirschenhauser,
Katharina Soukup-Altrichter

Professionalisierung durch forschendes Lernen in der Lehrer_innenbildung

Wolfgang Fichten und Hilbert Meyer

Skizze einer Theorie forschenden Lernens in der Lehrer_innenbildung

Acht Thesen vorweg:

(1) Es gibt im deutschsprachigen Raum *zwei Diskurse*: den einen zur Theorie und Praxis der Praxisforschung, den anderen zur Theorie und Praxis des Forschenden Lernens. Beide Diskurse überlappen sich in Zielstellung und Gegenstand, weil Praxisforschung eine Variante Forschenden Lernens in der Lehrerbildung ist. Die Grenzziehungen sind unscharf. Deshalb handelt unser Beitrag von beidem.

(2) Unsere Hauptthese: Während Praxisforschung auf vielfältige internationale Theorieansätze und Forschungsbefunde zu „Action Research" zurückgreifen kann, gibt es noch keine einheitliche und den in der Lehrer_innenbildung entstandenen Varianten Forschenden Lernens gerecht werdende Theorie. Aber erste Konturen zeichnen sich ab. Deshalb trauen wir uns, diese Skizze vorzulegen.

(3) Übergeordnetes Ziel Forschenden Lernens ist der *Aufbau einer forschenden Haltung*. Es gibt viele praktische Erfahrungen, dass dieses Ziel erreicht werden kann (Fichten & Meyer, 2009). Der Begriff ist aber noch theoretisch unscharf (Kullmann, 2011).

(4) Die Pflege *reflexiver Anteile ist entscheidend* für den Aufbau einer forschenden Haltung. Daraus folgt: Eigenes Forschen führt nicht zwangsläufig, sondern nur dann zum Aufbau einer forschenden Haltung, wenn die reflexiven Anteile der Forschungstätigkeit im Arbeitsprozess gezielt gestärkt werden.

(5) *„Lieber gemeinsam als einsam":* Am besten gelingt der Aufbau einer forschenden Haltung in einem kooperativen Setting, weil dies die Eingliederung in eine forschende Gemeinschaft erleichtert und weil das Austauschen unterschiedlicher Perspektiven die Qualität der Forschungsergebnisse erhöht.

(6) *Explizierung impliziten Wissens:* Nicht immer werden durch Praxisforschung neue wissenschaftliche Einsichten geschaffen. Oft geht es „nur" darum, vorhandenes implizites Wissen der Berufspraktiker_innen durch die eigene Forschungstätigkeit explizit und damit für die Schul- und Unterrichtsentwicklung verfügbar zu machen.

(7) *Wirkungen:* Die durch eigenes Forschen ausgelösten Lerneffekte sind vielfältig. Sie sind bei Studierenden und berufserfahrenen Lehrpersonen unterschiedlich. Es gibt aber keine linear herzuleitenden Effekte. Dies entspricht der Logik des Angebots-Nutzungs-Modells von Fend (1998) und Helmke (2009; s. u.).

Der Feststellung von Koch-Priewe und Thiele (2009, S. 271), es gebe bisher „keine einheitliche Theorie und keine darauf bezogene Didaktik des Forschenden Lernens" ist insofern zuzustimmen, als in den letzten Jahren verschiedene Varianten und Formate Forschenden Lernens in der Lehrerbildung entwickelt wurden, für die ein gemeinsamer Theorierahmen fehlt. Dieser müsste unseres Erachtens die aktuellen empirischen Befunde und Theoriediskurse[1] (Professionalisierungs- und Lehrerkognitionsforschung, Angebots-Nutzungsmodell zur Analyse und Erklärung institutionalisierten Lernens usw.) aufnehmen und berücksichtigen, die bei früheren Konzeptualisierungen Forschenden Lernens (Huber, 1970) noch nicht vorlagen. Es geht also um eine theoretische Rahmung Forschenden Lernens, die dem derzeitigen Entwicklungsstand in der Lehrer_innenbildung Rechnung trägt. Weil es noch keine elaborierte Theorie gibt, gibt es auch noch *keine darauf aufbauende Didaktik Forschenden Lernens* in der Lehrer_innenbildung, die den in der Allgemeinen Didaktik und in den Fachdidaktiken entwickelten Standards genügt. Aber es sind erste Konturen eines generalisierungsfähigen didaktischen Konzepts zu erkennen (siehe Koch-Priewe & Thiele, 2009).[2]

1. Praxisforschung

1.1 Definition und Ziele

Es gibt in der internationalen und der deutschsprachigen Diskussion (Elliott, 1991; Zeichner & Noffke, 2001; Dick, 2003; McLaughlin, 2009; Altrichter & Feindt, 2011) verschiedene Begriffe, die alle mehr oder weniger das Gleiche bedeuten. In jedem Fall geht es darum, dass Berufspraktiker_innen in ihrem eigenen Tätigkeitsbereich selbst forschen:

---

1   Wir greifen diese Diskurse in Abschnitt 2.2 und 3.2 auf. Die Theorien können hier nicht ausgiebig referiert werden. Wir stellen aber Bezüge her und skizzieren ihren Stellenwert für eine Theorie Forschenden Lernens.

2   Didaktische Konzepte stellen wir exemplarisch anhand der Oldenburger Teamforschung (s. 1.3) dar.

teacher research	Lehrer_innenforschung
action research	Aktionsforschung
participatory action research	Handlungsforschung
practitioner research	

Es hat sich eingebürgert, diese Begriffsvielfalt unter dem Oberbegriff Praxisforschung zusammen zu fassen (Hollenbach & Tillmann, 2009, S. 7ff.).

Es gibt in der Praxisforschung verschiedene Traditionslinien, aber auch *grundlegende Gemeinsamkeiten* (Altrichter & Feindt, 2011, S. 215f.). Dazu zählen:

- die Wertschätzung des Expertenwissens von Lehrerinnen und Lehrern,
- die schrittweise Erkenntnisproduktion in einer Aktions-Reflexions-Spirale,
- eine methodisch kontrollierte Datenerhebung und -auswertung,
- die Arbeit in professionellen Lerngemeinschaften,
- die Anbindung an einen ethischen Kode des Forschens,
- die Nutzung des so gewonnenen Wissens für die Schul- und Unterrichtsentwicklung.

Wir fassen diese Gemeinsamkeiten zu folgendem Definitionsvorschlag zusammen, in dem die von Stenhouse und Elliott[3] begründete Tradition der Aktionsforschung aufgenommen wird:

Praxisforschung ist ein Forschungsansatz, mit dessen Hilfe Praktiker_innen wichtige Fragen ihres Berufsalltags eigenständig, methodisch kontrolliert und im Rahmen einer Professionellen Gemeinschaft mit dem Ziel erforschen,

(1) „lokales", wissenschaftlichen Gütekriterien genügendes Wissen zu erarbeiten,

(2) durch reflexive Distanz zum Unterrichtsalltag die eigene Berufspraxis kritisch zu durchleuchten und sich dabei zu professionalisieren

(3) und die Untersuchungsergebnisse für die Schul- und Unterrichtsentwicklung zu nutzen.

Wir erläutern die drei Zielsetzungen:

(1) *Erkenntnisproduktion:* Praxisforscher_innen wollen lokales, aber generalisierungsfähiges wissenschaftliches Wissen über Schule und Unterricht gewinnen, das die notwendige Ergänzung zu den großen Leistungsstudien, den Grundlagenforschungen usw. liefert. Der Begriff *lokales Wissen* hat keinen negativen Beigeschmack, denn schließlich setzen sich generalisierte Forschungsergebnisse aus Ergebnissen lokal gewonnener kleiner Stichproben zusammen. Lokales wissenschaftliches Wissen kann für unterschiedliche Zwecke genutzt werden: Es kann helfen, über den Ist-Zustand der eigenen Schule aufzuklären und überholte Mythen zu zerschlagen. Es kann helfen, wichtige Entscheidungen vorzubereiten. Das erarbeitete Wissen gehört dann zum kollektiven Gedächtnis des Kollegiums. Es wird nicht immer auf der

---

3 „Aktionsforschung ist die systematische Untersuchung beruflicher Situationen, die von Lehrerinnen und Lehrern selbst durchgeführt wird, in der Absicht, diese zu verbessern" (Elliott, 1991, S. 69).

Stelle genutzt; oft greift man aber später – in neuen Entscheidungskonstellationen – darauf zurück (Vogt & Templin, 2003).

(2) *Professionalisierung:* Praxisforschung soll einen Beitrag zur Professionalisierung von Lehrerinnen und Lehrern und Studierenden leisten, der zum Aufbau einer dauerhaften forschenden Haltung gegenüber der eigenen Berufspraxis beiträgt. Die empirischen Belege, dass diese Erwartung erfüllt wird, sind aber noch spärlich (Fichten & Meyer, 2006; Bolland, 2011; Altrichter & Feindt, 2011). Mehr dazu im Abschnitt 4 dieses Beitrags (Wirkungen Forschenden Lernens).

(3) *Schul- und Unterrichtsentwicklung:* Praxisforscher_innen wollen in aller Regel das durch die Forschung gewonnene Wissen nutzen, um den eigenen Unterricht weiter zu entwickeln und die Schulentwicklung insgesamt voran zu bringen (Juna & Kral, 1996; Halsall, 1998; Popp & Reh, 2004; Rahm & Schratz, 2004; Hollenbach & Tillmann, 2009). Dabei verschwimmen die Grenzen zwischen Praxisforschung und schulinterner Evaluation.

Anzumerken ist, dass nicht alle drei Zielsetzungen in allen im Folgenden genannten Praxisforschungs-Settings gleich intensiv verfolgt werden. Aber in zwei Punkten sind sich alle Verfechter_innen der Praxisforschungs-Idee einig: Es geht um eine methodisch kontrollierte Datenerhebung.[4] Und: Die Rückmeldung der Forschungsergebnisse an die „Beforschten", seien dies nun Kolleginnen und Kollegen, Schüler_innen, Eltern oder sonstige Beteiligte, ist unverzichtbar.

1.2 Praxisforschung in Deutschland

In Deutschland ist die Tradition der Praxisforschung – anders als in Österreich und Teilen der Schweiz – noch wenig entwickelt.[5] Dabei steht der Norden ein wenig besser da als der Süden:[6]

- Schon in den 70er Jahren hat sich Wolfgang Klafki an der *Universität Marburg* für schulische Handlungsforschung stark gemacht und die Bedeutung dieses Konzepts vor zehn Jahren noch einmal bekräftigt (Klafki, 2002).
- Auch die Lehrer_innenforschung an der *Laborschule* und am *Oberstufenkolleg Bielefeld* – initiiert durch Hartmut von Hentig und weiterentwickelt von Huber, Tillmann, Keuffer und anderen – ist inzwischen 40 Jahre alt.[7] Sie stellt, wie wir in einer qualitativen „Meta-Analyse" zu partizipativer Forschung gezeigt haben, eine überzeugende Realisierung von Praxisforschung dar (Fichten, Feindt, Hellmer, Hollenbach & Meyer, 2011). Das Konzept sieht eine Personalunion von Lehrperson und Forscher_in vor, die im Jahr 1992 an der Laborschule und zwischenzeitlich auch am

---

4   Beratung und Coaching von Schulentwicklungsprozessen ist noch keine Forschung, auch wenn dies in einigen Konzepten zur Schulbegleitforschung behauptet wird.

5   Überblicke über verschiedene deutsche Konzepte Forschenden Lernens im Lehramtsstudium, (die oft, aber nicht immer mit Konzepten der Praxisforschung kombiniert sind) liefern Altrichter & Feindt (2004), Rahm & Schratz (2004) und Roters, Schneider, Koch-Priewe, Thiele & Wildt (2009).

6   Wir führen hier im Wesentlichen Beispiele aus dem Nordverbund Schulbegleitforschung an. Damit ist keine Wertung verbunden. Es gibt auch an anderen Standorten interessante Konzepte Forschenden Lernens (z.B. an der Universität Dortmund; Schneider & Wildt, 2003).

7   vgl. Huber (2004), Terhart & Tillmann (2007), Hollenbach & Tillmann (2009)

Oberstufenkolleg modifiziert wurde. Die Kolleginnen und Kollegen erhalten seither keine automatische Freistellung mehr, sondern müssen Forschungs- und Entwicklungsvorhaben beantragen, die auf der Grundlage eines Exposés von der gemeinsamen Leitung der Schule in Abstimmung mit dem Laborschul-Beirat genehmigt und dann im Zwei-Jahres-Rhythmus umgesetzt werden.

- Die *Hamburger Forschungswerkstatt Schulentwicklung* ist im Fachbereich Erziehungswissenschaft verankert (Bastian & Hofmann, 2009). Die zweisemestrige Sequenz beginnt damit, dass sich die Studierenden unter Anleitung inhaltlich und methodisch auf Forschungsprojekte vorbereiten. Die aus je zwei Studierenden bestehenden Teams nehmen Kontakt zu Schulen auf oder umgekehrt: Die Schulen kommen mit Wünschen. Zwischen den Lehrpersonen und den Studierenden wird ein Arbeitsbündnis geschlossen. Überschaubare Fragestellungen werden ausgehandelt, die fachlich aufgearbeitet und dann im Folgesemester untersucht werden. Die Forschungsvorhaben schließen mit der Verschriftlichung der Ergebnisse (oft als Master-Arbeiten) und ihrer Rückmeldung an die Schulen ab.
- An der *Uni Osnabrück* haben Fiegert & Wischer (2010) die Osnabrücker Forschungswerkstatt Schulentwicklung gegründet, an der *Uni Bremen* gibt es seit kurzem eine von Silvia Thünemann betreute Forschungswerkstatt.
- An der *Uni Paderborn* gibt es eine Tradition, mit Studierenden Schulbegleitforschung im Rahmen eines dreisemestrigen Forschungsmoduls durchzuführen. Die von Christine Freitag gegründete Forschungswerkstatt versucht, solche Projekte durch Beratungen und Methodentrainings zu unterstützen.

Unterstützungssysteme: Keine der genannten Forschungspraxen kommt ohne ein Unterstützungssystem aus. In der Bielefelder Lehrer_innen-Forschung sind dies die von Mitgliedern der Fakultät geleiteten „Wissenschaftlichen Einrichtungen" der Laborschule und des Oberstufenkollegs; in Hamburg, Oldenburg, Osnabrück und Paderborn die Forschungswerkstätten an den Universitäten.

Nordverbund: Vor 20 Jahren haben wir in Norddeutschland einen Kooperationsverbund der an Praxisforschung interessierten Hochschulen, Landesinstitute und Studienseminare gegründet, den NORDVERBUND SCHULBEGLEITFORSCHUNG – eine freiwillige Vereinigung von Berufspraktiker_innen, Schulentwickler_innen und Wissenschaftlerinnen und Wissenschaftlern. Seither findet jedes Jahr eine Fachtagung an wechselnden Standorten statt. Aktuell arbeiten im Nordverbund zusammen: Universitäten, Schulen und Landesinstitute aus Bremen, Bielefeld, Halle-Wittenberg, Hamburg, Oldenburg, Osnabrück, Paderborn und Potsdam. Eine Mitgliedschaft im weltweit agierenden Kooperationsnetzwerk CARN (Cooperative Action Research Network) wird diskutiert.

Öffentlichkeit: Wissenschaft lebt von Öffentlichkeit. Deshalb ist es wichtig, die Praxisforscher_innen gezielt dazu anzuhalten, ihre Ergebnisse der Diskussion und Kritik auszusetzen. An allen Standorten gibt es deshalb mehr oder weniger ausdifferenzierte gestufte Modelle der Veröffentlichung und Diskussion der Forschungsergebnisse.[8]

---

8   In Bielefeld sind an den beiden Versuchsschulen vielfältige Instrumente entwickelt worden: Vorstellen der Ergebnisse in Gesamtkonferenzen, Veröffentlichung im schuleigenen Mitteilungsblatt, Fachtagungen und Veröffentlichungen in verschiedenen Schriftenreihen. In Olden-

Demokratisierungspotenzial: Kurt Lewin, der „Erfinder" der Aktionsforschung in den 40er und 50er Jahren des letzten Jahrhunderts (Lewin, 1946), hatte sein Konzept ausdrücklich in einen durch die Erfahrung der Nazi-Diktatur geprägten politischen Kontext gestellt. Aktionsforschung sollte die demokratische Teilhabe der von gesellschaftlichen Entwicklungen Betroffenen sichern. Bis heute ist dies in der internationalen Diskussion eine Selbstverständlichkeit (Noffke, 1997). In Deutschland startete die Rezeption der Aktionsforschung ebenfalls mit einem dezidiert politischen Selbstverständnis (Heinze, Müller, Stickelmann & Zinnecker, 1975; Moser, 1977). Dieses politische Selbstverständnis ist nie ganz abhanden gekommen (Klafki, 2002), wurde aber *doch deutlich dethematisiert.* Das muss so nicht bleiben. Die Praxisforschung könnte genutzt werden, um die Machtbalance zwischen der aktuell dominanten Top-down-Steuerung der Schulentwicklung und der lokalen Entwicklung hin zu eigenständigen Schulen zumindest ein Stück weit zugunsten der Akteure vor Ort zu verschieben.

These: Die Praxisforschung enthält ein Potenzial zur Demokratisierung der Schulentwicklung. Dies wird aber nicht automatisch realisiert. Es muss „herausgekitzelt" werden.

1.3 Die Oldenburger Teamforschung

Die seit 20 Jahren an der Carl von Ossietzky Universität gemeinsam mit Schulen entwickelte „Teamforschung"[9] stellt sich in die Tradition der Aktionsforschung. Impulse dazu stammen von Herbert Altrichter, der uns in den 90er Jahren gecoacht hat.[10]

Rahmung und Ziele: Teamforschung stellt den Versuch dar, Studierende und berufserfahrene Lehrer_innen zu kleinen Teams zusammenzuführen und sie selbstständig im eigenen Unterricht bzw. am zukünftigen Arbeitsplatz empirisch forschen zu lassen.[11]

Wir versuchen, „kleingearbeitete" wichtige Fragen zur Weiterentwicklung des Unterrichts und zur Profilbildung von Einzelschulen mit leicht zu handhabenden und im Zeitaufwand nicht überfordernden Methoden in einem überschaubaren Zeitrahmen (3 bis 6 Monate) auf der Grundlage zuvor definierter Gütekriterien durch kleine Teams (von 3 bis maximal 6 Mitgliedern) so bearbeiten zu lassen, dass am Schluss ein

---

burg startet die Veröffentlichung mit internen „Spiegelungsrunden" im Teamsetting. Danach folgen Präsentationstage und hin und wieder die Teilnahme an den Nordverbundtagungen und Veröffentlichungen im Universitätsverlag.

9   Den Namen haben wir uns selbst ausgedacht.

10   Wir stellen die Oldenburger Teamforschung aus mehreren Gründen ausführlicher dar: Zum einen sollen hieran didaktische Umsetzungen Forschenden Lernens in der Lehrer_innenbildung verdeutlicht werden. Zum anderen hat die skizzierte Theorie Forschenden Lernens u.a. die Funktion, empirische Beobachtungen zu ordnen und zusammen zu fassen. Wir versuchen, empirische Befunde zu den Wirkungen Forschenden Lernens (Kap. 4) in diesem Theorierahmen zu verorten und greifen dabei u.a. auf Evaluationsergebnisse zur Oldenburger Teamforschung zurück.

11   Für ausführliche Darstellungen siehe Fichten & Meyer (2006), Fichten & Moschner (2009), Meyer & Fichten (2009) und Börnert, Debus, Gerdes, Lübben, Norden & Temme (in diesem Band).

schriftlicher Forschungsbericht (20 bis 50 Seiten) entsteht, der an die Schulen zurückgemeldet werden kann und zugleich als Qualifikationsnachweis im Bachelor/ Masterstudium dient.

Wir gehen davon aus, dass alle Teilnehmer Forschungsnovizinnen und Forschungsnovizen sind, also keine Vorerfahrungen mit eigener empirischer Schul- oder Unterrichtsforschung haben. Deshalb verlangen wir von ihnen, ein von uns erarbeitetes Curriculum zur Einführung in die schulische Aktionsforschung zu absolvieren, das bei allen Beteiligten für einen vergleichbaren Kenntnis- und Kompetenzstand sorgt und so die Arbeitsfähigkeit der Teams sichert.

Herausforderungen: Weil Forschung ein regelgeleiteter und systematisierter Prozess ist, müssen Forschungsnovizinnen und Forschungsnovizen mindestens vier Herausforderungen bewältigen:

- Sie müssen die Systematik und die Prozessstruktur forschenden Handelns erkennen.
- Sie müssen die unterschiedlichen Rollen von Forscher_innen und Beforschten, von Auftraggeber_innen und Auftragnehmer_innen durchschauen und die dadurch gesetzten „Spielregeln" einhalten.
- Sie müssen sich einen Überblick über geeignete Forschungsmethoden verschaffen, eine oder zwei begründet auswählen und sich die erforderliche Methodenkompetenz aneignen.
- Sie müssen sich mit Gütekriterien von Forschung vertraut machen und denkmögliche ethische Konflikte diskutieren.

Das ist ein ehrgeiziges Ziel, das in ein bis zwei Semestern erreicht werden soll.

Dialektik von Führung und Selbsttätigkeit: Deshalb besteht das Curriculum der Oldenburger Teamforschung aus einer Mischung von Anteilen an Direkter Instruktion mit im Umfang deutlich überwiegenden Phasen selbstregulierter Teamarbeit und zusätzlich erforderlicher Individualarbeit. Wir mischen also die drei Grundformen des Unterrichts (Meyer 2007, S. 60) und behaupten in Anlehnung an das Grundprinzip aus Lothar Klingbergs Dialektischer Didaktik:

> **These:** Forschungskompetenz entwickelt sich im Wechselspiel von stärker angeleitetem und stärker selbstreguliertem Arbeiten.

Das Team-Setting: Die soziale Architektur der Teamforschung entfaltet sich in einem Geflecht verschiedener personaler Konstellationen, die das Wechseln von Perspektiven begünstigen:

- Wir sprechen die Arbeitsgruppen von Beginn an als „Teams" an, auch wenn sie dies zu Beginn noch nicht sind.
- Wir fordern die beteiligten Berufspraktiker_innen von Beginn an auf, ihre Rolle im Team zu reflektieren und zu kommunizieren.
- Die beteiligten Hochschullehrer_innen bilden das Lehr- und Moderationsteam. Sie forschen nicht selbst, sondern organisieren die Forschungsprozesse und geben Rückmeldungen zur Prozess- und Produktqualität.

Abbildung 1:   Datenauswertung im Team

Wir versuchen in jedem Semester aufs Neue, den Teamforscherinnen und Teamforschern deutlich zu machen, dass sie durch die Einübung in die Praxisforschung zu wertvollen Mitgliedern der weltweiten Aktionsforschungs-Gemeinschaft (Altrichter, 2002) werden. Gleich zu Beginn geben wir unser Motto für die Teamforschung bekannt:

> Small is beautiful!

Den Studierenden fällt es oft schwer, sich an dieses Motto zu halten. Deshalb ist es die Aufgabe der Moderatorinnen und Moderatoren einzugreifen, wenn Teams zu großformatige Forschungsfragen auswählen.

Unser Curriculum: Wir haben einen Satz von 20 „Bausteinen" entwickelt, dessen Aneignung die Lehrpersonen und Studierenden bei der selbstständigen Forschungsarbeit unterstützen soll. Dazu zählen:[12]

- ein kleines Handbuch zur Einführung in die Teamforschung (Meyer & Fichten, 2009)
- ein „Marktplatz-Modell" zur Teambildung (Abb. 2)
- einen METHODEN-READER zur ersten Einführung in Forschungsmethoden (Fichten, Wagener, Gebken, Beer, Junghans & Meyer, 2004)
- schriftliche Kurzanleitungen zur Gestaltung der Teamarbeit, zum Führen eines Forschungstagebuchs, zur Kleinarbeitung der Forschungsfrage, zum Schreiben eines Exposés, zur qualitativen Datenauswertung, zum Verfassen des abschließenden Forschungsberichts und Anregungen zur Rückmeldung der Forschungsergebnisse an die Schulen

---

12   Das Curriculum wird bei Fichten & Meyer (2009) genauer beschrieben.

- Übungen zur Herstellung reflexiver Distanz (u.a. „Spiegelungen" im Team-Setting; Fichten & Wagener, 2005)
- Übungen zum Bewusstmachen des ethischen Kodes der Aktionsforschung und zum Umgang mit ethischen Konflikten
- ein Zertifikat für erfolgreiche Teilnahme.

Abbildung 2:   Marktplatzmodell zur Teambildung

Prozessmodell der Forschung: Wir orientieren den Arbeitsablauf an einem idealty-pischen Prozessmodell von Praxisforschung. Der konkrete Verlauf jedes Teamfor-schungsvorhabens folgt diesem Prozessmodell immer nur annäherungsweise. Es gibt viele Variationen und Schleifen. Die Phasen sind unterschiedlich lang. Vor allem die „Kleinarbeitung" der Forschungsfrage und die Datenaufbereitung und -auswertung dauern zumeist deutlich länger, als es die Teammitglieder erwartet haben.

Das Modell in Abbildung 3 soll deutlich machen, dass es zwischen der herkömm-lichen Empirie und der Praxisforschung keine grundsätzlichen Unterschiede gibt (Alt-richter, 1990; Dick, 2003, S. 38f.). Der gemeinsame Nenner aller Forschungsparadig-men ist der Versuch, die Datenerhebung, -auswertung und -interpretation methodisch kontrolliert vorzunehmen. Das Besondere der Aktionsforschung ist die Doppelrolle der Berufspraktiker_innen als Forscher_innen und Akteure im Feld und die enge Anbindung an reale Schulentwicklungsprozesse.

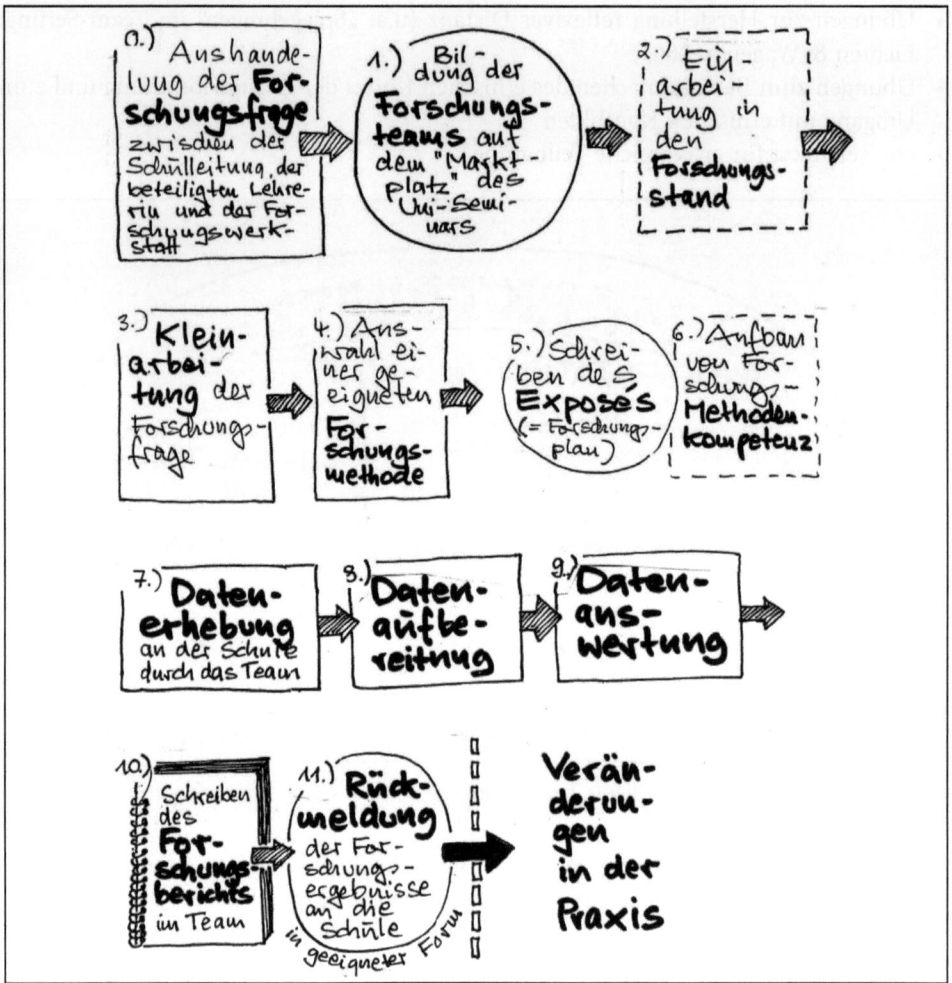

Abbildung 3:   Prozessmodell der Oldenburger Teamforschung

2.   Forschendes Lernen

2.1   Begriffsklärung

Mit dem Begriff „Forschendes Lernen" bezeichnet man im Hochschulbereich eine spezifische Lernform, in der Lernprozesse durch eine aktive Teilhabe an Forschung ausgelöst und gefördert werden (sollen). Einen aktuellen Überblick über die diskutierten
Konzepte und Praxen Forschenden Lernens liefern Roters et al. (2009).[13] Es ist für uns
durch folgende Merkmale und Ansprüche gekennzeichnet:

---

13   Das in den 70er Jahren des letzten Jahrhunderts von Bruner (1967) entwickelte Konzept des
      Discovery Learning verfolgt ähnliche Ziele auf der Schulebene. Eine genauere Studie dazu
      dürfte sich lohnen. Eine aktuelle Veröffentlichung zum Forschenden Lernen im Naturwissen-
      schaftsunterricht: Reitinger (2013).

- Es handelt sich um eine offen gestaltete Lehr-Lernform, die ein hohes Maß an Selbstregulation einschließt.
- Es gibt eine thematische Fokussierung: Wir leiten dazu an, die eigene Berufspraxis oder – bei Lehramtsstudierenden – die eigene zukünftige Berufspraxis zu erforschen.
- Das Lernen ist problemorientiert und dadurch kognitiv aktivierend. Es geht darum, Probleme zu bearbeiten, die mit den schon vorhandenen Handlungs- und Reflexionsroutinen nicht gelöst werden können.

Dabei stützen wir uns auf einen weiten Lernbegriff und ein eher strenges Forschungsverständnis. Wir sprechen erst dann von Forschung, wenn eine methodisch kontrollierte Datenerhebung und -auswertung eingeschlossen sind (s. o.).[14]

Wir fassen die Diskussionen im Anschluss an Huber (2009) und Boelhauve (2009) zusammen und definieren:

Forschendes Lernen in der Lehrer_innenbildung ist ein offenes und teilnehmeraktivierendes Lehr-Lernkonzept,

(1) in dem an „authentischen" Forschungsproblemen im Praxisfeld Schule gearbeitet wird,

(2) in dem die Lernenden in wesentlichen Phasen des Forschungsprozesses selbstständig arbeiten,

(3) in dem von Lehrenden und Lernenden ein Theoriebezug hergestellt und vorhandenes empirisches Wissen so gut es geht einbezogen wird,

(4) in dem die Lernenden angehalten werden, reflexive Distanz zum Praxisfeld Schule und zur eigenen Forschungsarbeit herzustellen

(5) und in dem ethische Grundlagen von Forschungspraxis bewusst gemacht werden.

Übergeordnetes Ziel Forschenden Lernens ist der Aufbau einer forschenden Haltung. Sie schließt Selbstwirksamkeitsüberzeugungen ein. Noch schlecht erforscht ist die Frage, wie eine im Studium erworbene forschende Haltung nachhaltig wirken, also Referendariat und alltägliche Berufsarbeit überdauern kann. Wir definieren:

Eine forschende Haltung bezeichnet die volitionalen, kognitiven, sozialen und ethischen Grundlagen der selbstreflexiven Begleitung der eigenen Berufsarbeit.

Sie wächst in einem Zirkel von Aktion und Reflexion (Altrichter & Posch 2007, S. 17; Altrichter & Soukup-Altrichter, in diesem Band). Sie kann im Schulalltag ausgebaut werden – insbesondere dann, wenn Praxisforschung bzw. schulinterne Evaluation praktiziert wird; sie kann auch beschädigt werden und zerbröseln.

---

14 Die an vielen deutschen Universitäten eingeführten „forschungsbasierten" Lehrer_innenbildungs-Studiengänge genügen diesem Anspruch noch nicht – auch nicht an der Universität Oldenburg.

Im Einzelnen:

(1) *Authentizität*: Settings zum Forschenden Lernen lösen insbesondere dann eine hohe Lernbereitschaft aus, wenn reale und damit authentische Probleme und Entwicklungsaufgaben „vor Ort" zum Gegenstand der Forschungsarbeit gemacht werden. Die an vielen Hochschulen praktizierte Simulation von Forschungsprozessen kann einen Übungseffekt haben, sollte den tatsächlichen Praxisbezug aber nicht ersetzen.

(2) *Selbstständigkeit*: Forschendes Lernen zielt auf selbstständiges Erarbeiten der Forschungsfrage, auf selbstständige Entscheidung über den Forschungsweg und auf eine von den Lernenden selbst gestaltete Kommunikation mit den Abnehmern des erarbeiteten lokalen Wissens. Huber (2009, S. 11) schreibt: „Forschendes Lernen zeichnet sich vor anderen Lernformen dadurch aus, dass die Lernenden den Prozess eines Forschungsvorhabens, das auf die Gewinnung von auch für Dritte interessanten Erkenntnissen gerichtet ist, in seinen wesentlichen Phasen – von der Entwicklung der Fragen und Hypothesen über die Wahl und Ausführung von Methoden bis zur Prüfung und Darstellung der Ergebnisse in selbstständiger Arbeit oder aktiver Mitarbeit in einem übergreifenden Projekt – (mit-)gestalten, erfahren und reflektieren."

Selbstregulation ist aber kein Selbstläufer (Brunstein & Spörer, 2010). Wir erinnern an die von Deci und Ryan (1993) entfaltete Selbstbestimmungstheorie der Motivation: Lernende, die zur Selbstbestimmung ermutigt werden sollen, müssen *Autonomieerfahrungen* machen können. Sie müssen *Kompetenzerfahrungen* machen können. Und sie sind auf eine *soziale Gemeinschaft* angewiesen, die dazu beiträgt, Solidaritätserfahrungen zu machen. Wir gehen davon aus, dass in der Praxisforschung gute Bedingungen für das Starkmachen dieser drei Variablen erfolgreichen Lernens bestehen. In der Second-order-Analyse von Feindt (2007) wird diese Vermutung an mehreren Einzelfällen bestätigt.

(3) *Theoriebezug*: Forschendes Lernen dient der Einführung in selbstständiges wissenschaftliches Arbeiten. Deshalb ist die Aufarbeitung theoretischer Positionen zum Forschungsthema und das Zur-Kenntnis-Nehmen schon vorhandenen empirischen Wissens wichtig, auch wenn angesichts der in den meisten Forschungssettings vorherrschenden knappen Zeit nur ein erster Einstieg möglich ist.

(4) *Selbstreflexivität*: Forschendes Lernen stärkt die Fähigkeit, reflexive Distanz herzustellen – aber nicht automatisch, sondern nur dann, wenn im Unterstützungssystem immer wieder Reflexionsphasen eingebaut werden (Wildt, 2003). Im Rahmenkonzept zur forschungsorientierten Lehrer_innenbildung des Landes Nordrhein-Westfalen heißt es dazu: „Im Rahmen der Lehrerbildung versteht man unter forschendem Lernen den Erwerb von Erfahrungen, Kenntnissen und Kompetenzen auf Grund einer selbstreflexiven und theoriegestützten Konfrontation mit dem Handlungsfeld Schule." (KM NRW 2004, zit. nach Wilde & Stiller, 2011, S. 171).

(5) *Ethische Fundierung*: Konstitutiv ist das Bewusstmachen ethischer Grundlagen des Forschens. Boelhauve (2009, S. 49) schreibt: „Forschendes Lernen beschreibt einen Lernprozess, der darauf abzielt, den Erwerb von Erfahrungen im Handlungsfeld Schule in einer zunehmend auf Wissenschaftlichkeit ausgerichteten Haltung theoriegeleitet und selbstreflexiv unter gleichzeitiger Beachtung des Respekts vor der

nicht zu verdinglichenden Persönlichkeit des Kindes bzw. Jugendlichen sowie der Lehrenden zu ermöglichen."

Alle fünf Elemente unserer Definition sind normativ. Es geht ja darum, die Gütekriterien zu bestimmen, die als Maßstab für die Beurteilung realisierter Praxis dienen können, auch wenn die Kriterien nicht in jedem Einzelfall vollständig eingehalten werden können.

2.2 Begründungslinien

Das hochschuldidaktische Konzept des Forschenden Lernens ist in der für die deutsche Universität konstitutiven, schon von Wilhelm von Humboldt zu Beginn des 19. Jahrhunderts grundgelegten *regulativen Idee der Einheit von Forschung und Lehre* verankert. Wir halten diese Idee auch heute noch für tragfähig, auch wenn die Realisierung im Massenbetrieb großer Hochschulen und in den Zeiten der streng getakteten Modularisierung des BA/MA-Studiums deutlich schwieriger geworden ist.[15] Die Einbettung der Lehre in Forschungsaktivitäten kann – zumindest im Prinzip – fruchtbare Momente der Kommunikation und Kritik zur Geltung bringen, die die Lehre „durch ihre Bindung an den Prozess der Erkenntnisgewinnung vor der bloßen Tradierung von zu Schulwissen geronnenen Kenntnissen bewahrt" (Huber, 1983, S. 497). Humboldts Idee kann verschieden begründet werden (Fichten, 2010):

Bildungstheoretische Begründungen: Bildung dient, so Klafki (2002), der Entfaltung der Persönlichkeit durch die Förderung der Selbstbestimmungs-, Mitbestimmungs- und Solidaritätsfähigkeit der Individuen (Jank & Meyer, 2002, S. 229). Das Postulat „Bildung durch Wissenschaft" manifestiert sich demzufolge im Aufbau wissenschaftlicher Attitüden, also im „Suchen und Finden, Problematisieren und Einsehen, „Staunen" und Erfinden, Untersuchen und Darstellen" (Huber, 2003, S. 18). Um diese bildenden Momente von Wissenschaft erfahren und entfalten zu können, ist ein „Eintauchen" in Wissenschaft unverzichtbar.

Lerntheoretische Begründungen: Die Lerntheoretiker_innen sind sich einig: Lernen mit hohen Anteilen an Selbstregulation stärkt die Selbstwirksamkeitsüberzeugungen und führt zu nachhaltigem Kompetenzenaufbau. Selbstständig angeeignetes Wissen wird tiefer verarbeitet und besser behalten. Es bekommt größere persönliche Bedeutung als Wissensbestände, die passiv-rezeptiv aufgenommen worden sind. Das gilt auch für das Lernen im Studium, auch wenn es an konkreten Untersuchungen im Hochschulbereich mangelt. Unsere Annahme stimmt mit konstruktivistischen Lehr- und Lernprinzipien überein: Der Lernerfolg wird erhöht, wenn das Lernen situiert ist, wenn es anhand authentischer Probleme, in multiplen Kontexten, unter multiplen Perspektiven und in sozialen Zusammenhängen stattfindet (Reinmann-Rothmeier & Mandl, 2002).

---

15 Von Vertreterinnen und Vertretern einer – vorgeblich – realistischen Position ist dieses Prinzip infrage gestellt worden. Es wird darauf verwiesen, dass die dem internationalen Wettbewerb ausgesetzte Spitzenforschung unvereinbar sei mit einer Lehre unter den Bedingungen von Massenuniversitäten – es handle sich um eine nicht mehr realitätsgerechte „Idealfiktion" (Huber, 2003).

Professionstheoretische Begründungen: Die deutschsprachige Professionalisierungsforschung wurde in den letzten 20 Jahren durch drei Ansätze bestimmt:

(1) Der *Strukturtheoretische Ansatz* (Oevermann, 1996; Helsper, 1996; 2011; zur Kritik: Tenorth, 2006) betont: Lehrer_innenhandeln ist seiner Struktur nach unsicher, instabil und nicht planbar, weil „miteinander im Kern unvereinbare Anforderungen aufeinander prallen". Die Professionalität der Lehrkräfte besteht in der Fähigkeit, diese im Berufsfeld gegebenen „strukturellen Antinomien" zu durchschauen und die daraus für das Handeln erwachsenden Paradoxien reflexiv zu bearbeiten. Dadurch wird das Lehrer_innenhandeln in besonderer Weise begründungspflichtig (Kolbe, 2004).

(2) Der *Kompetenzorientierte Ansatz* der Arbeitsgruppe COACTIV am Berliner Max-Planck-Institut für Bildungsforschung verknüpft den Kompetenzdiskurs mit dem Professionalisierungsdiskurs und stützt sich dabei auf Lee Shulmans Konzept des Lehrer_innenwissens (Baumert & Kunter, 2006; Kunter, Baumert, Blum, Klausmann, Krauss & Neubrand, 2011). Dieser Ansatz ist insbesondere für die Erforschung des fachdidaktischen Wissens von Mathematiklehrer_innen genutzt worden.

(3) Der *Berufsbiografische Ansatz* (Mayr, 2011; Terhart, 2011a).

In seinem Bericht zum Forschungsstand weist Terhart (2011b) darauf hin, dass alle drei Positionen auch heute wichtige Einsichten bereithalten, dass aber der dritte, von ihm selbst vertretene Ansatz, besonders gut geeignet sei, die Dynamik der berufsbezogenen Entwicklungsprozesse zu erfassen. Position 3 kann, so Terharts Hoffnung, die „verbindende Klammer" zwischen den einander heftig befehdenden Positionen 1 und 2 darstellen (Terhart 2011b, S. 209; siehe auch Tenorth, 2006). Wir folgen Terhart und sagen: Alle drei Positionen können Teilaspekte des Aufbaus einer forschenden Haltung erfassen, besonders geeignet scheint uns der berufsbiografische Ansatz zu sein.

Dabei stellt sich die Frage, wie Reflexivität als „Prärequisit professioneller Entwicklung" (Dick, 1994) bereits im Studium angelegt und gefördert werden kann. Nach Ansätzen im englischen Sprachraum (Criblez, 1998) sind auch im deutschen Sprachraum Vorschläge zu einer reflexiven Lehrer_innenbildung formuliert worden, bei denen die Reflexion und Erforschung beruflicher Praxis durch Studierende in die universitäre Ausbildung integriert wird (z.B. Dick, 1994; Dirks & Hansmann, 1999; Ohlhaver & Wernet, 1999; Beck, Helsper, Heuer, Stelmaszyk & Ullrich, 2000). Dabei wird eine Argumentationsfigur des strukturtheoretischen Ansatzes aufgenommen:

These: Das Umgehen mit der berufstypischen Komplexität hat strukturelle Ähnlichkeiten zur Forschungstätigkeit und erfordert eine „quasi-experimentelle Einstellung zur eigenen Unterrichtspraxis" (Weinert & Helmke, 1996, S. 232).

2.3   Unser Leitbild: der_die Reflektierende Didaktiker_in

Die „Lehrerkognitionsforschung" hat gezeigt, dass im Studium angeeignetes wissenschaftliches Wissen im Handlungsvollzug selektiv herangezogen und in der konkreten Situation mit Erfahrungswerten verschmolzen wird (Dewe & Radtke, 1991; Radtke, 2004). Wissenschaftliches Wissen verschwindet im Anwendungsprozess, es verliert den besonderen Charakter wissenschaftlichen Wissens und wird in andere Wissensbestände integriert (Lüders, 1991, S. 425). Das Theoriewissen dient dann zwar als Handlungsfolie, das eigentlich handlungsleitende Wissen entsteht aber aus der reflexiven Verarbeitung vorgängiger Erfahrungen (Kolbe, 2004). Theorie und Praxis folgen unterschiedlichen Bereichslogiken: Wissenschaftliches Wissen ist dem Wahrheitskriterium verpflichtet, wohingegen berufspraktisches Handlungswissen dem Anwendungskriterium folgt (Kolbe, 2004; Radtke, 2004).

Während einige Autorinnen und Autoren die Differenz der Bereichslogiken für so groß halten, dass sie didaktisch nicht aufgefangen werden kann (z.B. Moser, 1995; Herzog, 1999), sehen andere im Forschenden Lernen ein geeignetes Konzept zur Bearbeitung dieser Relationierungsaufgabe, und zwar dadurch, dass in der Forschung anhand eigener oder fremder Praxis grundlegende Strukturmomente der Berufstätigkeit aus verschiedenen theoretischen Blickwinkeln untersucht werden. Dort, wo es gelingt, das Theoriewissen bewusst als wichtiges Element in das Erfahrungswissen zu integrieren, sprechen wir im Anschluss an Altrichter und Posch (2007) von „Praktikertheorien" oder „persönlichen Theorien" (Meyer, 2004, S. 137; Abb. 4):

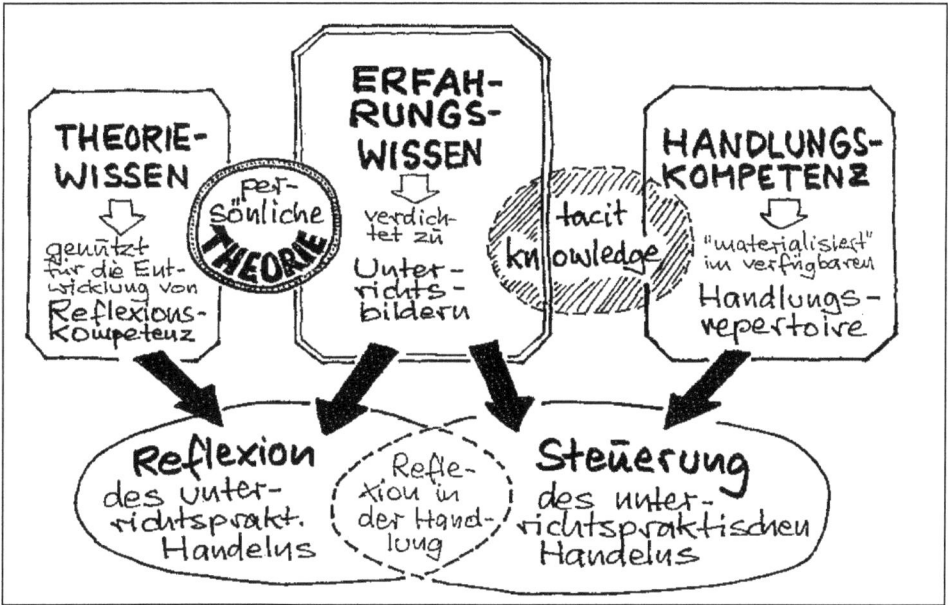

Abbildung 4:   Bezüge zwischen Theorie und Praxis

Die Relationierung von Theorie und Praxis erfolgt für die Lernenden – wenn überhaupt – im Rahmen einer *theorie-sensitiven* Forschung, bei der systematisch Wissen über die Praxis generiert und zu eigenen Praxisdeutungen in Beziehung gesetzt wird, um daraus Maßstäbe für das eigene Handeln zu gewinnen (Wildt, 2005):

- Schon bei der Formulierung und Kleinarbeitung einer Forschungsfrage muss der zu untersuchende Realitätsausschnitt ansatzweise theoretisiert werden (Fichten, 2005).
- Besonders die bei der Datenauswertung anfallenden Interpretationsleistungen gehen mit Reflexionsprozessen einher, die u.a. beim Auftreten erwartungswidriger Ergebnisse an Nachhaltigkeit gewinnen (Ryan, 1997).
- Erwartungswidrige Daten können dann zur Neujustierung eigener Praxisdeutungen führen (zum „Zwiegespräch mit der Situation" bzw. zum „reframing" im Sinne von Schön (1983).

Forschendes Lernen kann davon profitieren, dass Forschung, sofern sie sich auf die eigene Praxis bezieht, selbstreferenziell (Schönig, 1999) ist, d.h. einen Akt der Selbstaufklärung darstellt. Dieses Potenzial kann aber nur zur Geltung kommen, wenn es für das „reframing" Bezugspunkte gibt. Dafür kommt neben der Beratung durch Expertinnen_Experten und Kolleginnen_Kollegen vor allem wissenschaftlich abgesichertes Wissen infrage (Helsper, 2001; Kolbe, 2003). Daraus ergibt sich eine weitere These:

> **These:** Forschendes Lernen trägt zur Herausbildung der Reflexionskompetenz bei – aber nicht automatisch, sondern nur dann, wenn die im Forschungsprozess angelegten reflexiven Momente bewusst wahrgenommen und wenn dabei wissenschaftliche Wissensbestände als Referenzpunkte einbezogen werden.

Wir ziehen ein Zwischenfazit: (1) Praxisforschung wird im deutschsprachigen Raum an vielen Standorten mit der Lehrer_innenbildung verknüpft (Freitag & von Bargen, 2012). (2) Forschendes Lernen ist ein attraktives Lehr-Lernkonzept, das dort, wo es an Praxisforschung andocken kann, ein hohes Motivations- und Lernpotenzial entfalten kann (Roters et al., 2009).

3. Erster Entwurf einer Theorie Forschenden Lernens

3.1 Angebots-Nutzungs-Modelle als Vorlage

Ohne ein theoretisches Modell zur Analyse und Erklärung institutionalisierten Lernens wäre man nicht in der Lage, die blinden Flecken des eigenen Konzepts zu erkennen. Deshalb übernehmen wir als Theorierahmen für Forschendes Lernen das Angebots-Nutzungsmodell zur Erklärung schulischer Lernerfolge von Fend (1998; S. 322), Helmke (2009, S. 73) und anderen (Arnold, 2009, S. 19), das sich im deutschsprachigen Raum immer mehr als allgemeiner Theorierahmen durchsetzt (zu Stärken und Schwächen siehe Kohler & Wacker, 2013).

Angebots-Nutzungsmodelle sind *theoretische Konstrukte*, die nicht aus der Empirie abgeleitet worden sind, sondern umgekehrt der Empirie vorgelagert sind. Sie liefern einen kategorialen Rahmen, in den vorliegende Einzelstudien und ihre Ergebnisse eingeordnet werden können.

Abbildung 5 macht deutlich, wo die „Stellschrauben" platziert sind, an denen Lehrpersonen drehen können, um den Lernerfolg zu erhöhen: die Professionalität und das Engagement der Lehrpersonen, die Organisationsstruktur der Schule und die im Unterricht und drumherum aufgebauten Stützsysteme. Das Reusser-Modell hat gegenüber den älteren Modellierungen den Vorzug, die Wechselwirkungen zwischen Angebot, Nutzung und Wirkungen durch die vielen Querverbindungen deutlicher herauszuarbeiten. Allerdings bleibt offen, welche Qualität die mit den zwei dicken Pfeilen im Feld „Unterricht" angezeigte Interaktion hat. Wir schlagen vor, hier von einem „Arbeitsbündnis" zwischen Lehrenden und Lernenden zu sprechen (Meyer, 2004, S. 14).

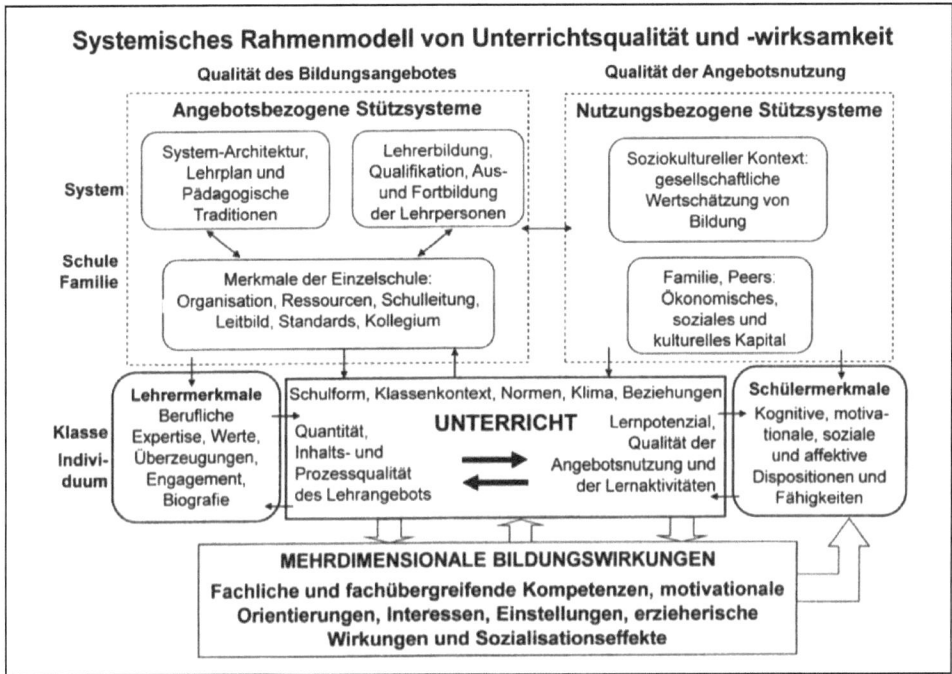

Abbildung 5: Systematisches Rahmenmodell von Unterrichtsqualität und -wirksamkeit (Reusser & Pauli, 2010, S. 18)

3.2 Ein Angebots-Nutzungs-Modell zum Forschenden Lernen

In Abbildung 6 haben wir die Grundidee der Angebots-Nutzungs-Modelle übernommen und auf das Forschende Lernen übertragen. Wir erläutern die Grafik und die einzelnen Variablen unseres Prozessmodells knapp[16] und beginnen in der Mitte:

Die schwarze Mauer: Sie soll signalisieren, dass die Lehr-Lernforschung lange noch nicht so weit ist, wie dies Not täte. Grundsätzlich gilt: Die Forschung liefert keine

---

16 Eine ausführliche Erläuterung findet sich in Meyer & Fichten (2009, S. 10ff.).

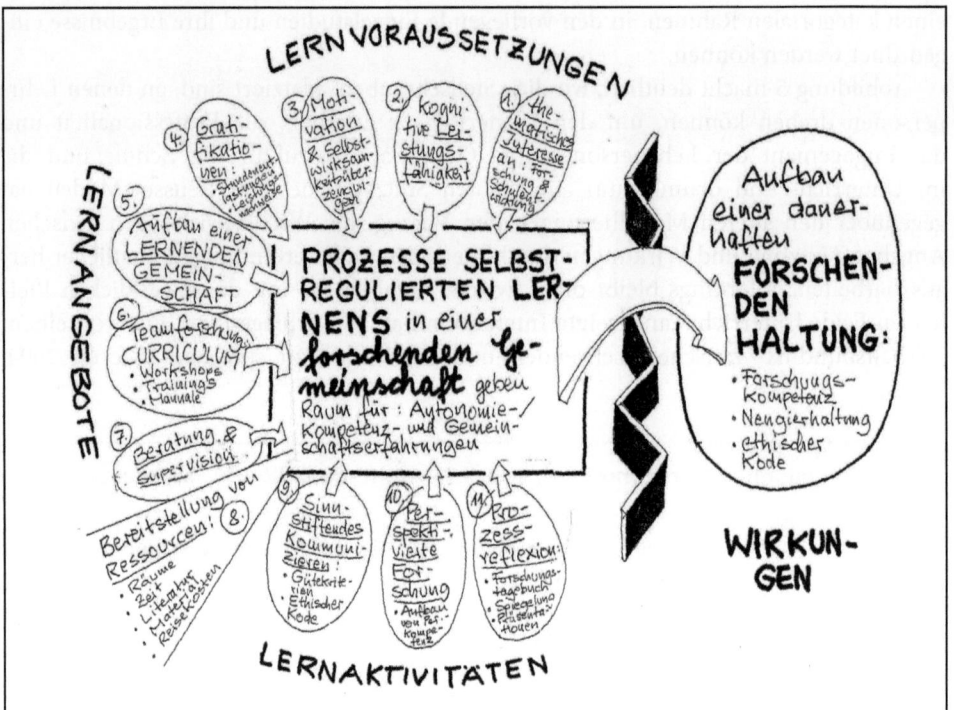

Abbildung 6:   Angebots-Nutzungs-Modell zum Forschenden Lernen

stromlinienförmig umsetzbaren Handlungsanweisungen für guten Unterricht, sondern eine *Sensibilisierung* des Lehrenden für wichtige Einflüsse auf das Unterrichtsgeschehen und seine Effekte. Die Forscher_innen produzieren statistische Durchschnittsergebnisse, die in jedem Klassenzimmer und auch in den Universitäten und Hochschulen anders als erhofft oder befürchtet ausfallen können. Einzelne Variablen können sich gegenseitig neutralisieren, sie können sich auch verstärken. Und es gibt immer gewollte und ungewollte Nebenwirkungen.

Individuelle Lernvoraussetzungen: Im oberen Feld sind die individuellen Voraussetzungen für ein erfolgreiches selbstreguliertes Lernen aufgelistet, die von vielfältigen weiteren individuellen und soziokulturellen Variablen abhängen.

- Ohne ein *themenbezogenes Interesse* wird kein Lernprozess zustande kommen. Dabei unterstellen wir, dass die an der Praxisforschung beteiligten Lehrpersonen ein unmittelbares berufliches und persönliches Interesse an der Lösung der erforschten Probleme haben. Posch (2009) spricht deshalb auch von der „experimentellen Haltung", Lüders (2006) von „Forschungsneugier".
- *Kognitive Leistungsfähigkeit* ist und bleibt eine leicht übersehene Grundvoraussetzung jedes Lernerfolgs. In den Rankinglisten zu effektstarken Variablen des Lernerfolgs steht diese Variable zumeist an der Spitze.
- *Motivation* spielt in jedem Lernprozess eine große Rolle – beim selbstregulierten Lernen ist sie vermutlich noch wichtiger als in der Direkten Instruktion. Dabei wandeln sich die Motivationslagen. Der Appetit „kann auch beim Essen kommen".

Solange Angebote zur Praxisforschung auf freiwilliger Basis genutzt werden können, ist von einer starken Anfangsmotivation auszugehen. Dort, wo eigene Forschungstätigkeit sämtlichen Lehramtsstudierenden – z.B. im Rahmen eines forschungsorientierten berufspraktischen Halbjahrs – abverlangt wird, könnten größere Probleme entstehen (Kunze, 2012).

Lernangebote: Das zweite Variablen-Bündel unseres Modells erfasst jene Faktoren, die bei Helmke (2009) durch die Professionalität der Lehrpersonen, durch die Prozessqualität des Unterrichts und durch die verfügbaren Ressourcen bestimmt werden.

- *Gratifikationen* sind nichts Unanständiges. Für die an der Oldenburger Teamforschung beteiligten Lehrpersonen waren dies die Entlastungsstunden, für die Studierenden die Leistungsnachweise und die Zertifikate, die bei späteren Bewerbungen ins Portfolio gelegt werden können.
- *Lernende Gemeinschaft*: Eine „Community of practice" trägt dazu bei, Öffentlichkeit herzustellen, Feedbacksituationen zu organisieren, das Selbstbewusstsein der Forscher_innen zu stärken und so insgesamt eine Kultur der Anerkennung zu schaffen, die für erfolgreiches Lernen unverzichtbar ist.
- *Einführungscurriculum*: Praxisforscher_innen sind in aller Regel Forschungsnovizinnen_Forschungsnovizen. Deshalb benötigen sie eine Grundausbildung. In den Universitäten wird diese Grundausbildung in den forschungsbasierten Modulen des Masterstudiums oder in den Forschungswerkstätten angeboten.
- Forschungsnovizinnen und Forschungsnovizen benötigen immer wieder *professionelle Beratung*. Diese Aufgabe hat in Oldenburg das Moderationsteam der Forschungswerkstatt übernommen. Andere Standorte arbeiten mit *Supervisions-* oder *Coaching- Angeboten*.
- Schon seit langem (siehe Altrichter, 2002) plädiert man dafür, die Konzepte der *professionellen Gemeinschaft* bzw. der Praxisgemeinschaft in die Praxisforschung einzubeziehen.
- Die *Bereitstellung von Ressourcen* stellt einen arbeitsaufwändigen, aber unverzichtbaren Baustein dar.

Lernaktivitäten: Die Variablen 9 bis 11 erfassen die von den Praxisforscherinnen und Praxisforschern im Forschungsprozess en passant oder in ausgewiesenen Phasen zu erbringenden Reflexionsleistungen:

- *Sinnstiftendes Kommunizieren*: Sinn kann nicht dekretiert werden. Er ergibt sich aus Diskursen und aus gelingenden Lern- und Arbeitsprozessen (Meyer, 2004, S. 67f.). Kristallisationspunkte für sinnstiftendes Kommunizieren sind zum einen Konflikte der Akteure im Team oder mit übergeordneten Handlungsebenen, zum anderen die Auseinandersetzung mit den Gütekriterien und dem ethischen Kode der Praxisforschung.
- *Perspektivierte Forschung*: Wir halten es für unverzichtbar, mit einem Modell der perspektivierten Forschung zu arbeiten, das wir an anderer Stelle ausführlich erläutert haben (Fichten, 2003; vgl. Prengel, 1997).
- *Prozessreflexion*: Kristallisationspunkte für die Prozessreflexionen sind einerseits Auseinandersetzungen im Team, andererseits die Vorbereitung von Produktpräsentationen. Die für die Prozessreflexion einsetzbaren Instrumente sind z.B. das For-

schungstagebuch, die Arbeit in Spiegelungsgruppen und Rückmeldungen von Kritischen Freunden nach Präsentationen.

Wirkungen: Wir kommen zur rechten Seite der Grafik. Hier geht es um die Frage, welche Lernergebnisse durch Praxisforschung ausgelöst werden können. Die Studierenden kommen oft „stolz wie Oskar" von den Präsentationen ihrer Forschungsergebnisse in den Schulen oder auf den Präsentationstagen und in Workshops wieder zurück in ihr Hochschulmilieu. Aber das ist noch kein harter Beleg. Deshalb soll im nächsten Abschnitt ausführlich auf den Stand der Forschung eingegangen werden.

4. Wirkungen forschenden Lernens

Sowohl in der Literatur zum Forschenden Lernen als auch zur Praxisforschung finden sich Aussagen, die eine professionalisierende Wirkung der Beteiligung an Forschung postulieren. Zeichner (2001) äußert sich allerdings *skeptisch* zum Aussagewert vorliegender Untersuchungen. Die Studien hätten eine eher geringe Beweiskraft, seien oft nur anekdotisch und erhellten zu wenig die spezifischen Bedingungen für das Auftreten positiver Effekte. Diesem Befund kann man im Grundsatz zustimmen. Denn auch gründlichere und systematischere Untersuchungen beziehen sich auf *bestimmte* Projekte und Programme (z.B. das breit evaluierte Fortbildungsprojekt „Pädagogik und Fachdidaktik für Lehrer_innen"; Posch, 2009), so dass nachgewiesene Wirkungen zwar für das jeweilige Programm geltend gemacht werden können, jedoch noch nicht geklärt ist, welche Effekte dem jeweiligen Setting zuzurechnen sind, und welche – vom Setting unabhängig – als generell durch Praxisforschung ausgelöste Wirkungen anzusehen sind.[17]

4.1 Forschungsstand: Studierende

Seit der Umstellung der deutschen Lehrer_innenbildung auf Kompetenzorientierte Curricula (Huber, 2003) wird in den Publikationen zum Thema „Forschen im Studium" auf die durch Forschung zu vermittelnden und dabei anzueignenden Kompetenzen verwiesen. Dabei wird ein breites Kompetenzenspektrum angesprochen:
- Reflexionskompetenz
- Teamkompetenz
- Problemlösekompetenz
- arbeits- und forschungsmethodische Kompetenzen
- Beratungs- und Kommunikationskompetenz
- hermeneutische Kompetenz

---

17 Das gilt auch für die von uns publizierten Evaluationsergebnisse zur Oldenburger Teamforschung (Fichten & Meyer, 2006; Fichten & Moschner, 2009).

Begreift man Kompetenzen als Handlungs*dispositionen*, führt dies zu der Feststellung, dass mit der Formulierung dieses Erwartungshorizonts implizit zwei Hypothesen transportiert werden:

Die Transferhypothese: Die im Rahmen Forschenden Lernens erworbenen Kompetenzen und Dispositionen sowie die dabei gewonnenen Einsichten in Vorgehensweisen, Problemlösestrategien usw. sollen von den Studierenden in andere situative Kontexte mitgenommen und dort angewendet werden.

Die Stabilitätshypothese: Die im Kontext Forschenden Lernens angeeigneten Kompetenzen, Dispositionen usw. sind dauerhaft und nachhaltig wirksam, weil sie so internalisiert wurden, dass sie zu einem Bestandteil des „professionellen Selbst" (Bauer, Kopka & Brindt, 1996) geworden sind.

Wie steht es um die **empirische Bewährung** dieser Hypothesen? Soweit bisher bekannt, muss Forschen im Studium nicht notwendigerweise positive Effekte hervorbringen, da darin auch eine schwer zu bewältigende Komplexitätssteigerung der Studienaufgaben gesehen werden kann:

- Fried (2003) referiert Untersuchungen, die ergeben haben, dass Studierende Vorbehalte gegenüber forschungsmethodischen Anteilen in ihrer Ausbildung haben, dass sie mit der bei einer selbstständigen Forschung zu bewältigenden Komplexität nur bedingt zurecht kommen und dass sie infolgedessen meist darauf verzichten, sich weiter forschend zu betätigen.
- Frenzel (2003) berichtet Ähnliches aus dem von ihr betreuten forschungsorientierten Schulpraktikum an der Uni Frankfurt. Sie stellt fest, dass die Studierenden Schwierigkeiten mit der Doppelrolle – einerseits zu unterrichten und andererseits zugleich das Unterrichten zu untersuchen und zusätzlich noch den Forschungsprozess zu reflektieren – hatten. Außerdem waren sie mit dem eigenen Lernprozess unzufrieden: Sie hätten lieber mehr selbst gehandelt und sich erprobt als zu forschen, ein Befund, der mit den Beobachtungen von Boelhauve, Frigge, Hilligus & Olberg (2005) übereinstimmt.
- Peters (2000) berichtet aus der niederländischen Lehrer_innenbildung von einer eher negativen Einstellung Studierender gegenüber Forschung. Auch nach der Ausbildung, die Forschungsprojekte Studierender beinhaltet, bleibt eine kritische Haltung gegenüber diesem Ausbildungselement zurück. Gründe hierfür sieht Peters (a) in dem fehlenden Modellverhalten der Lehrerbildner_innen, die selbst zumeist nicht forschen, (b) in der pädagogischen bzw. berufspraktischen Irrelevanz der vorgegebenen Forschungsthemen und (c) in einem traditionellen Berufsbild der Lehrerin_des Lehrers, zu dem das Forschen nicht dazu gehört.

Ein die Wirkungsseite beeinflussender Umstand besteht wohl darin, ob in einem studentischen Forschungsvorhaben eigene oder fremde Praxis untersucht wird (s.o., unsere Arbeitsdefinition für Forschendes Lernen). Das Erforschen eigener Praxis scheint nachdrücklichere Effekte zu haben. Wird fremde Praxis erforscht, bekommt die Transferhypothese ein größeres Gewicht. Die erworbenen Kenntnisse, Strategien und Kategorien müssen ja später bei der Reflexion eigener Praxis eingesetzt werden.

Dieser skeptischen Einschätzung von Funktion und Wirkung des Konzepts „Professionalisierung durch Forschen" stehen positive Erfahrungen gegenüber, aus denen sich tendenziell eine Bestätigung der Transferannahme ablesen lässt:

- Rock und Levin (2002) berichten, dass Studierende, die – ähnlich wie in der Oldenburger Teamforschung – zusammen mit Lehrkräften in Schulen Aktionsforschungsvorhaben durchgeführt haben, davon in mehrfacher Hinsicht profitieren konnten: Die Forschungsaktivitäten hatten positive Auswirkungen auf die Herausbildung eines realitätsangemessenen „Lehrer-Selbstbildes". Sie förderten das Verständnis für die Schüler_innensicht und sie forcierten klarere Vorstellungen bezüglich der mit der „Lehrer-Rolle" zusammenhängenden Verpflichtungen (Zeichner & Liston, 1987).
- Damit stimmen die Beobachtungen von Kosnik und Beck (2000) aus einem ähnlichen Setting überein. Die Durchführung eines Forschungsprojekts hatte einen Einfluss auf die Auffassung der „Lehrer-Rolle", die Studierenden erwarben die Fähigkeit zur Beobachtung von Schülerinnen und Schülern und erkannten, dass ihre professionelle Entwicklung weitergehen muss, d.h. sie konnten eigene Entwicklungsaufgaben klarer fassen und artikulieren.
- Auch die in der Oldenburger Teamforschung durchgeführten Evaluationen stützen diese Annahmen. Die von uns befragten Studierenden geben an, Forschungskompetenz erworben zu haben: Sie kennen Forschungsmethoden, wissen wie man Fragestellungen operationalisiert, verfügen über Kenntnisse in der Datenerhebung und -auswertung usw. Sie sehen sich auf dieser Basis – im Gegensatz zu den Befunden von Peters (2000) und Frenzel (2003) – überwiegend ermutigt, in Zukunft weitere Untersuchungen durchzuführen und versprechen sich positive Effekte bei der Integration empirischer Teile in ihren Examensarbeiten. Einhellig sehen sie sich in der Lage, die Qualität einer Forschung besser als zuvor beurteilen zu können (siehe auch Börnert et al., in diesem Band).

Deutlich skeptischer werden von den Forscherinnen und Forschern *Dauerhaftigkeit und Stabilität* der erworbenen forschenden Haltung beurteilt:

- Die meisten Autorinnen und Autoren sind der Ansicht, dass Studierende mit Praxisforschungserfahrung im späteren Berufsleben keine eigenen Aktionsforschungsvorhaben durchführen dürften (Ross, 1987; Kosnik & Beck, 2000; Orland-Barak, 2004).
- Auch wenn Seider und Lemma (2004) dies ebenfalls für unwahrscheinlich halten, konstatieren sie doch, dass ihre Studierenden eine „forschende Einstellung" beibehielten, was für die Stabilitätshypothese spricht.
- Forschungsbeteiligung, so Reh und Schelle (2001), bewirkt jedoch eine Stärkung des Selbstbewusstseins von Studierenden, insbesondere in Settings, in denen sie Forschungsergebnisse an die beforschten Schulen zurückmelden. In dem Dialog mit Lehrkräften sind sie dann nicht in der Rolle berufsunerfahrener Novizinnen_Novizen, sondern kompetente, gleichwertige Gesprächspartner_innen, die mit wichtigen und gewünschten Informationen aufwarten können.

Das Forschen hat also doch – wie in den Konzepten Forschenden Lernens schon vor 40 Jahren postuliert (Huber, 1970) – einen motivierenden und Interesse fördernden Aspekt, der sich nicht nur auf das Forschungsvorhaben bezieht, sondern auf das gesamte Studium ausstrahlt. Die Evaluationsergebnisse aus der Oldenburger Teamforschung zeigen, dass die Forschungsbeteiligung u.a. einen persönlichen Zugang zum Forschungsgegenstand und eine intensivere Auseinandersetzung mit demselben erbracht hat, woraus zumeist eine veränderte Problemsicht resultierte, d.h. es wurden alternative Sichtweisen auf Praxis generiert:

- Es ist ein realistischeres Bild von Schule entstanden, wodurch u.a. die Lehramts- bzw. Studienwahl überprüft werden kann und zumeist bestätigt wird.
- Studieninhalte und universitäre Veranstaltungen werden infolge der eigenen Forschungsaktivitäten gezielter ausgewählt; Pädagogikseminare erhalten einen höheren Stellenwert (Horstkemper, 2003).
- Das Interesse an wissenschaftlichen Theorien hat – ähnlich wie bei der Arbeit in der Freiburger Interpretationswerkstatt (Stein, 2004) – zugenommen.

4.2 Forschungsstand: berufserfahrene Lehrer_innen

Für forschende Lehrer_innen werden in der einschlägigen Literatur folgende Professionalisierungseffekte genannt:

- Schaffung einer handlungsorientierten Wissensbasis/ Erweiterung berufspraktischen Wissens
- Steigerung von Problemlösefähigkeit
- Optimierung pädagogischer Entscheidungen/ Anhebung des operativen Rationalitätsniveaus
- Veränderung von Situationswahrnehmung und -deutung durch Perspektivenwechsel, Mehrperspektivität und „reframing"
- Intensivierung der Kommunikation mit Schülerinnen und Schülern sowie Kolleginnen und Kollegen (Zeichner & Noffke, 2001)
- Veränderung langfristig stabiler Überzeugungen („belief structures" und „concepts")
- und schließlich eine Stärkung der Persönlichkeit und eine Veränderung des „beruflichen Selbst" (Bauer et al., 1996).

Ein für uns überraschendes weiteres Ergebnis: Viele der von uns interviewten Lehrpersonen gaben an, aus den Forschungsaktivitäten direkte Impulse für die Verbesserung ihrer Unterrichtsplanung und - durchführung gezogen zu haben (Fichten & Meyer, 2006).

Harte Daten, die diese Vermutungen bestätigen könnten, sind jedoch spärlich:

- Die gängigen Modelle professioneller Entwicklung von Lehrkräften (im Überblick Messner & Reusser, 2000) klammern die Frage nach dem Beitrag der Lehrer_innenforschung zur Kompetenzentwicklung aus.
- Es überrascht, dass auch dort, wo eine lange Tradition von Lehrer_innenforschung besteht (z.B. an der Laborschule Bielefeld), kaum Veröffentlichungen zur Professionalisierung dieser Lehrpersonen zu verzeichnen sind.

- Auch in Hericks (2006) empirisch abgesicherter Ermittlung selbst gesetzter Entwicklungsaufgaben von Berufseinsteigerinnen und Berufseinsteigern fehlt eine Kategorie wie „Entwicklung von Forschungskompetenz" oder von „forschender Haltung".

Es gibt mehrere Gründe, die diese dünne empirische Basis erklärlich machen:
- Es gibt – zumindest im deutschsprachigen Raum – rein quantitativ betrachtet viel zu wenige Lehrerforscher_innen.
- „Lehrer_innenforschung" ist so gut wie nirgendwo ein regulärer Bestandteil der Lehrer_innenbildung.
- Die Wahrnehmung der Kompetenzentwicklung setzt eine postaktionale Selbstbeobachtung voraus (Fichten, 2005). Dort, wo forschende Lehrpersonen zu solcher Reflexion angeleitet werden, sind die Ergebnisse jedoch interessant und fruchtbar (z.B. Vogt & Templin, 2003).

Im Folgenden soll über Ergebnisse einer aktuellen Studie aus der Oldenburger Teamforschung berichtet werden,[18] bei der thematisch breit angelegte leitfadengestützte Interviews mit vier an der Teamforschung beteiligten Lehrpersonen geführt und qualitativ ausgewertet wurden. Wesentliche Ergebnisse:
- Mit den Studierenden kommt eine *Außensicht* ins Spiel, es werden Beobachter_innen eingeführt, deren Beobachtungen 2. Ordnung – systemtheoretisch gesprochen – das System irritieren (können) (Reh, 2004). Dies setzt voraus, dass den Beobachterinnen und Beobachtern eine gewisse Autorität und Fachkompetenz zuerkannt wird.
- Schulische Probleme werden über und mittels Forschung *„deprivatisiert"* (berufliche Belastungen sind nicht mehr nur das Problem einzelner Lehrpersonen) und *„verobjektiviert"* (von persönlichen Sichtweisen und kollegiumsinternen Meinungsverschiedenheiten getrennt), so dass sie sachlich-argumentativ besprochen und verhandelt werden können.
- Praxisforschung leistet eine *Problemfokussierung und -bewusstmachung.*
- Praxisforschung liefert eine *Beschreibung* der Realität und eine Art „Abbild". Die Realität wird gespiegelt.
- Letzten Endes werden mit der Forschung (bestehende) Probleme und ihre Hintergründe, Begleitumstände, Bedingungsfaktoren usw. veröffentlicht.

Wir fassen zu der schon einleitend formulierten These zusammen:

> **These:** Eine wesentliche Leistung der Praxisforschung besteht darin, implizites Wissen der Berufspraktiker_innen durch eigene Forschungstätigkeit explizit und für die lokale und auch die überregionale Schul- und Unterrichtsentwicklung verfügbar zu machen.

---

18 Aus dem Jahr 2005 liegt eine weitere Interviewserie mit Oldenburger Lehrerinnen und Lehrern vor, die zu gleichen Ergebnissen geführt hat, die aber noch nicht veröffentlicht ist.

Aufgrund unserer inzwischen zwanzigjährigen, wiederholt evaluierten Zusammenarbeit mit forschenden Lehrerinnen und Lehrern formulieren wir *einige erste Hypothesen* über Mechanismen und Effekte der Kompetenzentwicklung durch Forschung.

(1) Das eigene Forschen hat, je nachdem ob sich eine Lehrerin_ein Lehrer berufsbiografisch in der survival-, in der mastery- oder der routine-Phase befindet, jeweils andere Effekte.

(2) Eigene Forschung fördert die Fähigkeit und Bereitschaft zum Perspektivenwechsel bzw. zur befristeten Perspektivenübernahme nicht automatisch, sondern nur dann, wenn das Perspektivenübernehmen eingeübt wird.

(3) Eigene Forschung wird vor allem dann als bereichernd erlebt, wenn sie sich auf den eigenen Unterricht bezieht und – auf den ersten Blick – nicht lösbare Probleme zum Gegenstand hat.

Wir fassen zu einer These zusammen, die an die Aussagen aus Abschnitt 1 dieses Beitrags anschließt:

> **These:** Es gibt keinen Automatismus der Professionalitätssteigerung durch Lehrer_innenforschung. Forschen leistet nur dann einen Beitrag zur Professionalisierung, wenn wiederholt reflexive Distanz zum eigenen Forschungshandeln hergestellt wird und wenn die Forschungsergebnisse professionell in die Unterrichts- und Schulentwicklung eingespeist werden.

5. Gelingensbedingungen von Praxisforschung

Wir fassen die an mehreren Stellen bereits thematisierten Gelingensbedingungen in einer Grafik zusammen (Abb. 7) und erläutern in Bezug auf die Oldenburger Teamforschung.

Soziale Komponente: Eine Voraussetzung für das Gelingen der Oldenburger Praxisforschung ist eine produktive Teamarbeit. Aufgrund von Spannungen im Team zustande kommende Probleme im Arbeitsprozess gefährden den Erfolg und – so kann man hinzufügen – mindern häufig auch die Qualität der Forschung. Deshalb ist es nach Ansicht der Befragten unerlässlich, dass Spielregeln für die Kooperation von allen Teammitgliedern eingehalten werden:

- Es muss in dem Team klare Absprachen geben.
- Die Arbeitsbelastung sollte gleich (und damit gerecht) verteilt sein.
- Es ist darauf zu achten, dass alle im Team vorhandenen Perspektiven zu Wort kommen.
- Letztlich sollte das Gefühl entstehen: „Wir ziehen an einem Strang und dann gelingt Forschung auch."

Ethische Komponente: Äußerungen der befragten Lehrpersonen zeigen, dass ethische Aspekte, auf die im Seminar explizit eingegangen wird, für das Gelingen von Forschung von Bedeutung sind. Damit werden nämlich die Belange der Schule, in der

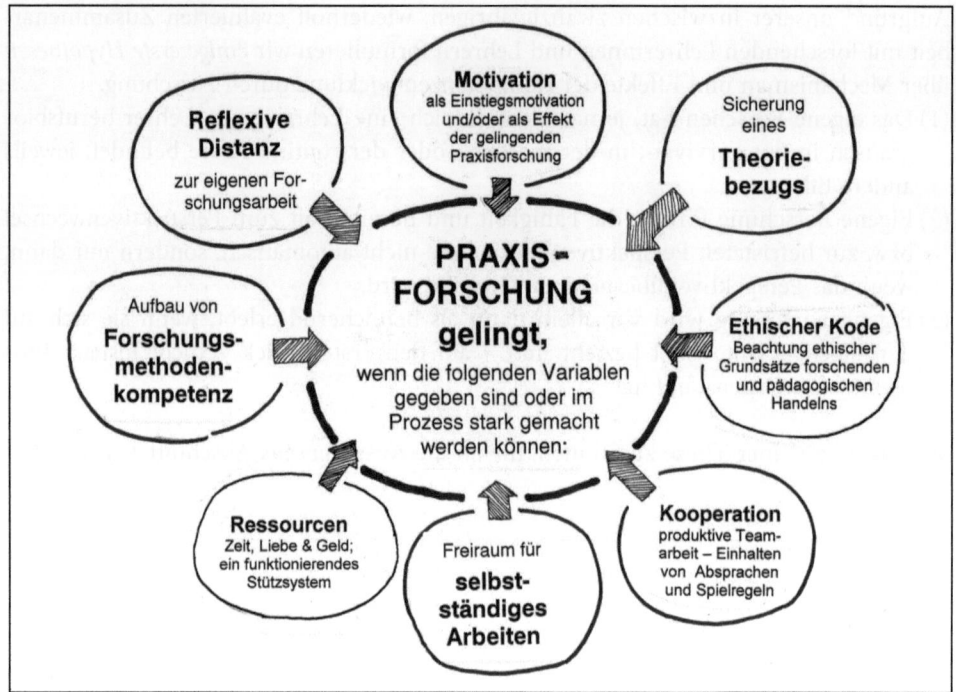

Abbildung 7:   Zusammenfassung der Gelingensbedingungen von Praxisforschung

geforscht wird, in die die Forschung begleitende Reflexion einbezogen. Zu nennen sind:

- der Aspekt der praktischen Verträglichkeit der Forschung (Berücksichtigung schulischer Gegebenheiten; Altrichter & Posch, 2007) sowie
- die eingegangene Verpflichtung gegenüber den Forschungspartnerinnen und -partnern (es muss eine Rückmeldung der Forschungsresultate geben).

Motivationale Komponente: Dass den Teammitgliedern die „Bedeutung des Ganzen" bewusst ist, trägt wesentlich zum Gelingen bei. Die mitwirkenden Lehrer_innen sind von der Wichtigkeit und Relevanz des von ihnen eingebrachten Forschungsthemas überzeugt. Eine Lehrerin meint, dass es schön wäre, wenn „der Funke überspringt" und sich die Studierenden ebenfalls für das Thema begeistern. Sie sollten bereit sein, „sich da rein zu fuchsen". Gefragt sind demnach eine ernsthafte Auseinandersetzung mit dem thematischen Schwerpunkt der Forschung und eine Einsicht in dessen schulpraktische Relevanz.

Ressourcen: Die zur Verfügung stehenden Ressourcen müssen nach Ansicht der Interviewten bedacht und berücksichtigt werden. Dazu gehört der knapp bemessene Zeitrahmen, der ein kluges Zeitmanagement erforderlich macht. Der begrenzte Zeitrahmen bedingt unter anderem die Dimensionierung des Forschungsvorhabens. Man dürfe sich nicht zu viel vornehmen, sonst habe man hinterher „das Gefühl (…), wir sind an die wirklichen Sachen nicht rangekommen." Das Gelingen der Forschung ist von vornherein gefährdet, wenn man ein Problem mit einem hohen Komplexitätsgrad untersucht. Damit wird bestätigt, dass die ausgegebene Devise „small is beautiful" sinnvoll ist.

Wir kommen zum Schluss: Wir wünschen allen Praxisforscherinnen und Praxisforschern Erfolg bei der Arbeit und auch ein wenig Spaß dabei. Es lohnt sich, dieses anspruchsvolle Konzept umzusetzen und selbst weiterzuentwickeln.

Literatur

Altrichter, H. (1990). *Ist das noch Wissenschaft? Darstellung und wissenschaftstheoretische Diskussion einer von Lehrern betriebenen Aktionsforschung.* München: Profil Verlag.

Altrichter, H. (2002). Die Rolle der „professional community" in der Lehrerforschung. In U. Dirks & W. Hansmann (Hrsg.), *Forschendes Lernen in der Lehrerbildung* (S. 17–36). Bad Heilbrunn: Klinkhardt.

Altrichter, H. & Feindt, A. (2004). Handlungs- und Aktionsforschung. In W. Helsper & J. Böhme (Hrsg.), *Handbuch der Schulforschung* (S. 417–435). Wiesbaden: VS Verlag für Sozialwissenschaften.

Altrichter, H. & Feindt, A. (2011). Lehrerinnen und Lehrer erforschen ihren Unterricht: Aktionsforschung. In E. Terhart, H. Bennewitz & M. Rothland (Hrsg.), *Handbuch der Forschung zum Lehrerberuf* (S. 214–231). Münster: Waxmann.

Altrichter, H. & Posch, P. (2007). *Lehrerinnen und Lehrer erforschen ihren Unterricht* (4. Aufl.). Bad Heilbrunn: Kinkhardt.

Arnold, K.-H. (2009). Unterricht als zentrales Konzept der didaktischen Theoriebildung und der Lehr-Lern-Forschung. In K.-H. Arnold, U. Sandfuchs & J. Wiechmann (Hrsg.), *Handbuch Unterricht* (S. 15–21). Bad Heilbrunn: Klinkhardt.

Bastian, J. & Hofmann, C. (2009). Die Forschungswerkstatt Schulentwicklung. Ein Modell des Forschenden Lernens in der Erziehungswissenschaft. In L. Huber, J. Hellmer & F. Schneider (Hrsg.), *Forschendes Lernen im Studium. Aktuelle Konzepte und Erfahrungen* (S. 127–138). Bielefeld: Universitäts Verlag Webler.

Bauer, K.-O. (1998). Pädagogisches Handlungsrepertoire und professionelles Selbst von Lehrerinnen und Lehrern. *Zeitschrift für Pädagogik, 44* (3), 343–359.

Bauer, K.-O., Kopka, A. & Brindt, S. (1996). *Pädagogische Professionalität und Lehrerarbeit. Eine qualitativ empirische Studie über professionelles Handeln und Bewußtsein.* Weinheim, München: Juventa.

Baumert, J. & Kunter, M. (2006). Professionelle Kompetenz von Lehrkräften. *Zeitschrift für Erziehungswissenschaft, 4,* 469–529.

Beck, C., Helsper, W., Heuer, B., Stelmaszyk, B. & Ullrich, H. (2000). *Fallarbeit in der universitären LehrerInnenbildung. Professionalisierung durch fallrekonstruktive Seminare?* Opladen: Leske + Budrich.

Boelhauve, U. (2009). Forschendes Lernen im Rahmen von Praxisstudien im erziehungswissenschaftlichen Studium der Lehramtsausbildung an der RWTH Aachen. In B. Roters, R. Schneider, B. Koch-Priewe, J. Thiele & J. Wildt (Hrsg.), *Forschendes Lernen im Lehramtsstudium* (S. 37–67). Bad Heilbrunn: Klinkhardt.

Boelhauve, U., Frigge, R., Hilligus, A. & Olberg, H.-J. (2005). Praxisphasen in der Lehrerausbildung. Empfehlungen und Materialien für die Umsetzung und Weiterentwicklung. *Seminar, 11* (3), 54–73.

Bolland, A. (2011). *Forschendes und biografisches Lernen*. Bad Heilbrunn: Klinkhardt.

Bruner, J. S. (1967). *Toward a theory of instruction*. Cambridge/Massachusetts: Harvard University Press.

Brunstein, J. & Spörer, N. (2010). Selbstgesteuertes Lernen. In D. Rost (Hrsg.), *Handwörterbuch Pädagogische Psychologie* (S. 751–759). Weinheim: Beltz.

Criblez, L. (1998). Die Reform der Lehrerbildung in England und Amerika. *Zeitschrift für Pädagogik, 44* (1), 41–60.

Deci, E. & Ryan, R. M. (1993). Die Selbstbestimmungstheorie der Motivation und ihre Bedeutung für die Pädagogik. *Zeitschrift für Pädagogik, 39* (2), 223–238.

Dewe, B. & Radtke, F.-O. (1991). Was wissen Pädagogen über ihr Können? Professionstheoretische Überlegungen zum Theorie-Praxis-Problem in der Pädagogik. *Zeitschrift für Pädagogik,* 27. Beiheft, 143–162.

Dick, A. (1994). *Vom unterrichtlichen Wissen zur Praxisreflexion*. Bad Heilbrunn: Klinkhardt.

Dick, A. (2003). Praxisforschung als Bindeglied zwischen Wissen und Können. In A. Obolenski & H. Meyer (Hrsg.), *Forschendes Lernen. Theorie und Praxis einer professionellen LehrerInnenbildung* (S. 37–54). Bad Heilbrunn: Klinkhardt.

Dirks, U. & Hansmann, W. (Hrsg.). (1999). *Reflexive Lehrerbildung. Fallstudien und Konzepte im Kontext berufsspezifischer Kernprobleme*. Weinheim: Deutscher StudienVerlag.

Elliott, J. (1991). *Action research for educational change*. Buckingham: Open University Press.

Feindt, A. (2007). *Studentische Forschung im Lehramtsstudium*. Opladen & Farmington Hills: Barbara Budrich.

Fend H. (1998). *Qualität im Bildungswesen. Schulforschung zu Systembedingungen, Schulprofilen und Lehrerleistung*. Weinheim, München: Juventa.

Fichten, W. (2003). Perspektivität der Erkenntnis und forschendes Lernen. In A. Obolenski & H. Meyer (Hrsg.), *Forschendes Lernen. Theorie und Praxis einer professionellen LehrerInnenbildung* (S. 85–98). Bad Heilbrunn: Klinkhardt.

Fichten, W. (2005). Selbstbeobachtung von Forschung – Reflexions- und Erkenntnispotenziale der Oldenburger Teamforschung. In E. Eckert & W. Fichten (Hrsg.), *Schulbegleitforschung. Erwartungen, Ergebnisse, Wirkungen* (S. 105–125). Münster: Waxmann.

Fichten, W. (2010). Forschendes Lernen in der Lehrerbildung. In U. Eberhardt (Hrsg.), *Neue Impulse in der Hochschuldidaktik* (S. 127–182). Wiesbaden: VS Verlag für Sozialwissenschaften.

Fichten, W. & Meyer, H. (2006). Kompetenzentwicklung durch Lehrerforschung – Möglichkeiten und Grenzen. *Zeitschrift für Pädagogik,* 51. Beiheft, 267–282.

Fichten, W. & Meyer, H. (2009). Forschendes Lernen in der Lehrerbildung – das Oldenburger Modell. In N. Hollenbach & K.-J. Tillmann (Hrsg.), *Die Schule forschend verändern* (S. 119–145). Bad Heilbrunn: Klinkhardt.

Fichten, W. & Moschner, B. (2009). Forschendes Lernen in der Oldenburger Lehrerbildung. In B. Roters, R. Schneider, B. Koch-Priewe, J. Thiele & J. Wildt (Hrsg.), *Forschendes Lernen im Lehramtsstudium* (S. 242–270). Bad Heilbrunn: Klinkhardt.

Fichten, W. & Wagener, U. (2005). Spiegelung in der Praxisreflexion. *journal für lehrerInnenbildung, 1,* 47–52.

Fichten, W., Wagener, U., Gebken, U., Beer, T., Junghans, C. & Meyer, H. (2004). *METHODEN-READER*. Oldenburger VORDRUCKE, Heft 487. Oldenburg: Didaktisches Zentrum.

Fichten, W., Feindt, A., Hellmer J., Hollenbach, N. & Meyer, H. (2011). Der Beitrag der Praxisforschung zu einer demokratisch-partizipativen Schul- und Unterrichtsentwicklung. In L. Ludwig, H. Luckas, F. Hamburger & Aufenanger, S. (Hrsg.), „Bildung" in der Demokratie II (S. 39–53). Opladen Farmington Hills: Barbara Budrich.

Fiegert, M. & Wischer, B. (Hrsg.). (2010). Studien zum gemeinsamen Lernen. Osnabrück: Universität, Institut für Erziehungswissenschaft.

Freitag, C. & von Bargen, I. (2012). Praxisforschung in der Lehrerbildung. Berlin: LIT-Verlag.

Frenzel, G. (2003). Forschungshaltung oder Handlungskompetenz? Studierende im ersten Schulpraktikum. In A. Obolenski & H. Meyer (Hrsg.), Forschendes Lernen. Theorie und Praxis einer professionellen LehrerInnenbildung (S. 227–242). Bad Heilbrunn: Klinkhardt.

Fried, L. (2003). Dimensionen pädagogischer Professionalität. Lehrerausbildungsforschung in internationaler Sicht. Die Deutsche Schule, Beiheft 7, 7–31.

Halsall, R. (Hrsg.). (1998). Teacher research and school improvement. Buckingham, Philadelphia: Open University Press.

Heinze, T., Müller, E., Stickelmann, B. & Zinnecker, J. (1975). Handlungsforschung im pädagogischen Feld. München: Juventa.

Helmke, A. (2009). Unterrichtsqualität und Lehrerprofessionalität. Seelze: Klett Kallmeyer.

Helsper, W. (1996). Antinomien des Lehrerhandelns in modernisierten pädagogischen Kulturen. In A. Combe & W. Helsper (Hrsg.), Pädagogische Professionalität (S. 521–569). Frankfurt: Suhrkamp.

Helsper, W. (2001). Praxis und Reflexion – die Notwendigkeit einer „doppelten Professionalisierung" des Lehrers. journal für lehrerInnenbildung, 3, 7–15.

Helsper, W. (2011). Lehrerprofessionalität – der strukturtheoretische Professionsansatz zum Lehrberuf. In E. Terhart, H. Bennewitz & M. Rothland (Hrsg.), Handbuch der Forschung zum Lehrerberuf (S. 149–170). Münster: Waxmann.

Hericks, U. (2006). Professionalisierung als Entwicklungsaufgabe. Wiesbaden: VS Verlag für Sozialwissenschaften.

Herzog, W. (1999). Professionalisierung im Dilemma. Braucht die Lehrerinnen- und Lehrerbildung eine eigene Wissenschaft? Beiträge zur Lehrerbildung, 17 (3), 340–374.

Hollenbach, N. & Tillmann, K.-J. (2009). Handlungsforschung – Lehrerforschung – Praxisforschung. Eine Einführung. In N. Hollenbach & K.-J. Tillmann (Hrsg.), Die Schule forschend verändern (S. 7–20). Bad Heilbrunn: Klinkhardt.

Horstkemper, M. (2003). Warum soll man im Lehramtsstudium forschen lernen? In A. Obolenski & H. Meyer (Hrsg.), Forschendes Lernen. Theorie und Praxis einer professionellen LehrerInnenbildung (S. 117–128). Bad Heilbrunn: Klinkhardt.

Huber, L. (1970). Forschendes Lernen. Bericht und Diskussion über ein hochschuldidaktisches Prinzip. Neue Sammlung, 10 (3), 227–244.

Huber, L. (1983). Forschung – Lehre – Lernen. L. Huber (Hrsg.), Enzyklopädie Erziehungswissenschaft. Bd. 10: Ausbildung und Sozialisation in der Hochschule (S. 496–509). Stuttgart: Klett Cotta.

Huber, L. (2003). Forschendes Lernen in Deutschen Hochschulen. Zum Stand der Diskussion. In A. Obolenski & H. Meyer (Hrsg.), Forschendes Lernen. Theorie und Praxis einer professionellen LehrerInnenbildung (S. 15–36). Bad Heilbrunn: Klinkhardt.

Huber, L. (2004). LehrerInnenforschung an einer Versuchsschule – oder: Die Mühen der Ebenen am Teutoburger Wald. In S. Rahm & M. Schratz (Hrsg.), LehrerInnenforschung (S. 35–57). Innsbruck: StudienVerlag.

Huber, L. (2009). Warum Forschendes Lernen nötig und möglich ist. In L. Huber, J. Hellmer, & F. Schneider (Hrsg.), *Forschendes Lernen im Studium. Aktuelle Konzepte und Erfahrungen* (S. 9–35). Bielefeld: UniversitätsVerlag Webler.

Jank, W. & Meyer, H. (2002). *Didaktische Modelle*. (5. überarbeitete Auflage). Berlin: Cornelsen Scriptor.

Juna, J. & Kral, P. (Hrsg.). (1996). *Schule verändern durch Aktionsforschung*. Innsbruck: StudienVerlag.

Klafki, W. (2002). Verändert Schulforschung die Schulwirklichkeit? In B. Koch-Priewe, H. Stübig, W. Hendricks & W. Klafki (Hrsg), *Schultheorie, Schulforschung und Schulentwicklung im politisch-gesellschaftlichen Kontext* (S. 198–218). Weinheim, Basel: Beltz.

Koch-Priewe, B. & Thiele, J. (2009). Versuch einer Systematisierung der hochschuldidaktischen Konzepte zum Forschenden Lernen. In B. Roters, R. Schneider, B. Koch-Priewe, J. Thiele & J. Wildt (Hrsg.), *Forschendes Lernen im Lehramtsstudium* (S. 271–292). Bad Heilbrunn: Klinkhardt.

Kohler, B. & Wacker, A. (2013). Das Angebots-Nutzungs-Modell. *Die Deutsche Schule, 105* (3), 241–256.

Kolbe, F.-U. (2003). Innovation in der Lehrerbildung. In I. Gogolin & R. Tippelt (Hrsg.), *Innovation durch Bildung* (S. 301–311). Opladen: Leske + Budrich.

Kolbe, F.-U. (2004). Verhältnis von Wissen und Handeln. In S. Blömeke, P. Reinhold, G. Tulodziecki & J. Wildt (Hrsg.), *Handbuch Lehrerbildung* (S. 206–232). Bad Heilbrunn: Klinkhardt.

Kosnik, C. & Beck, C. (2000). The action research process as a means of helping student teachers understand and fulfil the complex role of the teacher. *Educational Action Research, 8* (1), 115–136.

Kullmann, H. (2011). Der forschende Habitus als Element der Lehrerprofessionalität – eine kritische Analyse anhand der Habituskonzeption von Pierre Bourdieu. *TRIOS, 6* (2), 147–158.

Kunter M., Baumert J., Blum W., Klusmann U., Krauss, S. & Neubrand, M. (Hrsg.). (2011). *Professionelle Kompetenz von Lehrkräften – Ergebnisse des Forschungsprogramms COACTIV*. Münster: Waxmann.

Kunze, I. (2012). Praxisforschung in der ersten Phase der Lehrerbildung – ein Modell für alle Studierenden und Lehrenden? In C. Freitag & I. von Bargen (Hrsg.), *Praxisforschung in der Lehrerbildung* (S. 23–34). Berlin: LIT-Verlag.

Lewin, K. (1946). Action research and minority problems. *Journal of Social Issues, 2* (4), 34–46.

Lüders, C. (1991). Spurensuche. Ein Literaturbericht zur Verwendungsforschung. *Zeitschrift für Pädagogik, 27*. Beiheft, 415–437.

Lüders, C (2006). Qualitative Evaluationsforschung – was heißt hier Forschung? In U. Flick (Hrsg.), *Qualitative Evaluationsforschung* (S. 33–62). Reinbek: Rowohlt.

Mayr J. (2011). Der Persönlichkeitsansatz in der Lehrerforschung. In E. Terhart, H. Bennewitz & M. Rothland (Hrsg.), *Handbuch der Forschung zum Lehrerberuf* (S. 125–148). Münster: Waxmann.

McLaughlin, C. (2009). Architektur und Entwicklung der Lehrerforschung im Vereinigten Königreich. In N. Hollenbach & K.-J. Tillmann (Hrsg.), *Die Schule forschend verändern* (S. 67–84). Bad Heilbrunn: Klinkhardt.

Messner, H. & Reusser, K. (2000). Die berufliche Entwicklung von Lehrpersonen als lebenslanger Prozess. *Beiträge zur Lehrerbildung, 18* (2), 157–171.

Meyer, H. (2004). *Was ist guter Unterricht?* Berlin: Cornelsen Scriptor.

Meyer, H. (2007). *Leitfaden Unterrichtsvorbereitung*. Berlin: Cornelsen Scriptor.

Meyer, H. & Fichten, W. (2009). *Einführung in die schulische Aktionsforschung*. Oldenburger VORDRUCKE, Heft 581. Oldenburg: Didaktisches Zentrum.

Moser, H. (1977). *Praxis der Aktionsforschung*. München: Kösel.

Moser, H. (1995). *Grundlagen der Praxisforschung*. Freiburg: Lambertus.

Noffke, S. E. (1997). Professional, Personal, and Political Dimensions of Action Research. *Review of Research in Education, 22*, 305–343.

Oevermann, U. (1996). Theoretische Skizze einer revidierten Theorie professionalisierten Handelns. In: A. Combe & W. Helsper (Hrsg.), *Pädagogische Professionalität* (S. 70–182). Frankfurt: Suhrkamp.

Ohlhaver, F. & Wernet, A. (Hrsg.). (1999). *Schulforschung. Fallanalyse. Lehrerbildung. Diskussionen am Fall*. Opladen: Leske + Budrich.

Orland-Barak, L. (2004). What have I learned from all this? Four years of teaching an action research course: insights of a „second order". *Educational Action Research, 12* (1), 33–56.

Peters, J. (2000). Professionalisieren und Lernen durch forschendes Handeln. In A. Feindt & H. Meyer (Hrsg.), *Professionalisierung und Forschung. Studien und Skizzen zur Reflexivität in der LehrerInnenbildung* (S. 13–27). Oldenburg: Didaktisches Zentrum.

Popp, U. & Reh, S. (Hrsg.). (2004). *Schule forschend entwickeln*. Weinheim, München: Juventa.

Posch, P. (2009). *Aktionsforschung und Kompetenzentwicklung*. Paper zum Vortrag auf der Tagung des Nordverbunds Schulbegleitforschung in Oldenburg am 18.09. 2009.

Prengel, A. (1997). Perspektivität anerkennen. In B. Friebertshäuser & A. Prengel (Hrsg.), *Handbuch qualitative Forschungsmethoden in Erziehung und Erziehungswissenschaft* (S. 599–627). Weinheim, München: Juventa.

Radtke, F.-O. (2004). Der Eigensinn pädagogischer Professionalität jenseits von Innovationshoffnungen und Effizienzerwartungen. In B. Koch-Priewe, F.-U. Kolbe & J. Wildt (Hrsg.), *Grundlagenforschung und mikrodidaktische Reformansätze in der Lehrerbildung* (S. 99–147). Bad Heilbrunn: Klinkhardt.

Rahm, S. & Schratz, M. (Hrsg.). (2004). *LehrerInnenforschung*. Innsbruck: StudienVerlag.

Reh, S. (2004). Welches Wissen benötigt die „pädagogische Praxis"? Wissen über Schulentwicklungsprozesse. In U. Popp & S. Reh (Hrsg.), *Schule forschend entwickeln* (S. 75–87). Weinheim, München: Juventa.

Reh, S. & Schelle, C. (2001). „Lehr-Forschungs-Projekte" in der LehrerInnenausbildung. *journal für lehrerInnenbildung, 3*, 55–61.

Reinmann-Rothmeier, G. & Mandl, H. (2002). Unterrichten und Lernumgebungen gestalten. In A. Krapp & B. Weidenmann (Hrsg.), *Pädagogische Psychologie* (4. überarbeitete Aufl., S. 601–645). Weinheim: Beltz.

Reitinger, J. (2013). *Forschendes Lernen. Theorie, Evaluation und Praxis in naturwissenschaftlichen Lernarrangements*. Immenhausen bei Kassel: PROLOG Verlag.

Reusser, K. & Pauli, C. (Hrsg.). (2010). *Unterrichtsgestaltung und Unterrichtsqualität – Ergebnisse einer internationalen und schweizerischen Videostudie zum Mathematikunterricht*. Münster: Waxmann.

Rock, T. C. & Levin, B. B. (2002). Collaborative action research projects: Enhancing preservice teacher development in professional development schools. *Teacher Education Quarterly, 29*, 7–21.

Ross, D. D. (1987). Action research for preservice teachers: a description of why and how. *Peabody Journal of Education, 64*, 131–150.

Roters, B., Schneider, R., Koch-Priewe, B., Thiele, J. & Wildt, J. (Hrsg.). (2009). *Forschendes Lernen im Lehramtsstudium*. Bad Heilbrunn: Klinkhardt.

Ryan, C. (1997). Keeping it complex: the power of support from a community of professionals. *Educational Action Research, 5* (1), 17–30.

Schneider, R. & Wildt, J. (2003). Das Berufspraktische Halbjahr in Dortmund: Forschendes Lernen in Praxisstudien einer professionalisierten Lehrerausbildung. In A. Obolenski & H. Meyer (Hrsg.), *Forschendes Lernen. Theorie und Praxis einer professionellen LehrerInnenbildung* (S. 165–183). Bad Heilbrunn: Klinkhardt.

Schön, D. A. (1983). *The reflective practitioner*. London: Temple Smith

Schönig, W. (1999). Forschen in der Schulentwicklung? *Die Deutsche Schule, 91* (4), 424–436.

Seider, S. N. & Lemma, P. (2004). Perceived effects of action research on teachers' professional efficacy, inquiry mindsets and the support they received while conducting projects to intervene into student learning. *Educational Action Research, 12* (2), 219–238.

Stein, S. (2004). Interpretieren mit Methode. Eine empirische Annäherung an „forschendes Lernen". In Arbeitskreis Interpretationswerkstatt PH Freiburg (Hrsg.), *Studieren und Forschen. Qualitative Methoden in der LehrerInnenausbildung* (S. 41–66). Herbolzheim: Centaurus.

Tenorth, H.-E. (2006). Professionalität im Lehrerberuf. Ratlosigkeit der Theorie, gelingende Praxis. *Zeitschrift für Erziehungswissenschaft, 9* (4), 580–597.

Terhart E. (2011a). Forschung zu Berufsbiographien von Lehrerinnen und Lehrern: Stichworte. In E. Terhart, H. Bennewitz & M. Rothland (Hrsg.), *Handbuch der Forschung zum Lehrerberuf* (S. 339–342). Münster: Waxmann.

Terhart, E. (2011b). Lehrerberuf und Professionalität: Gewandeltes Begriffsverständnis – neue Herausforderungen. *Zeitschrift für Pädagogik*, Beiheft 57, 202–223.

Terhart, E. & Tillmann, K.-J. (Hrsg.). (2007). *Schulentwicklung und Schulforschung. Das Lehrer-Forscher-Modell der Laborschule auf dem Prüfstand*. Bad Heilbrunn: Klinkhardt.

Vogt, D. & Templin, U. (2003). Die Rolle reflektierender PraktikerInnen in komplexen Schulentwicklungsprozessen. In A. Obolenski & H. Meyer (Hrsg.), *Forschendes Lernen. Theorie und Praxis einer professionellen LehrerInnenbildung* (S. 261–272). Bad Heilbrunn: Klinkhardt.

Weinert, F. E. & Helmke, A. (1996). Der gute Lehrer: Person, Funktion oder Fiktion? *Zeitschrift für Pädagogik*, 34. Beiheft, 223–233.

Wilde, M. & Stiller, C. (2011). Ansätze Forschenden Lernens in der Biologiedidaktik an der Uni Bielefeld. *TRIOS, 6* (2), 171–183.

Wildt, J. (2003). Reflexives Lernen in der Lehrerbildung – ein Mehrebenenmodell in hochschuldidaktischer Perspektive. In A. Obolenski & H. Meyer (Hrsg.), *Forschendes Lernen. Theorie und Praxis einer professionellen LehrerInnenbildung* (S. 71–84). Bad Heilbrunn: Klinkhardt.

Wildt, J. (2005). Auf dem Weg zu einer Didaktik der Lehrerbildung? *Beiträge zur Lehrerbildung, 23* (2), 183–190.

Zeichner, K. & Noffke, S. (2001). Practitioner Research. In V. Richardson (Hrsg.), *Handbook of research on teaching* (4. Aufl, S. 298–330). Washington DC: AERA.

Zeichner, K. (2001). Educational Action Research. In P. Reason & H. Bradbury (Hrsg.), *Handbook of action research* (S. 273–283). London: Sage.

Zeichner, K. & Liston, D. (1987). Teaching student teachers to reflect. *Harvard Educational Review, 57* (1), 23–48.

Moritz Börnert, Lisa Debus, Sophia Gerdes, Tim Lübben,
Svea Norden und Liesa Temme

Was lerne ich, wenn ich selbst forsche?

Ein Erfahrungsbericht aus der Oldenburger Teamforschung

1.   Forschen lernen = forschend lernen?

Forschen zu lernen ist im Studium eine basale Kompetenz, die es für Studierende zu erlernen gilt. Doch insbesondere vielen Lehramtsstudierenden, das äußern Kommiliton_innen immer wieder, erscheint ein solches Konzept nicht zwingend plausibel oder dem Berufsziel unangemessen. „Warum soll ich XY untersuchen? Das brauche ich in der Schule nie wieder!" ist eine häufig gehörte Äußerung von Studierenden im Zusammenhang mit Untersuchungen im Rahmen von Hausarbeiten oder kleineren Forschungsprojekten, die Lehramtsstudierende im Rahmen von Seminaren zu bearbeiten haben. Kritisiert wird dabei allem voran (und das insbesondere im Rahmen von fachwissenschaftlichen Untersuchungsprojekten) der fehlende berufsorientierte Praxisbezug.[1] „Ich möchte Lehrer_in werden, nicht Wissenschaftler_in!", lautet vielfach die Beschwerde. Wieso sollen Studierende Forschen lernen, die Lehramt studieren und keine wissenschaftliche Karriere anstreben?

Die für die Lehrer_innenbildung Verantwortlichen haben auf solche Fragen Antworten parat: Lehramtsstudierende sollen Forschen lernen, „um die zukünftigen Lehrer_innen zu befähigen, ihr Theoriewissen für die Analyse und Gestaltung des Berufsfeldes nutzbar zu machen und auf diese Weise ihre Lehrtätigkeit nicht wissenschaftsfern, sondern in einer forschenden Grundhaltung auszuüben" (Wissenschaftsrat zit. nach Fichten, 2013). Der Anspruch besteht also in einer „forschenden Grundhaltung", die die Lehrer_innen in ihrem Studium erwerben sollen. Aus diesem Anspruch heraus, so bemerkt Wolfgang Fichten (2010, S. 8; 2013, S. 5), wird an den Hochschulen vermehrt eine forschungsorientierte Lehrer_innenbildung forciert. Der Anspruch einer forschenden Grundhaltung werde dabei „als Bestandteil professionellen Berufshandelns" angesehen (Fichten, 2010, S. 8; 2013, S. 5). Aus theoretischer Perspektive ist damit die zunehmende Forschungsorientierung legitimiert. Der formulierte Anspruch erscheint als wohl begründet. Allerdings bleibt die Formulierung vage und unkonkret. Denn es wird nicht deutlich, wie die Befähigung, Theoriewissen für die Gestaltung des Berufsfeldes nutzbar zu machen und dabei eine forschende Grundhaltung an den Tag zu legen, konkret aussieht und wie sie erreicht werden soll. Was macht eine forschende Grundhaltung aus und wie wird diese durch Forschen erworben? Wie lernen und erwerben überdies Studierende diese forschende Grundhaltung und Forschungskompetenz?

---

1   Die fehlende Orientierung des Lehramtsstudiums an den Bedürfnissen von Berufsanfängerinnen und Berufsanfängern wird auch von einigen Hochschuldidaktiker_innen kritisch gesehen (Fichten 2010, S. 7).

Die Bedeutung forschenden Lernens wird in der Hochschuldidaktik zunehmend diskutiert. Dabei wird das Konzept bzw. die Idee des forschenden Lernens herangezogen (Fichten, 2010, S. 1). Insbesondere die Aktionsforschung bemüht sich um die Umsetzung und Weiterentwicklung forschungsorientierter Lehrer_innenbildung und hat sich seit geraumer Zeit auch der Frage nach dem Kompetenzerwerb durch Aktionsforschung gewidmet (Fichten & Meyer, 2006). Auch aus studentischer Sicht erscheint die Frage, was ein_e (Lehramts-)student_in lernt, wenn sie_er selbst forscht, lohnenswert. Aus diesem Grund haben wir Oldenburger Studierende uns nach der Teilnahme an der *Oldenburger Teamforschung*[2] mit eben dieser Frage intensiv auseinandergesetzt. Die Ergebnisse der Gruppe werden in Abschnitt zwei präsentiert. In Abschnitt drei fassen wir zusammen, was wir nach Meinung der Aktionsforschungssekundärliteratur hätten lernen können / sollen und konfrontieren unsere kleine empirische Erhebung mit der Theorie. Abschließend antworten wir auf die Frage der kritischen Kommilitoninnen und Kommilitonen, ob Forschen aus unserer Sicht für den Berufsalltag von Lehrer_innen relevant ist.

2. Was lerne ich, wenn ich selbst forsche? – Studentische Wahrnehmungen aus der Oldenburger Teamforschung

Aktionsforschung ist mitunter nicht nur zeit- und arbeitsaufwändig. Es kann gleichermaßen auch nervenaufreibend sein, eine Forschungsaufgabe kleinzuarbeiten, sich mit Datenerhebungs- und Datenanalyseverfahren zu beschäftigen, die Unterstützung kritischer Lehrer_innen zu gewinnen,[3] die Daten zu erheben und auszuwerten, sodass schließlich bestenfalls ein robustes Ergebnis in die Schule zurückgetragen werden kann. Der Aufwand soll sich lohnen und das am besten für alle Beteiligten[4]. Deshalb sollen bei der *Oldenburger Teamforschung* die Forschungsaufgaben mit der Unterrichtspraxis der teilnehmenden Lehrer_innen verknüpft sein. Wenn das Team Antworten auf seine Forschungsfragen findet, hat sich der Aufwand für das an einer Schule lehrende Teammitglied gelohnt, denn so können die Forschungsergebnisse für den Schulalltag der Lehrer_innen und Schüler_innen nutzbar gemacht werden. Wann aber lohnt sich Teamforschung für die Studierenden? Wenn dabei ein Lernprozess bewusst gemacht wird! Denn um Lernen geht es schließlich im Studium – Lernen für den Beruf, in unserem Fall für den Lehrberuf. Nachdem das Teamforschungsseminar abgeschlossen war, und wir viele der oben skizzierten Schritte im Rahmen der Forschungsaufgabe gegangen waren, stellten wir uns im Rahmen der Vorbereitung eines Vortrags die Frage: Was haben wir eigentlich bei der Teamforschung gelernt?

---

2   Konzept der Oldenburger Teamforschung *sensu* Fichten & Meyer (2006; vgl. Fichten & Meyer in diesem Band).

3   Da die Forschung häufig Unterrichtsprozesse unmittelbar berühren und somit auch beeinflussen kann, sind zunächst nicht immer alle Lehrer_innen begeistert, wenn sie mit einem Forschungsvorhaben konfrontiert werden.

4   Die Teams im Oldenburger Teamforschungsseminar bestehen aus einer Lehrkraft und einigen Studierenden. Diesem Team wird zur wissenschaftlichen Unterstützung ein_e Lehrende_r der Pädagogik der Universität Oldenburg zur Seite gestellt.

Das war im Prinzip eine neue Forschungsaufgabe, denn wir analysierten mit einer eher unkonventionellen, aber effektiven Methode des „E-Mail-Brainstormings" unseren eigenen Lernzuwachs (Abb. 1). Wichtig dabei war, dass sich jede_r für sich allein und ohne einen Blick in die Sekundärliteratur, d.h. unbeeinflusst durch Andere, der Frage stellte.

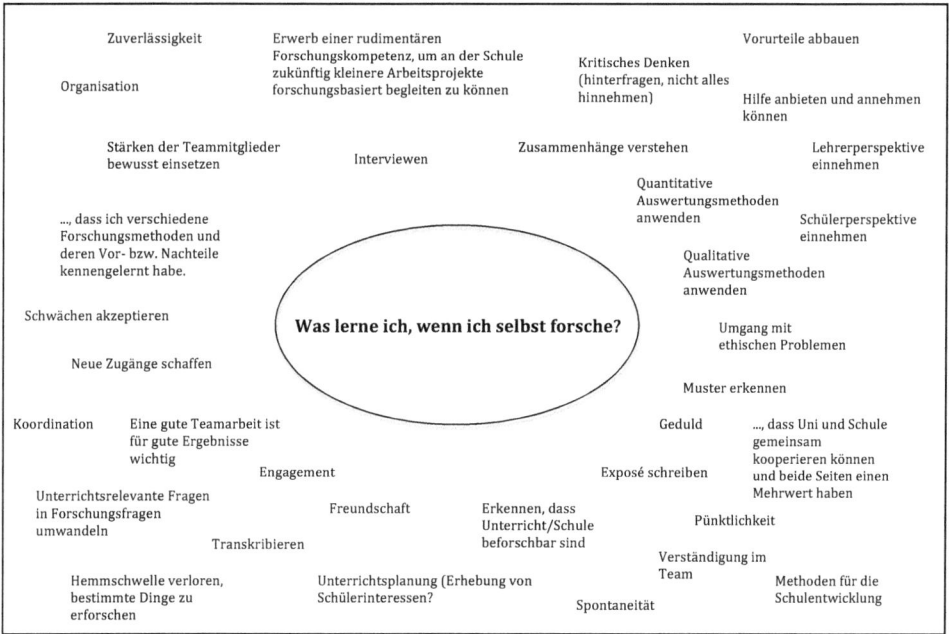

Abbildung 1:   Ein „E-Mail-Brainstorming" unter den Autor_innen zum Thema „Was lerne ich, wenn ich selbst forsche?"

Nachdem sich alle Teammitglieder am „E-Mail-Brainstorming" beteiligt haben, kann davon ausgegangen werden, dass jede_r der Überzeugung ist, etwas gelernt zu haben. Weiterhin zeigt sich, dass sehr verschiedene Antworten auf die Frage gegeben wurden. Sie reichen von sehr basalen Dingen wie „Pünktlichkeit" über sehr konkrete Fähigkeiten wie „Essay schreiben" bis hin zu komplexeren und abstrakteren Aspekten wie „(rudimentäre) Forschungskompetenz". In der präsentierten Form haben die Ergebnisse allerdings noch wenig Aussagekraft, was grundsätzliche Lernmöglichkeiten bei der Teamforschung betrifft. Zunächst sind es individuelle Aussagen darüber, was die_ der Einzelne persönlich gelernt hat. Soll die Frage dazu erweitert werden, was Studierende durch Teamforschung nach Meinung von studentischen Teamforschungsteilnehmer_innen lernen können, müssen überindividuelle Kategorien synthetisiert werden. Bei diesem Synthetisierungs- bzw. Systematisierungsversuch der Einzelnennungen wurde ein induktives Vorgehen genutzt, um wiederum eine gewisse Objektivität zu gewährleisten. Der Systematisierungsversuch der genannten Lernergebnisse führt schließlich zu fünf übergeordneten Kategorien, in die sich die meisten der Nennungen einordnen lassen:[5] Teamarbeit, Perspektivenwechsel, Methodenkompetenz, Forschungskompetenz und Persönlichkeit (Abb. 2).

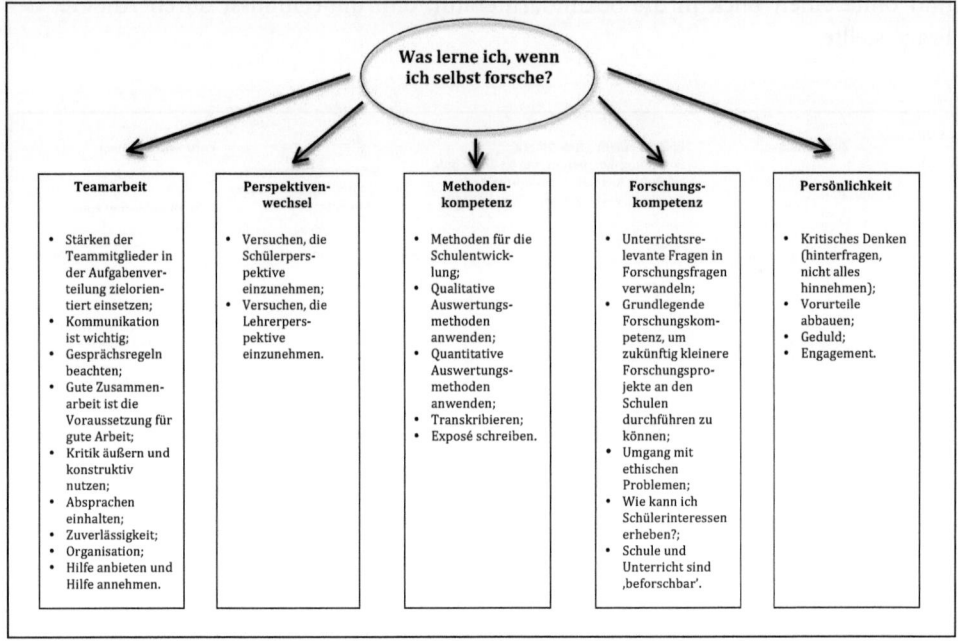

Abbildung 2: Systematisierungsversuch aus den in Abb. 1 präsentierten Ergebnissen des „E-Mail-Brainstormings"

Die fünf Kategorien verdeutlichen, dass der selbstempfundene Lernzuwachs auf unterschiedlichen Ebenen stattgefunden hat: auf der sozialen Ebene (Teamarbeit und Perspektivenwechsel), einer handlungsrelevanten Ebene (Methoden- und Forschungskompetenz) und einer eher persönlichen Ebene (Persönlichkeit). Ob auch andere Studierende ähnliche Ebenen nennen würden, könnte bezweifelt werden. Die Nennungen waren doch sehr individuell, auch wenn es durchaus Ähnlichkeiten und Übereinstimmungen gab, und hingen immer auch von der Forschungsaufgabe und ihrer Bearbeitung ab.[6] Dennoch ist nicht auszuschließen, dass von anderen Studierenden ähnliche Fähigkeiten erlernt oder vertieft werden, die im Brainstorming genannt worden sind.

Die hier herausgearbeiteten Kategorien und Ebenen sind für sich genommen zunächst eine Tendenz. Sie können aber durch ein Abgleichen mit der Theorie zum Kompetenzerwerb durch Aktionsforschung argumentatives Gewicht erhalten.

---

5   Manche der Nennungen können auch anderen Kategorien zugeordnet werden. So ist „Zuverlässigkeit" wohl ebenso ein Lernzuwachs, der die Teamarbeit beeinflusst, sowie auch einer, der (nachwirkend) die gesamte Persönlichkeit beeinflussen kann. Der Übersichtlichkeit halber wurden die Nennungen nur einer Kategorie zugeordnet, derjenigen für die sie als besonders relevant erschienen.

6   So stammt die Nennung „Mit ethischen Problemen umgehen lernen (die Interessen von Schüler_innen wahren und gleichzeitig pädagogischer Verantwortung nachkommen)" von einem Studierenden, in dessen Team ein solches ethisches Problem zu bewältigen war.

3. Was lerne ich, wenn ich selbst forsche? – Konfrontation mit theoretischen Ansätzen zum Kompetenzerwerb

Zunächst muss festgehalten werden, dass bei studentischem Forschen nicht zwingend ein Lernzuwachs vorausgesetzt werden darf. Die Antwort auf die Frage „Was lerne ich, wenn ich selbst forsche?" kann von einem Studierenden durchaus auch korrekterweise mit „nichts" beantwortet werden – zumindest in Bezug auf die Professionalisierung als angehende Lehrkraft. Darüber ist sich die Fachwissenschaft durchaus im Klaren (Fried, 2003; Schneider, 2009; Fichten, 2010). Hinzu kommt noch Schlimmeres: Mangelhaft durchdachte oder irrelevant erscheinende Forschungsprojekte im Studium können durchaus zu einer ablehnenden Haltung von Studierenden gegenüber weiterer Forschung führen (Fichten, 2010, S. 30f.). Ein solcher Effekt ist vor dem Hintergrund der Empfehlung des Wissenschaftsrates und der hochschuldidaktischen Bemühungen, Berufsanfänger_innen mit einer „forschenden Grundhaltung" (Wissenschaftsrat zit. nach Fichten, 2013) auszustatten, bedenklich.

In vielen Fällen aber erfüllt Forschen im Studium unter anderem einen Zweck, nämlich einen positiven Effekt im Sinne eines Lernzuwachses zu erwirken. Fichten (2010, 31f.) summiert in der Sekundärliteratur in diesem Zusammenhang folgende Effekte: die Herausbildung eines realitätsangemessenen „Lehrer-Selbstbilds", Verständnis für die Sicht der Schüler_innen, die Fähigkeit zur Schüler_innenbeobachtung, Stärkung des Selbstbewusstseins, persönlicher Zugang zum Forschungsgegenstand und intensive Auseinandersetzung mit diesem, Forschungskompetenz, Forschung anhand von Gütekriterien besser beurteilen können und Kritikfähigkeit. Aufgrund dieser positiven Effekte forschenden Lernens hat sich die Hochschuldidaktik der Lehrer_innenbildung in jüngerer Zeit auch mit dem Kompetenzerwerb durch Aktionsforschung auseinandergesetzt. Erwähnt werden dabei u.a. folgende mögliche Kompetenzbereiche (Fichten & Meyer, 2006; Fichten, 2010):

- Reflexionskompetenz
- Teamkompetenz
- Problemlösekompetenz
- Arbeits- und forschungsmethodische Kompetenz
- Beratungs- und Kommunikationskompetenz
- Hermeneutische Kompetenz
- Forschungskompetenz

Die angeführten Kompetenzen werden allerdings in der Fachliteratur häufig nicht von allen Autor_innen gleichermaßen angesprochen. Zur Verdeutlichung dieser Feststellung sei darauf hingewiesen, dass Bastian, Combe, Hellmer, Hellrung & Merziger (2006) Teamkompetenz gesondert ausweisen, während eine zunehmende Teamfähigkeit bei Meyer (2006) als Teil der Forschungskompetenz betrachtet wird. Ähnliches gilt auch für die Kompetenzbereiche „arbeits- und forschungsmethodische Kompetenz", die bei Meyer (2006) als Teil der Methodenkompetenz ausgewiesen wird.

Problematisch zeigt sich neben der Uneinigkeit und somit Divergenz einzelner Kompetenzbereiche zudem vor allem der Mangel an verlässlichen, empirischen Daten. Einige Arbeiten legen dabei nicht offen, wie sie zu den von ihnen vorgeschlagenen

Kompetenzen kommen (Bastian et al., 2006), andere Arbeiten stützen sich auf wenige Interviews bzw. offene Fragebögen (Fichten & Meyer, 2006; Paseka, 2009). Nur einzelne Studien zeigen eine breite Datenerhebung und basieren auf einem ausreichend großen Datensatz (Zeichner 2006). Es fehlt demnach ein ausdifferenziertes, durch empirische Daten gestütztes Kompetenzmodell, das alle möglichen Kompetenzbereiche miteinschließt.

Demzufolge muss hier damit vorlieb genommen werden, die im vorangegangenen Abschnitt präsentierten Nennungen und daraus synthetisierten Kategorien (Teamarbeit, Perspektivenwechsel, Methodenkompetenz, Forschungskompetenz und Persönlichkeit) in Einklang mit den bisher vorgeschlagenen Kompetenzbereichen zu bringen. Vor allem Forschungskompetenzen werden sowohl in den synthetisierten Kategorien als auch in der Fachliteratur als möglicher Kompetenzbereich angesprochen. Daher erscheint es sinnvoll, diese Kategorie zunächst in den Blick zu nehmen. Forschungskompetenz wird sowohl von Meyer (2006) als auch von Schneider (2009) genauer betrachtet. Schneider (2009) entwickelt ein Vier-Stufen-Modell Forschenden Lernens, das in Forschungskompetenz im Sinne einer theoretisch begründeten und reflektierten Praxisforschung mündet (Abb. 3).

Stufe I	Stufe II	Stufe III	Stufe IV
Naive Einstellung	Im Fokus: das eigene Handeln	Mit der Absicht der Verbesserung der konkreten Praxis	Praxisforschung theoretisch begründet durchführen und reflektieren

Abbildung 3: Vier-Stufen-Modell Forschenden Lernens nach Schneider (2009, S. 35)

Meyers (2006) Modell geht von einem ähnlichen Ausgangspunkt aus – einer naivganzheitlichen Einfühlung in die Forschungsaufgabe – und kommt ebenfalls zu einer ähnlichen Endstufe: einem „doppelten forschend-entwickelnden Habitus" im Sinne eines „wissenschaftlich-reflexiven Habitus" und gleichzeitig „praktisch-routinierten Habitus eines Könners" (Meyer, 2006, S. 108; Abb. 4).

Nach Meyer (2006, S. 102) ist Forschungskompetenz „die Fähigkeit von Praktiker_innen, die tägliche Berufsarbeit durch Praxisforschung auf ein höheres Niveau der Selbstreflexivität zu bringen." Dabei geht es um eine Professionalisierung des Lehrer_innenhandelns (Meyer, 2006, S. 102). Dies steht im Einklang mit dem Professionalisierungsansatz der Lehrer_innenbildung, bei dem es nach Fichten (2010, S. 10) darum geht, „Studierenden Möglichkeiten zu eröffnen, die strukturellen Bedingungen des Lehrer_innenhandelns antizipativ zu bearbeiten und Reflexionskompetenz zu entwickeln." Aufgrund dieser Passung wird das Modell als Grundlage für die Einordnung der Nennungen verwendet.[7] Forschungskompetenz hat nach Meyer (2006) neun verschiedene Dimensionen (von Wissenschaftssprache bis Implementationskompetenz),

---

7 Das Modell zum Kompetenzaufbau eines „doppelten forschend-entwickelnden Habitus" nach Meyer (2006, S. 111) wurde hier ausgewählt, da es speziell das Konzept der Oldenburger Teamforschung berücksichtigt.

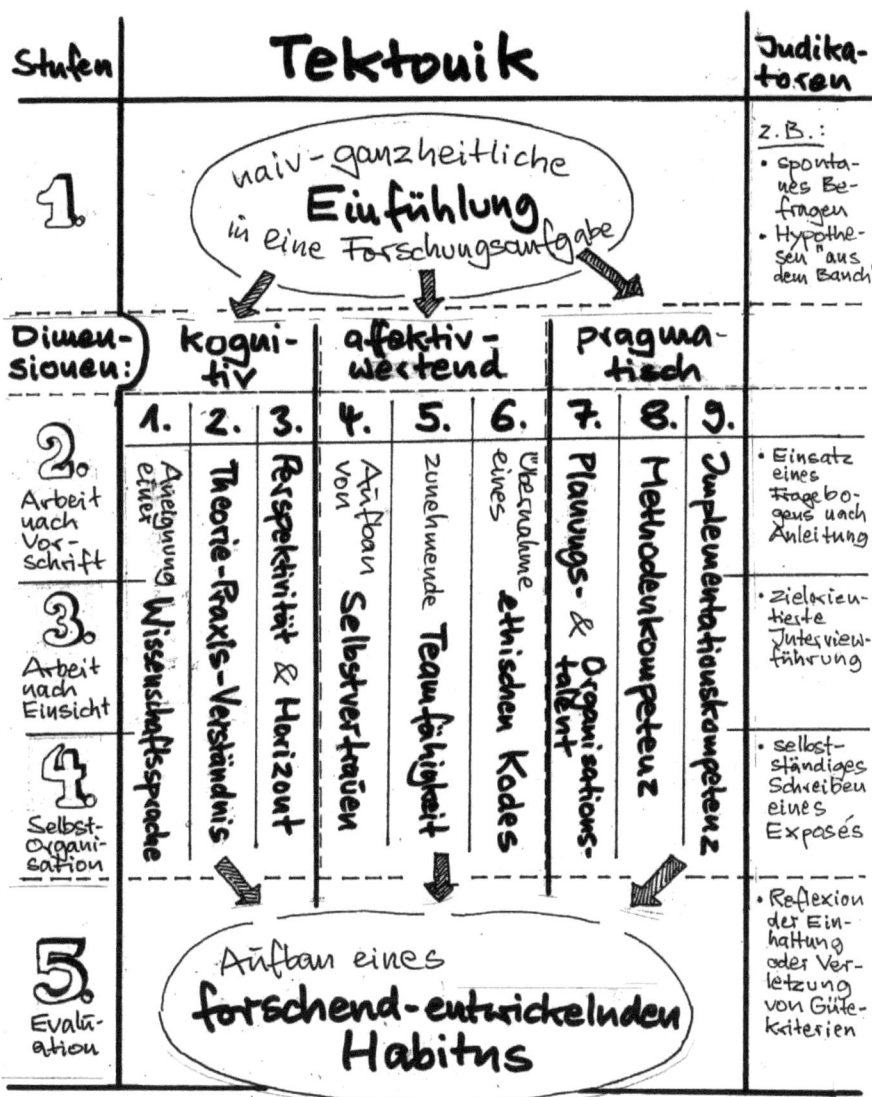

Abbildung 4: Ein Modell zum Kompetenzaufbau eines doppelten forschend-entwickelnden Habitus nach Meyer (2006, S. 111)

aufgeteilt in drei unterschiedliche Domänen (kognitiv, affektiv-wertend und pragmatisch). In diesen Dimensionen lassen sich einige im „E-Mail-Brainstorming" genannte Lernaspekte bzw. die daraus synthetisierten Kategorien wiederfinden.

So lässt sich die im vorherigen Abschnitt synthetisierte Kategorie „Methodenkompetenz" in Meyers Modell identifizieren. Dabei geht es in Meyers Modell um den „Aufbau forschungsbezogener Methodenkompetenz" (Meyer, 2006, S. 112). Obwohl diese Teildimension nicht weiter erklärt wird, gehen wir davon aus, dass hierin auch ein Lernzuwachs in der Art unserer Nennungen gemeint ist: qualitative und quantitative Forschungsmethoden und damit im Zusammenhang stehende Fähigkeiten wie z.B. Transkribieren anwenden zu lernen.

Ganz ähnlich verhält es sich mit den Nennungen, die wir unter der Kategorie „Teamarbeit" subsummiert haben. Die Teildimension der Teamfähigkeit bedeutet im Modell von Meyer (2006, S. 109) eine Entwicklung vom „Einzelkämpfer zum Teamarbeiter" und lässt sich demnach mit der von uns synthetisierten Kategorie der Teamarbeit in Beziehung setzen. Unsere Nennungen passen sich dabei in die von Meyer explizierten Stufen der Teildimension[8] „Teamfähigkeit" ein (Abb. 2 und 4). Die fünf Stufen reichen von der spontanen, nicht reflektierten Zusammenarbeit bis hin zu einer auf flexiblen Rollendefinitionen begründeten und selbstreflektierten Teamarbeit (Meyer, 2006, S. 113). Ein Beispiel zur Verdeutlichung: Die dritte Stufe beinhaltet „selbstverantwortete, durch ein Arbeitsbündnis geregelte Arbeit auf der Grundlage klarer Ziel- und Rollendefinitionen – Akzeptanz eines ethischen Kodes und freiwillige Nutzung von Hilfen" (Meyer, 2006, S. 113). Zu dieser Stufe passt die studentische Einsicht, dass „gute Zusammenarbeit" Voraussetzung für eine gute Arbeit ist. Zudem findet sich in den Ziel- und Rollendefinitionen nach Meyer der von uns formulierte Lernaspekt, die Stärken einzelner Teammitglieder zielorientiert einzusetzen. Gleiches gilt für die Einsicht, Hilfen anzubieten und anzunehmen, die sich in der Formulierung „Nutzung von Hilfen" (Meyer, 2006, S. 113) wiederfindet.

Die beiden Nennungen, die wir unter Perspektivenwechsel erfasst haben, finden sich als Teildimension „Perspektivität und Horizont" auch im Forschungskompetenzmodell wieder. In dieser Dimension geht es unter anderem um „die wachsende Einsicht in die Mehrperspektivität von Forschungsfragen und -ergebnissen" (Meyer, 2006, S. 110). Haben die Studierenden gelernt, verschiedene Perspektiven einzunehmen (ähnlich wie im vorherigen Abschnitt die an der Forschungsaufgabe beteiligten Lehrer/innen oder Schüler/innen), spricht man von einer Einsicht in die Mehrperspektivität.

Die Nennungen, die von uns der Kategorie „Persönlichkeit" zugeordnet wurden, sind hingegen nicht ohne Weiteres einer Teildimension im Modell zuzuordnen. Das bedeutet allerdings nicht, dass sie nicht zum Aufbau von Forschungskompetenz beitragen. Im Gegenteil scheint eine Nennung wie „Kritisches Denken (hinterfragen, nicht alles hinnehmen) sogar in besonderer Weise dem Ziel des „doppelten forschend-entwickelnden Habitus" zu entsprechen. Hier scheint die von Fichten (2010) thematisierte Reflexionskompetenz eine Rolle zu spielen, die im Modell von Meyer in der 5. Stufe des Modells impliziert ist. Im Sinne der mehrfachen Zuordbarkeit einzelner Nennungen ließe sich die Nennung „Geduld" zur Kategorie „Teamarbeit" umordnen und fiele somit der Teildimension „zunehmende Teamfähigkeit" (Meyer, 2006, S. 111) zu.

So bleibt zu guter Letzt noch die von uns selbst synthetisierte Kategorie „Forschungskompetenz". Die hierin enthaltenen Nennungen lassen sich zu zwei verschiedenen Teildimensionen des Modells zuordnen. Die Nennung „Umgang mit ethischen Problemen" passt in die Teildimension „Übernahme eines ethischen Kodes" (Meyer, 2006, S. 111). Die übrigen Nennungen (Abb. 2) drehen sich um die Einbeziehung von Forschung in die zukünftige eigene Lehrtätigkeit, ausgehend von der Einsicht,

---

8   Nach Meyer lassen sich die einzelnen Teildimensionen wiederum in fünf Stufen unterteilen. Die expliziert er beispielhaft an den Dimensionen Theorie-Praxis-Verhältnis, Teamfähigkeit und Ethischer Kode (2006, S. 112ff.)

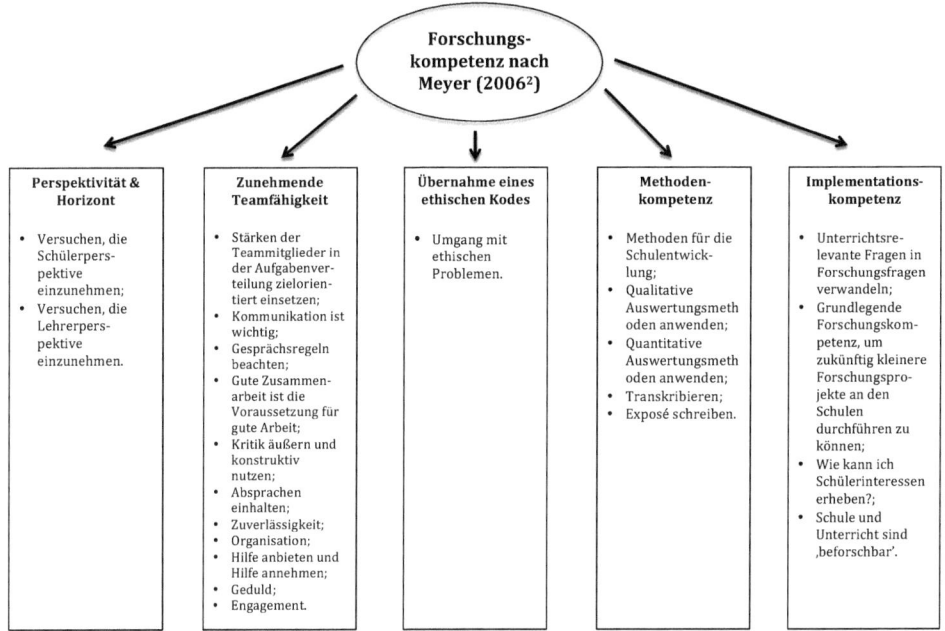

Abbildung 5:   Eine Umstrukturierung unserer Kategorien (vgl. Systematisierungsversuch in Abb. 2) in Anlehnung an Meyer (2006, S. 111)

dass Unterricht beforscht werden kann. Damit entsprechen sie der Teildimension der Implementierungskompetenz, bei der es darum geht, wissenschaftlich geprüftes Wissen in die Unterrichts- und die Schulentwicklung zu implementieren. Basierend auf diesen Überlegungen haben wir unsere Kategorien in Anlehnung an das Modell von Meyer (2006) umstrukturiert (Abb. 5).

Die Frage „Was lerne ich, wenn ich selbst forsche?" haben wir individuell und zum Teil sehr unterschiedlich beantwortet. Es lässt sich aber festhalten, dass das, was jede_r Einzelne gelernt hat, in gewisser Weise zum Aufbau von Forschungskompetenz beigetragen hat. Auf welcher individuellen Stufe der Kompetenzentwicklung jede_r nun steht, lässt sich nicht feststellen. Ein Grund dafür ist, dass sich Forschungskompetenz in den einzelnen Dimensionen unterschiedlich schnell entwickelt. Die zahlreichen Nennungen in der Teildimension „zunehmende Teamfähigkeit" (Meyer, 2006, S. 111) lassen aber vermuten, dass hier alle einen besonders großen, persönlichen Fortschritt zu verzeichnen haben. Das mag, beim speziellen Setting der Aktionsforschung in Oldenburg, die schließlich *Teamforschung* heißt, kaum verwundern.

4.   Warum soll Forschung Teil des Lehramtsstudiums sein?

Im Studium zu forschen bedeutet zweierlei, nämlich Forschen lernen und forschend Lernen. Das kann für die berufliche Zukunft als Lehrkraft überaus nützlich sein. Wenn forschendes Lernen im Studium sinnstiftend betrieben wird, kann der Aufbau von Forschungskompetenz und eines „forschend-entwickelnden Habitus" gelingen.

Forschungskompetenz beinhaltet zahlreiche Teilkompetenzen, die aufzubauen lohnenswert erscheinen, denn „professionelles Lehrer_innenhandeln und Forschen weisen einander entsprechende Strukturmerkmale auf.[9] Aufgrund dessen können [...] Kompetenzen für das spätere professionelle Handeln im Beruf gewonnen und angeeignet werden." (Fichten, 2010, S. 11f.)

Zentral beim forschenden Lernen im Studium ist allerdings, dass es hochschuldidaktisch angeleitet werden muss (Schneider, 2009, S. 33). Fehlt eine solche Anleitung, kann es statt zu einer forschend-entwickelnden, zu einer forschungsablehnenden Haltung bei Studierenden führen. Zudem scheint ein zentrales Kriterium für erfolgreiches Forschen die Wahl eines für die Schulpraxis relevanten Themas zu sein (Fichten, 2010, S. 30). Gerade hier ist wohl einer der zentralen Unterschiede zwischen den Oldenburger Teamforschungsprojekten und Untersuchungen im Rahmen von Hausarbeiten auszumachen. Die Forschungsaufgaben der Teamforschung stammen aus dem Schulalltag der Lehrer_innen des jeweiligen Teams. Sie besitzen damit mindestens eine Relevanz für die betroffenen Teammitglieder, häufig aber für einen gesamten Fachbereich oder die betroffene Schule. Durch die Rückmeldungen an die Schule wird diese Relevanz noch verstärkt.

Um forschendes Lernen mit dem Ziel eines „doppelten forschend-entwickelnden Habitus" zu initiieren, müssen also bestimmte Voraussetzungen erfüllt werden: Es müssen relevante Forschungsthemen gewählt werden, die Untersuchung muss in authentischen Kontexten[10] stattfinden können und die Forschungsaufgabe muss hochschuldidaktisch angeleitet werden. Diese Voraussetzungen für erfolgreiches, forschendes Lernen bedeuten nicht nur für die Lernenden, sondern auch für die Lehrenden Aufwand und Engagement. Wer dazu nicht bereit ist, läuft Gefahr, eine forschungsablehnende Haltung zu generieren. Teamforschung bzw. Aktionsforschung bedeutet für alle Beteiligten einen hohen Aufwand, wenn sie zum Aufbau von Forschungskompetenz führen soll.

Unseren kritischen Kommiliton_innen können wir deshalb Folgendes antworten: Eigene Forschungsprojekte sind nicht *per se* und in jedem Seminar sinnvoll. Sie können aber, wenn sie fachlich angeleitet und in Anbindung an einen authentischen Kontext bearbeitet werden, zum Aufbau von Forschungskompetenz und damit zu einem professionelleren Lehrer_innenhandeln führen. Wer also seine Professionalität als angehende Lehrkraft ausbauen möchte, dem sei Aktionsforschung dafür empfohlen.

---

9   Nach Fichten (2010, S. 11) haben Forschen und Lehrer_innenhandeln gemein, dass sie eine „Relationierung von Praxisgegebenheiten und dazu passenden Theorieangeboten vornehmen" müssen, um aus mehreren Handlungsoptionen die für die spezifische Situation angemessene Option auszuwählen.

10   Authentischer Kontext meint hier, dass ein authentisches Forschungsinteresse bzw. eine authentische Forschungsaufgabe besteht. Das Interesse bzw. die Aufgabe kann sowohl an die_ den Forschende_n herangetragen werden, beispielsweise von einer Schule, als auch aus eigenem Interesse entstehen. Wichtig ist, dass ein anwendbares Interesse an der Fragestellung besteht.

Literatur

Bastian, J., Combe, A., Hellmer, J., Hellrung, M. & Merziger, P. (2006). Forschungswerkstatt Schulentwicklung. Das Hamburger Modell. In A. Obolenski & H. Meyer (Hrsg.), *Forschendes Lernen. Theorie und Praxis einer professionellen LehrerInnenausbildung* (2. Auflage, S. 151–164). Oldenburg: BIS-Verlag.

Fichten, W. & Meyer, H. (2006). Kompetenzentwicklung durch Lehrerforschung – Möglichkeiten und Grenzen. In C. Allemann-Ghionda & E. Terhart (Hrsg.), *Kompetenzen und Kompetenzentwicklung von Lehrerinnen und Lehrern: Ausbildung und Beruf* (S. 267–282). Weinheim und Basel: Beltz.

Fichten, W. (2013). Über die Umsetzung und Gestaltung Forschenden Lernens im Lehramtsstudium. Verfügbar unter: http://www.uni-oldenburg.de/diz/publikationen/online-publikationen/ [30. September 2013].

Fichten, W. (2010). *Forschendes Lernen in der Lehrerbildung*. Verfügbar unter: http://www.forschungswerkstatt.uni-oldenburg.de/download/Forschendes_Lernen.pdf [30. September 2013].

Fried, L. (2003). Dimensionen pädagogischer Professionalität. Lehrerausbildungsforschung in internationaler Sicht. *Die Deutsche Schule, 7,* 7–31.

Meyer, H. (2006). Skizze eines Stufenmodells zur Analyse von Forschungskompetenz. In A. Obolenski & Hilbert Meyer (Hrsg.), *Forschendes Lernen. Theorie und Praxis einer professionellen LehrerInnenausbildung* (2. Auflage, S. 101–117). Oldenburg: BIS-Verlag.

Paseka, A. (2009). Praxisforschung als Beitrag zur Entwicklung von LehrerInnenprofessionalität? *Erziehung und Unterricht, 1,* 134–141.

Schneider, R. (2009). Kompetenzentwicklung durch Forschendes Lernen? [Forschendes Lernen: Perspektiven eines Konzepts] *Journal Hochschuldidaktik, 20* (2), 33–37.

Zeichner, K. M. (2006). Teacher Research as Professional Development for P-12 Educators in the USA. *Educational Action Research, 11* (2), 301–325.

Herbert Altrichter und Katharina Soukup-Altrichter

Lernen in der Lehrer_innenbildung durch Forschung

Die Leitidee dieses Beitrages ist, zu fragen, welche Art von Lehrer_innenaus- und -fortbildung wir heute brauchen und welche Rolle Forschung und forschendes Lernen dabei spielen können. Wir beginnen mit einer Begegnung mit dem Thema Forschung durch Lehrpersonen im September 2012 bei der European Conference on Educational Research. In einem zweiten Teil werden diesen anekdotischen Erfahrungen allgemeinere Bedeutungen zugemessen, indem wir uns Gedanken darüber machen, welche Art von Lehrer_innenprofessionalität und Lehrer_innenbildung es in einem System evidenzbasierter Steuerung im Bildungssystem benötigt. Danach werden diese Überlegungen an einem aktuellen Beispiel aus der Lehrer_innenfortbildung konkretisiert.

1. Wie kann man lernen, Datenrückmeldung für Unterrichts- und Schulentwicklung zu nutzen?

Wir interessieren uns dafür, wie die Neuerungen der Steuerung und Koordination des Schulwesens, die gegenwärtig von Bildungspolitik, Administration und vielen Bildungsforscher_innen propagiert werden, ins Schulsystem implementiert werden können und welche Prozesse und Ergebnisse sie dort auslösen. Systeme *evidenzbasierter Steuerung des Schulsystems* stellen gegenwärtig das dominante Denkmodell der Bildungspolitik und -administration für die Erneuerung der „Governance", d.h. der Koordination und Abstimmung im Schulwesen, in den entwickelten europäischen Ländern dar. Sie werden nicht überall in gleicher Weise realisiert (Eurydice, 2007; Rürup, 2007), sind aber durch folgende grundlegende Merkmale charakterisierbar (Altrichter & Maag Merki, 2010):

- Solche „Governance"-Modelle formulieren *Erwartungen für die Leistungen* des Schulsystems und kommunizieren sie entschiedener als zuvor.
- Evaluation und Rechenschaftslegung werden als Schlüsselelemente für die Sicherstellung qualitätsvoller Angebote angesehen. Evaluationsmaßnahmen sollen *Evidenz produzieren*, ob die zuvor formulierten „Erwartungen" durch die praktische Arbeit der einzelnen Systemeinheiten erfüllt wurden.
- Diese „Evidenz" soll nun *Systementwicklung und -verbesserung* stimulieren und in die richtige Richtung weisen. Akteure auf allen Systemebenen – Bildungspolitiker_innen, die Verwaltung, Schulleitungen, Lehrpersonen, Lernende usw. – sollen die Evaluationsinformationen verwenden, um rationalere Entscheidungen in Hinblick auf ihre Beiträge zu den Systemleistungen zu treffen und um ihre Systemleistungen zu verbessern.

In den deutschsprachigen Ländern und anderen industrialisierten Staaten sind zwei dominante Arrangements zu beobachten, die diese Steuerungslogik verwirklichen sollen und die oft Seite an Seite existieren. Das erste Realisierungsmodell besteht aus *Bildungsstandards* (die die „Erwartungen" formulieren) und standardbezogenen Leistungstests für Schüler_innen (die die „Evidenz" bezüglich der Systemleistungen sammeln). Leistungsresultate von Schülerinnen und Schülern bei systemweiten standardisierten Testverfahren werden aggregiert, um die Leistungen von Schulen einzuschätzen und daraus rationale Hinweise für die Weiterentwicklung des Systems abzuleiten (Maag Merki, 2010). Die zweite Säule der Verwirklichung der evidenzbasierten Philosophie sind *Schulinspektionen* in einem neuen, „modernisierten" Typ, der auf die Funktion der pädagogischen (und oft auch rechtlichen) Evaluation fokussiert ist. Sozialwissenschaftliche Instrumente – wie die Nutzung von Statistiken und Leistungsdaten, Interviews und Beobachtungen, Formulare und standardisierte Prozeduren statt ganzheitlichen Bewertungen – haben diese Prozesse modernisiert (Ehren, Altrichter, McNamara & O'Hara, 2013).

Eine Grundidee der evidenzbasierten Steuerung ist, dass Akteure – und zwar auf allen Ebenen des Systems von der Bildungspolitik über Schulinspektoren bis zur Schulebene – die durch verschiedene Evaluationen erhobenen „Evidenzen/Informationen" beachten, interpretieren und durch sie motiviert werden. Entwicklungshandlungen sollen in eine bestimmte Richtung gesetzt werden, nämlich so, dass durch die Evaluation aufgezeigte Schwächen behoben und verbessert werden. Dieser Vorgang ist ein Kernelement der evidenzbasierten Steuerungsstrategie und wird mit dem Stichwort „Unterrichts- und Schulentwicklung durch Datenrückmeldung und Datennutzung" (data feedback and data use) bezeichnet. Nun weiß man Folgendes aus der deutschsprachigen Forschung zur Nutzung externer Daten aus Lernstandserhebungen bzw. standardbezogenen Tests für Unterrichtsentwicklung (Bonsen & Gathen, 2004; Maier, 2006; Altrichter, 2010; Maier & Kuper, 2012; Schulze, 2012):

(1) Lehrkräfte und Schulleitungen berichten häufig über offene bzw. „moderat positive" (Maier, 2006, S. 24) *Einstellungen* gegenüber externer Leistungsmessung, doch finden sich auch viele skeptische Stimmen (Schrader & Helmke, 2003; Bonsen, Büchter & Peek, 2006). Wenn das Instrument in transparenter Weise eingeführt wird und bedrohliche Elemente, wie Veröffentlichung, vermieden werden, lassen sich offenbar aversive Reaktionen vermeiden (Maier, 2006, S. 26). Ein relevanter Teil der Lehrpersonen äußert eine generelle Bereitschaft, *sich mit den Ergebnissen von Lernstandserhebungen auseinanderzusetzen und Konsequenzen für den Unterricht zu ziehen* (z.B. Peek, 2004; Bonsen et al., 2006, S. 143; Grabensberger, Freudenthaler & Specht, 2008, S. 70). Die allgemeine Akzeptanz von Leistungsrückmeldung muss dabei nicht mit der *Einschätzung ihrer Unterrichtsrelevanz* einhergehen (Maier, 2008, S. 106f.).

(2) Auch wenn Lehrpersonen der Datenrückmeldung offen gegenüberstehen und sich damit auseinandersetzen, scheint es ihnen nicht leicht zu fallen, die Informationen über die Leistungsstände ihrer Schüler_innen zu verarbeiten und in konstruktive Entwicklungsinterventionen umzusetzen. Ein Großteil der derzeit vorliegenden Studien hat enttäuschend *wenig Nutzung von Datenrückmeldung für Unterrichtsentwicklung* erhoben (z.B. Peek, 2004; Kühle & Peek, 2007; Steffens, 2009). Wenn Entwicklungsmaßnahmen durch Datenfeedback angestoßen werden, dann betreffen diese *selten eine weitergehende Innovation des Unterrichts.* Viel eher werden bisherige Inhalte und Aufgaben wiederholt, Impulse (z.B. bestimmte Aufgabenformate) aus den Messungen direkt übernommen oder nur geringfügige Veränderungen in der Interaktion

vorgenommen (vgl. auch Amtmann, Grillitsch & Petrovic, 2011, S. 91). Einmal gezogene Konsequenzen werden in der Regel nicht von einer Klasse auf andere übertragen (Groß Ophoff, Hosenfeld & Koch, 2007, S. 423).

(3) Lehrpersonen scheinen eher bereit, die Rückmeldungen aus externen Leistungsüberprüfungen für *Aufgaben der Leistungsbeurteilung und Lerndiagnose* zu verwenden, als *didaktische Weiterentwicklung* aus ihnen abzuleiten (Maier, 2009). Damit bleiben sie eng an der „Testförmigkeit" der verwendeten Instrumente: Leistungstests werden im Schulalltag für Förder- und Selektionsdiagnose eingesetzt.

(4) Den vorliegenden Studien sind nur wenige Hinweise über die *Stimulierung von Schulentwicklung und andere Ebenen übergreifenden Wirkungen* der Ergebnisrückmeldung von standardbezogenen Tests zu entnehmen.

Solche Ergebnisse sind für Steuerungsreformer_innen einigermaßen unangenehm: Ein Kernelement der neuen evidenzbasierten Steuerung ist offenbar gerade bei jenen Akteuren, die den Unterrichtsprozessen am nächsten sind, bei den Lehrpersonen, schwierig umzusetzen. Insofern liegt die Frage nahe, was man tun kann, damit Lehrpersonen jene Einstellungen und Kompetenzen erwerben, die sie in die Lage versetzen, „evidenzbasierte Rückmeldungen" für die Weiterentwicklung ihres Unterrichts und vielleicht sogar der Schule zu verwenden.

Gerade dieser Frage hat man sich auch in dem von der EU geförderten Data Use-Project (Schildkamp, Karbautzki, Breiter, Marciniak & Ronka, 2012; vgl. auch Koch, 2011 zur Datenkompetenz von Lehrpersonen) gestellt. In diesem Projekt hatten Marciniak & Ronka (2012) die Aufgabe, einen umfassenden Fortbildungskurs zu entwerfen und durchzuführen, der Lehrpersonen helfen sollte, beste Datennutzungs-Praktiken umzusetzen. Im Implementierungskonzept hatten speziell trainierte Lehrpersonen, „Data Coaches" genannt, eine besondere Rolle für die Implementierung in den Einzelschulen. Ihr Ziel formulierten die Autor_innen nicht ausschließlich individuell: Sie wollten nicht nur individuelle Kompetenzen von Lehrpersonen zur Datennutzung vermitteln, sondern zum „Aufbau einer professionellen Lerngemeinschaft, die Daten effektiv für Schulentwicklungsentscheidungen nutzt", beitragen (Marciniak & Ronka, 2012, S. 27). Ihr Curriculum bestand aus elf Modulen, die im Wesentlichen entlang eines Reflexions-Aktions-Modells angeordnet sind. Anhand eines Projektes in einem Gymnasium in Lodz erklären Marciniak & Ronka (2012), wie dieses Gerüst praktisch umgesetzt wurde. Nach einer Vorbereitungsphase, in der offenbar grundlegende Kompetenzen zum Umgang und zur Interpretation von Daten vermittelt und wesentliche Normen und Einstellungen aufgebaut werden sollten, wurde an einem praktischen Problem gearbeitet, in diesem Fall: Die unerwartet schlechten Ergebnisse von unterschiedlich begabten Schülerinnen und Schülern in den humanistischen Gegenständen der Schulabschlussprüfung. Dazu wurden einesteils Prüfungsergebnisse analysiert und mit Hilfe der didaktischen Expertise der Lehrpersonen gefragt, welche spezifischen Probleme auftraten und welche Schüler_innenkompetenzen in offenbar problematischer Weise fehlten. Daran schloss eine „Diagnosephase", in der die Lehrpersonen versuchten, Erklärungen für das identifizierte Problem zu finden. Auf eine Frage bei der Diskussion dieser Präsentation, welche Art von „Daten" für die Identifizierung und Begründung dieser Erklärungen verwendet wurden, lautete die Antwort: „Anything" – was meint, dass „opportunistisch" auf alles, was zu dieser Frage einigermaßen ökonomisch und praktikabel verfügbar war, zurückgegriffen wurde. In diesem Fall wohl vor allem auf die Erfahrungen der Lehrpersonen mit Prüfungen; möglicherweise wurde auch ein Blick auf frühere Prüfungsbögen und Antworten von Schülerinnen und Schülern geworfen, falls diese greifbar waren. Sowohl die Phase des diagnostischen Hypothesenbildens als auch jene der Handlungsplanung, bei der Strategien und konkrete Entwicklungshandlungen in verschiedenen Fächern entworfen wurden, erfolgte in der „professional learning community". Dort wurden Erklärungen und Handlungspläne zur Diskussion gestellt und mussten sich vor der Expertise der Lehrpersonen und vor ihrem Willen, Behauptungen auch immer wieder auf vorhandenes Wissen zu beziehen, bewähren. Der erste Schritt zur Weiterentwicklung bestand in der Erprobungsphase offenbar darin, mehr offenendige Prüfungsformen zu verwenden und in der Leistungsbeurteilung richtige und elaborierte Antworten in der Muttersprache zu honorieren. Nach einer vereinbarten Erprobungszeit von einem Monat wurden die Ergebnisse evaluiert, wobei vorher Erfolgskriterien festgelegt worden waren.

Was zeigt uns dieses – unserer Meinung nach sehr instruktive – Beispiel?
- Offenbar verstehen diese europäischen Experten Datennutzung in der evidenzbasierten Steuerung nicht als Prozess, bei dem individuelle Lehrpersonen Leistungsrückmeldungsdaten ihrer Klasse interpretieren und daraus Schlüsse für veränderden Unterricht ziehen. Vielmehr ist es ein *längerfristiger Prozess der Reflexion und Aktion in einer Gruppe*, einer professionellen Lerngemeinschaft, die auch durch die Schulleitung und entsprechende Strukturen der Lehrer_innenarbeit unterstützt wird.
- Als *Daten*, die diesen kollektiven Reflexionsprozess stimulieren, gelten offenbar nicht nur die „neuen" durch Standardtestung und Schulevaluationen produzierten, entsubjektivierten Daten über Schüler_innenleistungen und eventuell noch über Schulprozesse, sondern „anything", das Nachdenken und Handeln von Lehrerinnen und Lehrern stimulieren kann: *Eigene Erfahrungen, Wissen*, das durch Unterrichtserfahrung aufgebaut wurde, *eigene Analysen* von Unterrichtsmaterialien, Prüfungsformen und Schülerverhalten, *innerschulische Beobachtungen und Evaluationen* usw. Für die Reflexion und Weiterentwicklung schulischer Situationen kann man sich nicht bloß auf extern produzierte objektivierte Daten stützen; ihre Reflexion braucht weiteres Wissen, das nicht exklusiv aus den besten externen Quellen geschöpft werden kann. Und die Weiterentwicklung von Unterricht braucht auch didaktische Expertise der Lehrpersonen, die konstruktive Schlüsse aus der Problemsituation zieht und solche Handlungsstrategien entwirft, die die Lehrpersonen auch umsetzen können.
- Diese Form von „data use" braucht also *Mehrperspektivität*, d.h. mehrere Informationen aus verschiedenen Quellen und Perspektiven ebenso wie die Bereitschaft, diese möglichst vorurteilslos und methodisch miteinander zu konfrontieren. Evidenz-basierte Steuerungssysteme brauchen nicht nur mehr und bessere Daten, sondern ebenso sehr qualifizierte *professionelle Lehrpersonen*, die viel Wissen haben und auch die entsprechende Neugier, dieses Wissen und ihre Erfahrungen in Zweifel zu ziehen und anhand zusätzlicher Informationen zu hinterfragen und weiterzuentwickeln. Und sie brauchen Kollegien, in denen Kolleg_innen einander bei dieser schwierigen Aufgabe im Sinne professioneller Lerngemeinschaften wechselseitig unterstützen.

Dieser Schluss ist wahrscheinlich nicht überraschend für jene, die sich mit professionellem Lernen beschäftigen. Aber sollte die evidenzbasierte Steuerungsstrategie die Schulentwicklung vom subjektiven Meinen und Wollen der Lehrpersonen unabhängiger machen und durch rationale Informationen über Probleme und Schwerpunktsetzungen fundieren?

2. Evidenzbasierte Steuerung des Schulsystems und Lehrerprofessionalität

Nach einer auf bildungspolitischer Ebene „eigenartig unbewegte[n] Zeit" (Fend, 2006, S. 225) in den 1980er Jahren erleben viele der deutschsprachigen Schulsysteme seit der ersten Hälfte der 1990er Jahre – und noch einmal verstärkt seit dem „PISA-Schock", 2001 – vielfältige Aktivitäten der Schulreform (Altrichter & Heinrich, 2007). Während zunächst unter der Losung von *Schulautonomie und erhöhter Eigenverantwortlichkeit von Schulen* rechtliche Spielräume sowie Motivation und Energie für Schulentwicklung an den Einzelstandorten geschaffen werden sollte, rückten seit der zweiten Hälfte der 1990er Jahre Fragen der *inneren Steuerungsfähigkeit der Einzelschulen* (thematisiert durch Reformelemente wie Schulprogramme, Selbstevaluation und Qualitätsmanagement sowie Stärkung der Schulleitung) in den Vordergrund. In der Folge des „PISA-Schocks" 2001 erhielten die Bemühungen um die Erneuerung der Steuerungsverhältnisse in den deutschsprachigen Schulsystemen neue Akzente: Die unerwartet ungünstigen Ergebnisse erhöhten den medialen und öffentlichen Druck auf die Bildungspolitik. Diese musste Handlungsfähigkeit und Reformwillen demonstrieren und tat dies[1], durch die raschere Umsetzung schon vorher diskutierter und vorbereiteter Projekte. Das gemeinsame, bundeslandübergreifende Vorhaben war jedoch die Etablierung einer „evidenzbasierten Rechenschaftslegung und Steuerung" durch die Verordnung von Bildungsstandards, den Aufbau externer Leistungsprüfsysteme und durch neue Schulinspektionen. Deren Realisierung unterscheidet sich von Bundesland zu Bundesland, doch sind die genannten Grundelemente in der überwiegenden Mehrzahl der Länder vorhanden.

Die Forcierung des evidenzbasierten Modells bedeutet eine „Umsteuerung" gegenüber den vorhergehenden Phasen der Autonomie und der Einzelschulentwicklung. Angesichts des medialen und politischen Veränderungsdrucks suchen Politik und Verwaltung nach Steuerungsstrategien, die rascher und zielgerichteter Veränderung bringen sollen. Die *Ziele der Veränderung* sollen nicht mehr – wie in der Phase der autonomen Schulentwicklung – vom subjektiven Meinen und Wollen der Lehrpersonen einer Schule und den – standortbezogen zufälligen – Machtkonstellationen im Kollegium abhängig sein, sondern „rationaler" von Soll-Ist-Vergleichen von Zielen und tatsächlichen Leistungen abgeleitet werden. Die Zielfrage wird durch die Verordnung von Bildungsstandards zentral gelöst, und dadurch an den Einzelschulen „entpolitisiert". Die Schulentwicklung in Hinblick auf zentrale Qualitätsmerkmale soll durch die neuen

---

1   Wir beziehen uns im Folgenden auf die Argumentation für deutsche Bundesländer von Tillmann, Dedering, Kneuper, Kuhlmann & Nessel (2008), die wir als Hypothese für die österreichische Entwicklung nehmen.

Steuerungsformen *systemweit und rascher* geschehen. Die neue Schulentwicklung der Evidenzbasierung will sich von der Variation der Ziele (hier ein Schulbiotop, dort die Kommunikation im Kollegium als Entwicklungsziel) und den mühsam mikropolitisch ausgehandelten Prozessen der Phase der autonomen Schulentwicklung distanzieren.

Die Umsteuerung durch das „evidenzbasierte Steuerungsmodell" will – so die These – sich von den Rationalitäten und den Entscheidungen der Lehrpersonen unabhängiger machen, weil sie unter politischem Handlungsdruck steht, aber auch weil manchen bildungspolitischen Entscheidungsträger_innen durch die PISA-Diskussionen bewusst wurde, dass anderes Lehrer_innenhandeln notwendig ist. Kompetenzenorientierter Unterricht und Schul- und Unterrichtsentwicklung auf der Basis externer Leistungsüberprüfungen wären wohl nicht auf der ganzen Breite des Systems von Schulen autonom erfunden worden. Von ihren Protagonist_innen werden sie folgerichtig oft als „Paradigmenwechsel", als eine „Revolution" im Lehrer_innenhandeln propagiert, und stellen für viele Lehrpersonen wohl tatsächlich eine Neuerung dar.

Die wenigen Hinweise, die wir über die Schwierigkeit, aus Leistungsrückmeldung Unterrichtsentwicklung abzuleiten, gegeben haben, weisen darauf hin, dass es offenbar schwierig ist, mithilfe von Bildungsstandards und Datenrückmeldung – gleichsam durch die „Rationalität" der Lehrpersonen hindurch eine Veränderung des Bildungssystems erreichen zu wollen. Gerade darin scheint uns das Grunddilemma der evidenzbasierten Bildungspolitik zu liegen: Sie ist aus einem Zweifel an der professionellen Selbstentwicklungsfähigkeit der Lehrpersonen und Schulen entstanden und hält eine „neue, veränderte Professionalität" für erforderlich. Aber offenbar erfordern kompetenzenorientiertes Unterrichten und die Nutzung von Leistungsdaten für die Unterrichtsentwicklung schon diesen (kompetenzenorientierten) „Paradigmenwechsel" im Lehrer_innenhandeln und diese „neue Professionalität". Damit setzen die neuen Steuerungsinstrumente gerade etwas voraus, zu dem sie selbst beitragen sollten und dessen Mangel als Ausgangspunkt für die neueren Entwicklungen diagnostiziert wurde.

> Thus, the evidence-based strategy seems to have come full circle: Originating from dissatisfaction with teacher-led school improvement it was looking for external instruments to direct and speed up change only to arrive at the insight that it cannot do without teachers who are more than just technicians of an applied technology, but who are professionals (Altrichter & Posch, 2013, S. 8).

Die Konsequenz lautet nach unserer Einschätzung: der propagierte Paradigmenwechsel braucht nicht nur Vorgaben, Handreichungen und komplexe Datensysteme, sondern er braucht zumindest in gleicher Weise professionelle Lehrpersonen. Professionelle Lehrer_innen brauchen kein Zusatzstudium und keine Schnellkurse zum Verständnis statistischer Messwerte, sondern eine Haltung und entsprechende Qualifikationen für eine reflektierende und forschende Weiterentwicklung der Praxis im Sinne des Beispiels von Marciniak & Ronka (2012). Sie müssen bereit und qualifiziert sein, ihre Unterrichtspraxis und die Lernerfahrungen der Schüler_innen kritisch zu reflektieren und reflektierend weiterzuentwickeln – nicht alleine, sondern in Auseinandersetzung in professionellen Lerngemeinschaften, in Auseinandersetzung mit der pädagogischen und didaktischen Expertise ihrer Kolleg_innen.

3. Welche Forschungskompetenzen sind für lehrer_innenbildende Studien angemessen?

Forschung ist nicht in jedem Fall gleich Forschung (Altrichter, 1990; Feindt & Altrichter, 2009; Urban-Woldron, 2013): Qualitative Forschung unterscheidet sich von quantitativer, die Forschung in einem interdisziplinären Forschungsteam unterscheidet sich von jener, die eine Hochschullehrerin während des Semesters neben ihrer Lehrtätigkeit machen kann, und jene wiederum von den Beobachtungen, die Lehrpersonen in einem längerfristigen Fortbildungsprojekt bei der Weiterentwicklung ihres Unterrichts machen. Wir gehen aber davon aus, dass es einen gemeinsamen Kern dessen gibt, was man sich unter bildungsrelevanter Forschung vorstellt, der beispielsweise durch die Definition des US-amerikanischen National Research Councils gefasst wird:

> „Inquiry is a multifaceted activity that involves making observations; posing questions; examining books and other sources of information to see what is already known; planning investigations; reviewing what is already known in light of experimental evidence; using tools to gather, analyze, and interpret data; proposing answers, explanations, and predictions; and communicating results. Inquiry requires identification of assumptions, use of critical and logical thinking, and consideration of alternative explanations." (zit. nach Dick, 2003, S. 39)

In diesem Forschungsbegriff ist „forschungsgeleitete Entwicklung", d.h. der Versuch enthalten, auf der Basis von Erkenntnissen über erforschte Situationen eine produktive Entwicklung dieser Situationen zu stimulieren und diese wiederum zu evaluieren. Damit ist auch das erfüllt, was sich die Proponent_innen evidenzbasierter Steuerung von den Lehrpersonen, denen Daten rückgemeldet werden, wünschen.

Nun kann man annehmen, dass die gesamte Bandbreite an Kompetenzen, die Bildungsforscher_innen aktuell vorweisen können und die auch im Prinzip sinnvoll für die ethische und ökonomische Erzeugung von Forschungsergebnissen sind, von keinem einzelnen dieser Forscher_innen umfassend „besessen" wird. Die Praxis der Forschung ist auch durch unangenehme Einseitigkeiten und hoffentlich produktive Ergänzungen, durch Rollenteilung und Kritik und Revision in der wissenschaftlichen Community gekennzeichnet. Insofern ist es durchaus legitim (und nicht einer paternalistischen Einstellung Lehrpersonen gegenüber geschuldet, denen man keine „zu schwierigen Dinge" zumuten will) zu fragen, welche Forschungskompetenzen in der Ausbildung „professioneller Lehrpersonen" enthalten sein sollten. An anderer Stelle (Altrichter & Mayr, 2004, S. 170) haben wir folgende unterschiedliche Interpretationen von „Forschungskompetenzen" im Lehrberuf zur Diskussion gestellt:

> „(1) Wissensrezeption: Rezipieren von berufsrelevanten Forschungsergebnissen über Schule, Unterricht, professionelle Werte usw. aus wissenschafts-journalistisch aufbereiteten Texten, Vorträgen oder Originalpublikationen
>
> (2) Basale Methodenkompetenzen: Kennenlernen von Methoden und Strategien der Forschung, die helfen sollen, Forschung kritisch zu rezipieren, für die eigene Berufstätigkeit auszuwerten und Produkte wissenschaftlicher Entwicklungsarbeit (z.B. Testverfahren, Curricula) professionell anzuwenden, ohne eigene Forschung zu betreiben

(3) Einübung in Fallverstehen: Nutzung von Forschungsmethoden und -strategien für die Analyse und Bearbeitung berufsrelevanter Fälle in distanzierten, handlungsentlasteten Situationen (z.B. Übungen in Fallverstehen) zwecks Ausbildung eines „professionellen Habitus"

(4) Mitwirkung in angeleiteter Projektforschung: Teilverantwortliche Mitwirkung an Projekten oder Durchführung von kleinen Forschungsarbeiten zu schulisch relevanten Themen in Teams, die von professionellen Wissenschaftlerinnen und Wissenschaftlern angeleitet werden

(5) Praxisforschung: Aspekte der eigenen (zukünftigen) Berufstätigkeit mit Hilfe von Forschungsmethoden und -strategien beobachten, auswerten und weiterentwickeln sowie die dabei gemachten Erfahrungen in einer professionellen Bezugsgruppe zur Diskussion stellen (meistens ohne Anspruch eines Impacts auf den Diskurs der scientific community)

(6) Forschung mit der primären Zielgruppe scientific community: Eigene Forschungs- und Entwicklungsarbeiten konzipieren, durchführen und publizieren mit dem Anspruch, einen originären Beitrag zur Wissenschaftsentwicklung zu leisten" (Altrichter & Mayr, 2004, S. 170).

Welche dieser Interpretationen korrespondiert nun mit der in einem professionalisierenden Studium anzustrebenden Forschungsqualifikation? Kritische Forschungsrezeption, wie sie in den Interpretationen (1) und (2) im Zentrum steht, ist nicht nur für Lehrpersonen, sondern für alle hochqualifizierten Berufe in einer verwissenschaftlichten Welt wohl mindestens zu fordern. Für eine Professionalität, die beansprucht, nicht nur die Routinesituationen des Berufs, sondern auch die komplexen, „einzigartigen" und mit Wertkonflikten befrachteten Situationen in verantwortlicher und rechtfertigbarer Weise zu lösen (Schön, 1983; Soukup-Altrichter & Altrichter, 2012a), müssen aber solche forschungs*rezipierende* Kompetenzen durch eine weitergehende *aktiv forschende Auseinandersetzung mit relevanten Fragen des Berufsfeldes* ergänzt werden, wie sie in den Interpretationen (3) bis (5) anklingt. Auch die neuen Accountability Systeme brauchen, wenn man sie wie Marciniak & Ronka (2012) zu Ende denkt, nicht nur Lehrpersonen, die statistisch-technische Fähigkeiten des Dateninterpretierens haben, sondern solche, die in der Lage sind, anlässlich solcher Daten, in kritisch-kollegialer Auseinandersetzung mit Berufskolleg_innen ihr Wissen und ihre Erfahrung zu aktivieren und für Weiterentwicklung einzusetzen. Forschung im Sinne der Interpretation (6) mit der primären Zielgruppe scientific community steht in vielen BA- und MA-Studien (dies gilt in gleicher Weise auch für nichtlehrerbildende Studiengänge wie z.B. Betriebswirtschaft) nicht im Mittelpunkt der Ausbildung, sondern wird erst in Promotionsstudien wirklich fokussiert. Unserer Meinung nach muss dieser Aspekt auch in lehrer_innenbildenden Studien zumindest in Vertiefungsangeboten anklingen, weil sie sich sonst von der Chance, ihren wissenschaftlichen Nachwuchs aus den eigenen Studienrichtungen zu rekrutieren, abschneiden würden.

Wir selbst neigen zu den Vorstellungen der *Praxisforschung*, ohne diese als einzigen Weg zu den uns wichtigen professionellen Qualifikationen anzusehen. Mit diesem Begriff bezeichnen wir eine Familie von empirischen Forschungsansätzen, die sich von traditionellen quantitativen und qualitativen Forschungsstrategien u.a. durch folgende Merkmale unterscheidet (Altrichter & Feindt, 2011): (1) *Forschung und Entwicklung* werden nicht methodologisch getrennt, sondern als aufeinander zu beziehende Teile ein und desselben Vorhabens verstanden. (2) Die *„Betroffenen"* von Forschung, die in anderen Ansätzen oft als „Forschungsobjekte" erscheinen, werden als Subjekte und (Mit-)Forscher_innen in die Untersuchungstätigkeit einbezogen. Dadurch wird auch die eigene Praxis mancher (Mit-)Forscher_innen zum Feld und Gegenstand der Forschung. (3) Individuelle Forschung einzelner Personen wird in den Diskurs von *professional communities* eingebettet. Dies reflektiert die These, dass die Wissens- und Könnensentwicklung einzelner Personen im Medium einer dafür relevanten Gemeinschaft stattfindet.

4. Lernen in der Lehrer_innenfortbildung durch Praxisforschung

Wie kann forschendes Lernen zum Erwerb solcher forschungsbezogener Qualifikationen in der Lehrer_innenbildung geschehen? Hier könnte man zunächst Ansätze aus der Lehrer_innengrundausbildung nennen (z.B. Altrichter, 2006; Altrichter & Aichner, 2006; Soukup-Altrichter & Altrichter, 2012a). Der Erwerb von Forschungskompetenzen sollte sich nicht auf die Grundausbildung von Lehrpersonen beschränken, in der allerdings grundlegende forschungsbezogene Haltungen und Kompetenzen erworben und praktiziert werden müssen. Gerade die Lehrer_innenfortbildung, die oft auf „praxisverändernde" Weiterqualifikation zielt, bietet unserer Einschätzung nach besondere Chancen, forschende Haltung und Kompetenz *in situ* zu pflegen und weiterzuentwickeln. In den verbleibenden Abschnitten dieses Aufsatzes wollen wir uns in diesem Sinne auf ein Beispiel aus der Lehrer_innenfortbildung konzentrieren, auf das Weiterbildungskonzept *Pädagogik und Fachdidaktik für Lehrer_innen (PFL)*, das im Herbst, 2012 seinen 30. Geburtstag gefeiert hat. Dieses Konzept hat sich in den Jahren weiterentwickelt (vgl. Andreitz, Dirninger, Müller & Mayr, in diesem Band). Die Grundzüge des Konzeptes und die Kernidee (Krainer & Posch, 1996; Altrichter & Posch, 1998) sind dieselben geblieben, nämlich Aktionsforschung für die Weiterentwicklung von Schule und Unterricht zu nutzen und dabei Lehrer_innen in ihrem Professionalisierungsprozess zu unterstützen.

Im Folgenden soll zunächst das Konzept dieser Fortbildung vorgestellt werden;[2] anschließend diskutieren wir Ergebnisse retrospektiver Interviews mit Absolvent_innen drei Jahre nach Abschluss eines PFL-Lehrganges, um einen Eindruck von den möglichen Lernerfahrungen und Potentialen zum Kompetenzenerwerb zu erhalten.

Das Ziel dieses Fortbildungskonzepts wurde in einer Ankündigung des Lehrgangs PFL Grundschule und Integration wie folgt beschrieben:

> „Ziel des Lehrgangs ist es, den eigenen Unterricht forschend weiterzuentwickeln und Kompetenzen in der Weitergabe des neu entstandenen Wissens für kollegiale Fortbildung zu erwerben. Dafür bietet der Lehrgang grundschuldidaktische und integrationspädagogische Impulse, nutzt die Erfahrungen und das Wissen der Teilnehmer_innen für einen kollegialen Austausch und setzt auf Aktionsforschung als Konzept für Reflexion und Weiterentwicklung pädagogi-

---

2 Das Konzept der PFL-Lehrgänge wurde schon an anderen Stellen beschrieben und wird in diesem Kapitel für jene, denen diese Überlegungen neu sind, unter Nutzung eines Textes von Altrichter & Soukup-Altrichter (1999) wiederholt.

schen Handelns. In den Lehrgängen steht nicht das Vermitteln fertiger Rezepte im Vordergrund, vielmehr werden die Teilnehmer_innen angeregt die eigene Praxis und Professionalität durch Erforschen und Reflektieren weiterzuentwickeln. Sie haben die Möglichkeit, in kritischer Distanz und mit fremden Blick, gemeinsam mit Kolleg_innen über das eigene Handeln nachzudenken und neue Handlungsperspektiven zu entwickeln."

Folgende *organisatorische und didaktische Gestaltungsmerkmale* charakterisieren die PFL Lehrgänge:

- *Längerfristigkeit:* Jeder Lehrgang umfasst *zwei Jahre* (vgl. die Darstellung der Struktur des Lehrgangs in Abb. 1). In ihrem Verlauf finden drei einwöchige *Seminare* für die Gesamtgruppe von etwa 30–40 Teilnehmer_innen statt. Diese relativ große Gruppe wird in sog. *Regionalgruppen* von 7 bis 10 Personen unterteilt. Diese Regionalgruppen treffen sich etwa vier bis fünf Mal zwischen den Seminaren und bieten v.a. kollegiale Beratung (,Intervision') für die laufenden Entwicklungsprojekte der Teilnehmer_innen.
- *Lernort Schulpraxis:* Neben Seminaren und Regionalgruppen wird die „Zeit zwischen den Seminaren", der Lernort „eigene Schulpraxis", explizit in die Konzeption des Lehrgangs hereingenommen.
- *Stützsystem und Aufbau einer „professional community":* Die Lehrgänge werden jeweils durch ein interdisziplinär zusammengesetztes Team von Kursleiter_innen (aus Fach, Fachdidaktik, Schulpraxis und Pädagogik) konzipiert und umgesetzt. Diese treten einesteils als „traditionelle Fortbildner_innen" auf, die durch vorbereitete Lernsituationen „didaktische Impulse" geben wollen. Sie treten anderenteils auch in der Rolle von Moderator_innen von Arbeitsgruppen und Berater_innen der Entwicklungsprojekte der Teilnehmer_innen auf. Weiters wird darauf Wert gelegt, bei den Seminaren jeweils eine anregungsreiche Arbeitsumgebung zu schaffen: Buchausstellung, Arbeitsunterlagen, Kopiermöglichkeit für Papiere und Audiodokumente usw.
- *Ausgangspunkt Berufsprobleme und Kategorien der Praktiker_innen:* Ausgangspunkte für und Einstiege in die Fortbildungsarbeit sind die aktuellen beruflichen Probleme in der Wahrnehmung der Teilnehmer_innen und nicht die aktuellen Fragen der jeweiligen Wissenschaftsdisziplin. Das bestehende Vorwissen der Teilnehmer_innen soll gepflegt und weiterentwickelt werden.
- *Forschung und Entwicklung:* Die zentrale Anforderung an die Teilnehmer_innen besteht darin, in den Seminaren ein Entwicklungsprojekt für den eigenen Unterricht zu konzipieren, dieses in der „Zeit zwischen den Seminaren" umzusetzen, – unterstützt durch die Beratung in den „Regionalgruppen" begleitend zu erforschen und die Erfahrungen in einer Fallstudie aufzubereiten.
- *Veröffentlichung eigener Erfahrungen und kollegiale Lehrer_innenfortbildung:* Mit diesen Fallstudien stellen sich die Teilnehmer_innen einer kollegialen Diskussion, die das Potential und die Reichweite der eigenen Erfahrungen klarer machen und Anregungen für weitere Entwicklungen abwerfen soll. Ab dem zweiten Seminar werden die teilnehmenden Praktiker_innen dazu angeregt, ihre Erfahrungen als „kollegiale Fortbildung" aufzubereiten und zunächst innerhalb des Seminars für interessierte

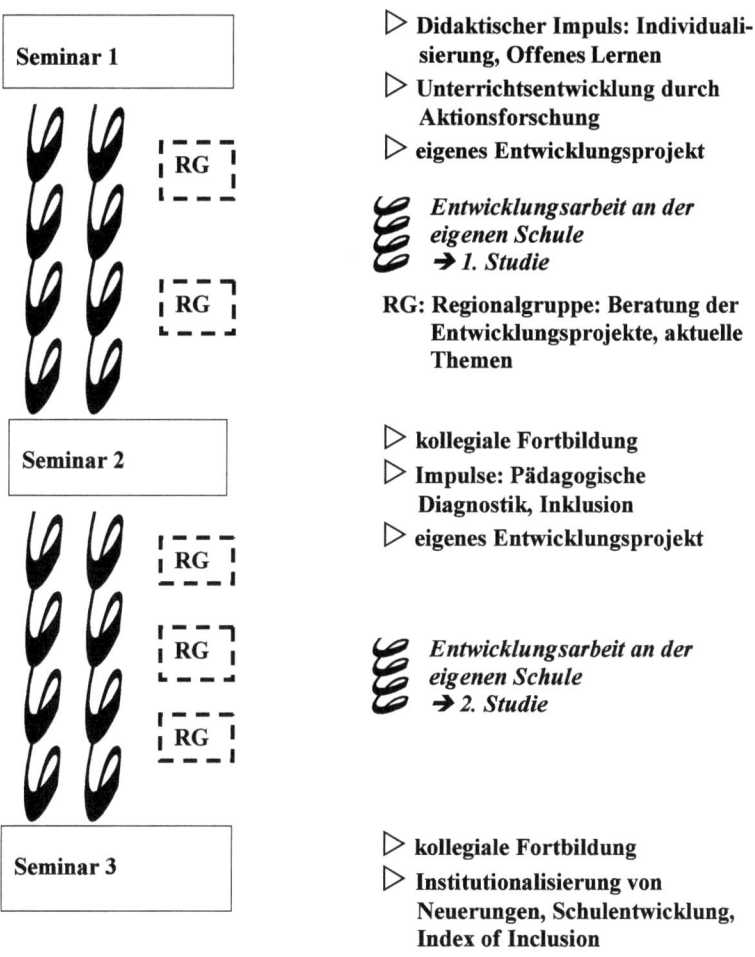

Abbildung 1:   Struktur der PFL-Lehrgänge

Kolleg_innen anzubieten. Auf diese Weise sind in den PFL-Lehrgängen inzwischen über 100 Fallstudien entstanden, die nach dem Feedback der Kolleg_innen im Lehrgang überarbeitet und als Beitrag der Lehrgangsteilnehmer_innen zum Berufswissen von Lehrer_innen auch teilweise veröffentlicht wurden.[3] Titel solcher Fallstudien sind beispielsweise:

---

3   Ein Verzeichnis aller veröffentlichten Studien ist unter http://ius.uni-klu.ac.at/publikationen/ praxisforschung/ abrufbar.

- Vom Chaos zur Ordnung/Ordnungsrahmen und das (soziale) Miteinander stärken.
- Wie kann ich im Bildnerische Erziehung-Unterricht Klassengemeinschaft und Toleranz fördern? – Soziale Arbeitsformen im Spannungsfeld individueller Ausdrucksmöglichkeiten und sozialer Bildungsziele.
- Wie kann ich die Beurteilung schulpraktischer Leistungen für die Student_innen transparenter machen?
- Wie kann ich einem Kind ohne Deutschkenntnisse beim Schulstart und im weiteren Schuljahr hilfreich zur Seite stehen?
- Wie kann ich als Teamlehrer_in die Zusammenarbeit mit dem_der Klassenlehrer_in verbessern?
- Was kann ich tun, damit das Thema Schulentwicklung für meine Kolleg_innen etwas Positives und pädagogisch Wertvolles wird?
- Professionalisierung in der inklusiven Diagnostik – Pilotprojekt zur verstärkten Einbindung der Lehrer_innen bei der Diagnose des Sonderpädagogischen Förderbedarfs und bei der Lehrplaneinstufung.
- Den Kindern eine Stimme geben. Kindermitbestimmung und Demokratie in der Volksschule.

Die unterschiedlichen Themen und Inhalte, die die obige Liste zeigt, machen deutlich, dass nicht die Vermittlung generellen Wissens im Zentrum der Überlegungen aktionsforschende Lehrer_innenfortbildung steht, sondern der *Prozess der Wissens-, Kompetenzen- und Identitätsentwicklung von Praktiker_innen*. Das primäre Ziel von Aktionsforschung besteht darin, die Qualität pädagogischer Praxis weiterzuentwickeln und nicht allgemeines Wissen zu produzieren; dennoch ist Elliott (1991) überzeugt, dass Praktiker_innen über praktisches Berufswissen verfügen, das für andere Lehrer_innen ebenso wie für pädagogische Forscher_innen anregend sein müsste und daher aus der „privatistischen" Isolation einzelner Berufstätiger befreit werden und publiziert werden soll. Die Publikation von Lehrerfallstudien diene dazu:
- individuelle Einsichten auf ihre Brauchbarkeit und ihren Gültigkeitsbereich zu überprüfen und Hinweise für deren Weiterentwicklung zu bekommen;
- praktisches Wissen Kolleg_innen zugänglich zu machen und damit die Wissensbasis der Profession zu verbreitern;
- Sichtweisen von Praktiker_innen mit gut begründeten Argumenten zum Ausdruck zu bringen und den Fragen und Anliegen der Öffentlichkeit gegenüber Rechenschaft abzulegen.

Dennoch sieht sich Aktionsforschung oft mit dem Vorwurf konfrontiert, dass die Fokussierung auf praktische Entwicklung einer Selbstgenügsamkeit der Praxis Vorschub leiste und damit wissenschaftliches Wissen praktizistischer Ignoranz verfalle (Altrichter, 1990). Unserer Erfahrung nach bekommen viele forschende Praktiker_innen aber nach einiger Zeit gerade „Durst auf Theorie" (Legutke, 1998, S. 12). Sie interessieren sich für Konzepte, mit denen sie sich einen Reim auf überraschende Erfahrungen machen können, sie suchen nach Handlungsalternativen, sie fragen nach Buchempfehlungen. Wissenschaft hat ihre Chance dort, wo sie stimulierende Angebote für das Denken und Handeln der Praxisforscher_innen machen kann. Die beschriebenen Praxisforschungsprojekte stellen eine Umgebung bereit, in denen Praktiker_innen solche Bedürfnisse des „Genauer-wissen-Wollens" entwickeln und auch Antworten darauf erhalten können.

5. Lernerfahrungen in PFL-Lehrgängen

Bringen solche aufwendigen Fortbildungskonzepte das, was man sich von ihnen verspricht? Dass bei Lehrer_innen während des Lehrgangs Nachdenkprozesse ausgelöst und Entwicklungen im Unterricht und in den Schulen der Teilnehmer_innen angestoßen werden, konnten wir während der Lehrgänge bei der Beratung der Teilnehmer_innen bei ihren Projekten hautnah beobachten. Alle Teilnehmer_innen hatten als Bedingung für den positiven Abschluss des Lehrgangs den Auftrag, an ihrer Schule zwei Entwicklungsprojekte durchzuführen, durch Datensammlung Material für deren Reflexion bereitzustellen und darüber Studien zu verfassen. Die Treffen in der Regionalgruppe und die Seminarwochen sollten für kontinuierliche Arbeit sorgen und helfen, Durststrecken zu überwinden. So konnten wir miterleben, wie eine Lehrerin, die überraschend zur interimistischen Schulleiterin ernannt wurde, schrittweise ihre Rolle klarer definierte und begann, Entwicklungsprozesse an ihrer Schule zu initiieren. Ein anderer sehr stark fachlich orientierter Lehrer begann sich für die Stärken und Schwächen seiner Schüler_innen zu interessieren, beobachtete und analysierte systematisch Gruppenarbeitsprozesse und gab sukzessive Verantwortung für Lernprozesse an seine Schüler_innen ab. Neben solchen Fallbeobachtungen während der Begleitung der Lernprozesse geben auch das Kursfeedback am Ende der Seminare und externe Begleitevaluationen, Hinweise darauf, dass die PFL-Lehrgänge von den Teilnehmer_innen als äußerst brauchbar für die eigene Weiterentwicklung erlebt werden.

Aktionsforschung ist lange (und mit Recht) vorgeworfen worden, ihre Wirkungsbehauptungen vornehmlich auf anekdotische Berichte zu stützen. In der Zwischenzeit sind jedoch auch systematischere Studien vorgelegt worden. Kemmler-Ernst (1998) hat beispielsweise eine große Anzahl von veröffentlichten Lehrer_innenstudien sowie von Selbstberichten von Lehrer_innen in elektronischen Mailinglisten analysiert. In einer Re-Analyse dieses Materials arbeitet Zeichner (2004, S. 279) Ergebnisse heraus, die sich weithin mit unseren Erfahrungen und Evaluationen von PFL-Lehrgängen (Erlacher, 2007; Zehetmeier, 2010) decken. Demnach sind unter bestimmten Bedingungen eine Reihe von *Effekten* durch das Engagement bei Aktionsforschung zu erwarten, und zwar:

- Lehrer_innen werden sensibler und selbstbewusster in Hinblick auf ihre Fähigkeit, das Lernen von Schüler_innen zu fördern.
- Sie werden proaktiver im Umgang mit schwierigen Aspekten im Unterricht.
- Sie erwerben Einstellungen und Fähigkeiten der Forschung, die sie auch über das Projekt hinaus nutzen und
- es gibt weitere Zusammenhänge mit einer Entwicklungsbewegung in Richtung stärker lernzentrierten Unterrichts und in Richtung verbesserten Schüler_innenlernens.

Die speziellen *Bedingungen*, die erfolgreiche Aktionsforschungsprojekte mindestens aufweisen müssen, scheinen zu sein (vgl. Zeichner, 2004):

- Die Entwicklung einer Forschungskultur, die Lehrer_innenwissen respektiert und wertschätzt, und gleichzeitig Lehrer_innen stimuliert, ihr Wissen zu hinterfragen und zu kritisieren.
- Eine Investition in das intellektuelle Kapital von Lehrer_innen, die sich darin niederschlägt, dass Lehrer_innen die Kontrolle über die meisten Aspekte des Forschungsprozesses (Teilnahme, Forschungsfokus, Methoden) innehaben.
- Intellektuelle Herausforderung und Stimulierung, die Lehrer_innen hilft, über ihre Praxis systematisch und tiefergehend nachzudenken statt schnelle Lösungen zu suchen.
- Arbeit über eine längere Zeit (zumindest ein Jahr) in einer sicheren und unterstützenden Umgebung mit vorhersehbaren Ritualen und Routinen, die auch hilft, eine Community aufzubauen.
- Freiwillige Teilnahme.

Auch die PFL-Lehrgänge sind in der Zwischenzeit systematischen externen Evaluationen unterzogen worden (Müller, Andreitz & Mayr, 2009). Diese zeigen u.a., dass

- teilnehmende Lehrpersonen eine stärkere Sensibilität und ein höheres Selbstbewusstsein in Hinblick auf individuelle Förderung ihrer Schüler_innen entwickeln;
- sie proaktiver beim Umgang mit den Schwierigkeiten im Unterrichtsverlauf werden;
- ihr Interesse an der Reflexion ihrer Unterrichtspraxis sowie ihrer Reflexionskompetenzen steigen.

Weniger ist jedoch in Hinblick auf die Nachhaltigkeit solcher Lernerfahrungen bekannt. Zehetmeier (2010) ging in einer Fallstudie der Frage nach, welche nachhaltigen Wirkungen drei Jahre nach Ende einer Fortbildungsmaßnahme auf Basis von Aktionsforschung festgestellt werden können und welche Faktoren dafür förderlich oder hemmend sind. Dabei konnten in folgenden Bereichen nachhaltige Wirkungen festgestellt werden: „Neues Praxiswissen, situative Reflexion, gesteigertes Selbstbewusstsein, gegenseitiges Feedback, Verbesserung des Image der Naturwissenschaften und neu organisiertes Unterrichtspraktikum" (Zehetmeier, 2010, S. 204f.).

Um weitere Hinweise auf die Beantwortung eben dieser Frage zu bekommen, hat eine der Autor_innen dieses Aufsatzes mit allen Mitgliedern ihrer PFL-Regionalgruppe (bis auf eine Teilnehmerin, von der keine Adresse vorlag) drei Jahre nach Beendigung des Lehrgangs Interviews geführt, und zwar ein Gruppeninterview mit fünf Personen sowie Einzelinterviews (Soukup-Altrichter & Altrichter, 2012b).

5.1 Gesamtbewertung des Lehrgangs im Rückblick

Alle Interviewpartner_innen haben den Lehrgang auch drei Jahre später noch in positiver Erinnerung:

> „Der Geschmack der Erinnerung sozusagen ist positiv, freudig. (…) Das war einmal die Freude, mich mit Dingen zu beschäftigen, für die der Schulalltag kei-

ne Zeit lässt. (…) Mit viel Hirn zu arbeiten, denken zu dürfen, Sachen zu erforschen, Dingen auf den Grund zu gehen, wohingegen mir der Unterrichtsalltag immer so an der Oberfläche strampelnd vorkommt. Das war einmal eine Form von In-die-Tiefe-Gehen, die mir schon lange abgegangen ist. (…) nicht wieder 1000 Tipps (…) sondern etwas, was die Basis stärkt." (E, 1)[4]

Die Gelegenheit, im Lehrgang gemeinsam aus unterschiedlichen Perspektiven auf schulische Situationen zu schauen, diese zu analysieren und Lösungen zu entwickeln, erleben alle Befragten als bereichernd:

> „Immer mitdenken können, das war wirklich sehr anregend." (M, 3)

> „Die Zusammenkünfte, das Mitdenken über Situationen, die man nicht kennt, und seine Gedanken [dazu] darzulegen, habe ich wider Erwarten als sehr hilfreich empfunden." (E, 13)

Gleichzeitig werden die Aufgaben im Lehrgang als große Herausforderung beschrieben; zu Beginn ist manchen Teilnehmer_innen nicht klar, ob sie diese bewältigen könnten.

> „Ich habe überhaupt keine Ahnung gehabt, was eine Forschung überhaupt ist, oder was eine Aktionsforschung ist. (…) und da war ich eigentlich, für mich persönlich relativ überfordert, weil das war für mich komplett Neuland. Ich bin aber dann hinein gekommen." (B, 2)

Unterstützend erleben sie dabei die „liebe Gruppe" und die Lehrenden. Rücksichtnahme, Hilfe, partnerschaftliches, wertschätzendes Arbeiten werden genannt: „Ich bin mir nie dumm vorgekommen" (B, 2; vgl. auch G, 3), sagt eine Teilnehmerin. „Mitleben mit den Projekten der Anderen" und kollegiale Unterstützung (E, 14) hebt eine andere hervor.

5.2 Was haben die Teilnehmer_innen gelernt?

Hier greifen wir einige Aspekte heraus, die auf das Lernen von Forschungskompetenzen und die Weiterentwicklung durch Forschung fokussieren.

Experimentieren und evaluieren
Die Teilnahme am PFL-Lehrgang habe ihre Freude am Experimentieren und am Ausprobieren von Neuem gestärkt, meint eine Teilnehmerin. Seither strukturiere und dokumentiere sie ihre Arbeit besser.

> „Nicht nur einfach das Dahinwurschteln und immer wieder so, eine Blase nach der anderen zu bilden, jetzt probieren wir das und probieren wir das, sondern wirklich etwas zu planen. Und nachher das Ergebnis auch zu dokumentieren und das Ergebnis zu evaluieren. Das macht mir besonders viel Spaß, dass ich Rückmeldungen z.B. einhole in verschiedensten Formen und auch diese verschie-

---

4   Zitiert wird aus den Transkripten der Interviews. Die Buchstaben beziehen sich auf die Teilnehmer_innen, nach dem Komma ist die Seite des Interviewtranskriptes angegeben.

denen Rückmeldungen dann für mich positiver Motor sind, dass ich wieder etwas Neues probiere." (G, 9)

Mit Kindern evaluieren

Eine Direktorin erzählt, dass sie, wenn sie an ihrer Schule etwas Neues installiere, dies immer evaluiere und zwar mit den Kindern gemeinsam. Sie schaue immer auf die Evaluation; die könne man mit den Kindern wunderbar machen (vgl. H, 18). Ein anderer Teilnehmer berichtet, dass ihm Evaluieren mit den Kindern wichtig sei:

> „Nicht jetzt nur einfach so als Test, was können sie, sondern darüber hinausgehend, warum haben wir das gelernt, wo kann man dieses Wissen anwenden." (M, 19)

Schüler_innenzentriert unterrichten

Dieser Teilnehmer meint auch, im Zuge des Lehrgangs eine Veränderung in seinem Unterrichten erlebt zu haben, die er so beschreibt:

> „Einfach die Freude am Forschen, und ich möchte auch, dass meine Schüler, wenn es sich halt im Fach anbietet, dass sie da auch forschen. Und ich gebe ihnen viel mehr Verantwortung in die Hand. Das, was ich probiert habe, (…) mache ich jetzt einfach mit einer ganzen Klasse. (…) Solche Dinge, die sind jetzt einfach in den Unterricht integriert, dass die Kinder einen Auftrag kriegen und über sich oder über ein Thema möglichst selbstständig arbeiten, das hätte ich mir früher nicht zugetraut. Und es funktioniert, also es hat nicht nur mit Begleitung von PFL funktioniert, sondern es funktioniert auch, wenn ich es alleine mache. Das finde ich recht schön." (M, 9)

Mit Schüler_innen forschen

Auch für eine andere Lehrerin ist es neu, in ihrem Unterricht zielgerichtet mit Schüler_innen zu forschen:

> „Jetzt habe ich gerade eine Erste, ganz die Kleinen, und erstaunlicherweise forschen die furchtbar gerne. [Jetzt haben sie] ein Referat bzw. große Plakate gestaltet und anhand dessen haben wir dann Indikatoren gesucht (…), was ist notwendig, damit das so ist, dass es jeder versteht und auch, wie kann ich beim nächsten Referat, das ich mache, diese Indikatoren überprüfen." (H, 7)

Elemente von Aktionsforschung mit Potential für die schulische Alltagsarbeit

Schwierige Situationen in kritischer Distanz zu analysieren, sei ein wesentlicher Lernerfolg des Lehrgangs. Dafür benutzen manche Teilnehmer_innen bis heute ein *Tagebuch* (wie es im Lehrgang zur Sammlung von Beobachtungsdaten und zur persönlichen Reflexion eingesetzt wurde). So meint eine Teilnehmende, sie habe gelernt, Tagebuchschreiben als Reflexionsmethode zu nutzen und dabei Emotionales und Sachliches auseinander zu halten. Es gelänge ihr in kritischen Situationen Probleme sachlich und distanziert aus einer Metaperspektive zu sehen. Dafür nütze sie auch gezielt die Auseinandersetzung mit Literatur: Schulentwicklungsliteratur, Ergebnisse aus der Schulforschung (vgl. Ma, 3). Ähnliches berichtet eine weitere Lehrerin, die durch die im Lehrgang neu gewonnenen Perspektiven „viele Situationen im beruflichen Alltag einfach ruhiger, gelassener anschauen [kann] und nicht mehr alles persönlich [nimmt]" (G, 3). Ein anderer Teilnehmer formuliert das so:

„Ich denke auch, dass ich dadurch, dass ich mehr Sichtweisen zulassen kann oder erkennen kann, profitiere. Ich stehe nicht mehr mitten drinnen, sondern so ein bisschen außerhalb und kann das beobachten." (M, 6)

Eine Schulleiterin berichtet, das Führen eines Forschungstagebuchs sei „jetzt bei uns an der Schule eigentlich etwas Übliches geworden und das finde ich toll." In heiklen Situationen, in der Schulleitung und auch als Grundlage für Gespräche mit Eltern werden solche Notizen häufig gebraucht (vgl. H, 4).

Für drei Teilnehmer_innen ist Aktionsforschung ein wichtiges Entwicklungsinstrument für Schulen, das allerdings auch entsprechende Rahmenbedingungen, Anwesenheitszeit am Standort, eine Moderation, eine professionelle Struktur mit Begleitung und Unterstützung durch die Schulleitung brauche (vgl. G, 23). Aktionsforschung sollte „zum Werkzeug von Leuten, die in der Schule arbeiten" (E, 9) gehören.

„*Studien*" (eine charakteristische Anforderung in den Lehrgängen) schreibt die Teilnehmerin E heute nicht mehr oder nur, wenn sie dazu verpflichtet sei. Doch erinnert sie sich an die *Regionalgruppen* als Beispiel für einen Geist der gemeinsamen Analyse und Zusammenarbeit, der auch in Schulen die Arbeit erleichtert und die Weiterentwicklung fördert. Dies entspricht der Strategie der Lehrer_innenforschung, die nicht Lehrpersonen anregen will, „dauernd zu forschen", sondern Kompetenzen und Haltungen aufbauen will, mit denen die wesentlichen Entwicklungsherausforderungen des Berufs „strategisch/systematisch und reflektierend" angegangen werden können.

„Wenn das zum Berufsbild gehört, dann ist es leichter, als wenn ich die einzige bin. Aktionsforschung brauche eine Community z.B. über einen Lehrgang. Aber ein Ziel wäre, dass das in der Schule stattfindet." (E, 10)

„Ein Austausch, wie wir ihn in der Regionalgruppe hatten, dafür müsste *in der Schule* Platz sein und Zeit, so etwas müsste institutionalisiert sein." (E, 14)

Analyse von Situationen durch Konfrontation verschiedener Perspektiven
Eine Teilnehmerin beschreibt, dass sie klarer und genauer schaue, weil sie im Kurs bemerkt habe, dass Analysen oft sinnvoll sind und ihr weiterhelfen. Sie habe jetzt mehr Sicherheit, das, was sie denke, auch zu sagen. Eine wertvolle Erfahrung im Kurs war für sie, dass gemeinsames Nachdenken und Analysieren mit Kolleg_innen sehr fruchtbringend sei (vgl. E, 2–3). Die Teilnehmerin G berichtet, dass sie gerade einen konkreten Fall („ein sehr schwieriger Schulverweigerer") bearbeite. Dafür nehme sie sich täglich Zeit, um zu dokumentieren, regelmäßig zu reflektieren und die Ergebnisse auch in Berichten zusammenzufassen. Dies helfe ihr, die Arbeit verschiedener Personen, die mit dem Schüler befasst sind, zu koordinieren (G, 17). Eine weitere Teilnehmerin erzählt von Schulentwicklungsprojekten und deren Evaluation in ihrer Schule. Besonders herausfordernd sei der Umgang mit einer „Widerstandsgruppe" an der Schule. Dafür habe sie auch in der Literatur nach weiterführenden Informationen gesucht. Den Ablauf habe sie schrittweise dokumentiert und reflektiert, „sonst wäre das eskaliert [und] ich hätte in keiner Weise mehr handeln können" (Ma, 18).

6. Zusammenfassende Überlegungen

Das Ziel des Lehrgangs, die eigene Praxis durch gemeinsame Analyse weiter zu entwickeln und Kompetenzen dafür aufzubauen, scheint für die hier befragten Teilnehmer_innen deutliche Formen angenommen zu haben. Alle Befragten sagten, dass sie die „Aktions-Reflexions-Schleifen", die im Lehrgang zur Strukturierung der Arbeit verwendet wurden, als befruchtend für die eigene Weiterentwicklung empfanden und dass sie die gemeinsamen Nachdenk- und Entwicklungsprozesse mit Kolleg_innen genossen haben. Während des Kurses fanden wir die Diskussionsprozesse oft sehr spannend und ertragreich, während wir meinten, dass das Verschriftlichen der Erkenntnisse eher als beschwerlich und als – dem Abschlusszertifikat geschuldete – Notwendigkeit erlebt wurde. Umso mehr erstaunt die Tatsache, dass zumindest drei Kolleg_innen auch ohne Lehrgangsanforderung weiterhin ihre Gedanken sei es in Form von Tagebuchaufzeichnungen oder in Form von Projektdokumentationen verschriftlichen. Grund dafür sind einerseits die – im Lehrgang gefestigten – Erfahrungen, dass Aufschreiben hilft pädagogische Situationen klarer zu sehen, andererseits jene, dass Beobachtungen, die schriftlich festgehalten wurden, eine hilfreiche Grundlage bei Gesprächen sein können oder dass mit gut dokumentierten Projekten auch öffentliche Anerkennung, z.B. bei Wettbewerben, zu gewinnen ist.

Insgesamt scheinen die Teilnehmer_innen eher eine bestimmte Strategie, an schulische Probleme heranzugehen, als konkrete Einzelinhalte aus dem Lehrgang mitgenommen zu haben. Wesentlicher Faktor für den Erfolg der Lernprozesse ist in der Wahrnehmung der Befragten die „liebe Gruppe". Offenbar wird Lave und Wengers (1991) Konzeption, dass die Wissens- und Könnensentwicklung von Praktiker_innen nie allein ein individueller Vorgang, sondern immer in eine Community of Practice eingebettet sei, auch von den Erfahrungen der hier Interviewten widergespiegelt. Die Identitätsentwicklung als „professionelle Lehrperson" braucht demnach eine Community, die individuelle Erfahrungen nachfragt und ihnen dadurch erst eine Bedeutung in einem größeren professionellen Kontext gibt. Diese Erfahrung ist in den Interviews an vielen Stellen zu finden und stimuliert die Befragten, die Installierung solcher Communities auch für die Weiterentwicklung der Profession an den einzelnen Schulen zu fordern.

Interessant ist, dass der Lerngewinn und die Konsequenzen, die Teilnehmer_innen aus dem Lehrgang ziehen, sehr unterschiedlich beschrieben werden. Alle können jedoch für sie passende, über den Lehrgang hinausgehende Entwicklungsschritte setzen. Gemeinsam ist allen Befragten die Erfahrung, dass das Betrachten einer Situation aus unterschiedlichen Perspektiven bessere Lösungen bringt als eindimensionales Denken.

Für die nachhaltige Entwicklung von Neuerungen ist nach Strittmatter (2001, S. 59) ein produktives Zusammenspiel von Motiven des „Müssens", „Wollens" und „Könnens" nötig. Angewandt auf den besprochenen Lehrgang bedeutet das: Aufgrund der Anforderungsstruktur dieses zertifizierenden Lehrgangs *müssen* die Teilnehmer_innen Entwicklungsprojekte an ihren Schulen durchführen; dies ist Bedingung für einen positiven Abschluss. Man kann davon ausgehen, dass die Teilnehmer_innen sich und ihre Praxis weiterentwickeln *wollen*, sonst würden sie sich nicht für einen derart aufwändigen Lehrgang interessieren. Bei der Entwicklung ihrer Projekte erhalten sie durch den Lehrgang offenbar auch genügend Unterstützung, um ihre Projekte auch professionell bewältigen zu *können*. Für die Dauer von zwei Jahren schafft der Lehrgang Rahmenbedingungen, die Entwicklungen an einzelnen Schulen forschend zu stützen. Der Lehrgang fordert Entwicklungsarbeit als Teilnahmebedingung, nützt die Motivation von einzelnen Lehrpersonen und bietet Know How für die professionelle Umsetzung. Dies geschieht in der Hoffnung, dass nach zwei Jahren die begonnenen Entwicklungen von der Schule, die die Teilnehmer_innen entsandt hat, fortgesetzt werden und dass die Teilnehmer_innen auch jene Kompetenzen erworben haben, die ihnen erlauben, weitere Entwicklungsschritte zu setzen, sie zu reflektieren und ihr Wissen zum Nutzen der Schule zu verwenden. Im Fall der befragten Lehrer_innen scheint diese Verstetigung von Entwicklungsarbeit ein Stück weit gelungen zu sein.

In diesem Beitrag haben wir die Frage gestellt, welche forschungsbezogenen Kompetenzen Lehrpersonen für eine qualifizierte Berufspraxis heute brauchen. Dabei haben wir uns eingangs mit der Frage nach der Verwendung von Daten durch Lehrer_innen für evidenzbasierte Unterrichts- und Schulentwicklung beschäftigt. Durch die Analyse eines Projekts, das europäische Lehrpersonen bei data use unterstützen will, sind wir zu der Hypothese gelangt, dass Lehrpersonen in einer Umgebung, die Unterrichtsentwicklung evidenzbasiert stimulieren will, mehr als Datenkompetenz benötigen, nämlich berufsbezogene (professionelle) Forschungskompetenzen: Damit Lehrer_innen Daten für die Entwicklung ihres Unterrichts sinnvoll nutzen, genügt es nicht, externe Daten zur Verfügung zu stellen und Lehrer_innen für die Deutung dieser Daten einzuschulen. Weiterentwicklung von Unterricht muss vielmehr ansetzen an der Neugier, dem Forschungs- und Entwicklungsdrang, an den offenen Fragen von Lehrpersonen. Sie muss ihnen Wege zeigen und praktisch erfahrbar machen, wie solche Fragen aus verschiedenen Perspektiven beantwortet werden können, welche Methoden dazu eingesetzt werden können und wie eine kritische Gruppe von Kolleginnen und Kollegen das eigene Nachdenken herausfordern und verbreitern kann. Wie das gehen kann, haben wir am Beispiel der PFL–Lehrgänge und der Erfahrungen von einigen ihrer Absolvent_innen zur Diskussion gestellt.

Anmerkung
Kapitel 3 übernimmt Argumente aus Altrichter & Mayr (2004).

Literatur

Altrichter, H. (1990). *Ist das noch Wissenschaft? Darstellung und wissenschaftstheoretische Diskussion einer von Lehrern betriebenen Aktionsforschung.* München: Profil.

Altrichter, H. (2006). Forschende Lehrerbildung. Begründungen und Konsequenzen des Aktionsforschungsansatzes für die Erstausbildung von LehrerInnen. In A. Obolenski & H. Meyer (Hrsg.), *Forschendes Lernen. Theorie und Praxis einer professionellen LehrerInnenausbildung* (S. 57–72). Oldenburg: Didaktisches Zentrum.

Altrichter, H. (2010). Schul- und Unterrichtsentwicklung durch Datenrückmeldung. In H. Altrichter & K. Maag Merki (Hrsg.), *Handbuch Neue Steuerung im Schulsystem* (S. 219–254). Wiesbaden: Verlag für Sozialwissenschaften.

Altrichter, H. & Aichner, W. (2006). Forschendes Lernen in der Praxis: Erfahrungen – Kritik – Konsequenzen. In A. Obolenski & H. Meyer (Hrsg.), *Forschendes Lernen. Theorie und Praxis einer professionellen LehrerInnenausbildung* (S. 213–226). Oldenburg: Didaktisches Zentrum.

Altrichter, H. & Feindt, A. (2011). Lehrerinnen und Lehrer erforschen ihren Unterricht: Aktionsforschung. In E. Terhart, H. Bennewitz & M. Rothland (Hrsg.), *Handbuch der Forschung zum Lehrerberuf* (S. 214–231). Münster: Waxmann.

Altrichter, H. & Heinrich, M. (2007). Kategorien der Governance-Analyse und Transformationen der Systemsteuerung in Österreich. In H. Altrichter, T. Brüsemeister & J. Wissinger (Hrsg.), *Educational Governance – Handlungskoordination und Steuerung im Bildungssystem* (S. 55–103). Wiesbaden: VS.

Altrichter, H. & Maag Merki, K. (Hrsg.) (2010). *Handbuch Neue Steuerung im Schulsystem.* Wiesbaden: Verlag für Sozialwissenschaften

Altrichter, H. & Mayr, J. (2004). Forschung in der Lehrerbildung. In S. Blömeke, P. Reinhold, G. Tulodziecki & J. Wildt (Hrsg.), *Handbuch Lehrerbildung* (S. 164–184). Bad Heilbrunn: Klinkhardt.

Altrichter, H. & Posch, P. (1998). Einige Orientierungspunkte für ‚nachhaltige Lehrerfortbildung'. In H.-J. Herber & F. Hofmann (Hrsg.), *Schulpädagogik und Lehrerbildung* (S. 245–259). Innsbruck: StudienVerlag.

Altrichter, H. & Posch, P. (2013). Innovation in Education through Action Research. In T. Stern, F. Rauch, A. Schuster, & A. Townsend (Hrsg.), *Action Research, Innovation And Change: International perspectives across disciplines* (S. 8–26). Taylor & Francis (zum Druck angenommen; zitiert nach dem Ms.).

Altrichter, H. & Soukup-Altrichter, K. (1999): Forschen für die eigene Praxis. *Hamburg macht Schule, 6,* 16–18.

Amtmann, E., Grillitsch, M. & Petrovic, A. (2011). *Bildungsstandards in Österreich. Die Ergebnisrückmeldung im ersten Praxistest. Das Rückmeldedesign zur Baseline-Testung (8. Schulstufe) aus der Sicht der Adressaten.* BIFIE-Report 7/2011. Graz: Leykam.

Bonsen, M., Büchter, A. & Peek, R. (2006). Datengestützte Schul- und Unterrichtsentwicklung. In W. Bos, H.G. Holtappels, H. Pfeiffer, H.-G. Rolff & R. Schulz-Zander (Hrsg.), *Jahrbuch der Schulentwicklung, Band 14* (S. 125–148). Weinheim: Juventa.

Bonsen, M. & Gathen, J.v.d. (2004). Schulentwicklung und Testdaten. Die innerschulische Verarbeitung von Leistungsrückmeldungen. In H. G. Holtappels, K. Klemm, H. Pfeiffer, H.-G. Rolff & R. Schulz-Zander (Hrsg.), *Jahrbuch der Schulentwicklung, Band 13* (S. 225–252). Weinheim: Juventa.

Dick, A. (2003). Praxisforschung als Bindeglied unterrichtlicher Kohärenz und Diversität der Schule. In A. Obolenski & H.Meyer (Hrsg.), *Forschendes Lernen* (S. 37–54). Bad Heilbrunn: Klinkhardt.

Ehren, M. C. M., Altrichter, H., McNamara, G. & O'Hara, J. (2013). Impact of school inspections on teaching and learning – describing assumptions on causal mechanisms in six European countries. *Educational Assessment, Evaluation and Accountability, 25* (1), 343.

Elliott, J. (1991): *Action research for educational change.* Buckingham: Open University Press.

Erlacher, W. (2007). *PFL Mathematik, 2004–2006. Endbericht der externen Evaluation. Manuskript.* Klagenfurt: IUS.

Eurydice (2007). *School Autonomy in Europe: Policies and Measures.* Brüssel: Eurydice.

Feindt, A. & Altrichter, H. (2009). Pädagogische Praxis als Ort professioneller Entwicklung. In B. Moschner, R. Hinz & V. Wendt (Hrsg.), *Unterrichten professionalisieren. Schulentwicklung in der Praxis* (S. 25–40). Berlin: Cornelsen-Scriptor.

Fend, H. (2006). *Geschichte des Bildungswesens.* Wiesbaden: VS.

Grabensberger, E., Freudenthaler, H. H. & Specht, W. (2008). *Bildungsstandards: Testungen und Ergebnisrückmeldungen auf der achten Schulstufe aus der Sicht der Praxis – Ergebnisse einer Befragung von Leiterinnen, Leitern und Lehrkräften der Pilotschulen.* Graz: bifie.

Groß Ophoff, J., Hosenfeld, I. & Koch, U. (2007). Formen der Ergebnisrezeption und damit verbundene Schul- und Unterrichtsentwicklung. *Empirische Pädagogik, 21,* 411–427.

Kemmler-Ernst, A. (1998). *Collaborative inquiry as a catalyst for change.* Unveröffentlichtes Manuskript, Harvard Graduate School of Education.

Koch, U. (2011). *Verstehen Lehrkräfte Rückmeldung aus Vergleichsarbeiten? Datenkompetenz von Lehrkräften und die Nutzung von Ergebnisrückmeldungen.* Münster: Waxmann.

Krainer, K. & Posch, P. (Hrsg.) (1996). *Lehrerfortbildung zwischen Prozessen und Produkten.* Bad Heilbrunn: Klinkhardt

Kühle, B. & Peek, R. (2007). Lernstandserhebungen in Nordrhein Westfalen. Evaluationsbefunde zur Rezeption und zum Umgang mit Ergebnisrückmeldungen in Schulen. *Empirische Pädagogik, 21,* 428–447.

Lave, J. & Wenger, E. (1991). *Situated Learning.* Cambridge, UK: Cambridge University Press.

Legutke, M. (1998). The English teacher as learner and researcher. In H.-E. Piepho & A. Kubanek-German (Hrsg.), *I beg to differ.* München: iudicium (zit. nach dem Ms.).

Maag Merki, K. (2010). Theoretische und empirische Analysen der Effektivität von Bildungsstandards, standardbezogenen Lernstandserhebungen und zentralen Abschlussprüfungen. In H. Altrichter & K. Maag Merki (Hrsg.), *Handbuch Neue Steuerung im Schulsystem* (S. 145–169). Wiesbaden: VS.

Maier, U. (2006). Können Vergleichsarbeiten einen Beitrag zur Schulentwicklung leisten? *Journal für Schulentwicklung, 10,* 4, 20–28.

Maier, U. (2008). Rezeption und Nutzung von Vergleichsarbeiten aus der Perspektive von Lehrkräften. *Zeitschrift für Pädagogik, 54,* 95–117.

Maier, U. (2009). Testen und dann? – Ergebnisse einer qualitativen Lehrerbefragung zur individualdiagnostischen Funktion von Vergleichsarbeiten. *Empirische Pädagogik, 23,* 191–207 (zit. nach dem Ms.).

Maier, U. & Kuper, H. (2012). Vergleichsarbeiten als Instrumente der Qualitätsentwicklung an Schulen. Überblick und Forschungsstand. *Die Deutsche Schule, 104* (1), 88–99.

Marciniak, M. & Ronka, D. (2012). EU DATAUSE project: Development of the data use professional development course. Paper given at the ECER-Conference, Cadiz, September, 2012.

Müller, F. H., Andreitz, I. & Mayr, J. (2009). PFL – Pädagogik und Fachdidaktik für Lehrerinnen und Lehrer – Eine Studie zu Wirkungen forschenden Lernens. In F. H. Müller, A. Eichenberger, M. Lüders & J. Mayr (Hrg.), *Lehrerinnen und Lehrer lernen – Konzepte und Befunde zur Lehrerfortbildung* (S. 177–195). Münster: Waxmann.

Peek, R. (2004). Qualitätsuntersuchung an Schulen zum Unterricht in Mathematik (QuaSUM) – Klassenbezogene Ergebnisrückmeldung und ihre Rezeption in Brandenburger Schulen. *Empirische Pädagogik, 18,* 82–114.

Rürup, M. (2007). *Innovationswege im deutschen Bildungssystem.* Wiesbaden: VS.

Schildkamp, K., Karbautzki, L., Breiter, A., Marciniak, M. & Ronka, D. (2012). The Use of data across countries: Development and application of a data use framework. Paper given at the ECER-Conference, Cadiz, September, 2012.

Schön, D. A. (1983). *The Reflective Practitioner.* London: Temple Smith.

Schrader, F.-W. & Helmke, A. (2003). Evaluation – und was danach? *Schweizerische Zeitschrift für Bildungswissenschaft, 25* (1), 79–110 (zit. nach dem Ms.).

Schulze, F. (2012): Folgen zentraler Lernstandserhebungen: Unterscheiden sich Lehrkräfte in der Auseinandersetzung mit Lernstandserhebungen? Empirische Befunde zu Formen unterrichtsbezogener Steuerungslogik. *Die Deutsche Schule, 104* (1), 43–56.

Soukup-Altrichter, K. & Altrichter, H. (2012a). Praxisforschung und Professionalisierung von Lehrpersonen in der Ausbildung. *Beiträge zur Lehrerbildung 30,* (2), 238–251.

Soukup-Altrichter, K. & Altrichter, H. (2012b). Teaching action research in an award-bearing in-service programme in Austria: A retrospective evaluation. In G. Bagakis & S. Georgiadou (Hrsg.), *Action research for improvement in schools, communities and organizational spaces. What is to be done?* (S. 71–77). Manchester: Manchester Metropolitan University [CARN Bulletin 15 (Autumn, 2012)].

Steffens, U. (2009). *Lernstandserhebungen in den deutschen Ländern – Probleme und Perspektiven.* Unveröffentlichtes Manuskript, Institut für Qualitätsentwicklung Wiesbaden.

Strittmatter, A. (2001). Bedingungen für die nachhaltige Aufnahme von Neuerungen an Schulen. *Journal für Schulentwicklung, 5* (4), 58–66.

Tillmann, K.-J., Dedering, K., Kneuper, D., Kuhlmann, C. & Nessel, I. (2008). *PISA als bildungspolitisches Ereignis.* Wiesbaden: VS.

Urban-Woldron, H. (2013). Aktionsforschung in der Lehrerbildung. *Erziehung und Unterricht, 163* (3–4), 230–236.

Zehetmeier, S. (2010). Aktionsforschung in der Lehrerfortbildung: Was bleibt? In F. H. Müller, A. Eichenberger, M. Lüders & J. Mayr (Hrsg.), *Lehrerinnen und Lehrer lernen – Konzepte und Befunde zur Lehrerfortbildung* (S. 197–211). Münster: Waxmann.

Zeichner, K. (2004). Educational action research. In P. Reason & H. Bradbury (Hrsg.), *Handbook of Action Research* (S. 273–283). London: Sage.

Forschendes Lernen für Studierende

Lernen in der Praxis

Andrea Gerber und Barbara Holub

Die Forscherwerkstatt als Ausgangspunkt für Lehrer_innenforschung

1. Die Forscherwerkstatt – ein Entwicklungsprojekt der Pädagogischen Hochschule Wien

Aufgrund des immer deutlicher werdenden Mangels an Interessenten_innen für naturwissenschaftlich-technische Arbeitsfelder (Krainer & Benke, 2009, S. 1), werden an Lehrer_innen von Seiten der Gesellschaft Ansprüche gestellt, dem entgegen zu wirken. Gerade von Volksschulpädagoginnen und Volksschulpädagogen wird erwartet, das Interesse und die Neugierde der Kinder bereits ab Schuleintritt für Natur, Technik und Mathematik zu fördern und somit diesen Ansprüchen gerecht zu werden. So wird es als ihre Aufgabe gesehen, an das ohne Zweifel vorhandene Interesse der Schüler_innen anzuknüpfen und deren Bedürfnis nach Antworten nachzukommen. Es muss daher als Aufgabe der Pädagogischen Hochschulen gesehen werden, für eine qualifizierte Ausbildung im naturwissenschaftlichen Bereich und in der Mathematik Sorge zu tragen und sowohl fachliches Hintergrundwissen als auch fachdidaktische Kompetenz zu vermitteln, die Lehrer_innen dementsprechend vorzubereiten und für den eigenen Unterricht sicher zu machen. In diesem Sinne versucht die Pädagogische Hochschule Wien unter anderem mit der Installation einer Forscherwerkstatt angehende und bereits aktive Lehrer_innen dahingehend zu unterstützen.

Mit der Gründung des Fachdidaktikzentrums für Naturwissenschaften und Mathematik im Studienjahr 2009/10, startete die Pädagogische Hochschule Wien das Entwicklungsprojekt *Forscherwerkstatt*. Bezogen auf den Ziel- und Leistungsplan, unter dem Vorhaben „Entwicklung und Umsetzung eines Forschungsförderungskonzepts für Lehrende und Studierende an der PH Wien", wurde der „Aufbau einer neuen Forscherwerkstatt für Lehrende und Studierende im Bereich Sachunterricht, Naturwissenschaften und Mathematik (Grundstufe)" als Meilenstein verankert.[1]

In Folge wird nun einerseits die Bedeutung des *Lernorts Forscherwerkstatt* skizziert, aber vor allem die Bedeutung der Forscherwerkstatt als *Ausgangspunkt für Forschung* dargestellt.

---

1   Ziel und Leistungsplan der Pädagogischen Hochschule Wien für 2010–2014.

2. Die Forscherwerkstatt als vorbereiteter Lernort für Schüler_innen, für Studierende und für Lehrer_innen

Die Forscherwerkstatt versteht sich u.a. als Lernort für Schüler_innen, an dem „Versuche aus den Bereichen Biologie/Naturkunde, Physik, Technik, Chemie und Mathematik entwickelt, erprobt und von den Kindern selbstständig durchgeführt" werden.[2]

Die Kompetenz selbstständig zu Arbeiten ist ein wesentlicher Bestandteil der Entwicklung junger Menschen in Hinblick auf die Ausformung ihrer Persönlichkeit. Sie lernen dabei, sich selbst ein Ziel zu wählen und dieses auch mit selbst gewählten Mitteln zu erreichen. Somit wird Selbstständigkeit zu einem konstitutiven Aspekt der Autonomie (Maras, 2008, S. 53). So soll für Schüler_innen ab der ersten Schulstufe ein Rahmen für die sachliche, forschende und entdeckende Auseinandersetzung mit naturwissenschaftlichen Ereignissen und mathematischen Themen geboten werden, der sie im Umgang mit Natur, Technik und Mathematik sicher werden lässt.

Für Studierende wird ebenfalls ein Platz geschaffen (Holub, 2011), an dem sie beobachten, ausprobieren, reflektieren und lernen können, ihren zukünftigen Unterricht an den anfänglich genannten Ansprüchen zu orientieren. Im Rahmen der Ausbildung, sowohl im Bereich Sachunterricht und Mathematik, als auch innerhalb der Schulpraktischen Studien, wird hier durch die Installation der Forscherwerkstatt den Auszubildenden die Chance geboten, ihre Kompetenzen für einen „interessanten, schüleraktivierenden, leistungsfördernden Unterricht" (Krainer & Benke, 2009, S. 21) zu stärken. Dadurch ergibt sich auch die Chance, die Studierenden explizit an kollegiale Zusammenarbeit in Vorbereitung, Durchführung und Reflexion von Unterricht heranzuführen. Des Weiteren haben auch Lehrer_innen die Möglichkeit, sich im Rahmen von Fortbildungsangeboten nötiges Hintergrundwissen wieder in Erinnerung zu rufen sowie in der Forscherwerkstatt selbst aktiv zu arbeiten. Es wird ihnen im Zuge dessen auch das Konzept einer Forscherwerkstatt vermittelt, um eine Umsetzung dieses Wissens im Unterricht am Schulstandort anbahnen zu können.

Die Ergebnisse des Nationalen Bildungsbericht 2012 „zeigen einen Rückgang beruflicher Interessen der Schüler_innen von 2003 bis 2009, insbesondere in den für die Naturwissenschaften relevanten Bereichen: praktisch-technische, intellektuell-forschende und konventionelle Interessen" (Vogtenhuber, Lassnigg, Gumpoldsberger, Schwantner, Suchań, Bruneforth, Toferer, et al., 2012, S. 146). Auf diese Problematik muss eingegangen werden. Doch erst durch gut geschulte Lehrpersonen kann es gelingen, das Interesse der Schüler_innen für Naturwissenschaften und Mathematik nachhaltig zu wecken. Dies impliziert im Sinne einer neu gedachten Fehlerkultur den offenen Umgang mit Irrwegen bzw. unterschiedlichen Lösungsansätzen. Irrtum bzw. unkonventionelle Lösungswege sind möglich und werden zugelassen. Die in der Forscherwerkstatt angestrebte Verknüpfung von Wissen und Praxis soll daher zur Professionalisierung der Lehrer_innenbildung beitragen.

In diesem Sinne versteht sich die Forscherwerkstatt, gleichermaßen als Lernort für Schüler_innen, als Ausbildungsort für angehende Lehrer_innen und als Fortbildungsort für Lehrende.

---

2   http://www.forscherwerkstatt.de/wir.html [27.08.2013].

2.1 Schwerpunkt Sachunterricht

Im österreichischen Lehrplan der Volksschule ist im Bereich Sachunterricht zu lesen: „Der Unterricht hat solchen didaktischen Konzepten zu folgen, die im Kind den Wunsch zum Entdecken und Erforschen der Natur verstärken" (Lehrplan der Volksschule, 2012, S. 20). In der Forscherwerkstatt werden unter diesem Blickwinkel zwei Gedanken umgesetzt, die auf verschiedenen Ebenen ablaufen, angeleitetes Experimentieren und selbstständig forschendes Lernen. Beide Ebenen streben unterschiedliche Ziele an.

Zum einen führt angeleitetes Experimentieren, mit vorbereiteten Forscherkisten und Anleitungskarten, Kinder in den Prozess des Forschens ein. Vorbereitete „Forscherkisten" ermöglichen, anhand erprobter Experimentier- und Versuchssets, ein weitgehend selbstständiges und eigenverantwortliches Arbeiten. Weiterführende Arbeitsaufträge und zusätzlich zur Verfügung stehende Materialien, animieren zum eigenständigen weiterführenden Experimentieren.

Mit den Schülerinnen und Schülern im Vorhinein festgelegte Ordnungsstrukturen und Arbeitsregeln erlauben ein schüler_innenzentriertes und offenes Arbeiten, bei dem Pädagoginnen und Pädagogen als Lernbegleiter/berater_innen fungieren. Der hiermit gemeinte organisatorische Ablauf einer Forschereinheit im Rahmen von zwei Unterrichtseinheiten umfasst daher konkret

- einen anfänglichen Gesprächskreis, zur Absprache der allgemeinen Organisation,
- die eigentliche Experimentierphase, in der die Schüler_innen in Einzel-, Partner- oder Kleingruppen mit einer Forscherkiste arbeiten,
- die Vorbereitungszeit, in der Präsentationen vorbereitet werden,
- den Forscherrat, als Präsentations-, Reflexions- und Diskussionsort und
- die abschließende Aufräumphase.

So soll für Kinder ab der ersten Schulstufe die Möglichkeit für eine fachliche und forschende Auseinandersetzung mit naturwissenschaftlichen Ereignissen und Phänomenen geboten werden, der sie im Umgang mit Natur und Technik sicher werden lässt.

Zum anderen wird abgesehen von diesem organisatorisch festgelegten Ablauf in der Forscherwerkstatt das Ziel angestrebt, Lernende (jeden Alters) in den Prozess des „Forschenden Lernens" einzuführen, um sie somit zu eigenständigem Fragenstellen und Finden von Antworten anzuregen. Nach Huber (2009, S.11) zeichnet sich forschendes Lernen „vor anderen Lernformen dadurch aus, dass die Lernenden den Prozess eines Forschungsvorhabens, das auch auf die Gewinnung von auch für Dritte interessanten Erkenntnisse gerichtet ist, in seinen wesentlichen Phasen – von der Entwicklung der Fragen und Hypothesen über die Wahl und Ausführung der Methoden bis zur Prüfung und Darstellung der Ergebnisse in selbstständiger Arbeit oder aktiver Mitarbeit in einem übergreifenden Projekt – (mit-)gestalten, erfahren, reflektieren" (Huber, 2009, S. 11).

Bereits mit den jungen Schüler_innen wird daher in der Forscherwerkstatt versucht, im Rahmen des Unterrichts aktive Lernwege zu berücksichtigen, wie selbstständiges Formulieren von Forschungsfragen, gemeinschaftliches Aufstellen von Vermutungen, Planen, Hinterfragen und Dokumentieren von Experimenten, Recherchieren, Konstruieren von Modellen, Diskutieren u.v.m. (Bertsch, Unterbrunner & Kapelari,

2011, S. 240). Als Ziel des forschenden Lernens in der Forscherwerkstatt gilt daher, „insgesamt Denkhaltungen zu fördern und auszudifferenzieren, die dazu beitragen, auch für neue Problemstellungen angemessene Lösungen zu finden" (Hellermann, Schmohr & Sekman, 2012, S. 29).

2.2 Schwerpunkt Mathematik

Analog zu den Forscherkisten mit Schwerpunkt auf naturwissenschaftliche Inhalte wird die Forscherwerkstatt durch Forscherkisten im Bereich der Mathematik ausgebaut.

Dieses Angebot deckt verschiedene Bereiche des Mathematikunterrichts ab und wird dementsprechend sukzessive erweitert. Grundsätzlich werden alle Ebenen des Mathematikunterrichts angesprochen, wie Arbeiten mit Zahlen, Arbeiten mit Operationen, Arbeiten mit Größen und Arbeiten mit Ebene und Raum (Lehrplan der Volksschule, 2012, S. 147ff.). Parallel dazu sind die Aufgabenstellungen so konzipiert, dass auch die allgemeinen Kompetenzen der Schüler_innen gefordert und gefördert werden. Sie müssen je nach Aufgabenstellung und Aufgabenformat Modellieren, Operieren, Problemlösen und Kommunizieren.

Um dem Thema „Forschendes Lernen im Mathematikunterricht" fundiert gerecht zu werden und die Überlegungen dazu auf eine solide Basis zu stellen, sollen an dieser Stelle grundlegende Begrifflichkeiten geklärt werden. Forschendes Lernen ist in erster Linie möglich und realisierbar, wenn der Unterricht „offen" strukturiert wird und im Rahmen dieser Öffnung Schüler_innen die Möglichkeit haben, sich forschend und entdeckend mathematischen Problemstellungen und möglichen Lösungswegen zu widmen (vgl. Gerber & Varelija, 2011, S. 224).

Die Lernenden bemühen sich um eine eigenständige Aneignung von Wissen und beschreiten in der Anwendung dieses Wissens wiederum eigene Lösungswege, verbunden mit Erfolgen und Misserfolgen. Das vorhandene oder neu angeeignete Wissen wird dabei fortwährend aktualisiert, umgeordnet, verworfen und wieder neu aufgeworfen, wodurch eine sinnige und intensive Form des Übens erreicht wird.

Letztendlich geht es darum Einsichten zu gewinnen ohne die „Mathematiklernen" auf Dauer nicht erfolgreich stattfinden wird können. Die reine Reproduktion von unverstandenen Inhalten kann zwar über einen bestimmten Zeitraum hinweg möglich sein, beschränkt sich jedoch auf einen inhaltlich und zeitlich engen Zeitraum. Den Prozess zum Gewinnen der Einsichten muss die_der Lernende jedoch unbedingt selbst vollziehen können und dürfen (Winter, 1989, S. 1).

Unter Beachtung der eben genannten Gesichtspunkte wurde in den vergangenen zwei Studienjahren anfangs erwähntes mathematisches Material (Forscherkisten) für die Forscherwerkstatt entwickelt. Im Studienjahr 2013/14 wird im Rahmen von Bachelor – Arbeiten das Material evaluiert, in der Ausbildung Mathematik/Primarstufe eingebracht und in der Folge in der Forscherwerkstatt für die Schüler_innen der Praxisschulen angeboten.

3. Die Forscherwerkstatt als Ausgangspunkt für Forschung

Durch die Entwicklung der Forscherwerkstatt und dem zugrunde liegenden Konzept des selbstständigen, entdeckenden und forschenden Lernens kann das Arbeiten von Schüler_innen mit den angebotenen Aufgabenstellungen und Materialien in Hinblick auf unterschiedliche Kriterien evaluiert werden. Im Vordergrund stehen hierbei die Motivation der Lernenden im Umgang mit den Inhalten, beim selbstständigen Arbeiten und vor allem die Überprüfung der Nachhaltigkeit des zu erwerbenden Wissens.

Daher ist die Forscherwerkstatt Ausgangspunkt für Forschungen in unterschiedlicher Form. Zum einen steht sie durch ihre Definition als Entwicklungsprojekt permanent auf dem Prüfstein und wird von den Verantwortlichen in ihrer Gesamtheit als Forscherwerkstatt (Konzept, Ausstattung, Unterricht) laufend evaluiert. Zum anderen ergeben sich aufgrund unterschiedlicher Interessensschwerpunkte der Studierenden immer wieder interessante Forschungsfragen, die in Form von Bachelorarbeiten wissenschaftlich aufbereitet werden und somit unterstützend für das Gesamtprojekt und dessen Weiterentwicklung zu sehen sind. Exemplarisch wird in Folge auf diese unterschiedlichen Forschungsansätze eingegangen.

3.1 Unterrichtsforschung

Indem Studierende in der Forscherwerkstatt in unterschiedlichen Rollen agieren, haben sie die Möglichkeit den Unterricht, das Material und die Forschungsprozesse aus verschiedenen Perspektiven zu beleuchten:

Im Rahmen der Didaktikseminare (Sachunterricht/Natur und Technik, Physik/Chemie, Biologie, Mathematik) durchlaufen sie als Lernende in der Forscherwerkstatt denselben Forschungsprozess wie Schüler_innen. Angeleitete fachliche Problemstellungen führen zu eigenen Forschungsfragen. Diese werden auf einem selbstständigen und handlungsaktiven Weg beleuchtet, diskutiert, hinterfragt, dokumentiert etc. und erweitern das fachliche Wissen.

Im Rahmen der Schulpraktischen Studien wird es den Studierenden ermöglicht, professionell geleiteten und schülerzentrierten begleitenden Unterricht in der Forscherwerkstatt zu beobachten, zu dokumentieren und gemeinsam mit den Praxislehrerinnen und Praxislehrern im Anschluss zu reflektieren.

Es bietet sich für die Studierenden aber auch die Möglichkeit, Unterricht in der Forscherwerkstatt als Lehrende selbst zu gestalten und dadurch eigene Erfahrungen für einen handlungskompetenten Unterricht im Sinne des forschenden Lernens (s. o.) zu sammeln. Im Zentrum aller drei Aspekte steht hier die Erforschung der eigenen Rolle im Unterrichtsgeschehen. So besteht die Aufgabe der Lehrer_innen darin, eine anregende Lernkultur zu schaffen, eine zielorientierte und genau geplante, auf keinen Fall beliebige Lernumgebung zu gestalten und das Lernen der Schüler_innen zu begleiten. Die Lehrer_innen müssen sich auf die unterschiedlichen Voraussetzungen der Schüler_innen einlassen und deren produktives Lernen durch unterschiedlich enge und weite Anweisungen sowie Zielvorgaben unterstützen. Die Lernbegleitung knüpft an bereits beschrittene Denk- und Lösungswege an und bietet neue Anreize für Fragen, weitere Lernaufträge und somit neue Lernerfahrungen an. In Summe kommt es zu einer Erweiterung des Wissensnetzes der Schüler_innen, d.h. es geht nicht nur um die Automatisierung von Rechenoperationen, sondern um die Erfassung der Komplexität mathematischer Problemstellungen (Gerber, 2010, S. 16). Eigenständiges Forschen und selbstständig entdeckendes Lernen im Unterricht wird umso erfolgreicher sein, je mehr die Lehrperson den Schüler_innen die Möglichkeiten anbietet nachzudenken, zu erkunden, auszuprobieren und kreativ zu üben. Hemmnisse und Schwierigkeiten, die zweifelsohne auftreten, sollen nicht verschwiegen werden. Der Zeitfaktor ist in diesem Zusammenhang ebenso problematisch wie Schwierigkeiten in der sprachlichen Verständigung, die Auffassungsmöglichkeiten der Schüler_innen, die individuellen Fähigkeiten und Möglichkeiten des eigenständigen Wissenserwerbs sowie die didaktische Umsetzung von Individualisierung und Differenzierung.

Dennoch ist das auf Einsichten basierende Lernen in der Forscherwerkstatt im Sinne der Nachhaltigkeit und der späteren Anwendungsmöglichkeiten dem reinen technokratischen Unterricht vorzuziehen, um Lernenden die Chance zu geben, Wissen alltagstauglich einsetzen zu können und reflektiv zu handeln. Lehrer_innen tragen unter anderem auch die Verantwortung dafür mit, welche Zugänge zu Lernen und Wissen den Kindern eröffnet bzw. ermöglicht werden. Zur Bildung des Menschen zählen dahingehend alle Erfahrungen, Erlebnisse und Erkenntnisse, die den jungen Menschen beeinflussen und formen (Gerber, 2009, S. 550).

3.2 Materialevaluierung

Wie bereits erwähnt, definiert sich die Forscherwerkstatt als vorbereitete Lernumgebung durch ihre Materialien und die ergänzende Ausstattung, die für Lernende zur Verfügung steht. Die Grundausstattung der Materialien für die Themenbereiche des Sachunterrichts wurde vom *Konzept der Forscherwerkstatt* nach Bauer übernommen.[3] Zusätzlich wurden von Didaktikerinnen und Didaktikern der PH Wien Materialien für den Bereich Mathematik entwickelt.

In beiden Fällen sind die Forscherkisten so angelegt, dass bestimmte Inhalte der jeweiligen Bereiche (also z.B. für Sachunterricht: Strom, Wasser; für Mathematik: Geometrie, Bündeln) angesprochen sind und von den Schülerinnen und Schülern gleichsam entdeckt bzw. erforscht werden können. Bei einigen Themen bieten sich zusätzlich Anregungen und Hinweise auf weiterführende Möglichkeiten zum selbstständigen Arbeiten an. Besonderes Augenmerk wird bei der Entwicklung des Materials darauf gelegt, dass die Schüler_innen anhand der Angabentexte weitgehend eigenständig an die Lösung der Aufgabenstellungen herangehen können sowie die zusätzlichen Arbeitsmittel, die für die Lösung nötig sind, in der vorbereiteten Forscherkiste bzw. in den Regalen mit zusätzlichen Materialien vorhanden sind. Um das Material auf seine Sinnhaftigkeit mit Blick auf entdeckendes und forschendes Lernen zu evaluieren, ist es notwendig, gezielte Schüler_innenbeobachtungen durchzuführen und sowohl die Präsentationen der Kinder im Forscherrat als auch deren Notizen in Forscherheften einer Analyse zu unterziehen. Diese Beobachtungsaufgaben werden von Lehrenden aber

---

3   http://www.forscherwerkstatt.de/wir.html [27.08.2013].

auch von Studierenden durchgeführt und dienen zur Weiterentwicklung der Materialien.

Aktuell wären diesbezüglich zwei Schwerpunkte zu nennen. Zum einen wurde im SS 2013 eine Bachelor-Arbeitsgruppe gegründet, welche das bereits entwickelte aber noch nicht eingesetzte Material für Mathematik mit Schüler_innen in der Schulpraxis (Volksschule) ausprobiert und anschließend evaluiert. Zum anderen arbeiten Studierende des Fachbereiches Physik/Chemie an der Weiterentwicklung von bereits erprobten naturwissenschaftlichen Forscherkisten für die Sekundarstufe.

Studierende sind somit ein wichtiger Bestandteil innerhalb des Entwicklungs- und Forschungsprozesses. Durch ihre Forschungsarbeit kann gewährleistet werden, dass das Material in der Forscherwerkstatt das Lernen der Schüler_innen unterstützt und zum forschenden Lernen anregt.

3.3   Evaluierung durch Bachelorarbeiten

Die Forscherwerkstatt eröffnet in ihrer Gesamtkonzeption ein breites Feld für Forschungsfragen, deren Beantwortung im Rahmen von Bacheloranträgen abgehandelt werden können. Aktuell werden z.B. folgende Themen bearbeitet:

- Die Materialien der Forscherwerkstatt werden in ihrem gesamten Spektrum einer grundlegenden Evaluation unterzogen. Studierende arbeiten mit Gruppen von Schülerinnen und Schülern, um sowohl die Inhalte der Kisten an sich als auch deren Struktur, deren Aufbau, deren Verständlichkeit und die Handhabung des bereit gestellten Materials zu untersuchen (siehe dazu auch 3.2).
- Die Umsetzung von Barrierefreiheit für die Forscherwerkstatt und die dafür erforderlichen Veränderungen bzw. Erweiterungen werden evaluiert. So soll konkret für die an der Praxisschule installierte Integrationsklasse ein passendes Lernumfeld gestaltet werden, um in der Forscherwerkstatt allen Schülerinnen und Schülern gerecht werden zu können.
- Der in Kapitel 2.1 dargestellte organisatorische Unterrichtsablauf in der Forscherwerkstatt wird auf seine Effizienz überprüft und mit dem der Forscherwerkstatt in der „Löwenschule" (1220 Wien) verglichen.

An dieser Stelle sei nochmals hervorgehoben, dass Studierende durch ihre Forschungsarbeit in der Forscherwerkstatt zu deren Weiterentwicklung beitragen und somit eine entscheidende Rolle im Entwicklungsprojekt innehaben. Dies soll im Studienjahr 2013/14 dokumentiert werden, indem die durch Bachelorarbeiten gewonnenen Erkenntnisse zusammengefasst und mit den Studierenden gemeinsam veröffentlicht werden.

4. Zusammenfassung

Die 2010 als Entwicklungsprojekt der Pädagogischen Hochschule Wien gestartete Forscherwerkstatt wurde in den vergangenen Jahren als Bestandteil des Fachdidaktikzentrums für Naturwissenschaften und Mathematik installiert. Als vorbereitete Lernumgebung stellt sie zum einen eine sinnvolle Erweiterung des naturwissenschaftlichen und mathematischen Ausbildungsbereiches dar. Zum anderen bietet die Forscherwerkstatt als Entwicklungsprojekt viele Möglichkeiten für unterschiedliche Forschungsprozesse. Sie ist für Schüler_innen, Studierende und Lehrende ein Ort des Lernens, Entdeckens und Forschens. Im Mittelpunkt steht allerdings Lehrer_innenforschung auf unterschiedlichen Ebenen. Aktuell werden vor allem neu entwickelte Materialien für die Bereiche Naturwissenschaften und Mathematik evaluiert. In Form von Bachelorarbeiten werden aber auch u.a. Unterrichtskonzeption und Barrierefreiheit genauer untersucht. Ziel ist es, auch die Arbeit und die Materialien in der Forscherwerkstatt zunehmend in das Angebot der Lehrer_innenbildung aufzunehmen und zu etablieren. Dadurch soll gewährleistet werden, dass der naturwissenschaftliche Unterricht und Mathematikunterricht nachhaltig kompetenzorientiert und im Sinne neuester Erkenntnisse aus der aktuellen fachdidaktischen Forschung gestaltet wird.

Literatur

Bauer, C. (o. J). *Konzept der Forscherwerkstatt*. Verfügbar unter: http://www.forscherwerkstatt.de_index.html [27.08.2013].

Bertsch, C., Unterbruner, U. & Kapelari, S. (2011). Vom Nachkochen von Experimentieranleitungen zum forschenden Lernen im naturwissenschaftlichen Unterricht am Übergang Primarstufe/Sekundarstufe. *Erziehung & Unterricht*, 3+4, 239–245.

Gerber, A. (2009). Zum Unterrichtsverständnis von Lehrer_innen an Volksschulen. *Erziehung & Unterricht*, 5+6, 545–552.

Gerber, A. (2010). Zum Unterrichtsverständnis von Mathematik an Volksschulen. Eine empirische Studie über Lehrer_innen an österreichischen Volksschulen. In C. Fridrich, M. Heissenberger & A. Paseka (Hrsg.), *Forschungsperspektiven 2* (S. 13–28). Wien: LIT Verlag.

Gerber, A. & Varelija, G. (2011). Offenheit in der Didaktik der Mathematik als Basislegung zum Forschenden Lernen. *Erziehung & Unterricht*, 3+4, 224–230.

Hellermann, K., Schmohr, M. & Sekman, Ü. (2012). Vielfältige Lernkultur durch „Forschendes Lernen" an der Ruhr-Universität Bochum. *Zeitschrift für Hochschulentwicklung 7* (3), 28–35.

Holub, B. (2011). Forschendes Lernen vom Anfang an – Die Forscherwerkstatt als Ausbildungsort für Studierende. *Erziehung & Unterricht*, 3+4, 265–267.

Huber, L. (2009). Warum forschendes Lernen nötig und möglich ist. In L. Huber, J. Helmer & F. Schneider (Hrsg.), *Forschendes Lernen im Studium* (S. 9–35). Bielefeld: Universitätsverlag Webler.

Krainer, K. & Benke, G. (2009). Mathematik – Naturwissenschaften – Informationstechnologie: Neue Wege in Unterricht und Schule!? In W. Specht (Hrsg.), *Nationaler Bildungsbericht. Österreich 2009* (Band 2). Graz: Leykam.

Lehrplan der Volksschule (2012). BGBl. Nr. 134/1963 in der Fassung BGBl. II Nr. 303/2012 vom 13. September 2012. Verfügbar unter: http://www.bmukk.gv.at/medienpool/14055/lp_vs_gesamt.pdf [2013-01-20].

Maras, R. (2008). Selbstständigkeit als pädagogische Aufgabe. Selbstständiges Lernen unterstützen. *Grundschulmagazin 6*, 53–58.

Vogtenhuber, S., Lassnigg, L., Gumpoldsberger, H., Schwantner, U, Suchań B., Bruneforth, M., Toferer, B., Wallner-Paschon, C., Radinger, R. Rieß & Eder, F. (2012). Output – Ergebnisse des Schulsystems. In M. Bruneforth & L. Lassing (Hrsg.), *Nationaler Bildungsbericht. Österreich 2012.* (Band 1), 111–164. Wien: Leykam.

Winter, H. (1989). *Entdeckendes Lernen im Mathematikunterricht. Einblicke in die Ideengeschichte und ihre Bedeutung für die Pädagogik.* Braunschweig: Vieweg Verlag.

Claudia Haagen-Schützenhöfer

Professionalisierung durch Lehren: Lehramtsstudierende lehren und beforschen die Lernprozesse von Schülerinnen und Schülern

1. Motivation und Ausgangslage

Anlass und Ausgangslage für das Design und die Umsetzung wie auch die Evaluierung der hier vorgestellten Lehrveranstaltung bildete eine jüngst an der Universität Wien durchgeführte Interviewstudie bezüglich Vorstellungen von Physiklehramtsstudierenden zu Studium und Physiklernen. Diese Untersuchung (Krumphals & Hopf, 2012) zeigt, dass Lehramtsstudierende im Fach Physik vorwiegend zwei Desiderate an ihre Ausbildung an der Universität haben: viel Unterrichtserfahrung zu sammeln und eine solide Fachwissensbasis zu erwerben.

Als ein wesentlicher Bestandteil des Physikunterrichts und auch des Physiklernens wird von den Studierenden das Experiment genannt. Studierende schreiben sowohl Schülerexperimenten als auch Demonstrationsexperimenten eine Reihe von Eigenschaften zu, die das Physiklernen unterstützen und befördern. Die überwiegende Zahl an empirischen Untersuchen aus der Naturwissenschaftsdidaktik liefert allerdings Evidenzen dafür, dass Experimente im Naturwissenschaftsunterricht *per se* weder das Lernen naturwissenschaftlicher Inhalte noch das Lernen über naturwissenschaftlichen Erkenntnisgewinn mittels Experimenten unterstützen. Maßgeblich für den durch Experimente induzierten Lernerfolg ist die Art der Einbettung in den Unterricht (Singer, Hilton & Schweingruber, 2006).

Ebenso wie Schüler_innen durch ihre Alltagserfahrungen geprägte Vorstellungen über physikalische Phänomene entwickeln, die aus fachlich physikalischer Sicht in der überwiegenden Mehrzahl der Fälle falsch erscheinen, sogenannte Schülervorstellungen (Wiesner, Hopf & Schecker, 2011), besitzen Lehramtsstudierende feste Vorstellungen über das Lehren und Lernen ihrer Fächer.

Eine Reihe von Forschungsarbeiten zu Lehrkräften und Lehramtsstudierenden zeigen, dass diese Vorstellungen über das Lehren und Lernen in ihrem Fach kaum mit fachdidaktischen Erkenntnissen über die Lernprobleme von Schülerinnen und Schülern oder geeigneten Interventionsstrategien stimmig sind (Fischler, 2000). Diese Parallelen für das Lernen beider Gruppen (Schüler_innen und Lehramtsstudierende) spiegeln sich nicht nur in der Verwendung einer vergleichbaren Terminologie in der Fachliteratur wider, sondern auch in der Zielsetzung von Interventionen auf beiden Ebenen, nämlich als: „fundamental similarities in the requirements of achieving conceptual change" (Gunstone & Northfield, 1986).

Das im Beitrag vorgestellte Lehrveranstaltungsdesign versucht einerseits den Desideraten der Studierenden Rechnung zu tragen und gleichzeitig an ihren Beliefs, ihren Überzeugungen bzw. subjektiven Theorien (Markic & Eilks, 2007; Blömeke, 2008) anzusetzen und hier wo nötig einen Konzeptwechsel (Duit & Treagust, 2003) zu initiieren. In den Befunden aus Forschungen zu den Vorstellungen von Lehrkräften über das Lernen und Lehren zeigt sich, dass hier „traditionelle Vorstellungen, nach denen Lernen in den Naturwissenschaften die bloße Aufnahme des vom Lehrer Angebotenen bedeuten", weitaus häufiger anzutreffen sind als konstruktivistische Sichtweisen (Fischler, 2000, S. 29). Das Ziel einer Intervention auf der Ebene der Lehramtsstudierenden besteht darin, diese konstruktivistischen Sichtweisen von Physiklernen auf Schülerebene nicht nur zu explizieren, sondern auch den Studierenden selbst im Sinne konstruktivistischen Lernens die Möglichkeit zu bieten ihre alternativen Vorstellungen von Lernen und Lehren basierend auf eigenen Erfahrungen zu korrigieren. Dazu wurde eine einstündige Lehrveranstaltung zum Thema „Hands-on – Gar nicht so einfach?!" als Wahlpflichtfach für den ersten Studienabschnitt Physiklehramt konzipiert und angeboten.

2. Theoretischer Überbau

Der Rahmen der entwickelten Lehrveranstaltung begründet sich auf zwei theoretischen Eckpfeilern: dem Professionswissen von Lehrkräften und der didaktischen Rekonstruktion.

2.1 Professionswissen von Lehrkräften

Das Professionswissen von Lehrkräften wird in unterschiedlichen Untersuchungen als einer der zentralen Hauptfaktoren für Unterrichtsqualität identifiziert (Krauss, Kunter, Brunner, Baumert, Blum, Neubrand, Jordan & Löwen, 2004). In der Literatur der letzten drei Dekaden wurde das Konstrukt Professionswissen äußerst heterogen diskutiert und definiert. Ursprünglich wurde der Begriff PCK (pedagogical content knowledge) von Shulman geprägt und definiert als „special amalgam of content and pedagogy that is uniquely the province of teachers, their special form of professional understanding […]. (Shulman, 1987, S. 8). [It] goes beyond knowledge of subject matter *per se* to the dimension of subject matter knowledge for teaching" (Shulman, 1986, S. 9).

Die Säule des Professionswissens stellt die operative Zielebene dieses Projekts dar. Durch die Intervention der Lehrveranstaltungen sollen einzelne Facetten des Professionswissens von Physiklehramtsstudierenden adressiert werden. Das Modell von Brunner, Kunter, Krauss, Baumert, Blum, Dubberke, Jordan, et al. (2006) dient hier als Basis für das Konstrukt Professionswissen, das neben Fachwissen und fachdidaktischem Wissen drei weitere Kompetenzbereiche umfasst (Abb. 1). Jeder dieser Kompetenzbereiche subsumiert wiederum eine Reihe untergeordneter Kompetenzfacetten.

Das hier vorgestellte Lehrveranstaltungsdesign ist so ausgelegt, dass Lernende zwei Teilbereiche fachdidaktischen Wissens erwerben, nämlich „Wissen über fachbezogene Schülerkognition" und „Wissen über fachspezifische Instruktionsstrategien". Der Teilbereich fachdidaktischen Wissens, der im Modell von Brunner und anderen als „Wissen über fachbezogene Schülerkognition" zusammengefasst wird, umfasst den Schüleraspekt in fachbezogenen Lernprozessen, also das Wissen über typische Schü-

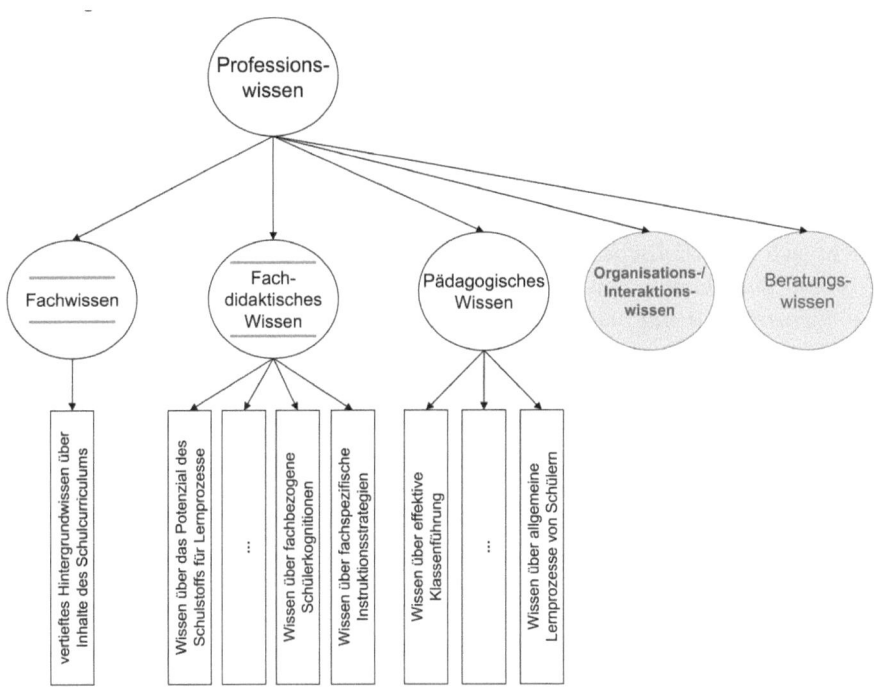

Abbildung 1:   Schematisches Modell des Professionswissens von Lehrkräften (Brunner et al., 2006)

lervorstellungen, Schülerfehler und Schülerschwierigkeiten und deren Relevanz für Lernprozesse. „Wissen über fachspezifische Instruktionsstrategien" bezieht sich auf den Verhandlungs- und Vermittlungsaspekt des Unterrichts. Hierin wird das Wissen über Methoden, Medien und Lehrstrategien, insbesondere auch über adäquate Repräsentationen von spezifischen Fachinhalten zusammengefasst, mit denen die Lernprozesse der Schüler_innen gezielt gefördert werden können (Brunner et al., 2006).

Diese beiden fachdidaktischen Wissensfacetten professioneller Handlungskompetenz wurden als Konsequenz der in der Untersuchung von Krumphals & Hopf (2012) erhaltenen Vorstellungen für das Design der Lehrveranstaltung herausgegriffen. Hier wurde das Experiment als zentrale Instruktionsstrategie des Physikunterrichts von Studierenden identifiziert. Eine Reihe von Untersuchungen legen nahe, dass Kurse in denen Lehramtsstudierende Unterrichtsinterventionen designen, implementieren und ihre eigene Instruktionspraxis reflektieren, die Entwicklung dieser Facetten des Professionswissens unterstützen (e. g. van Driel, Jong & Verloop, 2002; Jong, van Driel & Verloop, 2005; Clermont, Krajcik & Borko, 2006; Park & Oliver, 2008).

2.2   Modell der didaktischen Rekonstruktion

Eine weitere theoretische Grundlage bildet das Modell der „Educational Reconstruction" (zu Deutsch: didaktische Rekonstruktion), das einen theoretischen Rahmen zur fachdidaktischen Strukturierung von Fachinhalten bietet. Das Modell der didaktischen

Rekonstruktion stellt allgemein einen Rahmen dar, der es erlaubt forschungsbasierte Lernumgebungen zu designen und zu evaluieren. Diesem Modell folgend werden Lerninhalte didaktisch aufbereitet, indem die fachliche Klärung eines Inhaltsbereichs und die Lernendenperspektiven dieses Inhaltsbereichs wechselseitig abgestimmt werden und so die Basis für eine Elementarisierung und Strukturierung der Fachinhalte für den Unterricht bilden.

Das Basismodell der didaktischen Rekonstruktion (Kattmann & Duit, 1998) bezieht sich auf schulisches Lernen, bei dem Schüler_innen die Rolle der Lernenden zukommt. Die Planung von Lernwegen für den Unterricht ist somit nicht nur durch eine Elementarisierung fachlicher Konzepte gekennzeichnet, sondern maßgeblich durch eine Neustrukturierung von fachlichen Inhaltselementen, bei der gängige Schülervorstellungen (Alltagsvorstellungen, Präkonzepte), Interessen und Lernschwierigkeiten eines Inhaltsbereichs maßgeblich als Strukturierungskriterien fungieren (Kattmann & Duit, 1998). Zentrale Rolle für das Gelingen der Lernprozesse spielt dabei auch die Wahl geeigneter Kontexte, die es schaffen Lernenden fachliche Lernziele zugänglich und verständlich zu machen. Kattmann, Duit, Gropengießer & Komorek (1997, S. 4) fassen dieses Vorgehen folgendermaßen zusammen: „Aus fachdidaktischer Perspektive wird der wissenschaftliche Gegenstand in seinen bedeutsamen Bezügen wiederhergestellt, und es wird durch Rückbezug auf die verfügbaren Schülervorstellungen ein Unterrichtsgegenstand konstruiert."

Als Erweiterung dieses theoretischen Rahmens zur fachdidaktischen Strukturierung eines Unterrichtsgegenstands wurde von Van Dijk & Kattmann (2007) das ERTE Modell (Educational Reconstruction for Teacher Education) entwickelt, das eine didaktische Rekonstruktion von Lerninhalten für die Aus- und Weiterbildung von (angehenden) Lehrkräften beschreibt.

Im ERTE Modell wird das Vorgehen der didaktischen Rekonstruktion für die Ausbildung von angehenden Lehrkräften übernommen, es bildet hierbei einen theoretischen Rahmen für die hochschuldidaktische Strukturierung eines Unterrichtsgegen-

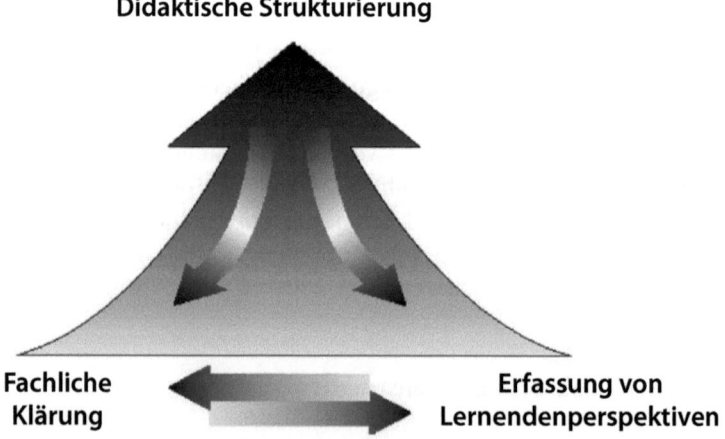

Didaktische Strukturierung

Fachliche Klärung   **Erfassung von Lernendenperspektiven**

Abbildung 2: Modell der didaktischen Rekonstruktion (Educational Reconstruction; Kattmann, Duit, Gropengießer & Komorek, 1997)

standes für angehende Physiklehrkräfte. Der Unterrichtsgegenstand beinhaltet nun das Lehren und Lernen von Physik, also die Gestaltung von Physikunterricht, die im Basismodell (Educational Reconstruction) das Ergebnis der didaktischen Rekonstruktion ist (Abb. 2). Das Ergebnis der Educational Reconstruction for Teacher Education hingegen ist eine Lernumgebung für angehende Lehrkräfte, denen fachdidaktisches Wissen über fachspezifische Lehr- und Lernprozesse vermittelt werden soll (Abb. 3).

Ebenso wie in der didaktischen Rekonstruktion die Berücksichtigung von Schülervorstellungen für die Gestaltung von Schülerlernprozessen eine zentrale Rolle spielt, ist die Berücksichtigung von subjektiven Theorien und Beliefs von (angehenden) Lehrkräften ausschlaggebend für die Gestaltung von deren Professionalisierungsprozessen.

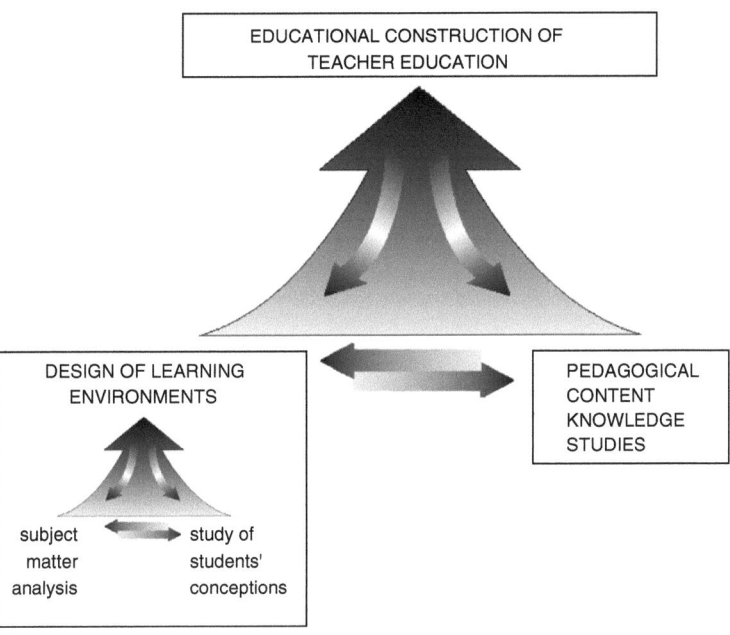

Abbildung 3: ERTE Modell (Educational Reconstruction for Teacher Education; Van Dijk et al., 2007)

Einerseits wird den Beliefs von Lehrkräften eine große Bedeutung für die Gestaltung von Unterrichtsprozessen zugschrieben (Bandura, 1986; Schoenfeld, 1999), andererseits beeinflussen Beliefs aber auch maßgeblich die Wissenskonstruktion im Professionalisierungsprozess von (angehenden) Lehrkräften. Sie fungieren hier als eine Art Filter und sind dafür verantwortlich, dass Professionswissensteile ausgeblendet oder kontraproduktiv umgedeutet werden, wenn sie im Widerspruch zum Alltagswissen von (angehenden) Lehrkräften stehen (Blömeke, 2005). Die Erforschung derartiger subjektiver Theorien bzw. Beliefs von (angehenden) Lehrkräften ist unter anderem eine Zielsetzung von PCK Studien. Das ERTE Modell macht die Erkenntnisse der Professionalisierungsforschung zum zentralen Ausgangspunkt für die Konzeption von Aus- und Fortbildung von Lehrkräften.

3. Hypothesen & Design

Der folgende Abschnitt diskutiert die Hypothesen, die grundlegend für das Design der Lehrveranstaltung waren und beschreibt die Struktur der designten Lehrveranstaltung im Detail.

3.1 Hypothesen

Als Grundlage für die Entwicklung des Lehrveranstaltungsdesigns wurden die Hypothesen getroffen, dass die Doppelfunktion der Studierenden als Lehrende und Forschende einen wesentlichen Beitrag zur Professionalisierung darstellt. Diese Doppelrolle unterstützt Studierende darin ihr:

- Konzeptuelles Inhaltswissen in den angesprochenen Domänen zu erweitern
- Wissen über Schülervorstellungen und Lernschwierigkeiten in der angesprochenen Domäne zu vertiefen und deren Bedeutung für Lernprozesse zu erkennen
- Wissen über das Experiment als fachspezifische Instruktionsstrategie zu erweitern
- Wissen und Praxiserfahrung über die forschungsbasierte Gestaltung von Unterrichts- und Lernprozessen zu sammeln
- Beliefs über den Erwerbsmodus professioneller Handlungskompetenz zu reflektieren

3.2 Design der Lehrveranstaltung

In diesem Abschnitt werden neben dem Gesamtdesign der Lehrveranstaltung zwei Grundlagen für das Lehrveranstaltungsdesign vorgestellt: der „Research-Teaching Nexus" sowie das „Teaching Experiment".

3.2.1 Research-Teaching Nexus

Zentraler Punkt für die Konzeption der als Intervention fungierenden Lehrveranstaltung war eine aktive Beteiligung der Studierenden an Lern- und Reflexionsprozessen. Grundgelegt wurden diese Überlegungen am Modell des „Research-Teaching Nexus" (Healey, 2005a; 2005b). Dabei werden Lehrveranstaltungen durch ihre Schwerpunktsetzung und Rollenzuweisung von Lehre und Forschung klassifiziert (Abb. 4).

Die drei relevanten Dimensionen, die das Verhältnis von Lehre und Forschung widerspiegeln, geben an, ob (Healey 2005b, S. 187):

- inhaltliche Schwerpunkte auf Forschungsergebnissen oder Forschungsprozessen und -problemen liegen (vgl. horizontale Achse, Abb. 4)
- Studierende als Zuhörerschaft oder aktive Teilnehmer fungieren (vgl. vertikale Achse, Abb. 4)
- Vermittlung lehrenden- oder lernendenzentriert abläuft (vgl. vertikale Achse, Abb. 4).

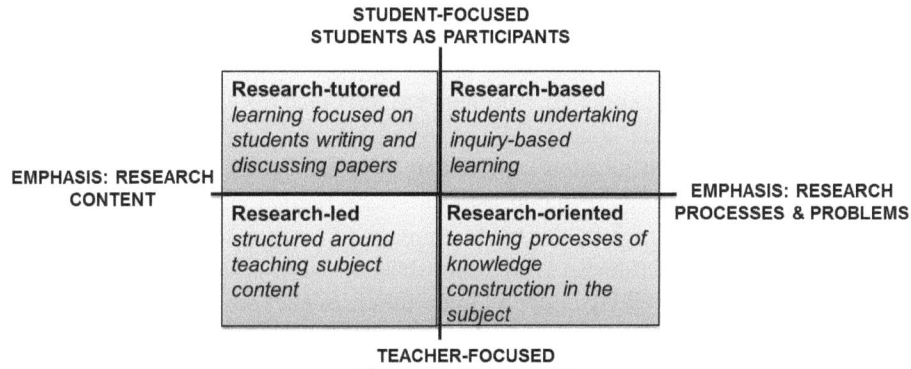

Abbildung 4:   Research-Teaching Nexus (Healey, 2005a)

„Students are likely to gain most benefit from research in terms of depth of learning and understanding when they are involved actively, particularly through various forms of inquiry-based learning" (Healey 2005b, S. 187). Diese Ergebnisse in Zusammenhang mit der Forderung der Studierenden nach mehr Praxiserfahrung (Krumphals & Hopf, 2012) waren ausschlaggebend dafür, eine Lehrveranstaltung zu konzipieren, in der Studierende nicht nur passive Rezipienten von Ergebnissen physikdidaktischer Forschung sind (vgl. Abb. 4: „research-led"), sondern eine aktive Rolle einnehmen, in der sie Lernprozesse von Schülerinnen und Schülern initiieren und beforschen (vgl. Abb. 4: „research-based") und dabei auf einer weiteren Ebene Erkenntnisse über ihre eigene Wirksamkeit als Lehrende gewinnen.

3.2.2   Das Teaching-Experiment

Wie bereits den vorangegangen Abschnitten zu entnehmen ist, sollte im Zentrum der Lehrveranstaltung eine Intervention der Studierenden mit Schüler_innen stehen, in der die Studierenden sowohl die Rolle von Lehrenden als auch Forschenden annehmen. Die Methode des „Teaching Experiments" (Komorek & Duit, 2004) erwies sich für dieses Setting als besonders zielführend und geeignet.

Beim „Teaching Experimenten" handelt es sich um Interviews, die als Lernsituationen konzipiert sind, eine Position zwischen sokratischen Dialogen und klinischen Interviews einnehmen (Komorek & Duit, 2004). Dabei wird eine Intervention mit einem einzelnen oder einer Kleingruppe von Lernenden durchgeführt, in der Phasen der Instruktion mit Interviewphasen abwechseln.

In der hier angewendeten Form des „Teaching Experiments" wird den Lernenden ein Informationsangebot bezüglich der zu adressierenden fachlichen Basiskonzepte gegeben. Dieses Informationsangebot kann unterschiedliche Formen annehmen, vom Kurzvortrag über das Arbeiten mit Texten bis zum Demonstrations- oder Schülerexperiment. In den weiteren Schritten müssen die Schüler_innen die Akzeptanz bzw. Plausibilität dieses Informationsangebots bewerten, es paraphrasieren und schließlich auf andere konkrete Beispiele anwenden bzw. verallgemeinern. Danach folgt ein weiteres Informationsangebot usw. (Wiesner & Wodzinski, 1996).

Diese Methode kommt somit dem Desiderat von Lehramtsstudierenden nahe, praktische Erfahrung im Lehren zu sammeln, hat aber gleichzeitig den Mehrwert, dass die Studenten tiefer in die konzeptuelle Wissensbasis der Schüler_innen vordringen können als dies in konventionellen Lehrproben in realen Schulsituationen der Fall ist. Andererseits kann dieses Szenario den Lehramtsstudierenden eine Reihe von Anlässen bieten Lehren und Lernen nicht als rein transmissive Prozesse des Wissenstransfers zu erleben, sondern als individuelle Wissenskonstruktionsprozesse, die maßgeblich vom Vorwissen und den Vorstellungen der Schüler_innen geleitet werden.

3.2.3   Der Ablauf der Lehrveranstaltung

Die Lehrveranstaltung „Hands-On – Gar nicht so einfach?!" wurde im Wintersemester 2011/12 an der Universität Wien als einstündiges Wahlfach für Lehramtsstudierende des 1. Studienabschnitts angeboten. Umgesetzt wurde die Lehrveranstaltung mit sieben 90-minütigen Präsenzveranstaltungen, einem individuellen Feedbackgespräch je eines Teilnehmenden mit der Lehrveranstaltungsleiterin, sowie einer Unterrichtsintervention („Teaching-Experiment") mit Gymnasialschülern der 10. Schulstufe.

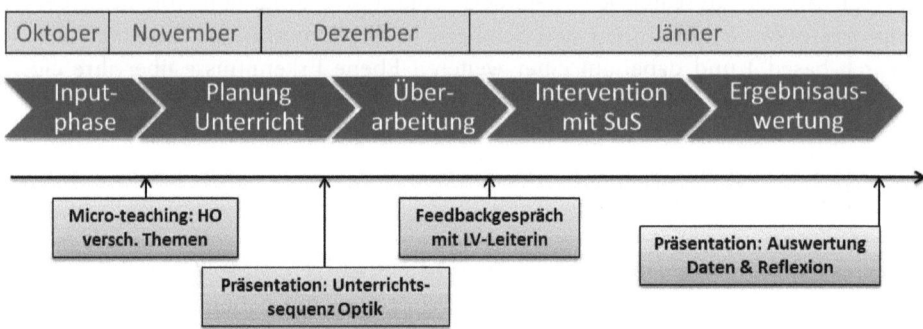

Abbildung. 5:   Ablauf der Lehrveranstaltung

An der Lehrveranstaltung nahmen $N = 6$ Studierende des Lehramts Physik für höhere Schulen mit unterschiedlichen Zweitfächern (Mathematik, Sport, Germanistik, Informatik, Biologie) teil. Die je drei weiblichen und drei männlichen Studierenden befanden sich im 3. Semester und wiesen einen Altersdurchschnitt von 21,8 Jahren auf.

Die einzelnen Phasen der Lehrveranstaltung orientierten sich am im Abschnitt 3.2.1 dargestellten „Research-Teaching Nexus". Die Hauptzielsetzung darin bestand, einzelne Quadranten des „Research-Teaching Nexus" zu durchlaufen und von einem sehr traditionell transmissiven Lehrveranstaltungsmodus („research-led") zur Initiierung von Lernprozessen durch die Beteiligung der Studierenden an Forschungsprozessen („research-based") zu gelangen.

In der ersten Phase der Lehrveranstaltung wurde klassisch transmissiv vorgegangen („research-led"): fachdidaktische Forschungsergebnisse zum Einsatz von Experimenten im Physikunterricht und deren Wirksamkeit wurden präsentiert und besprochen. Danach wurde die konkrete Umsetzung von Hands-on Experimenten thematisiert, sowie damit verbundene Gefahren und Chancen reflektiert. Weiters wurden auch die Stationen der didaktischen Rekonstruktion besprochen.

In der anschließenden Phase wurde die Rolle der Studierenden, eine Aktive („research-tutored"): Auf Basis weiterer Forschungspapers zum Thema Konzeptwechsel und Einsatz von Experimenten, die den Lernenden zur Verfügung standen, mussten sie ein Micro-teaching mit ihren Kolleginnen zu einem selbst gewählten Hands-on durchführen. In der darauffolgenden Gruppendiskussion wurden die von den Studierenden mit ihrem Hands-on angestrebten Ziele auf der Ebene von Lernprozessen thematisiert und mit den Kolleginnen im Plenum diskutiert und reflektiert.

Phase drei startete mit Inputs zu der geometrischen Optik sowie zur Forschungsmethode des „Teaching-Experiments" (research-led), bevor die Studierenden eigenständig eine Micro-Teaching Sequenz mit Hands-on aus dem Bereich der geometrischen Optik als Vorbereitung auf die Intervention mit Schüler_innen erarbeiten mussten („research-oriented"). Die Aufgabenstellung bestand dabei darin, eine oder zwei konkrete Schülervorstellungen der geometrischen Optik (Andersson & Kärrqvist, 1983; Guesne, 1985) mit Hilfe von Hands-on Experimenten zu adressieren[1] und basierend auf dem Konzept der didaktischen Rekonstruktion (Kattmann & Duit, 1998) eine Intervention zu planen, mit dem Ziel, einen Konzeptwechsel bei den Schülerinnen und Schülern zu initiieren (Vosniadou, Ioannides, Dimitrakopoulou & Papademetriou, 2001; Duit & Treagust, 2003).

Diese in der Lehrveranstaltung präsentierte Intervention stellte schließlich den Ausgangspunkt eines mehrfachen Feedback-Überarbeitungszykluses dar. Einerseits erhielten die Studierenden im Seminar direktes Feedback zu ihrem Interventionsentwurfs und hatten Gelegenheit auf Basis dieser Kommentare eine Überarbeitung vorzunehmen.

In der nächsten Lehrveranstaltungssitzung arbeiteten die Studierenden im Team, betteten ihre Hands-on Interventionen in die Struktur von „Teaching-Experiments" (vgl. Abschnitt 3.2.2.) ein und gaben einander Feedback. Als Abschluss wurden die bereits mehrfach überarbeiteten Unterlagen der Lehrveranstaltungsleiterin übermittelt und in je einem individuellen face-to-face Feedbackgespräch diskutiert („research-based"). Die auf Basis dieses Feedbackgespräches entstandene Letztversion wurde abermals der Lehrveranstaltungsleitung zur Letztkontrolle übermittelt und anschließend in der Intervention mit den Schülerinnen und Schülern (vgl. Abschnitt 3.3.) umgesetzt.

In der letzten Phase des Semesters werteten die Studierenden, die in der Intervention erhobenen Daten, nach Vorbild der in vorangegangenen Lehrveranstaltungssitzungen erhaltenen Inputs und Unterlagen, aus. In den abschließenden Lehrveranstal-

---

1   Physikdidaktische Forschung der letzten vier Dekaden liefert eine sehr detaillierte Analyse von Alltagsvorstellungen für beinahe alle Inhaltsbereiche der Physik. Diese empirisch gefundenen Alltagsvorstellungen von Lernenden sind beinahe immer im Widerspruch zu fachlichen Konzepten (Wiesner et al., 2011). Die Wendung „Schülervorstellungen adressieren" wird in der physikdidaktischen Literatur verwendet und beschreibt folgendes: Lernenden wird eine gezielt auf bekannte Schülervorstellungen konzipierte Lernumgebung angeboten, die sie darin unterstützt diese aus der fachdidaktischen Forschung bekannten, fachlich nicht adäquaten Alltagsvorstellungen zu fachlich angemesseneren Vorstellungen umzuwandeln.

tungssitzungen wurden diese kleinen Forschungsprojekte und deren Ergebnisse von den Studierenden präsentiert und mit allen Seminarteilnehmerinnen und Seminarteilnehmern diskutiert und im wechselseitigen Abgleich reflektiert.

3.3 Ablauf auf Ebene der Schüler_innen

Umgesetzt wurden die von den Studierenden als „Teaching-Experiments" konzipierten Unterrichtssequenzen als Lernen an Stationen mit Schüler_innen der 10. Schulstufe ($N = 11$) eines Wiener Gymnasiums mit bilingualem Schwerpunkt. Der Notendurchschnitt der freiwillig teilnehmenden Schülerinnen ($N = 5$) und Schüler ($N = 6$) lag bei Physiknote$_m$ = 1,9. Die analog zu Pisa 2003 (Ramm, Prenzel, Baumert, Blum, Lehmann, Leutner, Neubrand, Pekrun, Rolff & Rost, 2003) erhobene Selbstwirksamkeitserwartung, die Werte von 1 [hoch] bis 4 [niedrig] annehmen kann, lag im Durchschnitt bei SelfEff$_m$ = 2,3 [SelfEff$_{max}$ = 3,33 ($N = 1$); SelfEff$_{min}$ = 1,67 ($N = 2$)].

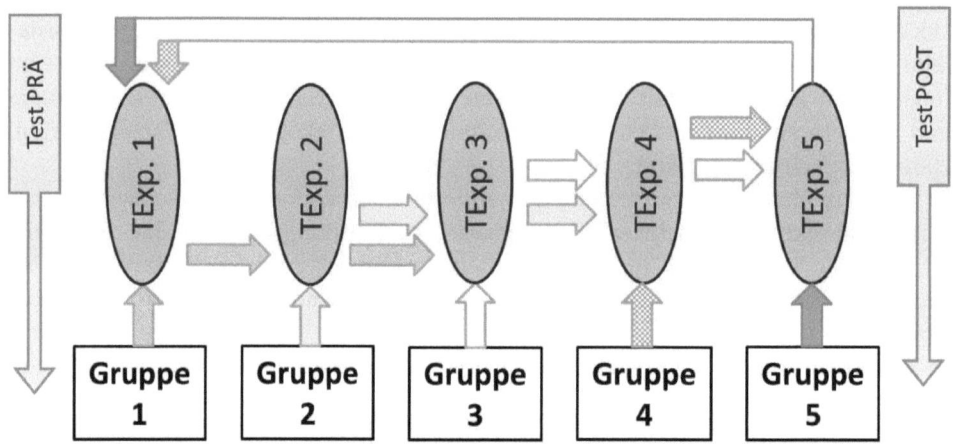

Abbildung 6: Ablauf der Intervention mit den Schülerinnen und Schülern (die unterschiedliche Füllung der Pfeile gibt Auskunft über die Zuordnung von Schülergruppen zu Teaching-Experiments: Gruppe 1 absolviert Experiment 1, 2 und 3, Gruppe 2 absolvierte Experiment 2, 3 und 4, usw.)

Die Schüler_innen wurden in fünf Gruppen eingeteilt und absolvierten je Schülerpaar drei zwanzigminütige Interventions-Stationen. Die jeweiligen Stationen umfassten ein Hands-on Experiment und die entsprechende Umsetzung dieses im Rahmen eines „Teaching-Experiments" durch je einen Studierenden pro Station.

4.   Erhebungsmethoden & Datenanalyse

Zur Untersuchung der Lernprozesse innerhalb dieser Fallstudie wurden sowohl auf Studierenden- als auch auf Schülerebene Daten aus verschiedenen Erhebungen herangezogen und trianguliert (vgl. Abb. 7). Von den Studierenden (TN) und Schüler_ innen (SuS) liegen Ergebnisse eines Optiktests (Haagen-Schützenhöfer & Hopf, 2012) vor. Dieser Test (α = 0.77) wurde mit den Studierenden vor der inhaltlichen Fokussierung auf das Thema der Optik durchgeführt und abermals am Ende der Lehrveranstaltung. Bei den Schülerinnen und Schülern wurde der Optiktest als Prä-Test vor der Intervention und als Post-Test nach der Intervention administriert. Des Weiteren gibt es Tonbandaufnahmen der Studierenden-Schüler-Interaktion während der „Teaching-Experimente".

Auf der Ebene der Studierenden wurde außerdem ein offener Fragebogen zu *Lernen* sowie *Rolle und Effektivität von Experimenten im Physikunterricht* am Beginn und am Ende der Lehrveranstaltung ausgegeben. Zudem wurden auf der Studierendenebene die Artefakte, die während der Konzeptionszyklen der Unterrichtssequenzen und deren Auswertung entstanden, gesammelt.

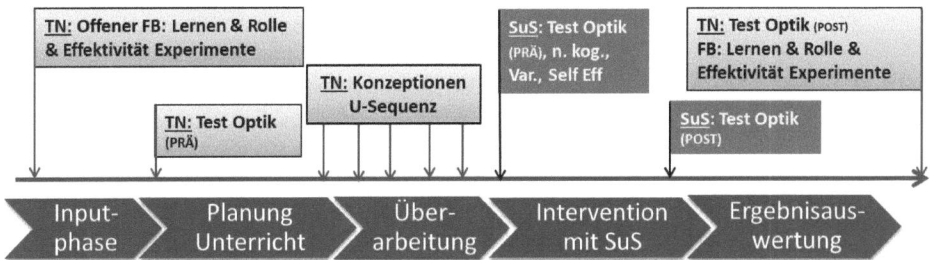

Abbildung 7:   Zeitpunkte der Datenerhebung: TN kennzeichnet die Datenerhebungen auf Ebene der Lehrveranstaltungsteilnehmer_innen, also der Studierenden, SuS kennzeichnet die Datenerhebungen auf Ebene der Schüler_innen.

Mit den Daten der Optikfragebögen wurden Auswertungen der beschreibenden Statistik mittels SPSS ausgeführt. Die offenen Fragebögen der Studierenden zu *Lernen* sowie *Rolle und Effektivität von Experimenten im Physikunterricht* wurden mit der qualitativen Inhaltsanalyse nach Mayring (2010) analysiert.

5.   Ausgewählte Ergebnisse

Der folgende Ergebnisteil beschränkt sich auf zwei verschiedene Aspekte der vorliegenden Fallstudie, auf die fachliche Wissensebene von Schüler_innen und auf die adressierten Facetten professioneller Handlungskompetenz bei den Studierenden.

Der Vergleich der Prä- versus Posttestergebnisse des Optiktests gibt Auskunft über die fachliche Wirksamkeit der von den Studierenden mit den Schülerinnen und Schülern durchgeführten Interventionen. Bei den elf Schülerinnen und Schülern ist eine wesentliche fachliche Leistungssteigerung zu verzeichnen. An dieser Stelle muss allerdings darauf hingewiesen werden, dass nicht alle im Test operationalisierten Basiskonzepte der geometrischen Optik von den Interventionen der Studierenden adressiert wurden. Zudem absolvierten die Schüler_innen auch nur je drei der fünf angebotenen Interventions-Stationen. Aus diesem Grund wurden statistische Teilanalysen durchgeführt, die sich für jede Schüler_in nur auf Items beziehen, deren operationalisiertes

Basiskonzept in den von den jeweiligen Schülerinnen und Schülern absolvierten Stationen behandelt wurde. Im Durchschnitt wurden pro Schüler_in zwischen 6 und 7 der Testitems als derartige Subskalen sowohl für den Prä-Test als auch für den Post-Test herangezogen (Abb. 8). Die Leistungszuwächse sind mit einer Ausnahme – einer Schülerin mit geringer Selbstwirksamkeitserwartung, die den Post-Test nur unvollständig ausfüllte – sehr hoch und legen somit nahe, dass die Interventionen der Studierenden Lernprozesse im Bereich der adressierten Basiskonzepte anstoßen konnten.

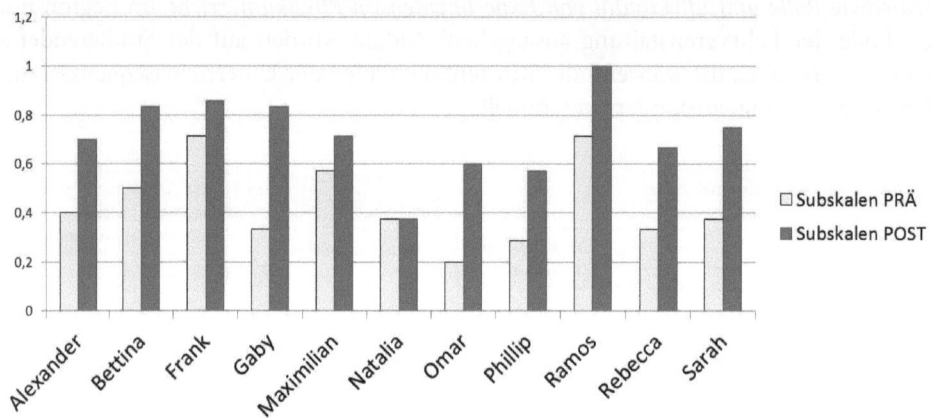

Abbildung 8: Prozentuelle Lösungshäufigkeiten der individuellen Subskalen im Prä- und Post-Test

Das Hauptaugenmerk dieser Fallstudie lag jedoch weniger auf den Lernprozessen der Schüler_innen als vielmehr auf den Auswirkungen auf die professionellen Handlungskompetenzen der Studierenden. Im Bereich der professionellen Handlungskompetenzen zeigt der Prä- versus Postvergleich des offenen Fragebogens, dass eine deutliche Verschiebung der Vorstellungen bezüglich des Modus wie professionelle Handlungskompetenzen erworben werden, stattgefunden hat (Abb. 9). Stand am Beginn der Lehrveranstaltung noch die Befolgung bzw. Abarbeitung normativer Tipps und Kochrezepte hoch im Kurs der Studierenden, entwickelten sie im Laufe der Lehrveranstaltung konstruktivistische Sichtweisen bezüglich der eigenen Professionalisierungsprozesse, und unterstrichen die Bedeutung des Fachwissenserwerbs.

Die Sichtweisen zur Funktion des Experiments im Physikunterricht unterlagen im Laufe der Lehrveranstaltung einem fundamentalen Wandel. Am Beginn der Lehrveranstaltung erhielt das Experiment die klare Funktionszuweisung zur Wissensvermittlung bzw. zur Verdeutlichung von Theorie (Abb. 10). Interessens- und motivationsfördernde Aspekte von Experimenten im Physikunterricht, oder das Experiment als zentraler Bestandteil naturwissenschaftlicher Erkenntnisgewinnung, wurde von den Studierenden als weit weniger relevant erachtet. Am Ende der Lehrveranstaltung war die reine Wissensvermittlungskomponente zugunsten des Experiments als Mittel zur Interessensförderung und als originärer Bestandteil naturwissenschaftlicher Forschung und Erkenntnisgewinnung in den Hintergrund getreten. Die anfänglich nicht vorhandene Bedeutung des Experiments als Möglichkeit die Selbsttätigkeit der Schüler_innen zu fördern, hatte im Laufe der Lehrveranstaltung an Bedeutung gewonnen.

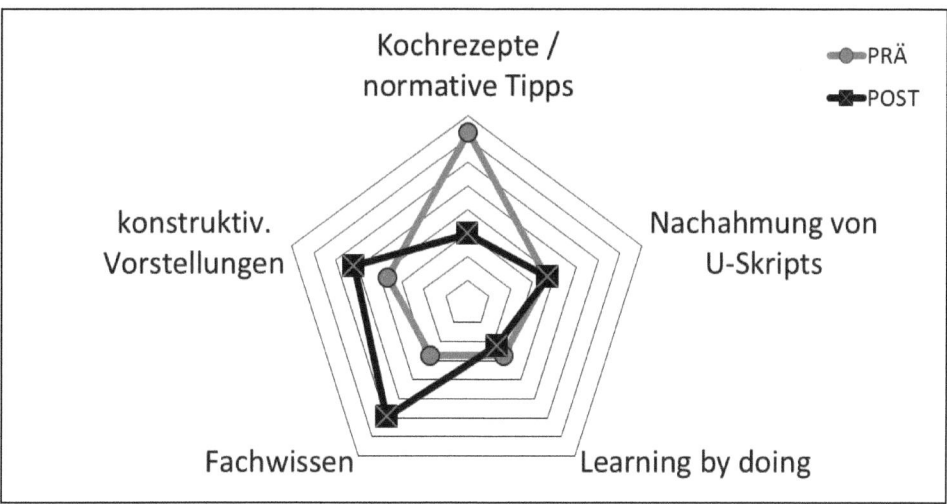

Abbildung 9: Erwerbsmodi professioneller Handlungskompetenzen aus Sicht der Studierenden vor und nach der Lehrveranstaltung

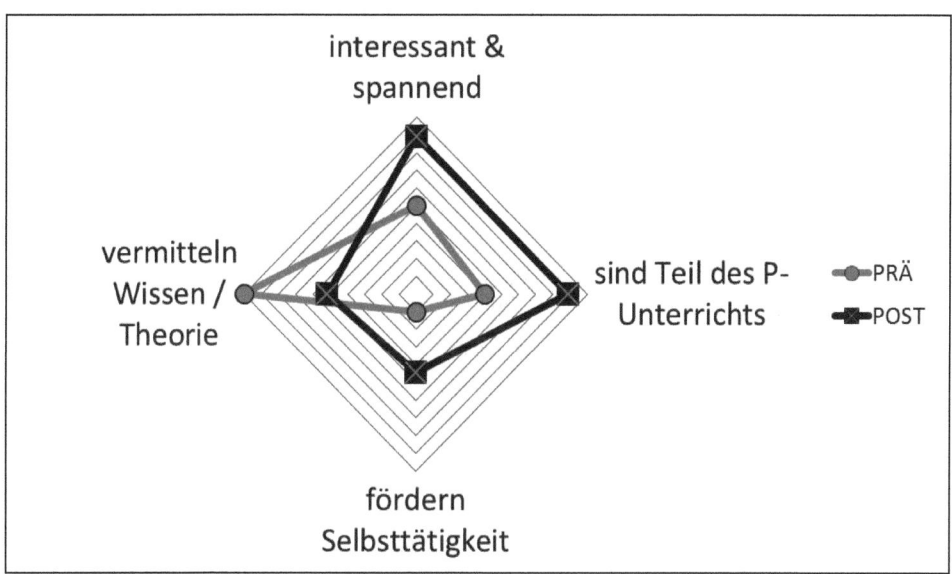

Abbildung 10: Vorstellungen zur Funktion des Experiments im Physikunterricht

Eine ähnliche Verschiebung weg von stark normativ geleiteten Vorgaben wird auch im Bereich des Einsatzes von Experimenten sichtbar (Abb. 11). Bei Abschluss der Lehrveranstaltung identifizierten die Studierenden einen guten und zielführenden Einsatz von Experimenten als auf die Bedürfnisse der Lernenden (Interesse, Vorwissen, Lernschwierigkeiten) abgestimmt oder stellten das Ziel, die Schüler_innen kognitiv zu aktivieren in den Vordergrund.

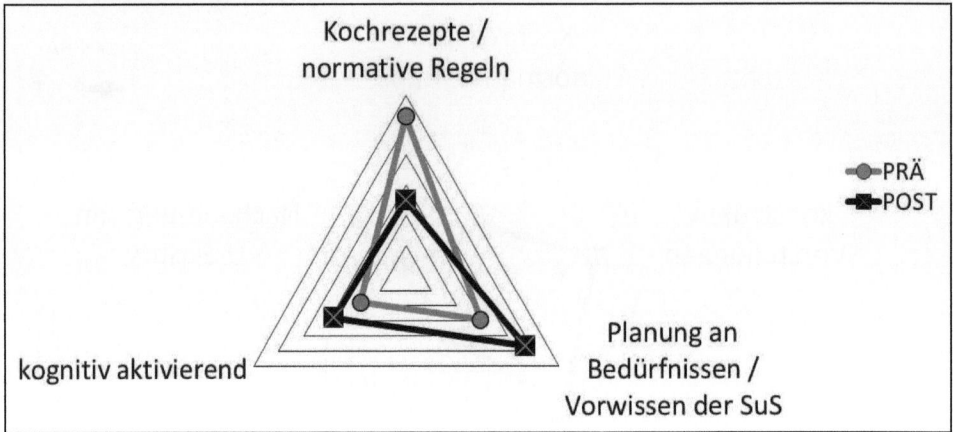

Abbildung 11: Vorstellungen zum Einsatz des Experiments im Physikunterricht

6. Conclusio

Der Versuch eine fachdidaktische Lehrveranstaltung an den Bedürfnissen von Physik-lehramtsstudierenden zu entwickeln, hat sich auf verschiedenen Ebenen als erfolgreich und zielführend herausgestellt. Von den Studierenden wurde das Design der Lehr-veranstaltung entlang des „Research-Teaching Nexus" als ansprechend und lehrreich rückgemeldet. Die getroffenen Annahmen, dass Studierende in der Doppelrolle als Lehrende und Forschende die Lernprozesse von Schülerinnen und Schülern nicht nur steuern, sondern auch detailliert beobachten und ergründen können, hat sich als rea-listisch und praktikabel gezeigt.

Eine zentrale Rolle kam den mehrfachen Reflexions- und Feedbackphasen in der Lehrveranstaltung zu, die in unterschiedlichsten Konstellationen (Peerfeedback, Feed-back im Plenum, individuelles Feedback durch die Lehrveranstaltungsleiterin) rea-lisiert wurden. Als zweite, wichtige Maßnahme kann der direkte Kontakt mit Schü-ler_innen gewertet werden. Hier gelang es maßgeblich die Professionsfacette „Wissen über fachbezogene Schülerkognition" zu adressieren. Die oben beschriebene Praxisbe-gegnung mit Schüler_innen bot den Studierenden die Möglichkeit zu prüfen, ob sich die durch das Seminar gewonnenen fachdidaktischen Ideen und professionellen Hand-lungsabsichten in der Unterrichtssituation mit Lernenden bewährten. An dieser Stelle zeichnete sich die Überlegenheit des „research-based" Ansatzes besonders aus. Laut Rückmeldung der Studierenden verliehen die Lernschwierigkeiten und Schülervor-stellungen, die von den Lernenden während der Intervention an den Tag gelegt wur-den, erst den als „theoretisch" bezeichneten Forschungsergebnissen zur fachbezogenen Schülerkognition, Glaubhaftigkeit.

Die begleitende Evaluation der Lehrveranstaltung zeigt, dass die Studierenden sowohl auf der fachlichen als auch auf der fachdidaktischen Ebene profitieren konn-ten und somit eine Weiterentwicklung professioneller Handlungskompetenzen initiiert wurde. Zudem ist aus forschungsethischer Sicht noch hinzuzufügen, dass auch der Nutzen für die involvierten Schüler_innen auf der Hand liegt: ihr Fachwissen konnte gesteigert werden und die Zusammenarbeit mit den Studierenden hat ihnen, laut Selbstauskunft und Auskunft ihrer Physiklehrkraft, Spaß und Freude bereitet.

Zukünftig sollen weitere Lehrveranstaltungen konzipiert und angeboten werden, die diesem Modell folgen. Als zwei mögliche Verbesserungspotentiale haben sich die Dauer der Lehrveranstaltung selbst, sowie die der Schülerintervention herauskristallisiert. Um den wichtigen Reflexions- und Feedbackphasen mehr Raum in der Lehrveranstaltung zu geben und auch das laut EC-Punkten veranschlagte Workload mit dem realen Arbeitsaufwand der Studierenden in Einklang zu bringen, wird das Lehrveranstaltungsdesign künftig für zweistündige Lehrveranstaltungen adaptiert. Bezüglich der Intervention mit Schüler_innen wäre definitiv eine längere Interventionsdauer erstrebenswert, sowie auch eine Umsetzung direkt im schulischen Umfeld.

7. Bibliographie

Andersson, B. & Kärrqvist, C. (1983). How Swedish pupils, aged 12–15 years, understand light and its properties. *International Journal of Science Education, 5* (4), 387–402.

Bandura, A. (1986). *Social foundations of thought and action.* Englewood Cliffs, NJ.

Blömeke, S. (2005). Empirische Befunde zur Wirksamkeit von Lehrerbildung. In S. Blömeke, P. Reinhold, G. Tulodziecki & J. Wildt (Hrsg.), *Handbuch Lehrerbildung* (S. 59–91). Bad Heilbrunn/ Braunschweig: Klinkhardt/ Westermann

Blömeke, S. (2008). *Professionelle Kompetenz angehender Lehrerinnen und Lehrer: Wissen, Überzeugungen und Lerngelegenheiten deutscher Mathematikstudierender und-referendare-Erste Ergebnisse zur Wirksamkeit der Lehrerausbildung.* Münster: Waxmann Verlag.

Brunner, M., Kunter, M., Krauss, S., Baumert, J., Blum, W., Dubberke, T., Jordan, A., Klusmann, U., Tsai, Y. & Neubrand, M. (2006). Welche Zusammenhänge bestehen zwischen dem fachspezifischen Professionswissen von Mathematiklehrkräften und ihrer Ausbildung sowie beruflichen Fortbildung? *Zeitschrift für Erziehungswissenschaft, 9* (4), 521–544.

Clermont, C., Krajcik, J. & Borko, H. (2006). The influence of an intensive in-service workshop on pedagogical content knowledge growth among novice chemical demonstrators. *Journal of Research in Science Teaching, 30* (1), 21–43.

Duit, R. & Treagust, D. (2003). Conceptual change: a powerful framework for improving science teaching and learning. *International Journal of Science Education, 25* (6), 671–688.

Fischler, H. (2000). Über den Einfluss von Unterrichtserfahrungen auf die Vorstellungen vom Lehren und Lernen bei Lehrerstudenten der Physik (Teil 1). *Zeitschrift für Didaktik der Naturwissenschaften, 6,* 27–36.

Guesne, E. (1985). Light. In R. Driver, E. Guesne & A. Tiberghien (Hrsg.), *Children's ideas in science* (S. 10–32). Buckingham: Open University Press.

Gunstone, R., Northfield, J. (1986): Learners – Teachers – Researchers: Consistency in Implementing Conceptual Change. *Paper presented at the meeting of the American Educational Research Association*, San Francisco.

Haagen-Schützenhöfer, C. & Hopf, M. (2012). Entwicklung eines Testinstruments zur geometrischen Optik. In Bernholt, S. (Hrsg.), *GDCP Jahrestagung in Oldenburg 2011: Konzepte fachdidaktischer Strukturierung für den Unterricht.* Münster/New York: LIT Verlag.

Healey, M. (2005a). Linking research and teaching exploring disciplinary spaces and the role of inquiry-based learning. In R. Barnett (Hrsg.), *Reshaping the university: new relationships between research, scholarship and teaching* (S. 67–78). McGraw-Hill/Open University Press.

Healey, M. (2005b). Linking research and teaching to benefit student learning. *Journal of Geography in Higher Education, 29* (2), 183–201.

Jong, O., van Driel, J. & Verloop, N. (2005). Preservice teachers' pedagogical content knowledge of using particle models in teaching chemistry. *Journal of Research in Science Teaching, 42*(8), 947–964.

Kattmann, U., Duit, R., Gropengießer, H. & Komorek, M. (1997). Das Modell der Didaktischen Rekonstruktion–Ein Rahmen für naturwissenschaftsdidaktische Forschung und Entwicklung. *Zeitschrift für Didaktik der Naturwissenschaften, 3* (3), 3–18.

Kattmann, U. & Duit, R.G.H. (1998). The model of educational reconstruction. Bringing together issues of scientific clarification and students' conceptions. In H. Bayrhuber & F. Brinkman (Hrsg.), *What-Why-How? Research in Didactic of Biology* (S. 253–262). Kiel: IPN.

Komorek, M. & Duit, R. (2004). The teaching experiment as a powerful method to develop and evaluate teaching and learning sequences in the domain of non-linear systems. *International Journal of Science Education, 26* (5), 619–633.

Krauss, S., Kunter, M., Brunner, M., Baumert, J., Blum, W., Neubrand, M., Jordan, A. & Löwen, K. (2004). COACTIV: Professionswissen von Lehrkräften, kognitiv aktivierender Mathematikunterricht und die Entwicklung von mathematischer Kompetenz. In J. Doll & M. Prenzel (Hrsg.), *Bildungsqualität von Schule: Lehrerprofessionalisierung, Unterrichtsentwicklung und Schülerförderung als Strategien der Qualitätsverbesserung* (S. 31–53). Münster: Waxmann.

Krumphals, I. & Hopf, M. (2012). Physiklehramtsstudierende – Vorstellungen zu Studium und Physiklernen. In Bernholt, S. (Hrsg.), *GDCP Jahrestagung Oldenburg 2011. Konzepte fachdidaktischer Strukturierung für den Unterricht*. Münster: LIT Verlag.

Markic, S. & Eilks, I. (2007). Vorstellungen von Lehramtsstudierenden der Physik über Physikunterricht zu Beginn ihres Studiums und ihre Einordnung. *PhyDid A-Physik und Didaktik in Schule und Hochschule, 2* (6), 31–42.

Mayring, P. (2010). *Qualitative Inhaltsanalyse. Grundlagen und Techniken,* Weinheim: Beltz.

Park, S. & Oliver, J. (2008). National Board Certification (NBC) as a catalyst for teachers' learning about teaching: The effects of the NBC process on candidate teachers' PCK development. *Journal of Research in Science Teaching, 45* (7), 812–834.

Ramm, G., Prenzel, M., Baumert, J., Blum, W., Lehmann, R., Leutner, D., Neubrand, M., Pekrun, R., Rolff, H.G. & Rost, J. (2003). PISA 2003. *Dokumentation der Erhebungsinstrumente* [PISA 2003. Documentation of the assessment instruments]: Münster: Waxmann.

Schoenfeld, A.H. (1999). Models of the teaching process. *The Journal of Mathematical Behavior, 18* (3), 243–261.

Shulman, L. (1986). Those who understand: Knowledge growth in teaching. *Educational Researcher,* 4–14.

Shulman, L. (1987). Knowledge and teaching: Foundations of the new reform. *Harvard Educational Review, 57* (1), 1–23.

Singer, S., Hilton, M., & Schweingruber, H. (Eds.) (2006). *America's Lab Report: Investigations in High School Science (2005)*. Washington: National Academies Press.

Van Dijk, Esther M & Kattmann, U. (2007). A research model for the study of science teachers' PCK and improving teacher education. *Teaching and Teacher Education, 23* (6), 885–897.

Van Driel, J., Jong, O. & Verloop, N. (2002). The development of preservice chemistry teachers' pedagogical content knowledge. *Science Education, 86* (4), 572–590.

Vosniadou, S., Ioannides, C., Dimitrakopoulou, A. & Papademetriou, E. (2001). Designing learning environments to promote conceptual change in science. *Learning and Instruction, 11* (4), 381–419.

Wiesner, H. & Wodzinski, R. (1996). Akzeptanzbefragung als Methode zur Untersuchung von Lernschwierigkeiten und Lernverläufen. In R. Duit & C. von Rhöneck (Hrsg.), *Lernen in den Naturwissenschaften* (S. 250–274). Kiel: IPN.

Wiesner, H., Hopf, M., & Schecker, H. (Eds.). (2011). *Physikdidaktik kompakt*. Köln: Aulis-Verlag.

Andrea Seel, Renate Ogris-Steinklauber und David Wohlhart

Studierende in Forschung involvieren – das Beispiel KPH Graz

Forschen als Qualifizierungsaufgabe

Um den täglichen Anforderungen im Unterricht gerecht zu werden, benötigen Lehrpersonen Reflexions- und Handlungskompetenzen. Neben einem „Habitus routinierten, praktischen Könnens" muss auch ein „forschender Habitus" (Helsper, 2001, S. 10ff.) ausgebildet werden. Erkenntnisse aus der Professionsforschung stützen die Annahme, dass Qualifikationen, die Studierende durch Forschen erwerben, für die künftige berufliche Tätigkeit von maßgeblicher Bedeutung sind. Der Umgang mit der Komplexität und Widersprüchlichkeit beruflicher Alltagssituationen hat strukturelle Ähnlichkeiten mit forschendem Handeln. Durch die Förderung reflexiver und diskursiver Kompetenzen und den Aufbau einer forschenden Grundhaltung sollen eingefahrene Deutungsmuster aufgebrochen und angehende Lehrer_innen befähigt werden, sich komplexen beruflichen Anforderungen problemlösend zu nähern.

Forschung in der Ausbildung soll aber auch dazu befähigen, im beruflichen Alltag zunehmend geforderte forschungsbezogene Aufgaben wie Diagnostik, Screenings, Evaluationen kompetent durchzuführen. Das Zustandekommen berufsrelevanter Forschungsergebnisse soll verstanden, aber auch kritisch hinterfragt und berufliches Handeln an den Ergebnissen eigener forschender Bemühungen und an aktuellen wissenschaftlichen Erkenntnissen der Bildungsforschung orientiert und ausgerichtet werden. Dies erfordert eine entsprechende Sozialisation über die gesamte Ausbildung, die Forschung und ihre Ergebnisse nicht nur zum Ausbildungsinhalt macht, sondern Studierenden auch Forschungserfahrungen ermöglicht (Altrichter & Mayr, 2004).

Um diesen Anforderungen gerecht zu werden, werden Studierende des Volks- und Sonderschullehramts an der Kirchlichen Pädagogischen Hochschule Graz (KPH Graz) ab dem ersten Semester in Ausbildungskontexte gebracht, die eine forschende Auseinandersetzung mit Schulwirklichkeit ermöglichen. Bereits in der Studieneingangsphase wird der Blick auf die eigene (Bildungs-)Biographie gerichtet und „wissenschaftliche Selbst/Reflexivität […] als Erkenntnisinstrument" (Turner & Ingrisch, 2007, S. 96) eingesetzt. Die Destillation eigener Lernerfahrungen wird als Ausgangspunkt einer kritisch-reflexiven Auseinandersetzung mit fremdem Lernen genutzt. Diese Biographiearbeit ist Auftakt für ein, die Studierenden in konstanten Teams über die gesamte Ausbildung hin begleitendes Coaching, das den Blick der Studierenden auf die eigene Persönlichkeitsentwicklung und (Selbst-)Professionalisierung durch Selbstbeforschung erweitert (Hollerer, Kleißner & Seel, 2013). Persönliche Wahrnehmungen werden dabei in Beziehung zu Wahrnehmungen anderer gesetzt, Perspektivenwechsel vorgenommen, Handlungsalternativen entwickelt und auf Gangbarkeit überprüft (Seyfried & Seel, 2005).

Da aus der Forschung bekannt ist, dass die vorschnelle Übernahme von Verantwortung für die Unterrichtsführung zu einer schwer korrigierbaren unreflektierten Übernahme verinnerlichter Muster von Lehrer_innenhandeln führt (Blömeke, 2002; Hascher, 2011), sieht das Praxiskonzept der KPH Graz in den ersten beiden Semestern vor allem kleine Forschungsaufgaben vor. So gilt es, das Tätigkeitsfeld von Lehrerinnen und Lehrern zu erkunden, systematische Einblicke in Schule zu bekommen, Schüler_innen zu beobachten, ihr Umfeld zu explorieren und Unterricht analytisch zu betrachten. Die fachbereichsübergreifende modulare Struktur der Curricula ermöglicht eine Verschränkung theoretischer und praktischer Ausbildungsinhalte. Modulinhalte werden auf die Anforderungen der Schulpraktischen Studien abgestimmt, zugleich aber auch Praxiserfahrungen durch theoriegeleitete Reflexions- und Artikulationsprozesse begleitet und durch adaptive Hilfe unterstützt (Seel, 2007). Dies macht es Fachdidaktiker_innen, Humanwissenschafter_innen und Praxisberater_innen möglich mit den Studierenden gemeinsame Themen zu bearbeiten. So kann beispielsweise ein Auftrag aus der Fachdidaktik, z.B. das Durchführen eines Lesescreenings in einer Praxisklasse innerhalb eines Moduls forschungsmethodisch unterstützt und in der Praxis durch die Konzeption und Erprobung geeigneter Fördermaßnahmen ergänzt werden.

Nicht zuletzt sollen die Studierenden an der KPH Graz in einem eigenen Forschungsmodul Forschungskompetenzen erwerben, die auch eine Voraussetzung für die eigenständige Bearbeitung der Bachelorarbeit im 5. und 6. Semester darstellen. Im vorliegenden Beitrag soll über die in den vergangenen Semestern gewonnenen Erfahrungen mit diesem Forschungsmodul berichtet werden, in dem der Versuch unternommen wurde, Forschungskompetenzen bei Studierenden durch Beteiligung an hochschulischer Forschung zu fördern. Aufgezeigt werden sollen Chancen und Grenzen, aber auch Rahmenbedingungen, die es braucht, um Studierende sinn- und verantwortungsvoll in Evaluations- und Forschungsvorhaben zu integrieren.

Zur Konzeption des Moduls „Grundlagen wissenschaftlichen Arbeitens"

Das Modul „Grundlagen wissenschaftlichen Arbeitens" erstreckt sich im Rahmen des sechssemestrigen Bachelorstudiums über das 3. und 4. Ausbildungssemester mit insgesamt 6 ECTS-Punkten. Es setzt sich aus mehreren Lehrveranstaltungen zusammen. Im Lehramt für Volksschulen sind dies:
- Wissenschaft als soziales und erkenntnistheoretisches System (Vorlesung, 1EC)
- Planung, Durchführung und Auswertung von Forschungsprojekten 1 (Seminar, 1 EC)
- Computerunterstützte Datenauswertung (Übung, 1 EC)
- Planung, Durchführung und Auswertung von Forschungsprojekten 2 (Übung, 2 EC)
- Hermeneutisches Arbeiten (Seminar, 1 EC)

Im Lehramt für Sonderschulen findet anstelle von „Planung, Durchführung und Auswertung von Forschungsprojekten 2" die Lehrveranstaltung „Case Studies" (Übung, 2 EC) statt, um dem berufsrelevanten forschenden Zugang zu individuellen Entwicklungsverläufen mehr Bedeutung zu verleihen.

Gemäß Curriculum sollen folgende Teilkompetenzen erworben werden (Kirchliche Pädagogische Hochschule Graz, 2013, S. 79):

Die Studierenden können …
- „Funktionen und wissenschaftstheoretische Bedingungen empirischer Sozialforschung benennen. […]
- berufsrelevante Forschungsergebnisse kritisch rezipieren und für das eigene Handeln fruchtbar machen. […]
- Produkte wissenschaftlicher Entwicklungsarbeit (z.B. Testverfahren, Evaluationsinstrumente) im schulischen Alltag professionell anwenden. […]
- an berufsrelevante Fragestellungen und Fälle wissenschaftlich analytisch herangehen und diese systematisch bearbeiten. […]
- an überschaubaren Forschungsvorhaben teilverantwortlich mitwirken und unter Anleitung kleine Forschungsarbeiten zu schulisch relevanten Themen durchführen. […]
- Aspekte der eigenen beruflichen Tätigkeit beforschen, auswerten und weiterentwickeln. […]
- die durch die Beschäftigung mit wissenschaftlichen Ergebnissen und durch eigenes forschendes Tun gewonnenen Erkenntnisse und Erfahrungen in einer professionellen Bezugsgruppe zur Diskussion stellen.“

Die Einführung in die Bildungsforschung und ihre wissenschaftstheoretischen Implikationen erfolgt durch eine Vorlesung. Fragen der Planung, Durchführung und Auswertung von Forschungsprojekten sollen hingegen nicht nur theoretisch abgehandelt, sondern beispielhaft kontextualisiert werden, indem Studierende Entscheidungen und Schritte im Forschungsprozess anhand bereits abgeschlossener Forschungsprojekte der Lehrveranstaltungsleiter_innen jenseits realen Handlungsdrucks – sozusagen im Trockentraining – nachvollziehen.

In weiterer Folge geht es darum, dass Studierende „sukzessive in echte Forschungssituationen Eingang […] finden und in diesen „Ernstsituationen“ die Umsetzung dessen, was sie durch Lehrveranstaltungen gelernt haben, […] erleben“ (Brizić, Furch & Heissenberger, 2010, S. 72), indem sie Wissen über Forschung und Forschungskompetenzen durch Teilhabe an realen Forschungsprojekten selbst erwerben.

Während die Studierenden an der KPH Graz in den ersten Jahren in Seminargruppengröße Forschungsprojekten zugeordnet wurden, können sie in der Zwischenzeit aus einer Vielzahl von Projekten wählen, an denen sie sich in kleineren Studierendengruppen beteiligen können. In Abhängigkeit von Thema und Zielstellung des Forschungsvorhabens haben sich im Laufe der Zeit zwei Varianten der handlungsorientierten Beteiligung der Studierenden herauskristallisiert.
1. Gemeinsam mit den Studierenden wird eine Forschungsfrage erarbeitet und umgesetzt. Damit wird an konkreten Forschungsinteressen der Studierenden angesetzt, was große Flexibilität von Seiten der Lehrenden im Forschungsmodul erfordert.
2. Die Studierenden werden in ein laufendes Forschungsprojekt der Lehrveranstaltungsleiterin_des Lehrveranstaltungsleiters involviert. Das Arbeiten und Üben am realen Forschungsprojekt in einem vorgegebenen Arbeitsprozess fördert einen star-

ken emotionalen Bezug zum Inhalt, stellt aber oftmals Herausforderungen bezüglich der Passung von Notwendigkeiten des Forschungs- und Lehrbetriebs dar.

Wie Studierende der KPH Graz konkret in Forschungsaktivitäten involviert werden und welche Herausforderungen sich dabei ergeben, wird im Folgenden anhand von zwei Erfahrungsberichten aus der Lehre dargestellt. Renate Ogris-Steinklauber beschreibt eine Lehrveranstaltung, die sie im SS 2012 leitete, in der die Evaluation einer Volksschule zusammen mit Studierenden geplant und teilweise durchgeführt wurde. David Wohlhart referiert über eine im WS 2011/12 durchgeführte Elternumfrage zum Thema „Schuleingang", die mit den Studierenden gemeinsam ausgewertet wurde.

Vom Ausbildungsinhalt zur Forschungserfahrung: Das Beispiel „Evaluierung der Volksschule Ottendorf"

Die KPH Graz wurde im Jahr 2011 von der Direktion der dreiklassigen Volksschule Ottendorf an der Rittschein/Steiermark um die Moderation eines Schulentwicklungsprozesses gebeten. Ausgangspunkt war die Erstellung eines Fragebogens mit dem Ziel, die Zufriedenheit der Eltern mit dem vorherrschenden Konzept zu erheben. Damit zusammenhängend sollte die Frage „Warum wählen Eltern diese Schule?" einer Beantwortung zugeführt werden. Im Detail ging es bei der Evaluation um Befindlichkeit und Erwartungen der Eltern mit dem reformpädagogischen Konzept der Schule, Präferenzen für die Schulwahl, Rückmeldungen über die Zufriedenheit mit der Unterrichtsarbeit an das Kolleg_inn_enteam sowie Qualitätsdokumentation für die schulpolitische Öffentlichkeit. Untersuchungszeitraum war Dezember 2011 bis September 2012.

Um die Sichtweise der Eltern von Schülerinnen und Schülern aller Schulstufen empirisch zu erheben, wurde ein Fragebogen entwickelt und an jene ausgegeben. Grundlage für die Erstellung der Items waren Qualitätskriterien wie Schulqualität, Schulklima, Zufriedenheit mit dem reformpädagogischen Konzept, gefühlte Schulleistungen, Organisation des Lernens und Schulumgebung. Am Ende des Fragebogens gab es noch die Möglichkeit die eigene Meinung zu äußern um Veränderungswünschen Raum zu lassen.

Im Rahmen der Lehrveranstaltung „Planung, Durchführung und Auswertung von Forschungsprojekten 2" wurden Studierende in das Forschungsvorhaben involviert. Die Projektleiterin, die zugleich Lehrveranstaltungsleiterin war, entschied sich aus zeitlichen Gründen für eine Gestaltungsvariante im Forschungsmodul, die eine didaktisch aufbereitete Beteiligung der Studierenden am aktuell laufenden Forschungsprojekt ermöglichte. Dabei wurden Teilaufgaben, die im Forschungsprojekt anstanden, Studierenden zur Bearbeitung übergeben. Die Studierenden konnten ihre Ausarbeitungen zeitnah mit jenen von Expertinnen und Experten vergleichen, die dann tatsächlich im Projekt verwendet wurden. Die Studierenden sollten auf diese Weise an einem realen, noch ergebnisoffenen Projekt beteiligt werden, gemeinsam mit der Forscherin ein Untersuchungsdesign erstellen, die Instrumente dafür auswählen bzw. erstellen, die konkrete Arbeit mit Fragebögen kennen lernen sowie erste Einblicke in die Auswertung der Daten erhalten.

Der Lehrveranstaltungsverlauf orientierte sich an folgenden Arbeitsschwerpunkten:

Arbeitschwerpunkt Forschungsplanung
- Vorstellung der Schule inklusive zu untersuchendes reformpädagogisches Konzept
- Vorstellung des Evaluationsauftrages
- Hypothesenbildung – gemeinsame Überlegungen, Versuch der Formulierung
- Erstellen eines Forschungsplans – Diskussion der zeitlichen Ressourcen

Arbeitsschwerpunkt Methodenwahl und erste Schritte bei der Erstellung eines Fragebogens
- Gemeinsame Überlegungen zur Methodenwahl
- Erstellung eines Fragebogens am realen Schulmodell: Studierende sollen die Einleitung für die Eltern formulieren (Studienauftrag)
- Welche demografischen Daten sind unbedingt notwendig? Versuch der Formulierung und formalen Gestaltung durch die Studierenden (Studienauftrag)
- Allgemeine Kriterien für die Formulierung von Items

Arbeitsschwerpunkt Formulierung der Items
- Studierende legen für einen Bereich konkrete Itemformulierungen vor (Studienauftrag)
- Anhand der einzelnen Vorschläge gemeinsame Verbesserungen, Verwerfungen oder neue Formulierungen
- Vorstellung des von der LV-Leiterin bereits erstellten Fragebogens mit der Bitte um kritische Auseinandersetzung

Arbeitsschwerpunkt Übungsphase Dateneingabe
- Gemeinsame Dateneingabe der ersten 10 Fragebögen in SPSS
- Überprüfung der Daten auf fehlerhafte Eingaben
- Üben der Umcodierung
- Selbstständiges Üben unter Anleitung bzw. Betreuung

Arbeitsschwerpunkt Auswertung und Analyse von Daten
- Deskriptive Statistik, Häufigkeiten/Prozentwerte
- Mittelwertsvergleich
- Faktorenanalyse
- *t*-Test

Die tatsächliche Arbeit an der Schule fand ohne Einbindung der Studierenden statt. Aus zeitlichen Gründen blieb die Arbeit mit den Daten rudimentär. Da diese Übungsphase nur die letzte Einheit betraf, konnte eine Vertiefung nicht ausreichend stattfinden. Ebenso fand die Abrundung der gemeinsamen Forschungsarbeit mit der Vorstellung und Diskussion der Ergebnisse keine adäquate zeitliche Entsprechung.

Vom Ausbildungsinhalt zur Forschungserfahrung:
Das Beispiel „Elternbefragung zum Schuleingangsbereich"

Das Modul „Grundlagen forschenden Handelns" folgt im Epochenplan des 3. Semesters im VL- und SL-Curriculum der KPH Graz auf das Modul „Herausforderung Schuleingang". Die Verteilung der Module auf Epochen wurde bei der Erstellung des Curriculums gewählt, um eine engere Zusammenarbeit innerhalb des Moduls und eine bessere Verschränkung der Modulinhalte zu ermöglichen. Darüber hinaus erlaubt die Epochalstruktur aber auch das Aufgreifen und Fortführen von Inhalten in einem darauf folgenden Modul im gleichen Semester. Dem im Folgenden geschilderten Forschungsprojekt kam dieses Strukturmerkmal des Curriculums zugute.

Im Modul „Herausforderung Schuleingang" entstand bei den Studierenden der Wunsch, die Elternsicht auf die Nahtstelle zwischen Kindergarten und Schule näher kennen zu lernen. Sie wollten herausfinden, ob vor dem Schuleintritt bereits Kontakte zur Schule bestanden hatten, ob die Schule Vorinformationen über Fähigkeiten und besondere Bedürfnisse des Kindes hatte, in welcher Form das Kind beim Schuleintritt unterstützt wurde, sowie welche Erwartungen und Befürchtungen Eltern gegenüber der Schule haben. Um dieses Vorhaben zu unterstützen wurde vereinbart, dass die studentische Forschungsarbeit im Modul „Schuleingang" mit der Konstruktion eines Fragebogens und der Durchführung der Erhebung begonnen werden sollte, während im Forschungsmodul der Schwerpunkt auf der Auswertung der Daten liegen sollte.

Es stellte sich schnell heraus, dass die Studierenden mangels Forschungsvorbildung (es handelte sich in diesem Fall um ein 3. Semester) ihre Fragestellungen noch nicht präzise ausdrücken konnten. Versuche wie: „Welchen Stellenwert nehmen Sie als Elternteil in der schulischen Laufbahn Ihres Kindes Ihrer Meinung nach ein?" oder „Hat Ihr Kind vor dem Schulbeginn viele Fragen gestellt?" bedurften zunächst einer Diskussion hinsichtlich Präzision, Antwortmöglichkeiten, Aussagegehalt und Adäquatheit. Die intensive Auseinandersetzung mit den Fragestellungen fiel aufgrund des Interesses der Studierenden durchaus auf fruchtbaren Boden. Trotzdem mussten die Lehrenden aus beiden Modulen bei der Gestaltung des finalen Fragebogens kräftig Hand anlegen.

Sehr erfolgreich verlief hingegen die Durchführung. Die Studierenden verteilten die Fragebögen in den Schulen ihrer Heimatgemeinden an die Lehrer_innen mit der Bitte, sie den Eltern der Schulanfänger_innen weiterzugeben. Diese retournierten die Fragebögen in verschlossenen Kuverts. Auf diese Weise konnte ein Rücklauf von 1172 Fragebögen erzielt werden mit einer Streuung der Standorte über die ganze Steiermark und über diese hinaus.

Im Forschungsmodul stand zunächst die Dateneingabe mittels eines von den Lehrenden verfassten Codehandbuchs auf dem Programm. Da die Studierenden diese Arbeit außerhalb der Lehrveranstaltung durchführen mussten, kam es zu Eingabe- und Codierungsfehlern, die eine Nachkontrolle erforderlich machten. Bei der Aufbereitung der Daten zeigten sich auch Probleme in der Konstruktion des Fragebogens selbst. Zum Beispiel war die Frage nach der Erstsprache der Kinder missverständlich formuliert, sodass gelegentlich mehrere Sprachen eingetragen waren. Auch eine geschlechtsspezifische Auswertung der Daten fiel aus, da bei der Letztformatierung die Frage nach dem Geschlecht des Kindes auf dem Fragebogen irrtümlich gelöscht wurde.

Die Auswertung selbst musste sowohl auf quantitative als auch auf qualitative Weise erfolgen, da der Fragebogen auch offene Fragen enthielt. Dies konnte nur durch eine Gruppenteilung bewerkstelligt werden, in der eine Gruppe sich in eine elementare Inhaltsanalyse mit induktiver Kategorienbildung vertiefte, die andere in die Erstellung deskriptiver Statistiken mittels SPSS. Die quantitative Basisauswertung gestaltete sich sehr einfach. Die Studierenden nahmen sich in Gruppen jeweils bestimmte Fragenpakete vor und hatten innerhalb kurzer Zeit die Statistiken erstellt. Die Auswertung wurde in den Gruppen diskutiert und die Bedeutung der jeweiligen Daten und Resultate geklärt. Eine Auswertung von Zusammenhängen innerhalb des Datensatzes in Form von Korrelationen wurde zwar versucht, es fehlte aber sowohl die Zeit als auch der nötige theoretische Hintergrund, um hier zu brauchbaren Ergebnissen zu kommen.

Erwartungsgemäß war der qualitative Teil der Auswertung aufwändiger. Aufgrund von zeitlichen Beschränkungen durch die Dauer der Lehrveranstaltung konnte nur etwa die Hälfte der Antworten zu den offenen Fragen kodiert und ausgewertet werden (etwa 300). Die Studierenden erstellten ein Kategorienschema, reorganisierten dieses zwei Mal, um die Antworten besser abbilden zu können, ordneten die Aussagen zu und unternahmen einen Versuch zur Interpretation der Ergebnisse. Schließlich verfassten die Studierenden in arbeitsteiligen Gruppen Teile des Forschungsberichts, der dann zusammengefügt wurde. Die schwierigste Aufgabe dabei war die „Zusammenfassung und Diskussion". Hier stellte sich vor allem heraus, dass innerhalb dieses kleinen Projekts viele Themen, die die Studierenden interessiert hätten, nicht bzw. nur unzureichend beantwortet werden konnten.

Mit Studierenden forschen: Herausforderungen

Grundsätzlich kann die Beteiligung von Studierenden an Forschungsvorhaben als positiv beurteilt werden. In den geschilderten Beispielen beteiligten sich die Studierenden mit großem Engagement und zeigten hohe Bereitschaft, sich aktiv einzubringen. Dies äußerte sich in einer hohen Identifikation mit der Arbeit von Forscher_innen sowie einem nicht nachlassenden Interesse für die Inhalte. Arbeitsteilung und die diskursive Auseinandersetzung mit Forschung wurden als produktiv erlebt. Aufträge wurden sofort, qualitätsvoll und auf fachwissenschaftlichen Erkenntnissen basierend ausgeführt. Die direkte Involvierung machte den gesamten Prozessablauf eines Forschungsprojekts in seinen Grundzügen sichtbar, auch wenn nur Teilbereiche tatsächlich bearbeitet werden konnten, und ließ Studierende auf sehr lebendige Weise Einblick in die Forschungsarbeit gewinnen. Vor allem im zweiten Projekt regten die vielen Fehler und Unzulänglichkeiten eine intensive Befassung mit forschungsmethodischen Fragen an. Es wurde klar, dass „die Arbeit im Vorhinein sehr gründlich geplant werden muss, um ein gutes Ergebnis erzielen zu können". Auch wurde sichtbar, „wie viel Arbeit eigentlich hinter einem Forschungsprojekt steckt".[1]

---

1   Zitate von Studierenden aus der informellen Lehrveranstaltungsevaluation.

Eine Herausforderung stellen die zeitlichen Anforderungen von Forschungsvorhaben und jene von Stundenplan und Workload der Studierenden dar, die oftmals auseinander laufen. Die zentrale Problematik ist, dass in einem konkreten Projekt viele Arbeitsschritte anfallen, die mit didaktisch aufbereiteten Materialien nicht erforderlich sind. Zum Beispiel kann man mit einem bereits bereinigten Datensatz oder teilweise ausgewerteten Items viel Zeit einsparen, die für eine systematischere Darstellung der Methoden und für eine intensivere Diskussion der Ergebnisse verwendet werden könnte. Auf der anderen Seite spart eine besser vorbereitete Einführung genau solche Arbeitsschritte aus, die in der Forschungspraxis sicher auftreten, und deren Bewältigung für einen erfolgreichen Abschluss eigener Projekte erforderlich ist. Dass es aber selbst bei didaktisiertem Vorgehen zu Zeitproblemen kommen kann, zeigt das Beispiel „Evaluierung der Volksschule Ottendorf", bei dem der Zeitplan für die Erarbeitung nicht immer eingehalten werden konnte.

Die Variante einer handlungsorientierten Beteiligung von Studierenden in Forschungsprojekten erhöht nach Einschätzung der Lehrenden im Forschungsmodul die Identifikation mit Forschung im Allgemeinen und im Speziellen. Allerdings überwiegt die konkrete Arbeit. Theoretischer Überblick, Systematisierung und Reflexion kommen zu kurz, weitere Argumente, um über andere zeitliche Rahmenbedingungen nachzudenken. Möglicherweise verdecken die handelnd eingeführten Methoden auch den Blick auf ein breiteres Spektrum von Forschungsansätzen.

Institutionell betrachtet erfordert die Involvierung von Studierenden in Forschung, dass sich die Ausbildungsinstitution als forschende Einrichtung versteht (Seel, Khan-Svik & Heissenberger, 2010; Olechowski, 2011). Doch selbst bei reger Forschungstätigkeit eignet sich nicht jedes Forschungsprojekt für eine studentische Beteiligung. Neben den bereits angesprochenen zeitlichen Aspekten liegen Grenzen auch in Verpflichtungen gegenüber Auftraggeber_innen oder in den Erfordernissen von Expert_innenforschung und der Frage, wie forschungsunerfahrene Personen hier sinnvoll prozessbezogen eingebunden werden können, ohne für bestimmte Zwecke (z.B. ausschließlich für Datenerhebung) funktionalisiert zu werden. Für weitere Entwicklungen wird es zielführend sein, auch andere Formen studentischer Forschung, wie beispielsweise Praxisforschung (Altrichter & Feindt, 2011) zu integrieren und curriculare Rahmenbedingungen zu schaffen, die es ermöglichen flexibel auf Erfordernisse einer forschungsorientierten Lehrer_innenbildung zu reagieren.

Literatur

Altrichter, H. & Mayr, J. (2004). Forschung in der Lehrerbildung. ÖFEB-Newsletter, 2, 4–24.

Altrichter, H. & Feindt, A. (2011). Lehrerinnen und Lehrer erforschen ihren Unterricht: Aktionsforschung. In E. Terhart, H. Bennewitz & M. Rothland (Hrsg.), Handbuch der Forschung zum Lehrerberuf (S. 214–231). Münster: Waxmann.

Blömeke, S. (2002). Wissenschaft und Praxis in der Lehrerausbildung. Die Deutsche Schule, 94 (2), 257–261.

Brizić, K., Furch, E. & Heissenberger, M. (2010). Ausbildung durch Forschung – Forschungspraktika für Studierende der PH Wien und der Universität Wien im Rahmen eines FWF-Projekts. *Erziehung und Unterricht, 160*, 72–76.

Hascher, T. (2011). Vom „Mythos Praktikum" … und der Gefahr verpasster Gelegenheiten. *journal* für *lehrerInnenbildung, 11* (3) 8–16.

Helsper, W. (2001). Praxis und Reflexion – die Notwendigkeit einer „doppelten Professionalisierung" des Lehrers. *journal* für *lehrerInnenbildung, 1* (3), 7–15.

Hollerer, L., Kleißner, E. & Seel, A. (2013). Der Blick auf den Professionalisierungsprozess. Coaching in der Lehrerbildung. *journal* für *lehrerInnenbildung, 13* (2), 31–35.

Kirchliche Pädagogische Hochschule Graz (2013). Curriculum Studiengang „Lehramt für Volksschulen". Studienbeginn WS 2013/14. Verfügbar unter: http://www.kphgraz.at/fileadmin/Ausbildung/Lehramt_VL/Curricula/KPH_Graz_Curriculum_VL_1314.pdf [03-11-2013].

Olechowski, R. (2011). Entwicklung der Pädagogischen Hochschulen zu Pädagogischen Universitäten? *Erziehung und Unterricht, 161*, 194–206.

Seel, A. (2007). Lehrerbildung zwischen geringer Wirkung und hohen Erwartungen – oder: Welchen Beitrag können die Pädagogischen Hochschulen zur Professionalisierung im Lehrberuf leisten? In F. Radits (Hrsg.), *Muster und Musterwechsel in der Lehrer- und Lehrerinnenbildung. Perspektiven aus Pädagogik und Fachdidaktik* (S. 35–44). Wien: Lit Verlag.

Seel, A., Khan-Svik, G. & Heissenberger, M. (2010). Die Pädagogischen Hochschulen als neue Forschungsstätten im Bildungsbereich? *Erziehung und Unterricht, 160*, 12–23.

Seyfried, C. & Seel, A. (2005). Subjektive Bedeutungszuschreibung als Ausgangspunkt schulpraktischer Reflexion. *journal* für *lehrerInnenbildung, 5* (1), 17–24.

Turner, A. & Ingrisch, D. (2007). Forschen als Prozess der Selbstreflexion – Eine Darstellung der Lehrveranstaltung „Forschungspraktikum mit begleitendem Reflexionsseminar". *Zeitschrift für Hochschulentwicklung 2* (4), 96–111, Graz: Forum Neue Medien in der Lehre Austria.

Peter Vetter, Fritz C. Staub und Daniel Ingrisani

Masterarbeiten als Beitrag zur Professionalisierung von angehenden Lehrpersonen

In diesem Beitrag wird danach gefragt, wie eigenständige Forschungstätigkeit von Studierenden der Lehrer_innenbildung im Rahmen von empirischen Masterarbeiten einen Beitrag zu ihrer Professionalisierung leisten kann. In einem ersten Teil wird kurz auf drei Leitkonzepte der Professionalisierung Bezug genommen. Im Hauptteil werden Grundformen von Forschungszugängen unterschieden, wie sie in den empirischen Masterarbeiten an der Universität Freiburg (Schweiz) für die Lehrer_innenbildung der Sekundarstufe 1 realisiert werden. Abschliessend wird dargelegt, inwiefern die empirischen Masterarbeiten zur Professionalisierung von angehenden Lehrpersonen beitragen.

1. Leitkonzepte der Professionalisierung

In Anlehnung an Kamm und Bieri (2008, S. 86ff.) können drei Leitkonzepte für die Professionalisierung von Lehrpersonen unterschieden werden, die mit Forschung verknüpft sind:

1. *Der forschende Habitus*: Im Zentrum dieses ersten Leitkonzepts steht die „Habitualisierung eines neugierigen, skeptischen, forschend-fragenden Umgangs mit der Praxis" (Helsper & Kolbe, 2002, S. 395). Bezogen auf die Ausbildung von Lehrpersonen soll Wissensaneignung in forschender Art erfolgen, indem Studierende „in das forschende Prüfen der Geltung von wissenschaftlichen Aussagen, deren Formulierung eine kritisch-reflexive Distanz zur beruflichen Praxis entstehen lässt" (ebd., S. 394), herangeführt werden. Der forschende Habitus ist aber auch zentral, weil der Weg zur Professionalität als langwieriger Lernprozess angesehen werden muss, der nebst kognitiven Lernprozessen, die erst über Jahre zu Expertise führen können, auch motivationale und emotionale Faktoren einschliesst (Gruber, 2006, S. 179).

2. *Der „Lehrer als Experte"*: Expert_innen verfügen über einen grossen Problemlöseraum, können deshalb mehr Wissen verarbeiten, flexibel handeln und auch eine grössere Zahl von Teilzielen gleichzeitig verfolgen (Neber, 2006, S. 192f.). Expertise manifestiert sich vor allem darin, dass Wissen und Fertigkeiten zu einer Einheit verschmelzen (Bromme & Haag, 2004, S. 779). Im Rahmen der forschenden Tätigkeit wird fundiertes Wissen erarbeitet, das Lehrpersonen in die Lage versetzt, komplexe Unterrichtssituationen wahrzunehmen, zu verbalisieren und neu zu deuten. Dies ist bedeutsam, da Lehrpersonen über ein reichhaltiges, implizites Wissen verfügen, das jedoch nur marginal versprachlicht wird (Helsper & Kolbe, 2002, S. 389).

3. *Der „reflektierte Praktiker"*: Dieses Leitkonzept geht auf Schön (1983) zurück und verfolgt als zentrales Ziel die Reflexion respektive die Erforschung der Mikrostruktur des Handelns Professioneller sowie die Analyse der Zusammenhänge zwischen Wissen, Denken und Handeln (Kamm & Bieri, 2008, S. 87). Systematische Reflexion kann dabei durch einen forschenden Zugang zur Praxis unterstützt werden. Denn sowohl Reflexion als auch die forschende Tätigkeit basieren auf aktiver Distanzierung (Leonhard, Nagel, Rihm, Strittmatter-Haubold & Wengert-Richter, 2010) und dem (systematischen) Erfassen von Situationen.

Die drei Leitkonzepte sind dabei eng miteinander verknüpft: Durch eine forschende Haltung kann Wissen aufgebaut werden, über dessen Einsatz in der Praxis reflektiert werden kann. Die Reflexion wiederum kann als Ausgangspunkt für neue Fragestellungen bezüglich des eigenen Unterrichts betrachtet werden.

Im Rahmen der Ausbildung zur Lehrperson sind mit Blick auf diese drei Leitkonzepte der Professionalisierung erste Schritte möglich. Im Folgenden wird am Beispiel der Lehrer_innenbildung für die Sekundarstufe 1 der Universität Freiburg (Schweiz) dargestellt, wie empirische Masterarbeiten diesen Prozess unterstützen können. Dazu werden zunächst die Rahmenbedingungen zum Verfassen einer Masterarbeit thematisiert und im Kontext der Zielsetzungen des Moduls „Forschung und Entwicklung" diskutiert. Anschliessend werden drei Grundformen empirischer Masterarbeiten dargestellt und ihre Bedeutung für die Professionalisierung verdeutlicht.

2. Empirische Masterarbeiten

2.1 Rahmenbedingungen und allgemeine Zielsetzungen

An der Lehrer_innenbildung (Sekundarstufe 1) der Universität Freiburg werden Masterarbeiten mit einem Arbeitsaufwand von 30 ECTS-Punkten verfasst, welche einen Textteil von 60–90 Seiten umfassen. In den Richtlinien zu den Masterarbeiten ist festgehalten, dass eine Masterarbeit eine persönliche wissenschaftliche Forschungsarbeit ist, die zum Erwerb von professionsrelevantem Wissen beiträgt (Vetter & Staub, 2010, S. 3). Der Aufbau der Masterarbeiten beinhaltet einen Problemaufriss, eine theoretische Analyse, in der Regel ein Entwicklungsprodukt, einen Methodenteil, einen Ergebnisteil und eine Schlussdiskussion. Dabei ist die Themenwahl zur Masterarbeit grundsätzlich frei. Es wird lediglich vorgegeben, dass *„ein als persönlich relevant empfundenes, berufsfeldbezogenes Gestaltungsproblem"* (ebd.) bearbeitet werden soll. Diese Zugangsweise soll die Studierenden motivieren, denn Forschung im Rahmen der Ausbildung wird vor allem dann als bereichernd erlebt, „wenn sie sich auf den eigenen Unterricht bezieht und – auf den ersten Blick – nicht lösbare Probleme zum Gegenstand hat" (Fichten & Meyer, 2006, S. 270).

Unterstützung bei der Realisierung ihrer Masterarbeiten erhalten die Studierenden auf vielfältige Weise:
- Im Rahmen eines zweisemestrigen Seminars arbeiten sich die Studierenden in die forschungsmethodischen Grundlagen ein.

- In den Forschungskolloquien wird der Arbeitsstand der Masterarbeiten während drei Semestern präsentiert und mit anderen Masterstudierenden der Lehrer_innen-bildung diskutiert. Dabei dienen die Projekte der Studierenden im 3. Semester den Studierenden im 1. Semester als Modelle für „work in progress".
- In der individuellen Betreuung durch den_die Professor_in und wissenschaftliche Lektor_innen der Universität Freiburg wird nach Bedarf Unterstützung bei der Recherche, bei der Klärung theoretischer Aspekte, den Entwicklungsprodukten, forschungsmethodischen Fragen etc. gegeben. Diese individuelle Betreuung der Studierenden ist zentral und zeitintensiv, da im Rahmen des Methodenseminars nur allgemeine forschungsmethodische Grundlagen erarbeitet werden können, deren Transfer auf die Masterarbeiten unterstützt werden muss.
- Zusätzliche inhaltliche Unterstützung können sich die Studierenden bei den Vertreter_innen der Fachdidaktik und Fachdisziplinen einholen.

Die Masterarbeiten sind dem Ausbildungs-Modul „Forschung und Entwicklung" zugeordnet. Für dieses Modul wurden spezifische Zielsetzungen formuliert, die im Folgenden dargestellt und zum Verfassen von Masterarbeiten in Bezug gesetzt werden.

1. Angehende Lehrpersonen rezipieren und diskutieren professionsrelevantes wissenschaftliches Wissen.
   Lehrpersonen sollen sich mit den aktuellen Entwicklungen im Berufsfeld auseinandersetzen und entsprechende Literatur kritisch rezipieren (Altrichter & Mayr, 2004; Aeppli, Gasser, Gutzwiler & Tettenborn, 2011). Dieser Prozess soll im Rahmen der Ausbildung unterstützt werden, ohne dass die Studierenden dabei eine ablehnende Haltung gegenüber Theorie und Forschungsergebnissen entwickeln (Fichten, 2010, S. 33). Diese Zielsetzung gilt nicht nur für das Modul Forschung und Entwicklung, sondern ist für alle vier Module der Ausbildung an der Universität Freiburg relevant. Auf das Verfassen der Masterarbeit übertragen bedingt diese erste Zielsetzung, dass die Studierenden die theoretischen Grundlagen zum gewählten Themenfeld aufarbeiten und so ihr Professionswissen erweitern. Dazu gehört wesentlich das Rezipieren und Diskutieren von Grundlagenwerken und Artikeln aus wissenschaftlichen Fachzeitschriften.
2. Angehende Lehrpersonen setzen sich damit auseinander, wie professionsrelevantes wissenschaftliches Wissen gewonnen wird.
   Damit ein kritisches Rezipieren möglich ist, müssen Studierende Einblick darin erhalten, wie wissenschaftlich fundiertes Professionswissen gewonnen wird. Dazu müssen sich Studierende mit wissenschaftstheoretischen Aspekten (Generalisierung, wissenschaftliches Schliessen, Gütekriterien, Phasen eines Forschungsprozesses etc.) auseinandersetzen und diese im Rahmen der Masterarbeit auf ihren Arbeitsprozess übertragen.
3. Angehende Lehrpersonen erwerben Kompetenzen, um das professionsrelevante wissenschaftliche Wissen im Praxisfeld Schule nutzbar zu machen.
   Für die Masterarbeiten müssen die Studierenden – wie unter Punkt 1 aufgeführt – wissenschaftlich begründetes Grundlagenwissen und fundierte theoriebasierte Prinzipien recherchieren und aufarbeiten, die wiederum in die Entwicklung von Unterricht (Methoden, Materialien, Strategien) einfliessen sollen. Dass dieser Pro-

zess des Nutzbarmachens von wissenschaftlichem Wissen problematisch sein kann, darauf verweist die Wissensnutzungsforschung (z.B. Haas, 2005; Radtke, 2006), wobei auch aufgezeigt wird – und das ist hier entscheidend –, dass ein produktiver Transfer von Theorie in die Praxis gelingen *kann*, „also der Versuch, die neuen Einsichten in die eigene Praxis zu deren Verbesserung reflexiv einzuarbeiten" (Radtke, 2006, S. 77).

4. Angehende Lehrpersonen kennen grundlegende sozialwissenschaftliche Methoden zur Erforschung und Evaluation eigener Erziehungs- und Unterrichtspraxis und können ausgewählte Methoden anwenden.

Um auf theoretischer Grundlage entwickelte Materialien, Werkzeuge und Strategien für den Unterricht – wie sie im Rahmen von Masterarbeiten entstehen können – zu erproben und mittels systematischer Datenerfassung zu evaluieren und weiterzuentwickeln, benötigen Lehrpersonen Kenntnisse sozialwissenschaftlicher Methoden. Dazu gehört das Wissen über Auswertungsverfahren, ihre Einsatzmöglichkeiten sowie Vor- und Nachteile der verschiedenen Methoden. Im Methodenseminar wird dazu ein Überblick gegeben. Im Rahmen der Masterarbeit werden einzelne Methoden zur Erfassung von Unterrichtsrealität angewandt und deren Einsatz kritisch reflektiert.

5. Angehende Lehrpersonen können ein eigenes Entwicklungsprojekt (mit Unterstützung) planen, durchführen, auswerten und präsentieren.

Studierende planen im Rahmen ihrer Masterarbeiten ein Projekt, führen die entsprechenden Erhebungen und Analysen durch und präsentieren diese im Rahmen der Forschungskolloquien. Dabei arbeiten die Studierenden weitgehend selbstständig und selbstverantwortlich, wobei sie auf das (individuelle) Unterstützungsangebot zurückgreifen können.

6. Angehende Lehrpersonen werden zu einer kritischen und forschenden Fragehaltung bezüglich ihres eigenen Unterrichts angeregt, indem sie ihre subjektiven Theorien (die eigenen Überzeugungen) und die ‚Wahrheiten' anderer kritisch analysieren.

Angehende Lehrpersonen sollten nach Terhart (2011, S. 196) im Laufe ihres Studiums zumindest punktuell mit Forschung in Berührung kommen, damit sie eine reflektierende, selbstreflexive Haltung aufbauen können. Die Auseinandersetzung mit dem praxisbezogenen Ausgangspunkt ihrer Masterarbeit, mit den theoretischen Grundlagen des gewählten Themenfeldes und mit der empirischen Untersuchung ermöglicht es den Studierenden, ihre eigenen Überzeugungen kritisch zu hinterfragen und sich fundierte Positionen zu erarbeiten.

Zusammenfassend kann festgehalten werden, dass alle sechs aufgeführten Zielsetzungen Bezüge zu den drei eingangs aufgeführten Leitkonzepten der Professionalisierung beinhalten. Auch wenn eine strikte Abgrenzung der drei Konzepte kaum möglich ist, zeigt sich, dass bei den Zielsetzungen 1, 2 und 4 der Aufbau von Expertise im Vordergrund steht, ebenso wie bei Zielsetzung 6 die forschende Haltung, wohingegen bei den Zielsetzungen 3 und 5 eine starke Verbindung zum Konzept der Expertise und des reflektierten Praktikers besteht.

2.2 Grundformen von empirischen Masterarbeiten

Im Verlaufe von fünf Studienjahren (Start des Masterstudiums in den Jahren 2007–2012) haben sich innerhalb der dargestellten Rahmenbedingungen und Zielsetzungen und mit der entsprechenden Unterstützung drei Grundformen von Masterarbeiten herausgebildet:

1. Theoriebasierte Entwicklung und Erprobung von Materialien für den Unterricht und die Schule (Entwicklung und Einsatz von Tools)
2. Theoriebasierte Reflexion und iterative Entwicklung des eigenen Unterrichtsverhaltens (Umsetzung von Strategien und Entwicklung von Handlungskompetenzen)
3. Theoriebasierte Analyse von Unterrichts- und Schulrealität (Fallstudien).

Insgesamt haben in dieser Zeit 95 Studierende mit ihren Masterarbeiten begonnen, von denen 93 den drei Grundformen zugeordnet werden können. Auffällig ist, dass die Grundform 1 mit 80% mit grossem Abstand am häufigsten realisiert wurde (Tab. 1).

Tabelle 1: Verteilung der Grundformen von Masterarbeiten (Studienjahrgang 2007–2012)

Grundformen von Masterarbeiten	Anzahl	in %
1. Theoriebasierte Entwicklung und Erprobung von Materialien für den Unterricht und die Schule (Entwicklung und Einsatz von Tools)	74	80%
2. Theoriebasierte Reflexion und iterative Entwicklung des eigenen Unterrichtsverhaltens (Umsetzung von Strategien und Entwicklung von Handlungskompetenzen)	3	3%
3. Theoriebasierte Analyse von Unterrichts- und Schulrealität (Fallstudien)	16	17%
Total	93	100%

Allen drei Grundformen liegt ein Forschungsverständnis zugrunde, das der anwendungsorientierten Forschung verpflichtet ist; dies ist in Abgrenzung zur traditionellen erziehungswissenschaftlichen Forschung zu sehen, welche die Ebene des Nutzens für die Praxis oft wenig berührt (Burkhardt & Schönfeld, 2003, S. 3; Staub, 2004, S. 114).

Bezüglich der Forschungsansätze orientiert sich die erste Grundform an der entwicklungsorientierten Bildungsforschung (Reinmann & Vohle, 2012) respektive der Design-based Research (Design-based Research Collective, 2003; van den Akker, Gravemeijer, McKenney & Nieveen, 2006) sowie an der pädagogischen Interventionsforschung (Hascher & Schmitz, 2010), die zweite Grundform an der Aktionsforschung. Die dritte Grundform folgt stärker der Logik der Fallstudie (Van Wynsberghe & Khan, 2007).

Im Folgenden werden die drei Grundformen von empirischen Masterarbeiten beschrieben und voneinander abgegrenzt. Zudem wird jeweils ein Beispiel einer Masterarbeit kurz dargestellt.

2.2.1 Theoriebasierte Entwicklung und Erprobung von Materialien für den Unterricht und die Schule

Das Ziel dieser Grundform ist es, Materialien und Werkzeuge für den Unterricht theoriebasiert zu *entwickeln* und deren Tauglichkeit in der Praxis zu *evaluieren*. Dabei orientiert sich dieser Ansatz an der Design-Based Research (DBR). DBR „which blends empirical educational research with the theory-driven design of learning environments, is an important methodology for understanding how, when, and why educational innovations work in practice" (Design-Based Research Collective, 2003, S. 5). Dieser Ansatz verbindet demnach empirische Methodik mit theoriegestützten Designfragen. Zudem ermöglicht er eine enge Beziehung zwischen der Entwicklung der Praxis und der Entwicklung von Theorie (Borko, Liston & Whitcomb, 2007, S. 7). Die Umsetzung erfolgt iterativ, d.h. in kontinuierlichen Zyklen aus Design, Umsetzung, Analyse und Re-Design (Fischer, Waibel & Wecker, 2005, S. 435), wobei sich der Ansatz methodisch an den ‚mixed methods' orientiert (Design-Based Research Collective, 2003, S. 7).

Bei der konkreten Umsetzung in den Masterarbeiten wird als erstes auf der Grundlage der erarbeiteten Theorien ein Prototyp entworfen, also beispielsweise die Gestaltung einer spezifischen Lerneinheit. Dieser Prototyp wird in der Folge von Expert_innen *vor dem Einsatz* in der Praxis beurteilt und durch Anregungen zur Weiterentwicklung ergänzt. Als Erhebungsmethoden werden hier oft Fragebogen mit offenen Fragestellungen eingesetzt oder Interviews durchgeführt. Bei den Expert_innen handelt es sich um Personen aus einem Fachbereich (z.B. Sportwissenschaften, Sprachwissenschaften etc.) und/oder um Personen aus der Fachdidaktik. In der Regel führen die Rückmeldungen der Expert_innen zu einer ersten Phase des Re-Designs, also zu einer Weiterentwicklung des ersten Prototyps. In der zweiten Phase, dem Einsatz in der Praxis, können unterschiedliche methodische Ansätze zur Anwendung kommen. Einerseits können stärker an der Interventionsforschung orientierte Forschungspläne genutzt werden, in denen zumindest ansatzweise die Eingangsbedingungen variiert und systematisch kontrolliert werden (Hascher & Schmitz, 2010, S. 7). Dazu wird üblicherweise ein quasi-experimenteller Forschungsplan verwendet, der Aussagen zu den Wirkungen einer Intervention ermöglicht. Je nachdem, ob weitere Untersuchungswellen geplant sind, handelt es sich dabei um eine formative (Ergebnis-)Evaluation (Mittag & Bieg, 2010, S. 35) oder – falls die Produktentwicklung abgeschlossen ist – um eine summative Evaluation. Andererseits können aber auch Daten erhoben werden, die sich mit zentralen Aspekten der Umsetzung auseinandersetzen, d.h., dass die Prozesse bei der Umsetzung der Intervention erfasst werden. Zur Erhebung der Daten in der zweiten Phase werden unterschiedliche Methoden eingesetzt und miteinander kombiniert: beispielsweise Fragebogen, (Video-)Beobachtung oder Lernjournal. Die Untersuchungen werden in beiden Phasen von den Studierenden selbst durchgeführt und verantwortet, während die Erprobung der entwickelten Produkte in der Praxis auch von anderen Lehrpersonen realisiert werden kann.

Anzufügen ist, dass nicht in jedem Fall der gesamte Ablauf (vgl. Abb. 1) durchlaufen wird. So gibt es Masterarbeiten, welche die ersten drei Schritte (Entwicklung – Expertenevaluation – Re-Design) umfassen, in anderen Fällen wird etwa auf eine Evaluation durch Expert_innen verzichtet. Grundsätzlich ist es auch denkbar, dass

Entwicklungsprodukte über mehrere Masterarbeiten hinweg entstehen. Masterarbeiten, die dieser Grundform zugeordnet werden, führen zu fundierten, d.h. theoretisch begründeten und empirisch überprüften Unterrichtsmaterialien.

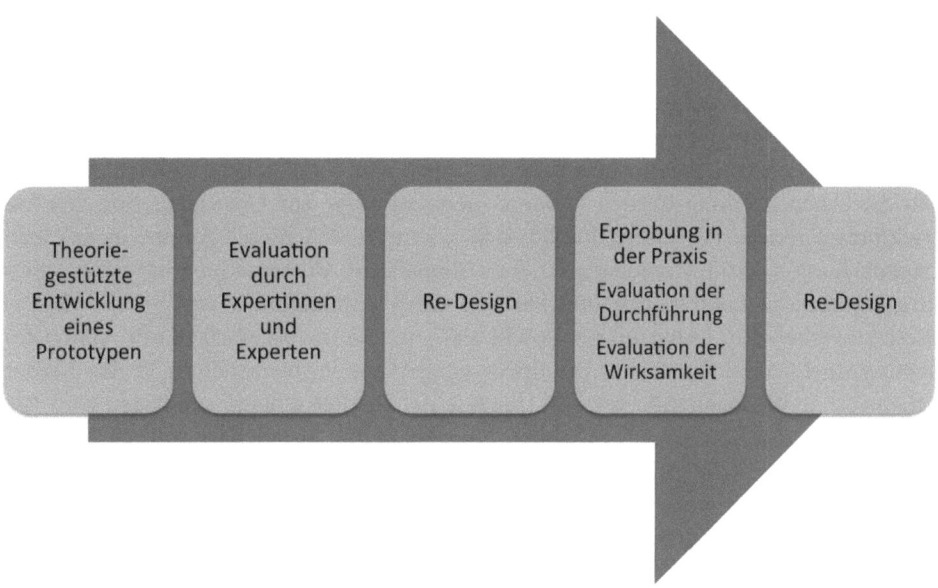

Abbildung 1:   Idealtypischer Ablauf: Theoriebasierte Entwicklung und Erprobung von Unterrichtsmaterialien

Ein Beispiel einer erfolgreichen Masterarbeit soll die zentralen Aspekte dieser ersten Grundform verdeutlichen: In der von der Universität Freiburg mit dem Umweltpreis ausgezeichneten Masterarbeit mit dem Titel „Globales Lernen auf der Sekundarstufe 1. Konzeption und Evaluation eines Unterrichtskonzepts zum Thema ‚Nachhaltiger Tourismus' von Anna Wiedemar (2009) stehen Lernaufgaben im Zentrum, welche Lernprozesse im Sinne des Globalen Lernens ermöglichen sollen. Die Entwicklungsarbeit – ein Leitfaden für eine Projektwoche zum Thema ‚Nachhaltiger Tourismus' – basiert auf einer fundierten theoretischen Auseinandersetzung und ordnet Lerninhalte verschiedenen Kompetenzbereichen des Lehrplans der Volksschule zu. Ein erster Prototyp wurde aufgrund einer Evaluation durch Expert_innen überarbeitet. Auf der Grundlage eines quasi-experimentellen Versuchsplans wurde mittels eines selbstentwickelten Fragebogens nach Effekten der Intervention gefragt. Die Studentin konnte nachweisen, dass die an der Projektwoche teilnehmenden Schüler_innen ihr Wissen in den Bereichen Kinderarbeit, negative Auswirkungen des Tourismus und sanfter Tourismus gegenüber der Kontrollklasse deutlich erweiterten. Darüber hinaus konnten die Schüler_innen Rückmeldungen und Hinweise zur Weiterentwicklung der Projektwoche geben.

2.2.2 Theoriegestützte Reflexion und iterative Entwicklung des eigenen Unterrichtsverhaltens

Bei dieser Grundform steht das eigene Unterrichts*verhalten* der Studierenden beziehungsweise Strategien, die im Unterricht angewendet werden im Zentrum. Ausgehend von einer unterrichtsspezifischen Problemstellung sollen die Studierenden mittels fundierten theoretischen Konzepten und systematischer Analyse ihres Verhaltens ihre Unterrichtspraxis optimieren. Entscheidend hierbei ist, dass nach einer Phase der praktischen Tätigkeit eine systematische, d.h. auf Daten basierende Reflexion stattfindet, welche den folgenden Unterricht bezüglich der fokussierten Problematik leitet. Für die Datenerhebung werden mehrere Messzeitpunkte zur Dokumentation von Entwicklungen fixiert. Forschungsmethodisch orientiert sich dieser Ansatz an der Aktionsforschung. „Aktionsforschung ist die systematische Untersuchung beruflicher Situationen, die von Lehrerinnen und Lehrern selbst durchgeführt wird, in der Absicht, diese zu verbessern" (Altrichter & Posch, 2007, S. 13). Im Unterschied zur Aktionsforschung wird jedoch für die aus der Praxis gewonnene Problemstellung in den Masterarbeiten eine vorangehende vertiefte Analyse der theoretischen Grundlagen zum Problembereich eingefordert. Damit sollen unerschlossene Möglichkeiten und Potenziale durch die theoretische Analyse offengelegt werden (Reinmann & Sesink, 2011, S. 48), die in die Weiterentwicklung der Strategien einfliessen sollen.

Während bei der ersten dargestellten Grundform offen ist, ob die Studierenden selbst oder eine andere Lehrperson die erarbeiteten Materialien in der Praxis erproben, ist es hier zwingend, dass sowohl die Datenerhebung als auch die Umsetzung der erarbeiteten (alternativen) Strategien in der Praxis von den Studierenden selbst durchgeführt werden. Die Erhebungszyklen sind in der Regel kürzer als bei der ersten Grundform, dafür werden im selben Zeitraum mehrere Durchgänge durchlaufen (vgl. Abb. 2). Ein weiteres Abgrenzungskriterium ist die iterative Entwicklung des Unterrichtsverhaltens: Während bei der ersten Grundform das Produkt, das erprobt werden soll, *vor* dem Einsatz in die Praxis weitgehend geplant und die entsprechenden Unterrichtsmaterialien entwickelt sind, ist bei dieser zweiten Grundform das flexible Reagieren auf die wiederholt gemachten Erfahrungen konstituierend. Insofern ist hier das evaluative Vorgehen in höherem Masse formativ.

Ziele der Masterarbeiten dieser Grundform sind einerseits berufspraktische Erkenntnisse in Bezug auf die Problemstellung (als Ergebnis der Reflexion) und die Entwicklung der eigenen Handlungskompetenzen im Unterricht (als Folge der wiederholten Umsetzungsversuche und datengestützten Reflexion; Altrichter & Posch, 2007, S. 21).

Auch diese Grundform soll mittels eines Beispiels verdeutlich werden: Ausgehend von den eigenen Erfahrungen, dass Klassengespräche als unbefriedigend erlebt wurden, setzte sich Andres Egger (2011) mit dieser Thematik in der Masterarbeit auseinander. In einer theoretischen Analyse wurde das lehrer_innendominierte Gespräch kritisch analysiert und dem moderierenden Gespräch gegenüber gestellt, in der die Lehrperson die Schüler_innen mit gezielten (offenen) Fragen oder inhaltlichen Impulsen zum Denken anregt. Als spezifische Form dieser eher moderierenden Gesprächsführung wurde das Konzept des *Accountable Talk* (Michaels, O'Connor, Hall & Resnick, 2002) dargestellt. Die zentrale Fragestellung für die Masterarbeit lautete:

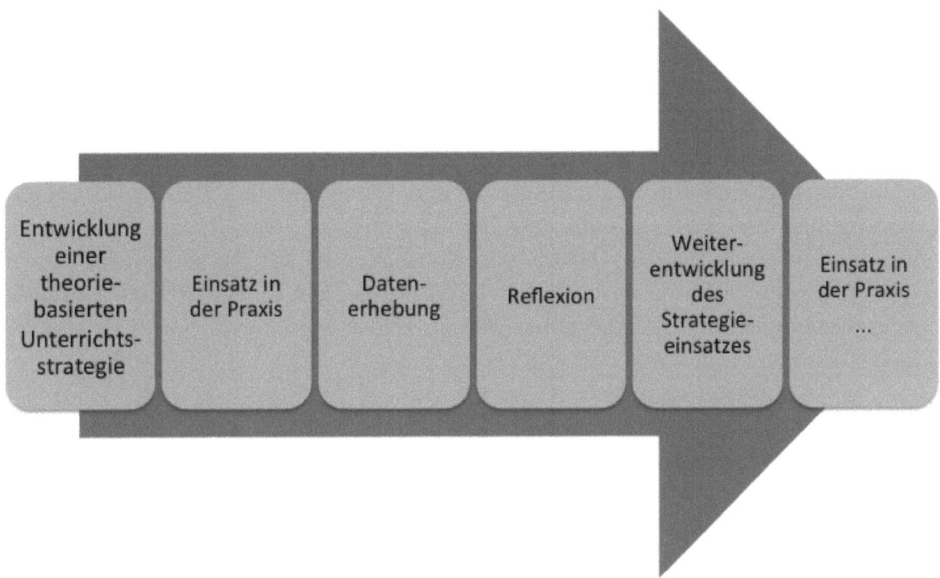

Abbildung 2: Idealtypischer Ablauf: Reflexion und iterative Entwicklung des eigenen Unterrichtsverhaltens

Inwiefern gelingt es, das Konzept des Accountable Talk auf die Klassengespräche im Mathematikunterricht zu übertragen? Das methodische Vorgehen stellt dar, wie der Entwicklungsprozess initiiert und durchgeführt wurde (iteratives Vorgehen: mehrfaches Durchlaufen von Planung, Durchführung, Transkription, Analyse der Videos). Für die Auswertung wurden die Unterrichtsstunden situiert, Angaben zum Inhalt des Klassengesprächs gemacht, die Einschätzung und die Analyse des Gesprächsverhaltens dargestellt und ein Fazit zu den dargestellten Gesprächssituationen gezogen. Als Ergebnisse der Masterarbeit wurden Schwierigkeiten und Fortschritte im Einsatz des Konzepts diskutiert, Schwierigkeiten bei Klassengesprächen (Zeitmanagement, Einhaltung der Lernziele und die Individualisierung des Unterrichts) festgehalten sowie die moderierende Rolle der Lehrperson reflektiert.

2.2.3   Theoriebasierte Analyse von Unterrichts- und Schulrealität

Im Gegensatz zu den beiden ersten Grundformen werden bei dieser dritten Form keine eigenen Produkte entwickelt oder Strategien in der Praxis umgesetzt. Die Analyse von Unterrichts- oder Schulrealität erfolgt aus einer externen Position. Die Studierenden haben somit im untersuchten Phänomenbereich keine Doppelrolle als Praktiker_in und Forscher_in. Zur Analyse bestehender Unterrichts- oder Schulrealität können verschiedene Erhebungsmethoden eingesetzt werden, wobei sich Videoanalysen in besonderem Masse anbieten (Reusser, 2005). Es handelt sich in der Regel um deskriptive Studien, die das systematische Erfassen und Analysieren von Schul- oder Unterrichtsrealität (Abb. 3) zum Ziel haben. Dieser Zugang ist dem Einüben von Fallverstehen ähnlich, bei dem die „Nutzung von Forschungsmethoden für die Analyse und

Bearbeitung berufsrelevanter Fälle in distanzierten, handlungsentlasteten Situationen zwecks Ausbildung eines *professionellen Habitus*" (Altrichter & Mayr, 2004, S. 170) konstituierend ist. Die Studierenden sollen durch diese Grundform – ausgehend von einem selbstgewählten unterrichtsbezogenen Problembereich – ein vertiefteres Verständnis von spezifischen Unterrichts- oder Schulsituationen erwerben. Auch hierbei sind die vorangehende theoretische Auseinandersetzung und die Reflexion der eigenen Überzeugungen für das Verständnis der berufspraktischen Realität zentral und gleichzeitig die Grundlage für das Ableiten von Konsequenzen für das Berufsfeld. Bei der Generierung des Datenmaterials sind zwei Wege möglich: Einerseits kann auf bestehendes Datenmaterial zurückgegriffen werden (siehe angeführtes Beispiel), andererseits können neue Daten erhoben werden.

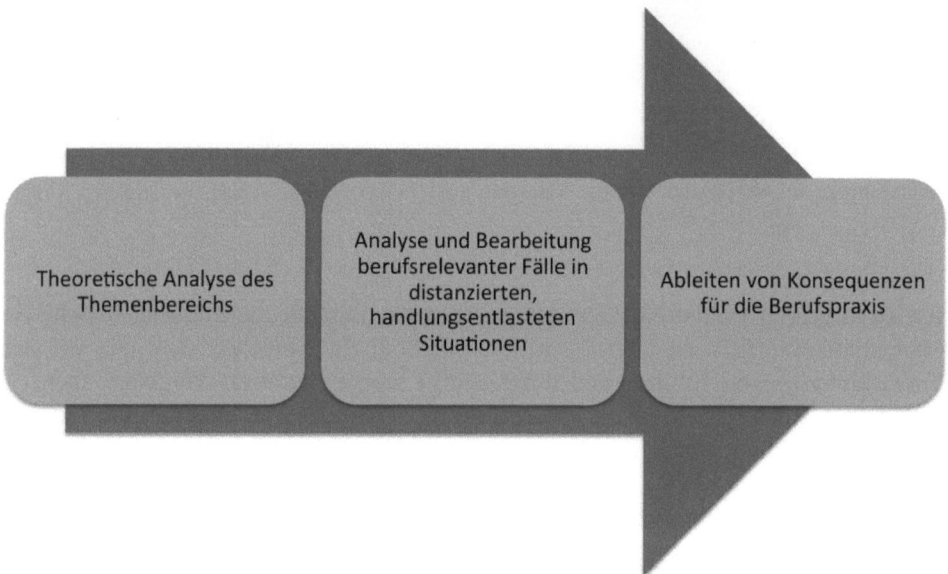

Abbildung 3:   Analyse von Unterrichts- und Schulrealität basierend auf Theorie und Empirie

Das Beispiel von Sabine Wespe (2009) soll die zentralen Merkmale dieser Grundform verdeutlichen: In ihrer Masterarbeit mit dem Titel „Vorwissen aktivieren" wird ausgehend von der kognitionspsychologisch fundierten Erkenntnis der Bedeutung des Vorwissens für Lernprozesse untersucht, wie und in welchem Ausmass Vorwissen im Unterricht aktiviert wird. Dazu wurden elf Einführungslektionen im Fach Geschichte analysiert. Für die Videoanalyse segmentierte die Autorin die aufgezeichneten Lektionen in Unterrichtsphasen. Innerhalb der in dieser Arbeit besonders interessierenden Phase der Vorwissensaktivierung wurde weiter auf der Grundlage einer Unterscheidung von Krause und Stark (2006) untersucht, wie häufig die verschiedenen Formen der Vorwissensaktivierung zur Anwendung kamen. Die Ergebnisse dieser Analysen führten zu einer Deskription der relativen Häufigkeit der unterschiedlichen Unterrichtsphasen und Formen der Vorwissensaktivierung. Von zentraler Bedeutung war jedoch die Erkenntnis, dass die Vorwissensaktivierung allein nicht ausreichend ist, sondern dass für den Lernprozess der Schüler_innen die Verknüpfung von Vorwissensaktivierung mit dem Folgeunterricht entscheidend ist. Dazu wurde in einem weiteren Analyseschritt gefragt, inwiefern die aktivierten Vorwissensinhalte im Unterricht tatsächlich aufgenommen und mit neuen Inhalten verknüpft werden. Solche Prozesse beschreibt die Autorin als „produktive Beispiele der Vorwissensaktivierung".

3.   Abschliessende Anmerkungen

Das Verfassen einer empirischen Masterarbeit auf der Basis der in diesem Beitrag dargestellten drei Grundformen unterstützt die Studierenden auf dem Weg zur Professionalisierung im Sinne der drei dargestellten Leitkonzepte.

Leitkonzept 1 – Förderung des *forschenden Habitus*: Der fragend-forschende Zugang zu einem berufspraktischen Problem soll im Rahmen der Masterarbeiten als gewinnbringend erlebt werden können, damit auch zu einem späteren Zeitpunkt im Beruf der forschende Zugang gewählt wird. Dass dies nicht selbstverständlich ist, darauf verweisen beispielsweise Fichten und Meyer (2006, S. 269): „Forschen im Studium – insbesondere beim Schreiben der Examensarbeit – führt nicht automatisch zum Aufbau einer forschenden Haltung. Es kann auch innere Ablehnung zur Folge haben". Für die Motivation eines forschenden Zugangs ist es förderlich, wenn die Studierenden in den Masterarbeiten eigene Fragestellungen zu Unterricht und Schule entwickeln können und durch eine intensive Betreuung bei Schwierigkeiten im Forschungsprozess Unterstützung erhalten. Damit wird auch das Kompetenzerleben wahrscheinlicher, das im Hinblick auf die weitere systematische Bearbeitung von Gestaltungsproblemen von grosser Bedeutung ist.

Leitkonzept 2 – Förderung der *Expertise*: Die empirischen Masterarbeiten unterstützen den Erwerb und die Differenzierung von Professionswissen. Je nach Themengebiet der gewählten Fragestellung vertiefen die Studierenden ihr pädagogisch-psychologisches, fachinhaltliches oder fachdidaktisches Wissen. Weiter werden durch das praktische Erleben eines Forschungsprozesses, von der Suche einer berufspraktischen Problemstellung bis hin zur Phase der Dissemination, das Forschungswissen und die Forschungskompetenzen gefördert. Dadurch kann Know-how zur Realisierung von Entwicklungsprozessen im Unterricht oder in der Schule aufgebaut werden.

Leitkonzept 3 – Förderung der *Reflexionskompetenzen*. Das Verfassen einer empirischen Masterarbeit setzt verschiedene reflexive Momente in Gange. Besonders zu nennen sind:

(I) Das eigenständige Suchen nach einem lohnenden Themenbereich führt zur kritischen Reflexion der berufspraktischen Erfahrungen und des bekannten Professionswissens.

(II) Die erarbeiteten theoretischen Grundlagen zum gewählten Themenfeld sind im Hinblick auf deren Anwendung und Nutzung in der Praxis zu analysieren.

(III) Die empirischen Ergebnisse sind im Hinblick auf die berufspraktische Problemstellung (unter Berücksichtigung theoretischer Prämissen) zu interpretieren.

Alle drei in diesem Beitrag dargestellten Grundformen empirischer Masterarbeiten leisten ihre Beiträge mit Blick auf die angeführten Leitkonzepte der Professionalisierung. Die Auseinandersetzung mit wissenschaftlichem Wissen sowie die forschende Haltung sind bei allen drei Grundformen in vergleichbarem Ausmass gefordert. Die

Reflexion des eigenen Unterrichtsverhaltes wird dagegen am intensivsten von der Grundform 2 (Umsetzung von Strategien und Entwicklung von Handlungskompetenzen) gefordert. Hier steht die handelnde Lehrperson selber im Zentrum. Die persönliche Betroffenheit ist damit besonders gross und entsprechende Arbeiten erfordern ein hohes Mass an Offenheit und die Bereitschaft, sich zu exponieren. Dies mag ein Grund dafür sein, dass Studierende diese Grundform selten wählen, obwohl eine Arbeit dieses Typs eine hohe unmittelbare Wirkung auf die Förderung der eigenen Handlungskompetenzen verspricht. Theoriebasierte Fallstudien von interessierenden Phänomenen in Unterricht oder Schule, welche aus einer unbeteiligten und handlungsentlasteten Außenperspektive zu einem vertieften Verständnis der fokussierten Phänomene führen können, werden demgegenüber häufiger gewählt. Besonders beliebt ist die Möglichkeit, theoretisch gut begründete Unterrichtsmaterialien zu entwickeln und ihre Nutzung zu evaluieren (Grundform 1).

Auch wenn die dargestellten Zielsetzungen zum Teil hoch angesetzt sind und nicht jede_r Studierende diese vollumfänglich erreicht, müssen sie doch handlungsleitend sein, wenn Professionalität auf Reflexion, auf Expertise und auf forschender Neugierde gründen soll. Entscheidend für den Prozess der Professionalisierung ist weiter auch der Übergang von der Ausbildung ins Berufsleben (Fichten, 2010, S. 6). Hier stellt sich die Frage, ob die im Zuge des Verfassens von Masterarbeiten erworbenen Kompetenzen auch tatsächlich in der beruflichen Tätigkeit genutzt beziehungsweise von den Schulleitungen gefordert werden.

Literatur

Aeppli, J., Gasser, L., Gutzwiler, E. & Tettenborn, A. (2011). *Empirisches Wissenschaftliches Arbeiten.* Bad Heilbrunn: Klinkhardt.

Altrichter, H. & Mayr, J. (2004). Forschung in der Lehrerbildung. In S. Blömeke, P. Reinhold, G. Tudodziecki & J. Wildt (Hrsg.), *Handbuch Lehrerbildung* (S. 164–184). Bad Heilbrunn: Klinkhardt.

Altrichter, H. & Posch, P. (2007). *Lehrerinnen und Lehrer erforschen ihren Unterricht.* Bad Heilbrunn: Klinkhardt.

Borko, H., Liston, D. & Whitcomb, J. A. (2007). Genres of empirical research in teacher education. *Journal of Teacher Education, 58* (3), 3–11.

Bromme, R. & Haag, L. (2004). Forschung zur Lehrerpersönlichkeit. In W. Helsper & J. Böhme (Hrsg.), *Handbuch der Schulforschung* (S. 777–793). Wiesbaden: Verlag für Sozialwissenschaften.

Burkhardt, H. & Schoenfeld, A. (2003). Improving educational research: Toward a more useful, more influential, and better-funded enterprise. *Educational Researcher, 32* (9), 3–14.

Design-Based Research Collective (2003). Design-based research: An emerging paradigm for educational inquiry. *Educational Researcher, 32* (1), 5–8.

Egger, A. (2011). *Klassengespräche im Mathematikunterricht. Theoriebasierte Unterrichtsentwicklung auf der Grundlage des Konzepts ‚Accountable Talk‘.* Masterarbeit, Universität Freiburg.

Fichten, W. (2010). *Forschendes Lernen in der Lehrerbildung.* Verfügbar unter: http://www.forschungswerkstatt.uni-oldenburg.de/42869.html [23.08.2013].

Fichten, W. & Meyer, H. (2006). Kompetenzentwicklung durch Lehrerforschung. Möglichkeiten und Grenzen. In C. Allemann-Ghionda & E. Terhart (Hrsg.), *Kompetenzen und Kompetenzentwicklung von Lehrerinnen und Lehrern* (S. 267–282). Weinheim: Beltz.

Fischer, F., Waibel, M. & Wecker, C. (2005). Nutzenorientierte Grundlagenforschung im Bildungsbereich. Argumente einer internationalen Diskussion. *Zeitschrift für Erziehungswissenschaft, 8,* 427–442.

Gruber, H. (2006). Expertise. In D.H. Rost (Hrsg.), *Handwörterbuch Pädagogische Psychologie* (S. 175–180). Weinheim: Beltz Psychologie Verlags Union.

Haas, A. (2005). Unterrichtsplanung im Alltag von Lehrerinnen und Lehrern. In A. Huber (Hrsg.), *Vom Wissen zum Handeln. Ansätze zur Überwindung der Theorie-Praxis-Kluft in Schule und Erwachsenenbildung* (S. 3–20). Tübingen: Verlag Ingeborg Huber.

Hascher, T. & Schmitz, B. (2010). Pädagogische Interventionsforschung – Überblick und Perspektiven. In T. Hascher & B. Schmitz (Hrsg.), *Pädagogische Interventionsforschung. Theoretische Grundlagen und empirisches Handlungswissen* (S. 7–11). Weinheim: Juventa.

Helsper, W. & Kolbe, F.-U. (2002). Bachelor/Master in der Lehrerbildung – Potential für Innovation oder ihre Verhinderung? *Zeitschrift für Erziehungswissenschaft, 5* (3), 384–400.

Kamm, E. & Bieri, C. (2008). Forschung in der Lehrerinnen- und Lehrerbildung – Professionstheoretische Bezugspunkte zur Konzeption der Masterthesis in der Ausbildung von Lehrpersonen der Sekundarstufe 1. *Beiträge zur Lehrerbildung, 26* (1), 85–100.

Krause, U.-M. & Stark, R. (2006). Vorwissen aktivieren. In H. Mandl & H.F. Friedrich (Hrsg.), *Handbuch Lernstrategien* (S. 38–47). Göttingen: Hogrefe.

Leonhard, T., Nagel, N., Rihm, T., Strittmatter-Haubold, V. & Wengert-Richter, P. (2010). Zur Entwicklung von Reflexionskompetenz bei Lehramtsstudierenden. In A. Gehrmann, U. Hericks & M. Lüders (Hrsg.), *Bildungsstandards und Kompetenzmodelle* (S. 111–127). Bad Heilbrunn: Klinkhardt.

Michaels, S., O'Connor, M.C., Hall, M.W. & Resnick, L.B. (2002). *Accountable Talk: For Classroom conversations that works.* Pittsburgh: University of Pittsburgh, Learning Research and Development Center, Institute for Learning.

Mittag, W. & Bieg, S. (2010). Die Bedeutung und Funktion pädagogischer Interventionsforschung und deren grundlegende Qualitätskriterien. In T. Hascher & B. Schmitz (Hrsg.), *Pädagogische Interventionsforschung. Theoretische Grundlagen und empirisches Handlungswissen* (S. 31–47). Weinheim: Juventa.

Neber, H. (2006). Problemlösen. In K.-H. Arnold, U. Sandfuchs & J. Wiechmann (Hrsg.), *Handbuch Unterricht* (S. 192–195). Bad Heilbrunn: Julius Klinkhardt.

Radtke, F.-O. (2006). Die Theorie kommt nach dem Fall. In Y. Nakamura, C. Böckelmann & D. Tröhler (Hrsg.), *Theorie versus Praxis? Perspektiven auf ein Missverständnis* (S. 73–88). Zürich: Verlag Pestalozzianum.

Reinmann, G. & Sesink, W. (2011). *Entwicklungsorientierte Bildungsforschung* (Diskussionspapier). Verfügbar unter: http://gabi-reinmann.de/wp-content/uploads/2011/11/Sesink-Reinmann_Entwicklungsforschung_v05_20_11_2011.pdf [23.08.2013].

Reinmann, G. & Vohle, F. (2012). Entwicklungsorientierte Bildungsforschung: Diskussion wissenschaftlicher Standards anhand eines mediendidaktischen Beispiels. *Zeitschrift für E-Learning – Lernkultur und Bildungstechnologien, 4,* 21–34.

Reusser, K. (2005). Situiertes Lernen mit Unterrichtsvideos. *journal für lehrerInnenbildung, 5* (2), 8–18.

Schön, D.S. (1983). *The Reflective Practitioner.* London: Temple Smith.

Staub, F. (2004). Fachspezifisch-Pädagogisches Coaching: Ein Beispiel zur Entwicklung von Lehrerfortbildung und Unterrichtskompetenz als Kooperation (Beiheft 3). *Zeitschrift für Erziehungswissenschaft, 7*, 113–141.

Terhart, E. (2011). *Erziehungswissenschaft und Lehrerbildung.* Münster: Waxmann.

Van Wynsberghe, R. & Khan, S. (2007). Redefining Case Study. *International Journal of Qualitative Methods, 6* (2), 80–94.

Van den Akker, J., Gravemeijer, K., McKenney, S. & Nieveen N. (2006). (Hrsg.). *Educational Design Research.* London: Routledge.

Vetter, P. & Staub, F. (2010). *Richtlinien zum Masterexamen.* Freiburg: Department Erziehungswissenschaften Lehrerinnen- und Lehrerbildung 1.

Wespe, S. (2009). *Vorwissen aktivieren. Analyse von Unterrichtseinheiten im Fach Geschichte.* Masterarbeit, Universität Freiburg.

Wiedemar, A. (2009). *Globales Lernen auf der Sekundarstufe 1. Konzeption und Evaluation eines Unterrichtskonzepts zum Thema ‚Nachhaltiger Tourismus'.* Masterarbeit, Universität Freiburg.

Forschendes Lernen für Studierende

Lernen am Fall

Christine Plaimauer

Vom Fall zur Erkenntnis zum Wissen

Kasuistik und fallorientierte Methoden in der Lehrer_innenbildung

1. Einleitende Worte

Dieser Beitrag erhebt weder den Anspruch auf eine umfassende Darstellung unterschiedlicher Forschungstraditionen zum Fall noch auf eine verdichtete theoretische Auseinandersetzung mit unterschiedlichen kasuistischen Methoden in den diversen Professionen, sondern versteht sich vor allem als Beitrag mit überwiegend dokumentarischem Charakter über mögliche hochschuldidaktische Anwendungsformen, einige davon sind aus meiner Praxis entnommen und werden in diesem Beitrag beispielhaft skizziert.

2. Kasuistik in der Lehrer_innenbildung

Allein die Wortbildung Kasuistik verweist schon auf den Fall und Kasuistik als Methode in der Lehrer_innenbildung lässt einen wissenschaftlichen Zugang zu Phänomenen des Berufsalltags vermuten. Professionen wie die Medizin oder auch die Rechtswissenschaften bedienen sich des Falles schon seit geraumer Zeit. „Kasuistik in der Lehrerbildung bedient sich hier eher der Bezeichnung von der Vielschichtigkeit von Praxisproblemen" (Schwenk, Klier & Spanger, 2010, S. 6). Das Verständnis des Falles in der Soziologie und den Erziehungswissenschaften unterscheidet sich zu anderen den Fall als Methode bereits verwendenden Professionen vor allem in der Vielschichtigkeit der Betrachtungsmöglichkeiten und auch in den Varianten der methodischen Behandlung, der Entschlüsselung von Verhalten und der Erklärung mit korrespondierenden Theorien. „Kasuistik ist die Kunst, eine Fallbeobachtung in eine Falldarstellung zu überführen und sie mit einer Fallanalyse zu verbinden." (Binneberg, 1993, zit. nach Wernet, 2006, S. 111)

Seit den 70er Jahren beginnt in der Lehrer_innenbildung der Fall an Bedeutung für Forschung und Lehre zu zunehmen. 1979 entwerfen Baacke und Schulze (1993, S. 14f.) das Programm *Aus Geschichten lernen*, eine sozialwissenschaftliche Hermeneutik, die, im Gegensatz zur empirisch analytischen Wissenschaft oder zur geisteswissenschaftlichen Hermeneutik, auch erlaubt, das „Eigene" in den Geschichten, in der narrativen Pädagogik zu sehen – die biografische Orientierung in der pädagogischen Kasuistik kann als zentraler Bestandteil verstanden werden. „Erzählungen können uns auf Punkte hinweisen, die von der Routine wissenschaftlicher Paradigmatisierung schnell übersehen werden können." (Baacke & Schulze, 1993, S. 97)

Ebenfalls an Bedeutung gewinnende Ansätze der Aktionsforschung oder auch die Oldenburger Teamforschung in ihrer Forschungswerkstatt (seit 1993; Fichten & Meyer, in diesem Band) widmet sich praxisrelevanten Fragestellungen (Schwenk et al., 2010, S. 2). Besonders in Österreich können Fallgeschichten und Fallstudien unter anderen mit den Arbeiten von Schratz und Thonhauser (1996), Altrichter und Posch (1998) und Neuweg (2002) auf einen hohen Stellenwert verweisen; auch die neu entstandenen und wachsenden on-line Fallarchive an Universitäten wie Frankfurt[1] und Kassel[2] verweisen auf diesen Bedeutungszuwachs (zit. nach Reh & Schelle, 2010, S. 13f.).

Ausführliche Darstellungen zu fallorientiertem Arbeiten in pädagogischen Ausbildungsfeldern finden sich bei Steiner (2004), der den Fall vor allem über seine Bedeutung beschreibt. In den Einführungserläuterungen zu seiner Dissertation *Erkenntnisentwicklung durch Arbeiten am Fall* konkretisiert er: „Der Fall besteht aus einer Sequenz von Ereignissen, mentalen Zuständen und Geschehnissen von Individuen als Akteuren […] zum Fall wird aber eine derart formal gekennzeichnete Handlungssequenz immer erst dann, wenn mindestens ein erkennendes Subjekt darüber nachdenkt, spricht, schreibt und sich ihrer bewusst wird […]" (Steiner, 2004, S. 14). Durch diese Auseinandersetzung mit dem Fall wird im Bewusstsein eine bedeutungstragende Wirkung erzeugt. Wernet (2006, S. 84) beschreibt entsprechend dazu die pädagogische Kasuistik folgendermaßen

> „[…] dabei handelt es sich anders als bei der Hermeneutik, nicht im eigentlichen Sinne um einen ausformulierten theoretisch-methodologischen Bezugsrahmen, sondern eher um eine fachkulturell tradierte Form der pädagogischen Reflexion. Diese Tradition zeichnet sich dadurch aus, dass sie die pädagogische Modellbildung an die Konkretion und Anschauung pädagogischer Sachverhalte bindet. Sie umfasst die detaillierte Schilderung exemplarischer Problemkonstellationen ebenso wie die Beispielerzählung, die als Lehrstück dienen soll."

In der pädagogischen Tradition findet Wernet äußerst unterschiedliche Bezeichnungen für kasuistische Zugänge in Forschung und Lehre: Fallbeschreibungen, Fallskizzen, Fallgeschichten, Falldarstellungen, Fallberichte und Fallillustration. All diese Ansätze können als Bestandteil der Forschungskultur der Feldforschung bzw. der teilnehmenden Beobachtung verstanden werden. Hierin besteht wohl auch der zentralste Unterschied zwischen Fallrekonstruktion und Fallillustration, in der Trennung zwischen dem Protokoll einer Handlungspraxis und der Interpretation bzw. Analyse dieser Praxis. Während der erstgenannte Fallzugang vorzugsweise auf Protokolle (Audio oder Video) rekurriert, um zu verhindern, dass es nicht so wie im zweitgenannten Fallzugang zu einer Reproduktion der an den Fall herangetragenen Sichtweisen und Vorurteile kommen kann, fühlt sich der zweite Zugang dieser Tradition nicht verpflichtet – bei der Fallillustration geht es eher um einen literarisch-narrativen Zugang zur Wirklichkeit durch den Fall (Wernet, 2006, S. 108ff.). Auch Baacke und Schulze (1993) unterstreichen in ihrem Programm *Aus Geschichten lernen* die Bedeutung biografischer Zugänge mittels Geschichten bzw. narrativen Texten. „Es darf als unbestritten gelten, dass erzählende Texte hervorragende Fall-Dokumente darstellen, eine pädago-

---

1   www.apaek.uni-frankfurt.de.
2   www.fallarchiv.uni-kassel.de.

gisch bisher kaum ausgeschöpfte Materialsammlung von eminent theoriekritischem und zugleich praxisanleitendem Wert." (Baacke & Schulze, 1993, S. 98f.)

2.1   Der Fall als Anlass zum Denken und Erkennen

„Was geht hier eigentlich vor?" (Goffman, 1974)

Diese einfach anmutende Frage leitete bei Goffmann den methodisch doch sehr komplexen und kontrollierten Zugang in seiner Rahmenanalyse zur Kontextualisierung von Verhalten. In der Hochschullehre ist diese Frage aber ebenso zentral, wenn auch mit unterschiedlichen methodischen Zugängen, die speziell für die Lehre oder auch die Einübung in einen reflexiv-forschenden Habitus geeignet erscheinen. Die Lebenspraxis, die den Fall spendet, verweist auf eine eher außerwissenschaftliche Realität, der Fall dokumentiert einen behandlungsbedürftigen oder behandlungswürdigen Sachverhalt (Wernet, 2006, S. 112).

Diese Zugänge zum Fall sind nach Meinung der Autorin sehr weit gefasst und erlauben eine Vielzahl von methodischen bzw. hochschuldidaktischen Überlegungen. Sie beinhalten sowohl die illustrative Dokumentation mittels Erzählung eines Falles als auch konstruktive, wie rekonstruktive Auseinandersetzungen. „Erzählungen haben es immer mit der Zeit zu tun, erzählende Texte sind Kinder ihrer Zeit. Damit decken sie deutlicher als die meist systematisierten wissenschaftlichen Texte aus Pädagogik, Psychologie und Soziologie historische Gebundenheit auf." *(Baacke & Schulze, 1993, S. 97)* Auch die Beispielerzählung kann als kasuistischer Zugang interpretiert werden. Nicht zuletzt hat die banale Frage „Hat jemand ein Beispiel dazu, kann da jemand was erzählen dazu?" immer die gleiche verblüffende Wirkung, die Studierenden forschen in ihrer Biografie, sie denken nach, reflektieren!

2.1.1   Der Fall als Bindeglied zwischen Theorie und Praxis

Der Begriff Kasuistik gewinnt im Zusammenhang mit Lehrer_innenbildung immer mehr an Bedeutung und scheint sich als „Methode" in der Hochschuldidaktik auch deshalb zu etablieren, da von ihr der oft beklagte mangelnde Transfer von Praxis in Theorie erwartet wird. Kasuistik, ein Begriff, der vermuten lässt, dass es möglicherweise in die Tiefe gehen kann, dass wir etwas verstehen sollen. Der Fall in seiner Originalität liefert gewissermaßen gesicherte, gut brauchbare und auch alltagsrelevante Hinweise, die für den Transfer in die Theorie äußerst dienlich sein können. Die forschende, weil selbst denkende Haltung garantiert einen Grad an Aktivierung, der sich positiv auf die Motivation und den Lernprozess auswirkt. Das Versprachlichen und in weiterer Folge auch Verschriftlichen erweitert mit den Gedanken zum Fall auch die Ausdrucksfähigkeit und eröffnet weitere Entwicklungspotenziale hinsichtlich Professionalisierung.

„Professionalität ist eine dramatisch wichtige, aber auch kontroverse Aufgabe. Es ist nicht gleichgültig, wie dieser Kern einer Lehrerbildung aussieht und wie jungen Menschen über Expertentum und intensive Wiederholung von Theorie, Übung und Praxis ein umfassendes Kompetenzwissen und eine fragende und offen lernende Haltung vermittelt wird. Wenn wir empirisches und historisches Wissen darüber haben, wie dies geschieht, dann gelingt es vielleicht eher, die neue Ausbildung so zu beeinflussen, dass sich Lehrerpersonen nicht mehr nur von ihrer Praxis her bestimmen, von dem, was funktioniert, sondern auch von pädagogischem und psychologischem Wissen, von entwicklungspsychologischem, didaktischem, kommunikativem, von Sinn- und Handlungswissen, das für komplexe Situationen steuernde Wirkung erhält." (Oser & Oelkers, 2001, S. 16)

Das Wissen, das Studierende an der Hochschule erwerben sollen und das sie für den Lehrberuf professionalisiert, ist zum einen Sachwissen, auch Produktwissen oder deklaratives Wissen, zum anderen aber auch Prozesswissen und Handlungswissen oder auch prozedurales Wissen. Die Prozeduralisierung (Anderson, 2001), der Prozess, in dem der explizite Einsatz deklarativen Wissens durch die direkte Anwendung von prozeduralem Wissen ergänzt wird, würde dann auch die Entwicklung von Kompetenzen bedeuten, denn ein Merkmal von Expertise stellt der eher automatisierte Zugriff beim Problemlösen auf deklaratives Wissen dar (Bertholet & Spada, 2004, S. 72f.). Ob dieser Prozess nun durch einen biografisch reflexiven Ansatz oder Impuls eingeleitet wird oder auch eine praxisrelevante und aktuelle Fallorientierung verfolgt wird, der Fall und seine Genese sind immer wieder Ausgangspunkt der – wenn möglich interdisziplinären – Zugänge mit dem Ziel, Wissen zu prozeduralisieren, Erkenntnisse zu erweitern, sie zu versprachlichen und gegebenenfalls auch zu verschriftlichen. Der Transfer von der Praxis in die Theorie und wenn möglich wieder vorwärts in die Praxis soll das träge Wissen aktivieren. „[...] er (Anm.: der Fall) stellt das Verbindungsglied, ein Vermittlungsmoment zwischen Theorie und Praxis her. Darin liegt die Attraktivität für die Pädagogik." (Wernet, 2006, S. 113)

2.1.2   Der Fall als Generator für Reflexionsprozesse

Die reflexive Haltung wird in der Diskussion um die Lehrer_innenprofessionalität immer wieder als zentrales Charakteristikum erklärt und kann in der Formel *Professionalität durch Reflexivität* (Reh & Schelle, 2010, S. 18) zusammengefasst werden. Aus diesem Grund gewinnt die Einübung fallverstehender Reflexivität im Hochschulbereich und an den Universitäten an Bedeutung. Die Bearbeitung von Fällen, die forschende Haltung kann auch als Übung bzw. Lerngelegenheit hinsichtlich des geforderten wissenschaftlich–reflexiven Habitus verstanden werden. Sich mit Fällen zu beschäftigen „[...] sei sinnvoll, weil hier geschieht, was Professionelle auch immer zu tun haben: Fälle deutend zu verstehen." (Reh & Schelle, 2010, S. 18).
Die Vielschichtigkeit eines Falles lässt unterschiedliche Zugänge zu. Bereits gewonnene Erkenntnisse aus vorangegangenen Auseinandersetzungen mit Fällen können erstens für Denk- und Reflexionsprozesse zu ähnlich gelagerten Fällen aus der Praxis hilfreich sein und zweitens das professionelle spontane Handeln insofern fördern, dass

nicht jeder Fall in der Praxis neu und unbekannt sein muss, sondern zumindest schon mal gedacht und versprachlicht wurde und dies sich somit auch positiv auf die Ambiguitätsoleranz auswirkt. Diese Prozesse sollen keineswegs lustlos und trocken verlaufen, sondern angeregt, interessiert und dialogisch. Der Schatz an Fällen aus der (Lern- oder Peer-)Gruppe sollte in jedem Fall „gehoben" und das darin verborgene Wissen mäeutisch[3] erschlossen werden.

3. Methodische Zugänge

Die hier nun skizzieren Beispiele aus der Lehre erheben allerdings weniger den Anspruch der Forschungspraxis einer streng strukturierten hermeneutischen Fallanalyse gerecht zu werden, sondern stellen eher kreative oder auch divergente Zugänge zum Fall dar. Grundsätzlich lassen sich aber auch hier zwei charakteristische Unterscheidungen in der Herangehensweise an den Fall treffen. Die akteursorientierte Kasuistik fokussiert das pädagogische Handeln, während die klientenorientierte Kasuistik sich den Adressaten des pädagogischen Handels widmet. Allerdings bleibt die Klientendimension in die pädagogische Akteursorientierung eingebunden (Wernet, 2006, S. 183ff.).

Es sollen nun einige ausgewählte Methoden aus dem Repertoire der Hochschulpraxis kurz dargestellt werden und einen dokumentarischen Einblick in mögliche Auseinandersetzungen mit „Fällen" geben. Eines ist diesen methodischen Zugängen allerdings gemeinsam: Ihre Leistung hinsichtlich Steigerung des „Aktivierungsgrades" von Studierenden an der PH erscheint für mich immer wieder beachtlich. Der Fall als konkrete Erscheinung, realitätsnaher Auszug aus der Praxis mit all den beteiligten Menschen und ihren Emotion erregt mehr Aufmerksamkeit und auch Beteiligung als die allein theoretische Auseinandersetzung mit den zu lehrenden Inhalten. Zudem bedient der Fall auch das Bedürfnis nach Austausch und Dialog über nahe liegende oder auch zu erwartende Herausforderungen des beruflichen Alltags.

Die hier dargestellten Methoden definieren kasuistische Zugänge sehr offen, Ziel ist das Lernen am Fall durch gemeinsames Erkennen und Weiterdenken im gemeinsamen Dialog. Das Sprechen soll das Denken generieren und die Erkenntnisse aus diesen Weiterdenkprozessen können auch in unterschiedlichsten Formen festgehalten werden.

3.1 Sprechdenken

Sprachliche Kommunikation (Philosophieren, Reflektieren, Diskutieren) und auch spezifische Situationen/ Interaktionen mit Personen oder Personengruppen können grundlegende Prozesse der Einstellungsbildung und -änderung hervorrufen. Durch solche Denkprozesse können Übertragungsprozesse von vor allem stabilen und komplexen Einstellungen beeinflusst werden und induktive Schlüsse ebenso wie Generali-

---

3   Der Begriff *Mäeutik* kommt aus dem Altgriechischen: Maieutik (μαιευτική *maieutiké [téchnē]* Sokrates hat das „Zur Welt Bringen" von Wissen durch Sprache und Dialog – als didaktisches Vorgehen mit der Hebammenkunst verglichen (Birnbacher & Krohn, 2002, S. 7ff.). Auch Sloterdijk 1988, S. 60ff.) beschreibt die sokratische Maieutik.

sationen und Urteilsheuristiken, die für die Meinungsbildung von großer Bedeutung sind, gelenkt werden. Die Häufigkeit der Einbeziehung fundierter Informationen in diese Kommunikationsprozesse bestimmt die Stärke der Gedächtnisspur, der entsprechenden Knoten im semantischen Netz (Herkner, 1998, S. 193ff.). Sprache ist also ein zentrales Werkzeug und Hilfsmittel für das Denken und Lernen, Wörter helfen uns Gedanken zu verbalisieren, zu konkretisieren, Ideen und Prozessen Ausdruck zu verleihen – der Austausch und der Dialog über einen Fall fördert nicht nur professionsbezogene Haltungen, sondern auch Kernkompetenzen hinsichtlich des Schreibens und infolge auch wissenschaftlichen Schreibens und Forschens. Ich möchte nun kurz zwei bewährte Methoden skizzieren, die diese Haltung mittels Fall üben und trainieren. Diese Methoden versuchen, in unterschiedlicher Inszenierung bzw. durch konkrete Ausformungen mittels Sprache einen Fall zu erschließen.

3.1.1 Reihumdenken

Diese Methode wende ich gerne auch in Fallsupervisionen an. Die Lernenden finden sich in einem Sesselkreis zusammen, idealerweise sind sie 10 bis 15 Personen, aber auch in größeren Gruppen funktioniert die Methode des Reihumdenkens. Eine Person erzählt eine bedeutsame Geschichte, ein Ereignis, eine erlebte Irritation, einen *Critical Incident* (siehe 3.2 „Schreibdenken"). Dieser kann aktuell sein, idealerweise ein berufs- bzw. ausbildungsrelevantes Thema, wie zum Beispiel dieses:

> „Letztes Mal in der Praxis kam es zu folgendem Ereignis. Wir haben etwas erarbeitet und dann gab's eine Partnerübung dazu und ich sagte zu den Kindern: „Sucht euch einen Partner oder eine Partnerin" Schnell fanden sich die Paare zusammen, aber zwei Kinder blieben übrig. Ein etwas wild wirkender Junge mit längeren Haaren und zu kurzer Hose und ein Mädchen, das eklatant Übergewicht hatte. Ich sagte: „Na dann geht ihr zwei halt zusammen!" Darauf meinte der Junge „Nein, die stinkt doch nach Kuhstall!" Er schüttelte sich ab, als ob ihm vor was ekeln würde. Ein paar Kinder haben gelacht, aber die meisten nicht. Ich bin da gestanden und wusste nicht, wie ich reagieren sollte, blickte verlegen zu meinen Kollegen und zur Ausbildungslehrerin."

Reihum skizziert nun jede_r kurz auf Papier welche Gedanken, Ideen, Theorien oder auch Lösungsansätze spontan gedacht werden, im Gedächtnis auftauchen. Dazu werden drei Minuten Zeit für Notizen, einen Satz, einen Gedanken oder auch ein Statement berücksichtigt. Reihum werden nun alle gesammelten Gedanken dazu dem Plenum präsentiert, diese werden ohne weitere Kommentare und Diskussion durch die anderen Gruppenmitglieder nacheinander vorgebracht. Statement für Statement. Hier empfiehlt sich zwischen den Statements einige Sekunden Pause zu lassen, um das Gehörte verarbeiten, ordnen oder weiterdenken zu können. Nun versucht der_die Fallspender_in etwaige neue Erkenntnisse zu verbalisieren, bevor in weiterer Folge dann die Zuhörer_innen noch zentrale Erkenntnisse aus diesem Fall zu formulieren bzw. zu ergänzen versuchen. So werden mehrere Erkenntnisschleifen vom Fall zur Praxis gezogen und versucht, dem Postulat mehrperspekivischer Betrachtung (vgl. Altrichter & Soukup-Altrichter, in diesem Band) bei der Fallbearbeitung gerecht zu werden. Im Anschluss an diesen verbalen Teil kann als dritter und letzter Schritt ein Eintrag in ein Lerntagebuch oder auch Lernjournal erfolgen. „Journale […] werden als aussagekräftige Medien im Sinne einer Verdeutlichung individuellen Schaffens und Wachsens verstanden." (Berning, Seibt, Schulze & Witte, 2008, S. 6) Zudem können gewonnene Erkenntnisse in ein „reflective paper" einfließen (vgl. Rosenberger, in diesem Band).

3.1.2   Sokratischer Dialog

Für Ungeklärtes, Offenes oder auch Fragwürdiges bewährt sich auch die Methode des Sokratischen Dialoges. Die typische sokratische Gesprächsführung zeichnet sich nicht nur dadurch aus, dass sie einen Gesprächsstil betont der „… durch eine nicht-wissende, naiv fragende, um Verständnis bemühte, zugewandte, akzeptierende Therapeutenhaltung geprägt ist, sondern auch in der Dialogstrategie; das heißt in der Art und Weise, WIE das behauptete Wissen hinterfragt wird, so dass der Patient in den, für neue Erkenntnisse wichtigen (Ausgangs-)„Zustand innerer Verwirrung" gerät … (Stavemann, 2007, S. 81f.). So stellt der_die Inhaber_in der Sokrates-Rolle Fragen, auf die es eventuell noch keine Antwort gibt, zeigt sich unwissend und auch staunend, letztendlich forschend. Die Kunst besteht für Sokrates vor allem in der gekonnten Formulierung der Fragen, fragt dort nach, wo etwas ungeklärt oder diffus zu sein scheint. Diese Fragen sind entgegen reiner Wissensfragen nicht mit bereits vorhandenen Antworten zu bedienen. Über sokratische Fragen muss man, bevor man antworten kann, meist erst nachdenken, oft auch über sich selbst und sein Handeln, solche Fragen nötigen fast dazu, Gedanken, Erfahrungen, Wissen und Theorien zu vernetzen, in der Biografie zu forschen. Aus diesem Grunde hat ein guter sokratischer Dialogverlauf auch Sprechpausen, in denen nachgedacht, weiter als bisher gedacht werden muss. Diesen Prozess kann auch Gehen ohne konkretes Ziel (denn eigentliches Ziel ist die Erkenntnis) positiv beeinflussen, das Gehen wirkt sich fördernd auf das Weiterdenken aus. Auch in Beratungsprozessen wird die Bewegung, das Aufstehen und Gehen eingesetzt, wenn der Prozess zu stagnieren droht.

Sokratische Dialoge lassen sich meiner Erfahrung nach ausgezeichnet in kasuistische Zugänge integrieren, denn meist wirft ein Fall Fragen auf, auf die es noch keine Antworten gibt, es müssen welche gefunden werden. Der Sokratische Dialog ist ein guter „Generator" für solche Weiterdenkprozesse und kann auch dabei helfen, Phänomene zu versprachlichen und durch neue Erkenntnisse (Antworten aus dem Dialog) besser verstehen zu lernen. Dabei lassen sich noch zwei unterschiedliche methodische Zugänge vermerken, nämlich der geplante und der spontane Einstieg in einen sokratischen Dialog.

Eine Studentin berichtet, dass sie von ihrer Ausbildungslehrerin angeregt wurde, eine Klassenarbeit von Schülerinnen und Schülern, es waren Texte zu einem Schreibimpuls, zu korrigieren und zu bewerten. Die Studentin ging ganz klassisch vor, nahm einen Stift, besserte Rechtschreib- und Grammatikfehler aus und machte sich auf einem getrennten Zettel Notizen zum Inhalt. Dann stand sie vor dem Dilemma, wie viele Rechtschreibfehler und wie viele Grammatikfehler ergeben in Bezug zum Inhalt welche Note. Sie begann ein Punktesystem zu konstruieren und hatte dann in der Anwendung aber das Gefühl, dass das nicht die Note ergeben würde, die sie so aus dem Gefühl und im Vergleich erahnt hätte und dass sie mit diesem System nicht zu einer fairen Note zu kommen schien. Im Zuge ihrer Erzählung dieses Falles kam folgende Aussage: *„Ich will ja fair sein und alle gleich behandeln!"*

Dieser Satz eignet sich hervorragend für einen **spontanen Einstieg** in einen sokratischen Dialog. Dieser kann nun explikativ über mögliche Formen der Beurteilung dieser Klassenarbeit geführt werden oder auch normativ über Fairness, Gleichbehandlung und Leistungsbeurteilung und weiter auch zu der Frage kommen, ob Noten oder auch Beurteilungssysteme mit Ziffernausprägung eine Gleichbehandlung garantieren können. Mögliche Fragen der_des Lehrenden, der Mentorin_des Mentors, der Tutorin_des Tutors in der Rolle des Sokrates: Was heißt fair sein? Wann ist jemand fair? In welchen Zusammenhang stehen Fairness und Gleichbehandlung? Warum möchte man alle gleich behandeln? Was wäre unfair? Tragen Noten zur Fairness oder zur Gleichbehandlung oder zu beidem bei? Was ist eine faire Note? Was soll eine Note ausdrücken? Sind Noten ein geeignetes Messinstrument für Leistungen in der Schule? Wie kann ich lernen, fair zu sein? Wo kann ich das lernen? Was braucht es dazu? ... und was noch?

Ausgangspunkt oder Impuls für **geplante Einstiege** in sokratische Dialoge sind oftmals Geschichten, narrative Erzählungen oder auch so genannte Dilemmageschichten. Sie erzählen von Ereignissen und Emotionen, die nicht eindeutig in ein Schema von richtig oder falsch einzuordnen sind. Manchmal liefern Fälle aus der Praxis (Erzählungen von Studierenden, Beobachtungen aus der schulpraktischen Ausbildung) oder Prozesse mit Studierenden aus der Lehre einen Schreibanlass für Dilemmageschichten, die ich dann als Impuls für Sokratische Dialoge verwende, wie zum Beispiel diese Geschichte einer Lehrerin am Beginn ihrer Berufskarriere:

> Großstadt, vierte Klasse Volksschule: Eine junge Lehrerin (1. Dienstjahr) vermisst ihr Handy seit der großen Pause, da hat sie es zuletzt verwendet und dann wieder zurück in die Tasche gegeben. Anfangs sucht sie es noch, aber dann fragt sie die Kinder, ob jemand etwas gesehen hätte. Alle schweigen. Die junge Lehrerin ist ratlos und denkt über weitere Schritte nach. Über Umwege gerät dieses Vorkommnis an den Schulleiter, dieser will der Sache nachgehen und beginnt, einzelne Schüler_innen alleine bei ihm im Büro zu befragen. Manche Kinder scheinen sich davor zu fürchten, manche sind aufgeregt, anderen wieder ist es egal. Aber in der Klasse werden bereits Vermutungen geäußert. Die junge Lehrerin hält einstweilen an der Unschuldsvermutung fest, sie will niemandem Unrecht tun.

> Der Schuldige wird gefunden, ein Schüler (K.) aus ihrer Klasse hat, während sie mit einem anderen Kind aus der Klasse in der Pause gesprochen hatte, in einem unbeobachteten Augenblick das Handy entwendet. Zuerst hat er es auf einen anderen Schüler geschoben, aber durch die getrennten „Verhöre" beim Direktor kam es zu Verstrickungen und Ungereimtheiten, der Verdacht erhärtete sich und es kam die Wahrheit ans Licht, er hat das Handy in der großen Pause aus der Tasche genommen – es brauchte nur einen Griff. Die Lehrerin wurde nun vom Schulleiter angehalten, Anzeige zu erstatten. Nun weiß sie aber, dass dieser Junge aus sehr ärmlichen Verhältnissen kommt und einer von wenigen in der Klasse ist, die noch kein Handy besitzen. Außerdem ist zu befürchten, dass er, wenn sie die Eltern informiert, wieder einmal Opfer häuslicher Gewalt wird. Der Schulleiter kann die Bedenken verstehen, verweist aber darauf, dass Diebstähle grundsätzlich erst genommen werden müssten, nicht zuletzt auch, um anderen zu zeigen, dass damit nicht zu spaßen sei und man sich auch in der Schule an Gesetze halten müsse.

Der sokratische Dialog zu dieser Geschichte wird unweigerlich Begriffe wie Verantwortung, soziales Gewissen, Weisungsgebundenheit, Rechtsgültigkeit, Zivilisation und
Zivilcourage und Wiedergutmachung zu klären versuchen. Entsprechende Theorien,
unter anderen zu Ambivalenzen in der Lehrer_innenrolle, abweichendes Verhalten
oder die Bedeutung symbolischer Selbstwertergänzungen im Kinder- und Jugendal-
ter (u.a. Herkner, 1993; Hurrelmann, Oelkers & Ulich, 2001; Gruschka, 2012), können
dabei helfen, die Erkenntnisse in ein theoretisches System einzuordnen.

3.2 Schreibdenken

In enger Verbindung mit der Kasuistik steht auch das Schreiben, oder wie es manchmal auch genannt wird, das *Schreibdenken* (Scheuermann, 2012). Dewey (2009) unterscheidet grundsätzlich zwei Arten oder mit seiner Bezeichnung ausgedrückt „Grade"
von Denken: „Wir können etwas für wahr halten, ohne irgendwelche oder ausrei-
chende Beweisgründe dafür zu kennen. Wir können diese Haltung einnehmen, nachdem wir vorsätzlich nach den Beweisgründen geforscht und ihre Beweiskraft geprüft
haben. Dieser Prozess wird Reflexion genannt." (Dewey, 2009, S. 8)

Reflexive Schreibanlässe finden sich zu einer Vielzahl in ausbildungsrelevan-
ten Theorien. Zum einen gibt es in jeder Lerngruppe eine Fülle von biografischen
Geschichten oder Erfahrungen, zum andern liefern diese Geschichten wichtige Hinweise für individuelle Lernzugänge und auch Haltungen, die sich gut an Theorien
anbinden lassen können. Besonders *Critical Incidents* gilt es zu erforschen.

> „People often ask what a critical incident is and how to recognise one. The an-
> swer is, of course, that critical incidents are not *things* which exist independently
> of an observer and are awaiting discovery like gold nuggets or desert islands, but
> like all data, critical incidents are created. Incidents happen, but critical incidents
> are produced by the way we look at a situation: a critical incident is an interpre-
> tation of the significance of an event. To take something as a critical incident is a
> value judgement we make, and the basis of that judgement is the significance we
> attach to the meaning in the incident." (zit. nach Tripp, 2012, S. 8)

Auch bei philosophischen Erkenntniszugängen bedient man sich solcher Ereignisse,
wenn auch in etwas anderer Form: „Unwiederholbar und von prägender Bedeutung
für ein ganzes Leben können Momente sein, in denen sich ein Blick in das Ganze der
Wirklichkeit auftut, vor dem sich alle bisher eingewöhnten Meinungen als Illusion und
Schein entblößen." (Henrich, 2011, S. 26) Kritische Ereignisse, die als Kernerlebnisse
gelten dürfen, haben Einfluss auf das Subjekt, auf sein Denken und wahrscheinlich
auch auf sein Handeln, sie verändern Haltungen oder machen auch neugierig, in eine
noch zu definierende oder auch bereits bestimmte Richtung weiter zu denken, zu forschen. *Criticial incidents* und Fällen ist vieles gemeinsam – unter anderem stehen sie
in Verbindung mit persönlich Erlebtem und mit Emotionen, die wirksam waren und
sie liefern deutliche Hinweise auf die Existenz und vielleicht auch Genese von Einstellungen und Haltungen oder auch *beliefs*. „Einstellungen sind gefolgerte Grundlagen von beobachteter Gleichförmigkeit des Verhaltens eines Individuums. Man sieht
in den Einstellungen überdauernde Systeme positiver oder negativer Wertschätzungen,

Gefühle und Handlungs- und Wahrnehmungstendenzen gegenüber Objekten." (Marten, 1998, S. 117)

Bekannte Vertreter_innen des Schreibens als Denkwerkzeug bedauern die kümmerliche Schreibkultur an den Hochschulen und Universitäten. „Die Examensarbeiten am Ende der universitären Ausbildung sind schließlich der traurige Abschluss eines nach fixen, von Anderen festgesetzten Regeln funktionierenden Schreibens, das Schreiben als Technik nicht als Denkstil begreift" (Berning et al., 2008, S. 5). Expert_innen fordern nun Schreiboffensiven zur Förderung des Schreibens als zentrale Schlüsselkompetenz (Scheuermann, 2012, S. 27f.).

Der Satz des italienischen Schriftstellers Italo Svevo[4] „Ich denke mit der Feder in der Hand" (zit. nach Berning et al., 2008, S. 5) kann als zentrale Anweisung verstanden werden, wenn es um das Schreibdenken geht. Nicht das Tippen vor dem Bildschirm, sondern das Schreiben mit der Hand führt zu genussvollem und erkenntnisreichem Schreibdenken. Beim Tippen ist man geneigt zu editieren, den Text zu verwissenschaftlichen, gut lesbar zu machen und ihn damit auch seiner Originalität zu berauben. Beim Schreibdenken gilt das Lustprinzip, Schreibdenken soll unzensiert und assoziativ sein. Scheuermann (2012, S. 21) empfiehlt: „Bleiben Sie beim Schreiben neugierig auf das, was Sie gleich lesen werden, nachdem Sie es geschrieben haben."

An Tiefe gewinnen solche Geschichten, wenn auch noch körperliche Begleiterscheinungen diverser Emotionen mitbeschrieben werden. „Das, worum ich mich sorge, das was mir wichtig ist, das was mir etwas bedeutet, gibt mir Gründe für Gefühle …" (Hartmann, 2010, S. 139). Aus diesem Grunde liefern Gefühle zu einer Geschichte, zu einem Fall auch Hinweise zu unserem Selbstverständnis oder besser formuliert: „…unser Selbst(miss)verständnis … prägt, was wir fühlen…" (Taylor, 1985, S. 65 zit. nach Hartmann, 2010, S. 140) Emotionen sind konstitutiv, es geht um Selbstbilder und weniger um Wahrnehmung, denn „Emotionen sagen immer nur etwas über die Person und wie sie die Welt sieht, nicht darüber, wie die Welt von einem anderen Standpunkt jenseits dieser Person ist." (Weber-Guskar, 2009, S. 195 zit. nach Hartmann, 2010, S. 141). An dieser Stelle möchte ich auf den eingangs erwähnten und zitierten Zugang von Steiner (2004) rekurrieren, der meinte, dass erst auch die Beschreibungen von mentalen Zuständen für einen Fall von Bedeutung seien und dass eine Erzählung erst durch die subjektive Relevanz zum Fall wird und damit vor allem für das erkennende Subjekt eine bedeutungstragende Wirkung erlangt (Steiner, 2004, S 14). Zudem gilt es an dieser Stelle noch hinzuweisen, dass der Fall nicht immer in Zusammenhang mit einem Problem (das es sogleich zu lösen gilt) stehen muss. Gerade Fälle, Erzählungen, Geschichten, die mit positiven Emotionen, mit Erfolgserleben zu tun haben, eignen sich hervorragend und liefern immer wieder erfrischende Hinweise auf Faktoren des Gelingens, wie beispielsweise die nun beschriebenen Motivationsgeschichten.

---

4   Eigentlich Hector Aron Schmitz, einer der größten Schriftsteller der klassischen italienischen Moderne.

3.2.1 Motivationsgeschichten

Im Zuge der Lehrveranstaltung *Motivationstheorien* wurden Studierende angehalten, in ihrer Biografie bzw. Lebensgeschichte nach Lernereignissen zu forschen, die sich vor allem dadurch auszeichneten, dass sie entweder intrinsisch motiviert waren oder auch als herausragend im Sinne eines bedeutsamen Erlebnisses bezeichnet werden können, also vorzugsweise intensive und auch lustvolle Lernprozesse, die weitestgehend ohne Fremdbestimmung stattfanden. Die Geschichten der Studierenden gestalteten sich sehr vielfältig, sie handelten davon, wie man sich selbst mit 13 Jahren das Gitarre spielen in Windeseile beibrachte und sich die Finger blutig zupfte, aus Eigenantrieb „Experten" ausfindig machte und diese konsultierte oder auch davon, wie man plötzlich vom Ehrgeiz gepackt immer schwierigere mathematische Gleichungen zu lösen begann und sich auch Mathematikbücher aus erst folgenden Stufen organisierte. Oder sie handelten davon, wie man über einen längeren Zeitraum die Hausübungen der drei jüngeren Geschwister gleichzeitig betreute oder auch davon, wie man in einem fremden Land, in tiefster Wildnis ohne Pass und ohne Geld und auch ohne Sprach- und Ortskenntnisse weiter kam. All diese Geschichten zeichneten sich durch höchste Alltagsrelevanz und Emotionalität aus.

Die unsystematisch und mit der Hand geschriebenen Geschichten wurden unlektoriert einer ersten gemeinsamen Lesephase unterzogen. In weiterer Folge wurde in Diskussionsprozessen nach Kriterien für eine mögliche Kategorisierung oder auch schematische Einordnung geforscht. Diese wurden in einem weiteren Schritt mit klassischen Motivationstheorien (beispielsweise Deci & Ryan, 1993) in Verbindung gebracht. In einer dritten Phase lieferte dann die Lerngeschichte in seiner Originalität die Quelle für einen Text der Kategorie „erstes wissenschaftliches Schreiben" unter Einbindung zentraler theoretischer Zugänge aus Wissenschaft und Forschung.

3.2.2 Geschichten zum Dienstantritt

An der Pädagogischen Hochschule Oberösterreich gibt es neuerdings einen Hochschullehrgang mit Masterabschluss *Mentoring – den Berufseinstieg begleiten*. Ziel dieses Lehrgangs ist berufserfahrene Lehrer_innen für ihre Rolle als Mentor_innen für junge Kolleg_innen in der Induktionsphase vorzubereiten, Kompetenzen unter anderem auch hinsichtlich Beratung und Coaching zu erwerben.

In einem ersten Schritt zu Beginn der Ausbildung wählten wir zur Sensibilisierung für die Klientel einen biografischen Zugang, indem wir mittels *„free-writing"* Geschichten aller Art zum Dienstantritt sammelten. Dieser erste Schreibprozess verlief nach folgenden Regeln (Stangl, o.J.):

- Thema: Eine wichtige Geschichte aus meinem ersten Dienstjahr.
- Zeit: 20 Minuten.
- Schreiben, was einem durch den Kopf geht.
- Die schreibende Hand bleibt immer in Bewegung.
- Nicht lesen, was man geschrieben hat. Weiterschreiben.
- Nichts löschen oder korrigieren.
- Nicht um Rechtschreibung und Grammatik kümmern.

- Ausschweifungen und Unsinn sind o.k.
- Wenn nichts mehr geht, dann einfach „Mir fällt nichts ein" schreiben, solange, bis einem wieder etwas einfällt.
- Wenn die Zeit um ist, angefangene Gedanken fertig schreiben und dann aufhören.

In einem nächsten Schritt setzten wir uns in diesem Lehrgang mit Geschichten bzw. Interviewpassagen zum Dienstantritt aus den originalen Transkripten, die wir aus einem vorangegangenen Pilotprojekt zum Berufseinstieg bzw. dessen Begleitforschung gesammelt hatten und einen Teil des erhobenen Datenmaterials darstellten.

JL[5]: Ja, im Konferenzzimmer, erster Schultag, die Konferenz dann danach, einmal die Überraschung, dass es nicht so leicht ist, dass man überhaupt einen Platz findet im Konferenzzimmer (lacht). Dass das aus allen Nähten platzt (I. schmunzelt). Ja. Dann irgendwie doch die Erleichterung, dass ich irgendwann wenigstens einen Sessel gehabt habe, wo ich mein Zeug drauftun kann (lacht).

I: Mhm.

JL: Und schlussendlich bei der zweiten Konferenz dann, habe ich sogar ein Fach gekriegt, wo jetzt mein Name draufsteht.

I: Mhm.

JL: Ich meine es ist ... Das sind so ganz kleine Sachen, aber irgendwie doch wichtig, wenn man weiß, wo man seinen Platz hat.

I: Mhm.

JL: Genauso, wie es auch irgendwie wichtig war, dass ich weiß, okay, da ist jetzt mein Tisch, ich meine, ob der Tisch jetzt heute da ist und morgen da ist, das ist mir im Grunde wurscht, nur dass ich etwas habe.

I: Mhm.

JL: Wo ich irgendwie sein kann.

Aus solchen und auch aus den gesammelten biografischen Geschichten bzw. Fällen wurde in weiteren Denk- und Schreibprozessen versucht, zentrale Bedürfnisse von Lehrer_innen in der Induktionsphase und auch Faktoren für einen gelingenden Berufseinstieg zu erforschen und daraus Einstiege in Sokratische Dialoge als einen möglichen Beratungsansatz in der Rolle als Mentor_in zu generieren.

4. Ausblick

Die hier dargestellten Ansätze, mit Fällen in der Hochschullehre zu arbeiten, zeigen nur einen kleinen Ausschnitt der Möglichkeiten, die sich eröffnen. Nicht zuletzt hat auch die Konzentration bzw. Fokussierung auf die Reproduktion (und weniger auf die Produktion) von Wissen zu einem Effekt geführt, der als *Konstanzer Wanne* (beschrieben beispielsweise bei Kraler, 2008) oder auch mit dem verkürzten, aber immer wieder treffenden Satz „teachers teach, as they were taught (… and not as they were taught to teach)" in der Literatur zu finden ist. Es sind vor allem die *beliefs*, die sich für die

---

5   JL: Junglehrer_in, I: Interviewer_in.

Ausbildung professioneller Haltungen verantwortlich zeigen, aus diesem Grunde kann deklaratives Wissen alleine keine professionellen Haltungen hervorbringen, erst Prozesse können diesem Anspruch Folge leisten.

Abschließend möchte ich ein Plädoyer für zukünftige hochschuldidaktische Initiativen hinsichtlich fallorientierter Denkprozesse aussprechen. Zu begrüßen wäre auch ein ausgiebiger interdisziplinärer Austausch über Erfahrungen im Einsatz mit kasuistischen Zugängen in der Hochschullehre. Zu wünschen wäre zudem, dass auch gerade die Pädagogischen Hochschulen kasuistische Datenbanken etablieren und Zugänge auch vernetzt anbieten.

Die Auseinandersetzung mit einem Fall und seiner subjektiven Bedeutungsrelevanz kann allerdings einen wichtigen und hochschuldidaktisch gut verwertbaren Ausgangspunkt für die Entwicklung professionsbezogener Haltungen auch im Sinne von Reflexivität darstellen. In einer philosophischen Tradition bzw. in Verfolgung eines philosophisch angelegten Verständnisses von Lernen mithilfe von Sprache und Schrift kann und soll ein Habitus gefördert werden, der Denken und Erkennen als etwas Lustvolles erleben lässt.

Literatur

Anderson, J. R. (2001). *Kognitive Psychologie* (3. Aufl.). Heidelberg: Spektrum.

Baacke, D. & Schulze, T. (1993). *Aus Geschichten lernen. Zur Einübung pädagogischen Verstehens.* Weinheim, München: Juventa.

Berning, J., Seibt, B., Schulze, K. & Witte, A. (2008). *Journalschreiben – Wege zum schreibenden Denken.* Berlin: LIT-Verlag.

Bertholet, M. & Spada, H. (2004). *Wissen als Voraussetzung und Hindernis für Denken, Problemlösen und Entscheiden.* In Reinmann, G. & Mandl, H. (Hrsg.), *Psychologie des Wissensmanagements. Perspektiven, Theorien und* Methoden (S. 66–88). Göttingen: Hogrefe.

Birnbacher D. & Krohn D. (2002). *Das sokratische Gespräch.* Stuttgart: Reclam.

Deci, E. & Ryan, R. M. (1993). Die Selbstbestimmungstheorie der Motivation und ihre Bedeutung für die Pädagogik. *Zeitschrift für Pädagogik, 39* (2), 223–238.

Dewey, J. (2009). *Wie wir denken.* Zürich: Verlag Pestalozzianum.

Goffmann, E. (1974). *Rahmen-Analyse: Ein Versuch über die Organisation von Alltagserfahrungen.* Frankfurt: Suhrkamp Wissenschaft.

Gruschka, A. (2012). *Verstehen lernen. Ein Plädoyer für guten Unterricht.* Stuttgart: Reclam.

Hartmann, M. (2010). *Gefühle. Wie die Wissenschaften sie erklären.* Frankfurt: Campus.

Herkner W. (1993). *Sozialpsychologie.* Bern: Verlag Hans Huber.

Henrich, D. (2011). *Werke im Werden. Über die Genesis philosophischer Einsichten.* München: Verlag C. H. Beck.

Hurrelmann, K., Oelkers, J. & Ulich, K. (2001). *Sozialpsychologie für die Schule.* Weinheim, Basel: Beltz.

Marten, J. U. (1998). *Verhalten und Einstellungen ändern.* Hamburg: Windmühle GmbH.

Kraler, C. (2008). Professionalisierung in der Berufseingangsphase – Berufsbiografie und Kompetenzentwicklung. *Schulverwaltung Spezial, 1,* S. 4–7.

Oser, F. & Oelkers, J. (2001). *Die Wirksamkeit der Lehrerbildungssysteme.* Zürich: Rüegger.

Reh, S. & Schelle, C. (2010). Der Fall im Lehrerstudium – Kasuistik und Reflexion. In C. Schelle, K. Rabenstein & S. Reh (Hrsg.) *Unterricht als Interaktion. Ein Fallbuch für die Lehrerbildung* (S. 13–24). Bad Heilbrunn: Klinkhardt.

Scheuermann, U. (2012). *Schreibdenken. Schreiben als Denk-und Lernwerkzeug nutzen und vermitteln.* Opladen & Toronto: Verlag Barbara Budrich UTB.

Schwenk, E., Klier W. & Spanger J. (2010). *Kasuistik in der Lehrerbildung. Seminardidaktische Impulse für eine praxis-, problem- und teilnehmerorientierte Arbeit mit angehenden Lehrerinnen und Lehrern.* Hohengehren: Schneider Verlag.

Sloterdijk, P. (1988). *Zur Welt kommen – Zur Sprache kommen.* Frankfurter Vorlesungen. Frankfurt: Suhrkamp.

Stangl, W. (o. J.): *Free writing, mind writing.* Verfügbar unter: http://arbeitsblaetter.stangl-taller.at/PRAESENTATION/freewriting.shtml [17.10.2012].

Stavemann, H. (2007). *Sokratische Gesprächsführung in Therapie und Praxis.* Weinheim, Basel: BELTZ.

Steiner, E. (2004). *Erkenntnisentwicklung durch Arbeiten am Fall. Ein Beitrag zur Theorie fallbezogenen Lernens in Professionsausbildungen mit besonderer Berücksichtigung des Semiotischen Pragmatismus von Charles Sanders Peirce.* Unveröffentlichte Dissertation, Universität Zürich. Verfügbar unter: https://www.ewi.tu-berlin.de/fileadmin/i49/dokumente/1143711480_diss_steiner.pdf [21.3. 2012].

Tripp, D. (2012). *Critical incidents in teaching. Developing professional judgement.* London, New York: Routledge.

Wernet, A. (2006). *Hermeneutik, Kasuistik – Fallverstehen.* Stuttgart: Verlag W. Kohlhammer. Verfügbar unter: http://www.bwp.uni-oldenburg.de/48825.html [11.12. 2012].

Harald Spann

Professionalisierung von angehenden Englischlehrerinnen und Englischlehrern an der PH OÖ – ein Fall für den Literaturunterricht?

1. Einleitung

Die für die jüngsten bildungspolitischen Entwicklungen charakteristische Hinwendung zu den Bildungsstandards und die damit verbundene zunehmende Output-Orientierung bei Lehr-Lernprozessen im Fremdsprachenbereich haben auch in der fremdsprachlichen Literaturdidaktik (Englisch) ihre Spuren hinterlassen. Hier wird im Kontext der Implementierung einheitlicher Bildungsstandards von der „Marginalisierung der Literatur" (Bredella & Hallet, 2007, S. 1), ja sogar von einer „Krise des Literaturunterrichts angesichts des Standardisierungszugriffs" (Decke-Cornill & Gebhard, 2007, S. 12) gesprochen. Gemeinsam ist diesen Beiträgen, dass hier Literaturdidaktiker_innen einen kritisch-konstruktiven Diskurs führen, in dem sie auf die Gefahr der „Verkürzung des Bildungsbegriffs auf das Testbare" (Bredella & Hallet, 2007, S. 3) aufmerksam machen. Dabei explizieren sie überzeugend das hohe bildende und kompetenzfördernde Potenzial fremdsprachlichen Literaturunterrichts, das sich Messungs- und Standardisierungsversuchen entzieht.

Der vorliegende Beitrag greift diesen Diskurs auf. Anhand des gegenwärtigen Entwicklungsstands eines Dissertationsprojekts (Fachbereich Anglistik), das die Erstellung eines *fallorientierten Literaturdidaktikkonzepts für die Ausbildung von angehenden Englischlehrerinnen und Englischlehrern an der PH OÖ* zum Ziel hat, soll dargelegt werden, warum das für standardisierbare Kompetenzen unwegsame Gelände Literatur (Decke-Cornill & Gebhard, 2007, S. 14) nicht nur wegen seines fremdsprachlichen, kulturellen und persönlichkeitsfördernden Bildungswerts (Carter & Long, 1991), sondern auch aufgrund seines hohen *Professionalisierungs*potenzials für den Lehrberuf einen unverzichtbaren curricularen Inhalt in der fachwissenschaftlichen/-didaktischen Ausbildung von Englischstudierenden an der PH OÖ darstellt.

Wenn im Folgenden dieses Forschungsprojekt weniger mit Blick auf die fremdsprachliche Literaturdidaktik, sondern auf Praxisforschung als „Professionalisierungsstrategie" (Altrichter & Feindt, 2004, S. 417) skizziert wird, dann deshalb, weil sich hier zeigen lässt, dass diese Methode aufgrund ihrer Gegenstandsangemessenheit literaturdidaktische Forschung und Lehre in einer Weise vernetzen kann, die für Studierende und Lehrenden[1] als Forschungspartner_innen zusätzliche Professionalisierungsmöglichkeiten eröffnen kann.[2]

---

1 Mit dem Lehrenden ist hier immer der Autor gemeint.
2 Dieses Forschungsprojekt konstituiert sich aus einem theoretischen und einem empirisch-qualitativen Teil, in dem das vom Verfasser im ersten Teil entwickelte Modell einer kasuistisch-rezeptionsästhetischen Literaturdidaktik durch Praxisforschung untersucht wurde.

Der Beitrag gliedert sich in drei Abschnitte: Zunächst wird der theoretische Hintergrund des Forschungsvorhabens anhand der beiden Referenztheorien – *Kasuistik im Sinne des professionsdidaktischen Arbeitens mit Fällen* (Steiner, 2004) und *fremdsprachliche rezeptionsästhetische Literaturdidaktik* (v.a. Delanoy, 2002; Bredella & Burwitz-Melzer, 2004; Bredella, Delanoy & Surkamp, 2004; Bredella, 2007) – umrissen und die methodisch-didaktische Kompatibilität dieser beiden Ansätze begründet.

Anschließend wird ein auf diesen theoretischen Überlegungen beruhendes Ablaufmodell einer „literarischen Textfallbehandlung" (Acht-Phasen-Modell) beschrieben, das als Theorierahmen die konzeptionelle Folie für die im Verlauf des Forschungsprojekts durchgeführten Fallbehandlungen bildete.[3] Schließlich wird die Frage kurz beleuchtet, welche Professionalisierungpotenziale sich bei der Durchführung einer literarischen Textfallbehandlung entfalten können, wobei hier einige Erfahrungen des Autors als „forschender Lehrender" einfließen.

2. Kasuistisch-rezeptionsästhetische Literaturdidaktik

Eine reflexive Haltung der eigenen Berufstätigkeit gegenüber gilt in der Professionalisierungsforschung als Charakteristikum von Profession bzw. Professionalität (Reh & Schelle, 2010, S. 18). Kasuistik – hier als Sammelbegriff für die vielen verschiedenen Formen des pädagogisch-didaktischen Arbeitens mit Fällen verstanden (Steiner, 2004) – wird in diesem Zusammenhang als Professionalisierungsmethode diskutiert, die eine Theorie-Praxis-Schnittstelle bietet und durch Bereitstellung unterschiedlicher fallbasierter Lehr-Lernsettings einen Beitrag zur Reflexivität zukünftiger Lehrer_innen leisten kann (u.a. Combe & Kolbe, 2004; Kolbe & Combe, 2004; Steiner, 2004; Gruber & Rehrl, 2005; Reh, Geiling & Heinzel, 2010; Reh & Schelle, 2010).

2.1 Literatur als Fall

Nach Steiners Theorie fallbezogenen Lehrens und Lernens ist ein Fall

> „eine Abfolge konkreter Begebenheiten (Ereignisse, Vorkommnisse, Geschehnisse) von und mit handelnden Individuen (Menschen oder Figuren) in einem spezifischen situativ-geschichtlichen Kontext. Wesentlich für einen Fall

---

Praxis- oder Aktionsforschung (Altrichter & Posch, 2007) versteht sich als empirischer Forschungsansatz, der „Forschungs- und Entwicklungsanteile als Elemente ein und desselben Prozesses" konzipiert und im Sinne einer Professionalisierungsstrategie „Angehörige professioneller Berufe dabei unterstützen [soll], die notwendigen reflexiven Handlungskompetenzen für ihre komplexe Tätigkeit zu erwerben" (Altrichter & Feindt, 2004, S. 417).

3   Das Forschungsdesign der Dissertation sieht eine empirische Untersuchung des Konzepts in Form eines zweiphasigen Praxisforschungsprojekts vor, weshalb im SS 2012 (1. Phase) und SS 2013 (2. Phase) mit insgesamt 5 Studierendengruppen ($N = 65$) literarische Textfallbehandlungen durchgeführt wurden. In beiden Phasen wurden qualitative Datenerhebungsmethoden (u.a. schriftliche und mündliche Befragungen der Studierenden) verwendet. Da die Auswertung der Daten aus der zweiten Untersuchungsphase zum Zeitpunkt dieser Publikation noch nicht abgeschlossen war, kann dieses Ablaufmodell noch nicht als Endfassung betrachtet werden.

ist seine prozesshafte, zeitliche Dimension: Der Fall besteht aus einer Sequenz von Ereignissen, mentalen Zuständen und Geschehnissen mit Individuen als Akteuren. Die Sachverhalte des Falles können einen realen Bezug zur Wirklichkeit haben oder imaginär sein. Zum *Fall* wird aber eine derart formal gekennzeichnete Handlungssequenz immer erst dann, wenn mindestens ein erkennendes Subjekt darüber nachdenkt, spricht, schreibt und sich ihrer bewusst wird. Die Handlungssequenz steht damit unter einem bestimmten Gesichtspunkt für etwas und erzeugt im Bewusstsein dieses erkennenden Subjekts eine bedeutungstragende Wirkung [fettgedruckte und kursive Hervorhebung im Original, d. Verf.]." (Steiner, 2004, S. 14)

Zu den Fallangeboten, die in der Lehrer_innenbildung an Studierende gerichtet werden können, zählen auch Methoden, die von literarischen Texten ausgehen:

„Der Fallbegriff ist so weit gefasst, dass er für unterschiedliche fallorientierte Methoden gelten kann. Literarische Erzählungen können demgemäss ebenso fallorientiert bearbeitet werden wie etwa eine Ausgangssituation beim problemorientierten Lernen." (Steiner, 2004, S. 14)

Aus literaturdidaktischer Sicht stellt sich hier zunächst die Frage, wie aus einem literarischen Text ein literarischer Text*fall* werden kann. In Steiners falltheoretischem Ansatz, der erkenntnistheoretisch dem semiotischen Pragmatismus von C. S. Peirce verpflichtet ist, wird etwas erst dann zum Fall, wenn es

„bei einem Erkenntnissubjekt [...] Zweifel, Befremden, Erstaunen, Überraschung, Widerspruch auszulösen imstande ist oder eine Wissenslücke beziehungsweise mangelnde Mittel für das Erreichen eines bestimmten Ziels bewusst werden lässt." (Steiner, 2004, S. 43)

Den Ausgangspunkt kasuistischer Arbeitsformen in Professionalisierungskontexten bilden somit Irritationen, die Lehr-Lernprozesse initiieren können, aus denen neue Erkenntnisse, Sichtweisen oder weiterführende Fragen resultieren können (Steiner, 2004, S. 16).

Irritation ist jedoch nicht nur ein fallkonstitutives Merkmal für die Arbeit mit „Realfällen", d.h. für Fallbearbeitungen mit unmittelbarem Erfahrungsbezug der Studierenden zum Fall. Sie ist auch eine Voraussetzung dafür, dass (fremdsprachliche literarische) Erzählungen oder Geschichten, zu denen die Studierenden keinen unmittelbaren Erfahrungsbezug haben und die zum Bearbeitungszeitpunkt in einer medial fixierten Form vorliegen, als „Textfälle" behandelt werden können.[4] Erst wenn eine Geschichte einer lernenden Person oder Gruppe in einer gewissen Hinsicht als fremdartig, merkwürdig und teilweise unverständlich erscheint, bietet sie sich für diese Person(en) als „Fall" an (Steiner, 2004, S. 177).

---

4   Vgl. dazu Steiners Typologie fallbezogener Methoden, wo zwischen „Realfall" und „Papierfall" (oder „Textfall") unterschieden wird (Steiner, 2004, S. 172–195).

2.2 Rezeptionsästhetik

In diesem Fallverständnis liegt begründet, warum sich fallorientiertes Arbeiten und ein rezeptionsästhetisch ausgerichteter fremdsprachlicher Literaturunterricht für die Erstellung eines kasuistisch-rezeptionsästhetischen Unterrichtsmodells als methodisch-didaktisch kompatibel erweisen. Auch in der Rezeptionsästhetik, die das Lesen von literarischen Texten nicht als „passiven Akt der Informationsentnahme" (Kimes-Link, 2013, S. 20), sondern als ein „vom Text gelenktes Schaffen ästhetischer Bedeutungen" (Delanoy, 2008, S. 100) versteht, spielt die Wirkung, die sich in der Interaktion zwischen Text und Leser_in als Irritation entfalten kann, eine zentrale Rolle:

> „Aesthetic reading directs our attention to the interaction between text and reader and encourages us to explore how the text affects us. This implies that aesthetic reading includes a reflective element and is characterized by the dialectic between involvement and detachment." (Bredella, 1996, S. 18)

Die Dialektik von Involvierung und Distanzierung besagt, dass Leser_innen literarischer Texte eine *fiktionale Sekundärwelt* betreten, in die sie sich ganzheitlich (d.h. mit ihrem Denken, Fühlen und Handeln) einbringen. Neben dieser intensiven Teilhabe ist jedoch auch Distanzierung erforderlich, um durch eine reflexive Auseinandersetzung mit den Überraschungen, Irritationen und ungewohnten Sichtweisen, mit denen literarische Texte ihre Leser_innen konfrontieren, neue Einsichten gewinnen zu können (Delanoy, 2002, S. 3). Ein literarischer Text, der zu Professionalisierungszwecken im fremdsprachlichen Literaturunterricht herangezogen werden soll, muss deshalb den Studierenden den Eintritt in eine *schulische Sekundärwelt* ermöglichen. Es müssen ihm eine oder mehrere Handlungssituationen eingeschrieben sein, die sich in der Interaktion zwischen Text und Leser_in als konkrete Begebenheiten aus dem Handlungsfeld Schule und Unterricht entfalten können. Inwieweit dabei Studierende „etwas" in dieser Handlungssituation zum Fall machen, entscheidet sich vor dem Hintergrund ihrer unterschiedlichen Erfahrungshorizonte (Steiner, 2004) in der persönlichen Auseinandersetzung *in* und *mit* der schulischen Sekundärwelt.

3. Das Acht-Phasen-Modell einer literarischen Textfallbehandlung

Fremdsprachlicher Literaturunterricht, der diese professionsbezogene Auseinandersetzung von Englischstudierenden mit literarischen Texten im Blick hat, bedarf nicht nur geeigneter Texte, sondern einer kontextspezifischen Literaturdidaktik, die Fremdsprache, Literatur und Lehrberuf gleichermaßen berücksichtigt. Das *Acht-Phasen-Modell* (Abb. 1) versteht sich als ein solches literaturdidaktisches Angebot. Es handelt sich dabei um kein starres methodisches Ablaufschema, sondern um eine modellhafte Darstellung des idealtypischen Verlaufs einer literarischen Textfallbehandlung und der sie begleitenden Aufgabenstellungen, um die Professionalisierungsmöglichkeiten dieses fremdsprachlichen Lehr-Lern-Kontextes sichtbar zu machen.

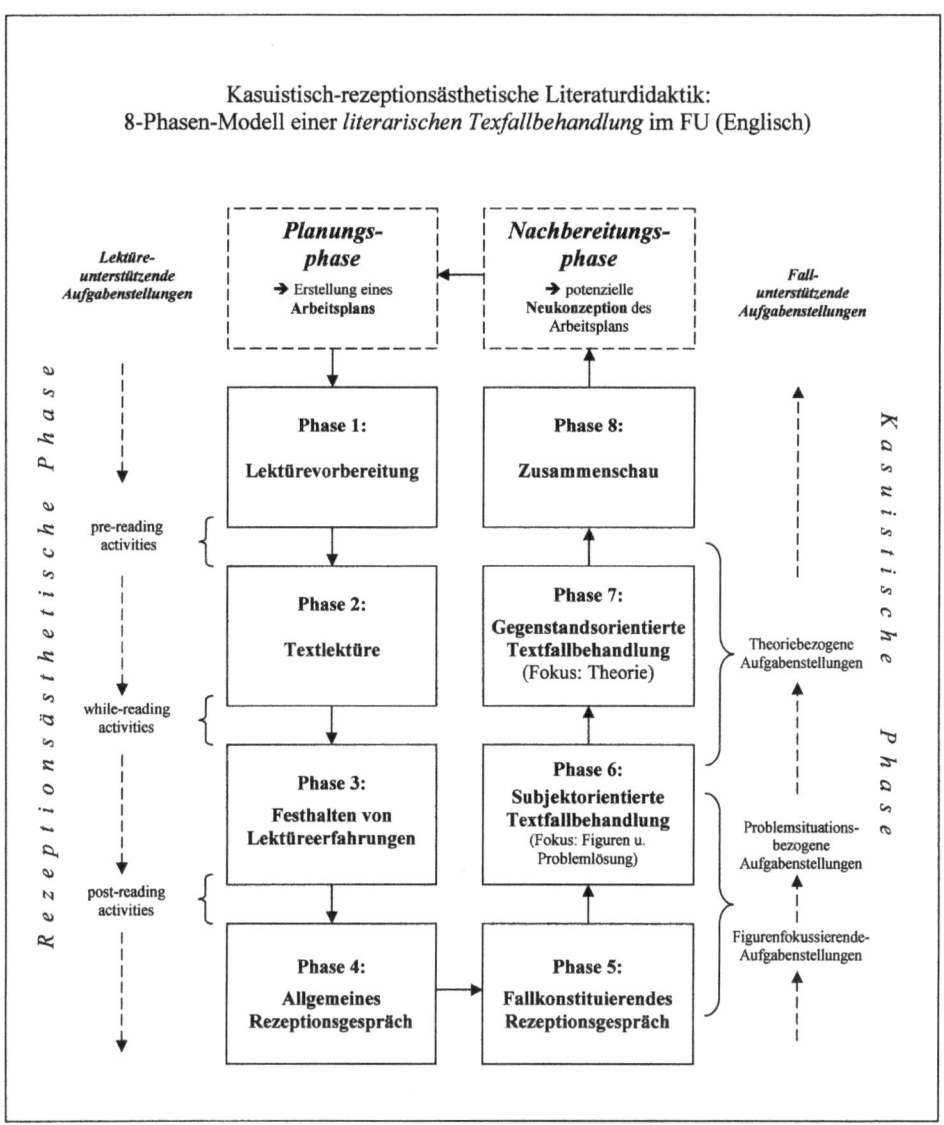

Abbildung 1: Schema des „Acht-Phasen-Modells". Das Modell veranschaulicht den achtphasigen Verlauf einer literarischen Texfallbehandlung im fremdsprachlichen Unterricht angehender Englischlehrer_innen. Die *rezeptionsästhetischen Phasen* (Phasen 1–4, die Text-Leser_in-Interaktion der Studierenden steht im Mittelpunkt) mündet in die kasuistischen Phasen ein (Phasen 5–8, die auf eine professionsbezogene Auseinandersetzung mit dem literarischen Text*fall* abzielen). Neben den lektüre- und fallunterstützenden Aufgabenstellungen sind auch die Planungs- und Nachbereitungsphase der_des Lehrenden dargestellt, die mit den acht Implementierungsphasen einen Kreislauf bilden. Diese Zirkularität bringt zum Ausdruck, dass eine literarische Textfallbchandlung in ihrem idealtypischen Verlauf immer einen Kreislauf von Aktion und Reflexion in Bewegung setzt und die_den Lehrenden zur Durchführung eines literaturdidaktischen Aktionsforschungsprojektes anhält.

3.1 Praxisforschung als integratives Element einer literarischen Textfallbehandlung

Die Durchführung einer literarischen Textfallbehandlung erfolgt in acht Phasen, die – wie die Zirkularität des Modells zum Ausdruck bringt – Teil eines Praxisforschungskreislaufs sind, in dem die Phasen der *Planung* und *Nachbereitung* integriert sind. Die *Planungsphase* dient der Konzeption einer literarischen Textfallbehandlung, die aus professionsdidaktischer Sicht auf die Herstellung von Bezügen zu berufsrelevantem Theoriewissen in der kasuistischen Phase abzielt. Der Lehrende wählt hier vor dem Hintergrund seiner „persönlichen Theorie guten Unterrichts" (Meyer, 2011) Texte aus, die professionsbezogene Irritationen bei den Studierenden erwarten lassen, sodass sich nach der rezeptionsästhetischen Phase ein ausbildungsrelevanter Textfall konstituieren kann.

Da die Qualität einer literarischen Textfallbehandlung in hohem Maße davon abhängt, ob und inwieweit die Studierenden die vom Lehrenden antizipierten Fallpotenziale tatsächlich aufgreifen, muss der Lehrende seine Planungsentscheidungen überprüfen. Diese Überprüfung erfolgt durch Praxisforschung, bei der in der Implementierungsphase (Phasen 1–8) jene Daten gesammelt werden, die in der *Nachbereitungsphase* vom Lehrenden ausgewertet und für die konzeptuelle Weiterentwicklung der Fallbehandlung (z.B. durch neue Aufgabenstellungen oder Erprobung (zusätzlicher) Lesearten) herangezogen werden. Praxisforschung wird so zum integrativen Bestandteil literarischer Textfallbehandlungen.

3.2 Die Implementierungsphase

Der Verlauf der Implementierungsphase teilt sich in eine rezeptionsästhetische und eine kasuistische Phase.

Die rezeptionsästhetische Phase
In der *rezeptionsästhetischen Phase* steht die Interaktion zwischen Text und Leser_in im Mittelpunkt. Hier soll unter Verwendung lektüreunterstützender Aufgabenstellungen das Erfassen der fremdsprachlichen Textanlage ermöglicht werden. Nach einer Phase der Lektürevorbereitung (*Phase 1*), folgt mit der Textlektüre (*Phase 2*) jener Verlaufsabschnitt, bei dem den Studierenden der Eintritt in die im Text angelegte schulische Sekundärwelt und das „verstehende Durchleben" (Delanoy, 2002, S. 24) dieser Welt gelingen sollte. Hervorzuheben ist hier, dass in dieser Phase noch keine Fokussierung auf professionsbezogene Aspekte des Textes erfolgt. Es wird den Studierenden nicht *a priori* ein Fall zur Diskussion angeboten, sondern ein literarischer Text, der nicht auf professionsbezogene Aspekte hin gelesen wird.

Phase 3, in der die Studierenden dazu aufgefordert werden, ihre Lektüreerfahrungen schriftlich festzuhalten, ist für das vorliegende Modell in mehrfacher Hinsicht bedeutsam. Zum einen dienen diese Tagebucheintragungen den Studierenden als „Reflexionshilfen" (z.B. während der Rezeptionsgespräche), zum anderen liefern sie für die Praxisforschung wertvolles Datenmaterial, das in der Nachbereitungsphase ausgewertet werden kann.

Die letzte rezeptionsästhetische Teilphase umfasst das allgemeine Rezeptionsgespräch (*Phase 4*), bei dem Studierende und Lehrende erstmals gemeinsam ihre Lektüreerfahrungen thematisieren. Als „allgemein" wird das Gespräch in dieser Phase deshalb bezeichnet, weil es im Unterschied zur Folgephase noch sehr offen ist und eine allgemeine Bestandsaufnahme des bisherigen Lektüreverlaufs im Mittelpunkt steht.

Die kasuistische Phase
Auch wenn im allgemeinen Rezeptionsgespräch bereits erste Konturen möglicher Fallbehandlungen erkennbar werden können, so zielt erst das fallkonstituierende Rezeptionsgespräch (*Phase 5*) auf die Konkretisierung eines literarischen Textfalls ab. Wie einige Textfallbehandlungen im Rahmen der Untersuchung gezeigt haben, ist diese Phase literaturdidaktisch gesehen sehr sensibel, da hier unterschiedliche Fallinteressen (auch jene der_des Lehrenden!) ausbalanciert werden müssen. Hier können auch erstmals fallunterstützende Aufgabenstellungen zum Einsatz kommen, die zur Entfaltung des im Text angelegten Fallpotenzials und dadurch zum Gelingen der literarischen Textfallbehandlung beitragen sollen.

Die Auseinandersetzung mit dem Textfall findet in *Phase 6* zunächst subjektorientiert statt, d.h. entlang individueller Perspektiven und ohne dass durch ein theoriegeleitetes Herangehen bestimmte Aspekte des Falles von vornherein in den Fokus gerückt würden (Goeze, 2010, S. 132). Es geht hier zum einen darum, sich in die Schüler- und Lehrerfiguren hineinzuversetzen und individuelle Deutungshypothesen für ihr Handeln zu entwickeln (Fokus: Figuren). Sofern sich diese Figuren in schwierigen Unterrichtssituationen befinden, können zusätzlich noch alternative (und kreative!) Handlungsstrategien für den Umgang mit diesen Handlungsproblematiken entworfen werden (Fokus: Problemlösung).

Die Ergebnisse der subjektorientierten Phase, d.h. die Figurendeutungen bzw. die Lösungs- und Klärungsversuche der im Text angelegten Problemsituationen, fließen in die gegenstandsorientierte Textfallbehandlung (*Phase 7*) ein, wo sie nun theoriegeleitet, d.h. „entlang allgemeiner Theorien oder Modelle des jeweiligen Inhaltsbereichs" (Goeze, 2010, S. 133) in der Gruppe besprochen werden. Die_der Lehrende kann in dieser Phase durch illustratives Vorgehen anhand der Figuren in Theorien einführen (Wissensaufbau) oder – bei bereits vorhandenen Theoriewissensbeständen – mit den Studierenden Theoriebezüge zu den Figuren herstellen (Wissensanwendung).

Die letzte Phase der literarischen Textfallbehandlung, die Zusammenschau (*Phase 8*), umfasst ein Unterrichtsgespräch, in dem die literarische Textfallarbeit in ihrem Gesamtverlauf von Studierenden und Lehrendem resümiert wird. Zentrale Gesprächspunkte sind dabei individuelle Erfahrungen der Studierenden mit Text *und* Fall, gruppendynamische Aspekte (z.B. eigene Rolle in der Gruppe) und methodisch-didaktische Verbesserungsvorschläge (z.B. in Bezug auf Aufgabenstellungen, zeitliche Strukturierung oder Lenkung durch die_den Lehrenden).

4. Zum Professionalisierungspotenzial literarischer Textfallbehandlungen

Wie aus dem vorigen Abschnitt hervorgeht, handelt es sich bei einer literarischen Textfallbehandlung um einen fremdsprachlichen Ausbildungs- und Forschungskontext, in dem sich die Professionalisierungspotenziale durch die *Beschäftigung mit dem literarischen Textfall* und durch die *Untersuchung dieser Beschäftigung durch Praxisforschung* entfalten. Charakteristisch ist in beiden Fällen, dass hier Studierende und Lehrende einander als Forschungspartner_innen begegnen, die *reflexiv* für ihre (spätere) Berufsausübung lernen können.

4.1 Reflexives Lernen durch literarische Textfälle

Auch die kasuistische Beschäftigung mit literarischen Texten hat die in der Professionalisierungsdebatte weitgehend akzeptierte Formel „Professionalität durch Reflexivität" (Reh & Schelle, 2010, S. 18) im Blick. Professionsbezogenes reflexives Lernen ist hier während der Text-Leser_in-Interaktion, der Rezeptionsgespräche und während der eigentlichen Textfallbehandlung in der kasuistischen Phase möglich.

Perspektivenübernahme, -wechsel und -erweiterung
Neben einer Schulung der *Perspektivenübernahme*, der „Fähigkeit, sich in die Lage eines anderen Subjekts hineinzuversetzen bzw. hineinzufühlen und eine Situation aus dessen Sicht zu rekonstruieren" (Nünning, 2007, S. 135) kann durch die rezeptionsästhetische Lektüre literarischer Texte auch *Perspektivenwechsel*, der „Reflexivität ermöglicht und begründet" (Fichten, 2003, S. 92), geübt werden. Der literarische Textfall bietet den Studierenden dabei verstehenserweiternde Möglichkeiten, die sie in der Realität ihres schulischen Ausbildungsalltags (z.B. Schulpraxis) nicht vorfinden. So kann er etwa aufgrund des „fiktionalen Prinzips der Bewusstseinsdarstellung" (Nünning, 2007, S. 132) im Schulalltag üblicherweise Verborgenes sichtbar machen und Studierende dadurch zur Reflexion des im Text festgehaltenen „teacher's mind-set" (Bach, 2009, S. 304) einer Lehrer_infigur im Lichte ihrer eigenen „subjektiven Theorien" (ibid.) anhalten. Die Ergebnisse von Studierendenbefragungen aus der 1. Untersuchungsphase zeigen, dass der Austausch von Lektüreerfahrungen – sowohl innerhalb der Studierendengruppen, als auch im Plenum mit der_dem Lehrenden – zu professionsbezogenen *Perspektivenerweiterungen* im Sinne einer Überschreitung der eigenen Sichtweise durch Bewusstmachung ihrer Relativität und Subjektivität (Nünning, 2007, S. 135) führen kann.

Entwurf von Handlungsstrategien
Dass die Frage des professionellen Umgangs mit „schwierigen" Unterrichtssituationen und Disziplinproblemen als höchst ausbildungsrelevant erachtet wird, hat sich bei den durchgeführten Fallbehandlungen darin bestätigt, dass Studierende insbesondere jenen Textfällen großes Interesse entgegenbrachten, in denen sich Lehrer_innen-Figuren mit problematischem Schüler_innenverhalten konfrontiert sahen. Der literarische Textfall

richtet hier, etwas pointiert formuliert, ein „sekundärweltliches Hospitationsangebot" an die Studierenden und ermöglicht ihnen, ohne Handlungs- und Verantwortungs-druck alternative Handlungsstrategien für den Umgang mit diesen problematischen Situationen zu entwerfen.

Dadurch, dass diese Entwürfe im Rezeptionsgespräch zur Diskussion gestellt wer-den, lernen die Studierenden nicht nur neue Handlungsvorschläge kennen, sondern bekommen auch kritische Rückmeldungen zu ihren eigenen. Durch Konfrontation mit anderen Sichtweisen werden die Studierenden dabei in ihrer „professionellen Identi-tät" (Lohmann, 2007, S. 69) angesprochen, wodurch ihre subjektiven Theorien bewusst gemacht und in der Folge reflektiert werden können.

Vermittlung und Anwendung von Theoriewissen
Kasuistisch-rezeptionsästhetische Literaturdidaktik basiert auf einem Theorie-Praxis-Verständnis, das die enge Beziehung von professionsrelevanten Erklärungs- und Deu-tungsschemata und hermeneutischer Kompetenz in den Vordergrund rückt:

> „Wir brauchen Deutungs- und Erklärungsschemata, wie sie die Theorie bzw.
> die Wissenschaft anbietet. Ohne sie kommt keine Profession aus. Aber der
> Professionelle bedarf der hermeneutischen Fähigkeit, ein Erklärungs- und
> Deutungsschema situationsspezifisch anzuwenden und die Bedeutung des Einzel-
> falls mit dessen Hilfe interpretierend zu entfalten." (Bredella, 2004, S. 21)

Die Beschäftigung mit dem literarischen Textfall kann dieses Zusammenspiel dadurch unterstützen, dass zum einen Theoriewissen („Wissenschaftswissen", Meyer, 2011, S. 134) *am* Text vermittelt und veranschaulicht wird. Zum anderen können die Studie-renden dafür sensibilisiert werden, dass diese theoretischen Wissensbestände als Deu-tungs- und Erklärungsschemata zur Begründung des (eigenen) Lehrer_innenhandelns herangezogen werden können und deshalb beruflich relevant sind.

Wie sich bei allen Textfallbehandlungen gezeigt hat, gleicht die Behandlung the-oretischer Wissensanteile im fallorientierten fremdsprachlichen Literaturunterricht einem heiklen Balanceakt, bei dem darauf geachtet werden muss, dass nicht aufgrund einer zu starken Theoriefokussierung der literarische Text aus dem Blick gerät. Ob diese Balance gelingen kann, hängt dabei wesentlich davon ab, inwieweit sich relevante Aspekte dieser Theorie in den Lehrer_innen- und Schüler_innen-Figuren „spiegeln" lassen, sodass auf längere theoretische Ausführungen abseits des Textes verzichtet wer-den kann. Als Beispiel, wo sich dieses Gleichgewicht sehr leicht herstellen ließ, kann eine für die Untersuchung durchgeführte Textfallbehandlung genannt werden, bei der die konstitutiven professionellen Antinomien des Lehrer_innenhandelns (Helsper, 1999) den Theoriebezug bildeten und die Deutung der handelnden Figuren im Lichte der Antinomien „Distanz versus Nähe" und „Autonomie versus Heteronomie" erfolg-te.[5]

---

5   Die angesprochene Fallbehandlung basierte auf Textauszügen von N. H. Kleinbaums *Dead Poets Society* (1989) und D. Chiels *Mona Lisa Smile* (2003), die als komparative Fallbehand-lung filmgestützt in beiden Untersuchungsphasen des Praxisforschungsprojekts durchgeführt wurde.

4.2 Lernen durch Praxisforschung

Bei einer literarischen Textfallbehandlung handelt es sich um einen *Professionalisierungsprozess*, bei dem Studierende und Lehrende als Forschungspartner_innen *durch Praxisforschung von einander* für ihren Beruf lernen können. Lernprozesse für die Studierenden gehen hier in erster Linie von den Datengewinnungsmethoden selbst aus, da diese als fremdsprachliche reflexive Unterrichtselemente (z.B. Tagebuchschreiben) in der Literaturlehrveranstaltung integriert sind (vgl. Phase 3 in Abb. 1). Zusätzlich lernen die Studierenden vom forschenden Lehrenden, wie wichtig eine „fragende Einstellung dem eigenen Unterricht gegenüber" (Altrichter & Lobenwein, 1999, S. 174) für die Entwicklung der eigenen beruflichen Praxis ist.

Auch für die Lehrenden eröffnet die Einbettung von Praxisforschung in die literarische Textfallbehandlung berufsbezogene Lernmöglichkeiten. Hier haben die Erfahrungen, die der Autor in seinem Forschungsprojekt bisher gemacht hat[6] beispielsweise gezeigt,

- dass die gemeinsame Beschäftigung mit dem Textfall im Rezeptionsgespräch und die Analyse der Tagebücher, in denen die Studierenden ihre Lektüreerfahrungen festhielten, Einblicke in Aspekte ihrer professionellen Identität und damit ein besseres Kennenlernen der Studierenden als Lehrer_innen ermöglichten, und
- dass die Studierenden in die Fallbehandlungen auch neue Sichtweisen auf den Text einbrachten und so dem Lehrenden ermöglichten, über eine reflektierende Auseinandersetzung mit diesen Beiträgen sein eigenes Textverständnis zu differenzieren.

5. Zusammenfassung und Ausblick

Anhand eines Literaturdidaktikkonzepts, das auf der methodisch-didaktischen Verknüpfung von Kasuistik und Rezeptionsästhetik beruht, wurde dargelegt, dass fremdsprachlicher Literaturunterricht nicht nur wegen seines allgemeinen Bildungswerts, sondern auch aufgrund seiner Professionalisierungspotenziale für Englischstudierende an einer Pädagogischen Hochschule ein „Fall" sein kann und sollte. Es wurde eine *literarische Textfallbehandlung* zur Diskussion gestellt, die zusätzlich zum fremdsprachlichen Lernen und literarischen Verstehen auf professionsbezogenes „Lernen für das Lehrer_in-Sein" abzielt. Dabei wurde gezeigt, dass Praxisforschung als integrativer Bestandteil dieses fallorientierten Vorgehens noch zusätzliche reflexive Lernmöglichkeiten einbringen kann. Nächste Analyseschritte des vorhandenen Datenmaterials sollen literaturdidaktisch höchst relevante Fragestellungen klären, wie z.B. welche englischsprachigen literarischen Texte sich für kasuistisches Arbeiten eignen, welche (fremdsprachlichen) Probleme im Verlauf einer literarischen Fallbehandlung auftreten, und welche Aufgabenstellungen dieses Vorgehen unterstützen können.

---

6   Diese beziehen sich auf die erste Untersuchungsphase.

Literatur

Altrichter, H. & Feindt, A. (2004). Handlungs- und Praxisforschung. In W. Helsper & J. Böhme (Hrsg.), *Handbuch der Schulforschung* (S. 417–435). Wiesbaden: VS Verlag für Sozialwissenschaften.

Altrichter, H. & Lobenwein, A. (1999). Forschendes Lernen in der Lehrerbildung? Erfahrungen mit reflektierenden Schulpraktika. In U. Dirks & W. Hansmann (Hrsg.), *Reflexive Lehrerbildung. Fallstudien und Konzepte im Kontext berufsspezifischer Kernprobleme* (S. 169–196). Weinheim: Deutscher Studien Verlag.

Altrichter, H. & Posch, P. (2007). *Lehrer erforschen ihren Unterricht*. 4. Aufl. Bad Heilbrunn: Verlag Julius Klinkhardt.

Bach, G. (2009). Alltagswissen und Unterrichtspraxis: der Weg zum *reflective practitioner*. In G. Bach & J. Timm (Hrsg.), *Englischunterricht* (S. 304–320). Tübingen/Basel: A. Francke Verlag.

Bredella, L. (1996). The anthropological and pedagogical significance of aesthetic reading. In L. Bredella & W. Delanoy (Hrsg.), *Challenges of literary texts in the foreign language classroom* [Giessener Beiträge zur Fremdsprachendidaktik] (S. 1–29). Tübingen: Narr.

Bredella, L. (2004). Was ist Fachdidaktik? In L. Bredella & E. Burwitz-Melzer (Hrsg.), *Rezeptionsästhetische Literaturdidaktik: Mit Beispielen aus dem Fremdsprachenunterricht Englisch* [Giessener Beiträge zur Fremdsprachendidaktik] (S. 1–23). Tübingen: Narr.

Bredella, L. (2007). Bildung als Interaktion zwischen literarischen Texten und Leser/innen. Zur Begründung der rezeptionsästhetischen Literaturdidaktik. In W. Hallet & A. Nünning (Hrsg.), *Neue Ansätze und Konzepte der Literatur- und Kulturdidaktik* (S. 49–68). Trier: Wissenschaftlicher Verlag Trier.

Bredella, L. & Burwitz-Melzer, E. (Hrsg.). (2004). *Rezeptionsästhetische Literaturdidaktik: Mit Beispielen aus dem Fremdsprachenunterricht Englisch* [Giessener Beiträge zur Fremdsprachendidaktik]. Tübingen: Narr.

Bredella, L., Delanoy, W. & Surkamp, C. (2004). *Literaturdidaktik im Dialog* [Giessener Beiträge zur Fremdsprachendidaktik]. Tübingen: Narr.

Bredella, L. & Hallet, W. (2007). Einleitung: Literaturunterricht, Kompetenzen und Bildung. In L. Bredella & W. Hallet (Hrsg.), *Literaturunterricht, Kompetenzen und Bildung* (S. 1–9). Trier: Wissenschaftlicher Verlag.

Carter, R. & Long, M. N. (1991). *Teaching Literature*. Harlow: Longman.

Chiel, D. (2003). *Mona Lisa Smile. A Novel by Deborah Chiel. Based on the Motion Picture Written by Lawrence Konner & Mark Rosenthal*. London: Penguin Books-ONYX.

Combe, A. & Kolbe, F. (2004). Lehrerprofessionalität: Wissen, Können, Handeln. In W. Helsper & J. Böhme (Hrsg.), *Handbuch der Schulforschung* (S. 833–851). Wiesbaden: VS Verlag für Sozialwissenschaften.

Decke-Cornill, H. & Gebhard, U. (2007). Ästhetik und Wissenschaft. In L. Bredella & W. Hallet (Hrsg.), *Literaturunterricht, Kompetenzen und Bildung* (S. 11–29). Trier: Wissenschaftlicher Verlag.

Delanoy, W. (2002). *Fremdsprachlicher Literaturunterricht. Theorie und Praxis als Dialog* [Giessener Beiträge zur Fremdsprachendidaktik]. Tübingen: Gunter Narr Verlag.

Delanoy, W. (2008). *Transkulturalität und Literatur im Englischunterricht. Fremdsprachen Lehren und Lernen*, 37, S. 95–108.

Fichten, W. (2003). Perspektivität der Erkenntnis und Forschendes Lernen. In A. Obolenski & H. Meyer (Hrsg.), *Forschendes Lernen. Theorie und Praxis einer professionellen LehrerInnenausbildung* (S. 85–98). Bad Heilbrunn: Verlag Julius Klinkhardt.

Goeze, A. (2010). Was ist ein guter Fall? Kriterien für die Entwicklung und Auswahl von Fällen für den Einsatz in der Aus- und Weiterbildung. In J. Schrader, R. Hohmann & S. Hartz (Hrsg.), *Mediengestützte Fallarbeit. Konzepte, Erfahrungen und Befunde zur Kompetenzentwicklung von Erwachsenenbildnern* (S. 125–145). Bielefeld: W. Bertelsmann Verlag.

Gruber, H. & Rehrl, M. (2005). Praktikum statt Theorie? Eine Analyse relevanten Wissens zum Aufbau pädagogischer Handlungskompetenz. *journal für lehrerInnenbildung, 1,* 8–16.

Helsper, W. (1999). Antinomien des Lehrerhandelns in modernisierten pädagogischen Kulturen. Paradoxe Verwendungsweisen von Autonomie und Selbstverantwortlichkeit. In A. Colbe & W. Helsper (Hrsg.), *Pädagogische Professionalität. Untersuchungen zum Typus pädagogischen Handelns* (S. 521–569). Frankfurt am Main: Suhrkamp.

Kimes-Link, A. (2013). *Aufgaben, Methoden und Verstehensprozesse im englischen Literaturunterricht der gymnasialen Oberstufe. Eine qualitativ-empirische Studie.* [Giessener Beiträge zur Fremdsprachendidaktik]. Tübingen: Gunter Narr Verlag.

Kleinbaum, N. H. (1989). *Dead Poets Society.* New York: Bantam.

Kolbe, F. & Combe, A. (2004). Lehrerbildung. In W. Helsper & J. Böhme (Hrsg.), *Handbuch der Schulforschung* (S. 853–877). Wiesbaden: VS Verlag für Sozialwissenschaften.

Lohmann, G. (2007). *Mit Schülern klarkommen. Professioneller Umgang mit Unterrichtsstörungen und Disziplinkonflikten* (4. Aufl.). Berlin: Cornelsen Verlag.

Meyer, H. (2011). *Was ist guter Unterricht?* (8. Aufl.). Berlin: Cornelsen Verlag Scriptor.

Nünning, A. (2007). Fremdverstehen und Bildung durch neue Weltansichten: Perspektivenvielfalt, Perspektivenwechsel und Perspektivenübernahme durch Literatur. In W. Hallet & A. Nünning (Hrsg.), *Neue Ansätze und Konzepte der Literatur- und Kulturdidaktik* (S. 123–142). Trier: Wissenschaftlicher Verlag.

Reh, S., Geiling, U. & Heinzel, F. (2010). Fallarbeit in der Lehrerbildung. In B. Friebertshäuser, A. Langer & A. Prengel (Hrsg.), *Handbuch Qualitative Forschungsmethoden in der Erziehungswissenschaft* (3. Aufl.) (S. 911–924). Weinheim/München: Juventa Verlag.

Reh, S. & Schelle, C. (2010). Der Fall im Lehrerstudium – Kasuistik und Reflexion. In C. Schelle, K. Rabenstein & S. Reh. *Unterricht als Interaktion – Ein Fallbuch* für die Lehrerbildung (S. 13–23). Heilbronn: Verlag Julius Klinkhardt.

Steiner, E. (2004). *Erkenntnisentwicklung durch Arbeiten am Fall: Ein Beitrag zur Theorie fallbezogenen Lehrens und Lernens in Professionsausbildungen mit besonderer Berücksichtigung des Semiotischen Pragmatismus von Charles Sanders Peirce.* Unveröffentlichte Dissertation, Universität Zürich.

Sabine Digel

Bilden und Forschen mit Videofällen – Stand und Erfahrungen der Projektgruppe Videofallarbeit an der Universität Tübingen

1. Einführung

In den vergangenen Jahren ist „Qualität" zu einem zentralen Thema und Leitbegriff der Bildungsdebatte in Politik, Wissenschaft und Praxis geworden, wobei neben der Frage der Qualität organisationaler Strukturen zunehmend die Qualität des Lehrens und Lernens und somit die Lehrenden, Dozent_innen und Trainer_innen in ihrer Zuständigkeit und Handlungskompetenz für die Gestaltung von Bildungsangeboten in den Fokus öffentlicher und wissenschaftlicher Aufmerksamkeit treten (z.B. Lipowski, 2006; Research voor Beleid, 2008; Hattie, 2009).

Während empirische Studien zwar die Bedeutung der Lehrenden in ihrer Schlüsselposition unterstreichen und Versuche unternommen werden, deren vorhandenen und notwendigen Kompetenzen systematisch aufzufächern und zu erfassen (z.B. Oser, 2001; Kunter, Baumert, Blum, Klusmann, Kraus & Neubrand, 2011), bleibt bislang offen, wie die Lehrenden unter Bezugnahme auf ihre zumeist heterogenen Ausgangsvoraussetzungen und Beschäftigungsverhältnisse so gefördert werden können, dass sie ihr alltägliches Handeln als Kursleiter_innen über eine Weiterentwicklung ihres Wissens und Könnens professionalisieren können.

Fallarbeit vermag es, eine Brücke zwischen „Theorie" und „Praxis" und damit zwischen den verschiedenen Phasen der Aus- und Fortbildung in pädagogischen Berufen zu schlagen, indem sie träges Wissen überwinden und zum Aufbau von aktivem, prozeduralen Wissen beitragen kann sowie über die Reflexion unterrichtlichen Handelns die Entwicklung analytischer und diagnostischer Fähigkeiten als eine zentrale Komponente professionellen Lehrhandelns fördert (Shulmann, 1992; Merseth, 1996; Brophy, 2004; Krammer & Reusser, 2005; Sherin, Jacobs & Philipp, 2011).

Im Zuge zweier an der Universität Tübingen in enger Kooperation mit Partnern aus der Erwachsenenbildung/Weiterbildung sowie der Lehrer_innenbildung realisierten und vom BMBF geförderten Forschungs- und Entwicklungsprojekten konnten diese Befunde einerseits bestätigt und andererseits dahingehend weiter differenziert werden, dass eine didaktische Anreicherung des Videomaterials um theoretische Konzepte und perspektivische Einblicke in das Denken und die Sichtweisen der Akteur_innen in den Fallsituationen sowie instruktionale Hilfen zu einer zielgerichteten Auseinandersetzung mit dem Fallmaterial die Wahrnehmungsdifferenzierung und Wissensverknüpfung optimal fördern können (Goeze, Zottmann, Schrader & Fischer, 2010; Schrader, Hohmann & Hartz, 2010). Unter Aufnahme dieser Befunde wurde in einer zweiten Projektphase mit dem Online-Fall-Laboratorium eine Internet-Plattform mit katalogisierten Fällen und ergänzenden instruktionalen sowie didaktischen Materialien aufgebaut. Diese soll angehenden sowie erfahrenen Lehrkräften ermöglichen, vor ihren eigenen Handlungsbedarfen und zeitlich-örtlichen Ressourcen relevante Fragestellungen in geeigneten organisierten oder selbstgesteuerten präsenzförmigen oder netzgestützten Lernprozessen zu bearbeiten (Digel, Goeze & Schrader, 2012).

Wie eine nachhaltige Nutzung und Implementation der Plattform sowie des dahinterliegenden Fallarbeitskonzepts in der Praxis der Bildung und Forschung in unterschiedlichen Aus- und Weiterbildungskontexten gelingen kann, stellt hier die begleitende Hauptforschungsfrage dar. Im Folgenden soll das Tübinger Fallarbeitskonzept in seinen theoretisch-konzeptuellen Grundlagen entfaltet und exemplarische Erprobungs- und zugleich Nutzungsszenarien der Fallarbeit in der Aus- und Weiterbildung von Lehrenden vorgestellt werden. Der Beitrag schließt mit einer allgemeinen Darstellung der bisherigen Erfahrungswerte und Befunde sowie einem Ausblick auf weitere Forschungs- und Entwicklungsperspektiven.

2. Konzeptuell-theoretische Grundlagen

Das hier vorgestellte didaktisch-methodische Konzept schließt an theoretische und konzeptionelle Grundlagen an, die für die Aus- und Weiterbildung in zahlreichen Berufen, vor allem im Bereich der personenbezogenen Dienstleistungen bzw. der klassischen Professionen (Medizin, Justiz, Psychologie usw.) zum selbstverständlichen Ausbildungsstandard gehören. Dies betrifft vor allem die Arbeit mit authentischen Fällen als Mittel zum Aufbau professioneller Kompetenzen. Professionelles Lehrhandeln erfordert – unabhängig vom jeweiligen Handlungskontext und Themenbereich – die Fähigkeit, pädagogische Situationen perspektivisch rekonstruierend und theoretisch fundiert einschätzen und flexibel auf Situationsanforderungen reagieren zu können (Tietgens, 1988; Nittel, 2000). Die Arbeit mit realen Fallsituationen kann dazu dienen, die Fähigkeit von angehenden oder praktizierenden Lehrkräften zu entwickeln, sich in pädagogische Situationen und in die Perspektiven der beteiligten Akteur_innen hineinzuversetzen, diese in ihrer Vielschichtigkeit verstehen und so professionelles Deuten einüben zu können (Nittel, 1998). In dem die Praxis dokumentierenden Fälle auf Video aufgezeichnet und in eine computergestützte Lernumgebung eingebettet werden, bietet sich eine flexible mediale Struktur zur interaktiven und kollaborativen Auseinandersetzung mit den Fällen. Die Gestaltung der Lernumgebung basiert dabei auf den lerntheoretischen Ansätzen des problembasierten und situativen Lernens, die einer Orientierung des Lerninhalts in seinen Erarbeitungsstrukturen einer möglichst konstruktiven und wiederholten Auseinandersetzung mit komplexen Fragestellungen und Lernzielen an den realen Anforderungen in der Praxis eine hohe Bedeutung zumessen (Lave & Wenger, 1991; Boud & Feletti, 1997).

Die Bildungsinhalte (Fallvideos) der Online-Plattform stellen reale Lehr-Lernsituationen dar, die die Heterogenität der Bildungslandschaft in ihren Kontexten, Tätigkeitsfeldern, Themen und Lehr-Lernprozessen möglichst breit abbilden und für die Erwachsenenbildung, Schule und Hochschule gleichermaßen anschlussfähig sind. Die Fälle werden einerseits mit unterschiedlichen Wahrnehmungsperspektiven der in den Videos agierenden Kursleiter_innen und Teilnehmer_innen und andererseits mit Theoriewissen zu didaktisch-methodischen Konzepten aufbereitet in einer Ansichtsstruktur dargebo-

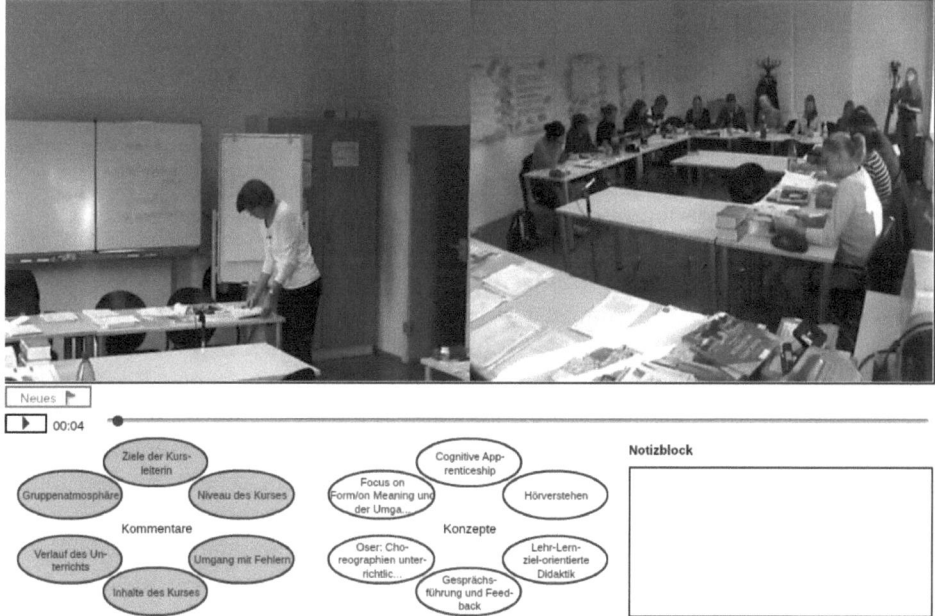

Abbildung 1:   Computerunterstützte Lernumgebung zur Bearbeitung der Videofälle

ten, die im Sinne der Cognitive-Flexibility-Theory (Spiro, Collins, Thota & Feltovich, 2003) eine nichtlineare Aneignung der einzelnen Wissensinhalte und ein selbstgesteuertes Durchkreuzen der Lernumgebung erlaubt (Abb. 1).

Mit dem Angebot gezielter Übung zur Differenzierung der Wahrnehmung unter Verwendung von Konzeptwissen sowie der Einnahme der Sichtweisen handelnder Akteur_innen knüpft das Online-Fall-Laboratorium darüber hinaus an die Grundsätze der Expertiseforschung an. Durch den gezielten Aufbau prozeduralen, unmittelbar anwendbaren Wissens sowie die Erfahrung in der Auseinandersetzung mit Praxis am Fall kann der professionelle Blick auf sowie ein kompetentes Handeln in Lehr-Lernsituationen entwickelt werden (Bromme, 1992; Gruber, 2004).

Die Arbeit mit dem Online-Falllaboratorium dient der Förderung diagnostischer Kompetenzen. Mit diagnostischen Kompetenzen sind hier die Fähigkeiten gemeint, Lehr-Lernsituationen differenziert zu beschreiben, sie aus verschiedenen Perspektiven der handelnden Akteur_innen zu deuten und mithilfe allgemein-pädagogischen, fachdidaktischen oder pädagogisch-psychologischen Wissens zu analysieren sowie daraus Erkenntnisse für den Fall und eine Falldiagnose zu gewinnen, die wesentliche Aspekte des Lehr-Lerngeschehens erfasst (Goeze, Hetfleisch & Schrader, 2013). Insbesondere die enge Verzahnung der Vermittlung theoretischen Wissens mit der praktischen Tätigkeit zeichnet die Fallarbeit aus. Der stark praxisorientierte Ansatz soll angehende sowie erfahrene Lehrkräfte dazu zu befähigen, sich Kompetenzen selbstständig zu erarbeiten und berufliche Qualifikationen zu erwerben, um den Aufgaben des Berufs angemessen begegnen zu können. Über den Erwerb diagnostischer Kompetenzen hinaus können die Videofälle auch für die universitäre Ausbildung in empirischen Forschungsmethoden und zur videogestützten Unterrichtsforschung, die mit der Aus- und Fortbildung von Lehrkräften verknüpft wird (Brophy, 2004), genutzt werden.

3. Exemplarisches Umsetzungsszenario

Nach einer ersten Erprobung des Fallarbeitkonzepts in seiner Akzeptanz und Wirkung als Lernmethode (Goeze et al., 2010; Digel et al., 2012) konzentrieren sich derzeitige Entwicklungs- und Forschungsvorhaben unter Aufnahme der bis dato vorliegenden Befunde auf den Aufbau eines Online-Fall-Laboratoriums in Form einer Internet-Plattform mit katalogisierten Fällen und ergänzenden instruktionalen sowie didaktischen Materialien. Diese soll es Lehrenden, Trainer_innen und Berater_innen ermöglichen, vor ihren eigenen Handlungsbedarfen und zeitlich-örtlichen Ressourcen Auswahlen an Themen und Arbeitsformen zu treffen (Digel et al., 2012). Die Hauptfrage der begleitenden Forschung ist hier, wie eine nachhaltige Nutzung und Implementation der Plattform sowie des dahinterliegenden Fallarbeitskonzepts in der Praxis der Bildung und Forschung in unterschiedlichen Kontexten unter Berücksichtigung verschiedener Freiheitsgrade pädagogischer Autonomie (Richardson-Koehler, 1987; Penuell & Yarnell, 2005) gelingen kann. Zur Untersuchung der Implementierbarkeit werden Interventionsstudien realisiert, in denen die eingesetzten fallbasierten Lernsettings in den Themen der Fälle, der didaktisch-methodischen Umsetzung sowie der zeitlich-organisatorischen Struktur systematisch variiert werden. Unter Fokussierung auf die Hochschulausbildung wird im Folgenden ein exemplarisches Szenario unter Variation der zeitlich-örtlichen Struktur herausgegriffen, in seiner Umsetzung dargestellt sowie allgemeine Befunde zu dessen Erprobung berichtet.

So fanden an verschiedenen Hochschulstandorten fallbasierte Seminare statt, die regulär in den Modulen zu personenbezogenen Handlungskompetenzen von Lehrenden verortet waren, wie diese regelmäßig in Studiengängen der Erziehungs-/Bildungswissenschaft bzw. des Lehramts zur Vermittlung didaktisch-methodischen Wissens und Untersuchung von Lehrqualität vorkommen. Im Mittelpunkt der Seminare stand die Analyse und Diskussion authentischer Fallsituationen, die von Studierenden im wöchentlichen Rhythmus (N=145) oder als Kompaktangebot (N=98) unter Nutzung des Online-Fall-Laboratoriums als Lernumgebung in drei Phasen bearbeitet wurden (vgl. Abb. 2).

Phase 1: Einstieg
Im ersten Teil der Seminare erfolgte eine, in beiden Veranstaltungsformaten inhaltlich einheitliche, grundlegende Einführung in die Qualitätsdebatte und den im Bereich der Lehrer_innenbildung geführten Kompetenzendiskurs sowie die Ziele und Möglichkeiten der Fallarbeit. Nach einer Erhebung der anfänglichen Diagnosekompetenzen anhand einer eigenständigen Fallanalyse (Pretest), wurden durch die Teilnehmenden anhand eines Textreaders die zentralen theoretischen sowie perspektivischen Grundlagen der Diagnose von Lehr-Lernsituationen vertieft.

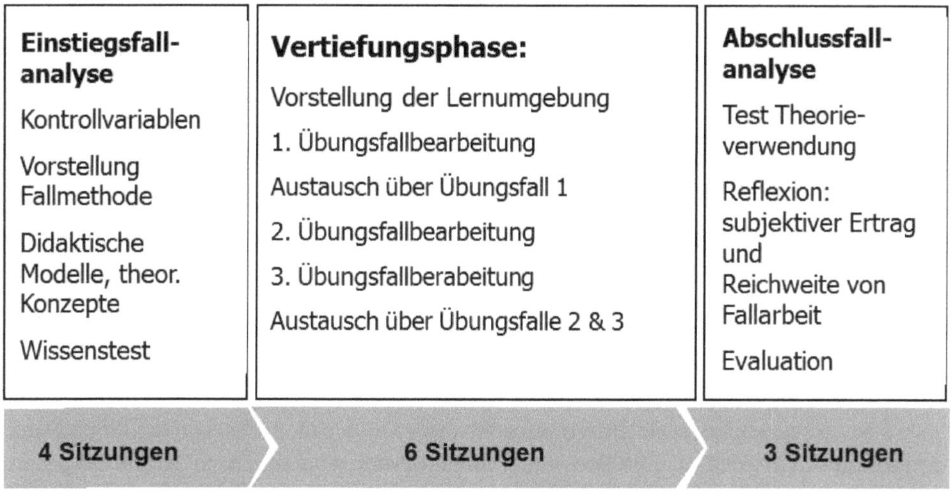

Einstiegsfall-analyse	Vertiefungsphase:	Abschlussfall-analyse
Kontrollvariablen	Vorstellung der Lernumgebung	Test Theorie-verwendung
Vorstellung Fallmethode	1. Übungsfallbearbeitung	Reflexion: subjektiver Ertrag und Reichweite von Fallarbeit
Didaktische Modelle, theor. Konzepte	Austausch über Übungsfall 1	
	2. Übungsfallbearbeitung	
Wissenstest	3. Übungsfallberabeitung	
	Austausch über Übungsfalle 2 & 3	Evaluation
4 Sitzungen	**6 Sitzungen**	**3 Sitzungen**

Abbildung 2: Ablaufschema der Lehrveranstaltung zum professionellen Handeln Lehrender im Hochschulstudium (Digel et al., 2012, S. 117)

Phase 2: Training

Die zweite Veranstaltungsphase, die sechs Sitzungen des wöchentlichen Seminars bzw. einer 14-tägigen E-Learning-Phase im Blockseminar umfasste, bildete jeweils den Kern der Seminare. Nach einem näheren Vertrautwerden mit der Lernumgebung standen drei in selbstgesteuerter Kleingruppenarbeit realisierte Übungsfallanalysen im Mittelpunkt, die jeweils in anderthalb Stunden bearbeitet wurden. Über eine wiederholte Analyse und Diskussion der Videofälle in aufeinander folgenden Einzel- sowie Kleingruppenarbeitsphasen, sollte die Wahrnehmung der Lernenden differenziert und deren Urteilsfähigkeit entwickelt werden. Die Rolle der_des Leitenden konzentrierte sich dabei auf ein Moderieren und Impulsgeben zur Strukturierung der präsenzförmig in face-to-face-Interaktion bzw. netzgestützt vom heimischen Computer aus per Voicechat realisierten Bearbeitungsprozesse.

Phase 3: Abschluss

Zum Abschluss der Seminare (im Umfang von vier Präsenzsitzungen im Rahmen des wöchentlichen Seminars bzw. einer Tagesveranstaltung im Rahmen des Blended-Learning-Seminars) waren die Teilnehmenden aufgefordert, eine Abschlussfallanalyse anzufertigen, anhand derer die Entwicklung ihrer Diagnosekompetenzen gemessen werden sollte (Posttest). Mit einer Einheit zur Ergebnissicherung und -reflexion der Erfahrungen vor dem Hintergrund des angeeigneten Wissens und der erworbenen diagnostischen Fähigkeiten fand eine gemeinsame Evaluation des Lernertrags und Veranstaltungskonzepts zur Professionalisierung pädagogischen Handelns statt. Die Befunde dieser Evaluation sollen im Folgenden deskriptiv berichtet werden.

4. Allgemeine Befunde zur Akzeptanz

In dem dargestellten Beispiel nahmen neben einer allgemeinen Einschätzung zur Akzeptanz der Fälle und Fallbearbeitungsformen insbesondere die Evaluation der inhaltlichen Qualität der Materialien zum gezielten Aufbau prozeduralen Wissens sowie der Analyse und Reflexion pädagogischen Handelns einen hohen Stellenwert ein. Während die Akzeptanz und Lernerfolgseinschätzungen aus Sicht der Teilnehmenden mittels einer standardisierten Fragebogenerhebung umgesetzt wurden, konnten die Dozent_innen der Seminare leitfragengestützte Interviews zu Ihren Eindrücken schildern.

Sowohl bei den Studierenden als auch den Dozent_innen findet die Fallarbeit hohen Anklang. Die eingesetzten Videofallbeispiele stellen aus Sicht der teilnehmenden Studierenden reale Praxisanforderungen und mit ihnen verbundene Gestaltungsfragen dar (93,8%). Die Lernmaterialien werden von ihnen zu 90,6% als praxisnah und unmittelbar handlungsrelevant eingestuft. Die wiederholte Fallarbeit trägt für 90% der Studierenden dazu bei, praktische Situationen differenzierter wahrzunehmen sowie diese in ihrer Vielschichtigkeit besser zu verstehen. Aufgrund der Fallarbeit fühlen sich nahezu alle Teilnehmer_innen gut darauf vorbereitet, künftig eigenen Unterricht zu planen, umzusetzen und zu evaluieren.

Betrachtet man die Umsetzungsform der beiden Seminare im Vergleich, wurde die Präsenzveranstaltung gegenüber dem Kompaktangebot als ertragreicher bewertet. Ca. 30% der Teilnehmenden an dem Kompaktseminar hätten die Veranstaltung rückblickend lieber als wöchentliche Veranstaltung besucht, um mehr Zeit auf die Bearbeitung der Fälle verwenden sowie sich über einen längeren und mit Pausen versehenen Zeitraum mit den Lernmaterialien auseinander setzen zu können. Einen höheren Zeitbedarf als Wunsch äußerten die Studierenden der Präsenzangebote nur zu 3,9%. Neben der für sie angemessenen Bearbeitungszeit beurteilten sie auch das Element des face-to-face-Austausches über die Fälle zu ca. 76% als positiv. Dem gegenüber konnten nur 46,4% der Studierenden der Kompaktveranstaltungen in Blended-Learning-Format sich für die netzgestützte Austauschform begeistern. In der Bearbeitung der Fälle selbst hätten sich alle Teilnehmenden unabhängig ihres Veranstaltungsformats gern mehr Unterstützung zur Analyse und ein stärkeres inhaltliches Einbringen der Dozent_innen gewünscht.

Die dargestellten Ergebnisse decken sich weitgehend mit den Äußerungen der Dozent_innen in den Interviews: Auch sie betrachten das Fallarbeitskonzept zu 89,4% als inhaltlich und methodisch gut durchdacht. Für 93,7% der Dozent_innen handelt es sich dabei um einen Ansatz, der den Bedarfen angehender Lehrkräfte, sich möglichst frühzeitig im Studium mit Praxisanforderungen auseinandersetzen zu können, entspricht und es ihnen möglich macht handlungsleitendes Wissen aufzubauen.

Ihre durch das Fallarbeitskonzept definierte Moderatorenrolle in der Begleitung der Fallarbeit empfanden die Dozent_innen zu 56,7% als schwierig. Sie sehen sich zu 53,4% eher als Wissensvermittler an und sind zu 51,8% der Ansicht, dass diese Rolle der Erwartungshaltung der Studierenden im Hochschulkontext eher entspricht. Weiter wurden bei 40% der Dozent_innen Unsicherheiten in der technischen Handhabung der Lernumgebung für die Videobearbeitung laut. Sie äußerten zu 47,3% den Bedarf einer umfassenderen Vorbereitung und begleitenden Unterstützung in der Durchführung fallbasierter Bildungsangebote.

5. Fazit und Perspektiven

Insgesamt betrachtet lässt sich festhalten, dass das Lernangebot der Bearbeitung von realen Fällen für Lehrende eine unmittelbare Praxisnähe und Handlungsrelevanz mit sich bringt, die für eine hohe Akzeptanz unter den bisherigen Nutzer_innen der Videofallarbeit sorgt.

Bezüglich der Veranstaltungsformate schneidet das präsenzförmig und wöchentlich angebotene Seminar im Vergleich zu dem Kompaktangebot in Blended-Learning-Format deutlich besser ab, wobei vor allem das höhere Zeitausmaß sowie der direkte Austausch mit den anderen Lernenden als vorteilhaft erachtet wurden.

In Betrachtung der bisherigen Befunde zu den Erfahrungswerten fällt jedoch auch auf, dass das durchgängig vorhandene inhaltliche Interesse an dem Online-Fall-Laboratorium rasch an Grenzen stößt, wenn es darum geht, Fallarbeitsprozesse methodisch und medial zu begleiten. Die technische Bedienung der Lernumgebung stellt dabei eine gewisse Herausforderung für Dozent_innen dar. Die notwendige Förderung der Medienkompetenzen verlangt eine Entwicklung und Umsetzung von Fortbildungskonzepten für Moderatoren zur Nutzung des Online-Fall-Laboratoriums. Diese Qualifizierungskonzepte stellen eine Weiterentwicklungsoption dar, um die Implementation des Online-Fall-Laboratoriums weiter voranzutreiben und seine Multiplikation in der Praxis in unterschiedlichen Bildungskontexten zu begünstigen. Eine nächste Entwicklungsoption des Online-Fall-Laboratoriums könnte in dessen Erweiterung zu einer Lehrplattform bestehen, die neben den Fällen und ergänzenden Arbeitsmaterialien auch andere Wissens- und Trainingsbausteine vorhält, die den Aufbau professionellen prozeduralen Wissens von Lehrenden fördern können.

Literatur

Boud, D. & Feletti, G.I. (Hrsg.) (1997). *The challenge of problem-based learning* (2. Aufl.). London: Kogan Page.

Bromme, R. (1992). *Der Lehrer als Experte: Zur Psychologie des professionellen Wissens.* Bern: Huber.

Brophy, J. (Hrsg.). (2004). *Using video in teacher education.* Amsterdam: Elsevier.

Digel, S., Goeze, A. & Schrader, J. (2012). *Aus Videofällen lernen – Einführung in die Praxis für Lehrkräfte, Trainer und Berater.* Bielefeld: Bertelsmann.

Goeze, A., Zottmann, J., Schrader, J. & Fischer, F. (2010). Instructional support for case-based learning with digital videos: Fostering pre-service teachers' acquisition of the competency to diagnose pedagogical situations. In D. Gibson & B. Dodge (Hrsg.), *Proceedings of the Society for Information Technology & Teacher Education International Conference (SITE), San Diego, CA* (pp. 1098–1104). Chesapeake, VA: AACE.

Goeze, A., Hetfleisch, P. & Schrader, J. (2013). Wirkungen des Lernens mit Videofällen bei Lehrkräften: Welche Rolle spielen instruktionale Unterstützung, Personen- und Prozessmerkmale? *Zeitschrift für Erziehungswissenschaft, 16*, 79–113.

Gruber, H. (2004). *Kompetenzen von Lehrerinnen und Lehrern – Ein Blick aus der Expertiseforschung* (Forschungsbericht Nr. 13). Regensburg: Universität Regensburg.

Hattie, J. A. C. (2009). *Visible learning: A synthesis of over 800 meta-analyses relating to achievement.* London: Routledge.

Kunter, M., Baumert, J., Blum, W., Klusmann, U., Krauss, S. & Neubrand, M. (Hrsg.). (2011). *Professionelle Kompetenz von Lehrkräften. Ergebnisse des Forschungsprogramms COACTIV.* Münster: Waxmann.

Krammer, K. & Reusser, K. (2005). Unterrichtsvideos als Medium der Aus- und Weiterbildung von Lehrpersonen. *Beiträge zur Lehrerbildung, 23*(1), 35–50.

Lave, J. & Wenger, E. (1991). *Situated learning: Legitimate peripheral participation.* Cambridge: University Press.

Lipowsky, F. (2006). Auf den Lehrer kommt es an. Empirische Evidenzen für Zusammenhänge zwischen Lehrerkompetenzen, Lehrerhandeln und dem Lernen der Schüler. In C. Allemann-Ghionda & E. Terhart (Hrsg.), *Kompetenzen und Kompetenzentwicklung von Lehrerinnen und Lehrern. Zeitschrift für Pädagogik*, 51. Beiheft, S. 47–50.

Merseth, K. (1996). Cases and Case Methods in Teacher Education. In J. Sikula (Hrsg.), *Handbook of Research on Teacher Education* (S. 722–744). New York: MacMillan Publishing Company.

Nittel, D. (1998). Das Projekt „Interpretationswerkstätten". Zur Qualitätssicherung didaktischen Handelns. In J. H. Knoll (Hrsg.), *Grundlagen der Weiterbildung – Praxishilfen* (S. 1–16). Neuwied: Luchterhand.

Nittel, D. (2000). *Von der Mission zur Profession? Stand und Perspektiven der Verberuflichung in der Erwachsenenbildung.* Bielefeld: Bertelsmann.

Oser, F. K. (2001). Standards: Kompetenzen von Lehrpersonen. In F. K. Oser & J. Oelkers (Hrsg.), *Die Wirksamkeit der Lehrerbildungssysteme. Von der Allrounderbildung zur Ausbildung professioneller Standards* (S. 215–342). Zürich: Rüegger.

Penuel, W. R. & Yarnell, L. (2005). Designing handhold software to support classroom assessment: An analysis of conditions for teacher adoption. *Journal of Technology, Learning, and Assessment, 3*, 1–46.

Research voor Beleid (2008). *ALPINE – Adult Learning Professions in Europe. A study of the current situation, trends and issues. Final report.* Zoetermeer.

Richardson-Koehler, V. (1987). What Happens to research on the way to practice? *Theory Into Practice, 26*, 38–43.

Schrader, J., Hohmann, R. & Hartz, S. (Hrsg.). (2010). *Mediengestützte Fallarbeit: Konzepte, Erfahrungen und Befunde zur Kompetenzentwicklung von Erwachsenenbildnern.* Bielefeld: W. Bertelsmann.

Sherin, M. G., Jacobs, V. R. & Philipp, R. A. (Hrsg.). (2011). *Mathematics teacher noticing: Seeing through teachers' eyes.* New York; London: Routledge.

Shulman, J. H. (Hrsg.). (1992). *Case methods in teacher education.* New York: Teachers College Press.

Spiro, R. J., Collins, B. P., Thota, J. J. & Feltovich, P. J. (2003). Cognitive flexibility theory. Hypermedia for complex learning, adaptive knowledge application, and experience acceleration. *Educational Technology, 42*(5), 5–11.

Tietgens, H. (1988). Professionalität für die Erwachsenenbildung. In W. Gieseke (Hrsg.). *Professionalität und Professionalisierung* (S. 28–75). Bad Heilbrunn: Klinkhardt.

Zur weiteren Information siehe: www.videofallarbeit.de (Gastzugang vorhanden)

Unterrichts- und Schulentwicklung
durch forschende Lehrpersonen

Christin Laschke, Simone Dunekacke und Sigrid Blömeke

Forschungsorientierte Lehr-Lernmethoden in der Mathematiklehrer_innenausbildung in vergleichender Perspektive

1. Einleitung

Ein wesentlicher kulturübergreifender Einflussfaktor auf Schüler_innenleistungen ist die Unterrichtsqualität (Hattie, 2009; Kunter, Baumert, Blum, Klusmann, Krauss & Neubrand, 2011). Diese ist angewiesen auf fachlich und pädagogisch kompetente Lehrkräfte. Während in den letzten beiden Jahrzehnten eine Vielzahl internationaler Vergleiche von Schüler_innenleistungen durchgeführt wurde (z.B. Mullis, Martin & Foy, 2008; Klieme, Artelt, Hartig, Jude, Köller, Prenzel, Schneider & Stanat, 2010), war die Forschungslage zu den Kompetenzen und den Studienbedingungen von Lehrkräften lange Zeit unbefriedigend.

Diesem Forschungsdefizit begegnete die internationale Vergleichsstudie *Teacher Education and Development Study: Learning to Teach Mathematics* (TEDS-M)[1], indem neben dem professionellen Wissen (Weinert, 1999) von angehenden Mathematiklehrkräften am Ende ihrer Ausbildung in 16 Teilnehmerländern institutionelle Rahmenbedingungen der Ausbildung und individuelle Merkmale der angehenden Lehrkräfte erfasst wurden (Tatto, Schwille, Senk, Ingvarson, Rowley, Peck, Bankov et al., 2012). Damit leistete TEDS-M einen wichtigen Beitrag zur Forschung über die Lehrer_innenausbildung in vergleichender Perspektive. Die Studie lieferte erstmals eine repräsentative Datenbasis über Gestaltung und Resultate der Lehrer_innenausbildung.

Entsprechend des Titels dieses Bandes ist das Anliegen dieses Aufsatzes zunächst, die Kernergebnisse von TEDS-M zu präsentieren, um aufzuzeigen, inwieweit TEDS-M einen Beitrag zur Forschung *für* die Lehrer_innenbildung leisten konnte. Um dem zweiten Aspekt, der Forschung *in* der Lehrer_innenbildung, Rechnung zu tragen, wird darüber hinaus die im Rahmen von TEDS-M erhobene Forschungsorientierung in der Lehrer_innenbildung in Deutschland im internationalen Vergleich fokussiert.

In diesem Beitrag werden dementsprechend zuerst einige zentrale Befunde zusammengefasst, die auf Basis der TEDS-M-Daten gewonnen werden konnten, um einen Überblick über den Stand der Forschung in diesem Kontext zu geben. Im Anschluss werden die Konzeption und die Instrumente der TEDS-M-Studie vorgestellt, um dann mit Fokus auf angehende Sekundarlehrkräfte im Fach Mathematik die Kernergebnisse zum Wissensumfang der angehenden Mathematiklehrkräfte am Ende der Ausbildung

---

[1] TEDS-M wurde von der *International Association for the Evaluation of Educational Achievement (IEA)*, der US-amerikanischen *National Science Foundation* (REC 0514431) und den TEDS-M-Teilnehmerländern gefördert. In Deutschland erfolgte eine Förderung durch die Deutsche Forschungsgemeinschaft (DFG BL 548/3-1). Alle Darlegungen in diesem Beitrag stammen von den Autorinnen und spiegeln nicht notwendigerweise die Ansichten der IEA, der NSF oder der DFG wider.

im Ländervergleich zu dokumentieren. In einem zweiten Schritt werden die in der Mathematiklehrer_innenausbildung gebotenen Lerngelegenheiten in den Blick genommen, wobei insbesondere die Forschungsorientierung innerhalb der deutschen Lehrer_innenbildung im internationalen Vergleich sowie in Relation zu weiteren Methoden des Lehrens und Lernens betrachtet wird.

2.   Forschungsstand und Fragestellung

Bisherige Analysen auf der Basis von TEDS-M-Daten im Hinblick auf die Frage, welche Faktoren das Leistungsniveau von angehenden Mathematiklehrkräften am Ende ihrer Ausbildung bedingen, haben gezeigt, dass sowohl individuelle Merkmale als auch institutionelle Rahmenbedingungen mit dem erreichten Leistungsniveau der Studierenden in Beziehung stehen (Blömeke, Kaiser & Döhrmann, 2011; Blömeke, Suhl, Kaiser & Döhrmann, 2012). Ausgehend von der deutschen Stichprobe wurde mit Fokus auf angehende Mathematiklehrkräfte, die eine Lehrberechtigung für die Sekundarstufe I anstreben, im Detail gezeigt, dass soziodemographische, affektiv-motivationale – insbesondere die intrinsisch-fachliche und die intrinsisch-pädagogische Motivation (Laschke & Blömeke, 2014) – und kognitive Merkmale sowie der Umfang an Lerngelegenheiten, die im Rahmen der Ausbildung wahrgenommen wurden, Unterschiede im Wissensniveaus am Ende der Mathematiklehrer_innenausbildung erklären (Laschke, 2013). Für Grundschullehrkräfte waren auf individueller Ebene der Umfang an wahrgenommenen mathematikdidaktischen und pädagogischen Lerngelegenheiten sowie auf institutioneller Ebene die gebotenen pädagogischen Lerngelegenheiten und der Ausbildungsgang wichtige Prädiktoren für das im Rahmen der Lehrer_innenausbildung erworbene Pädagogikwissen. Darüber hinaus erwiesen sich die erfahrenen forschungsorientierten Lehr-Lernmethoden als relevante Einflussfaktoren auf individueller Ebene und waren eng verknüpft mit den mathematikdidaktischen Inhalten (Blömeke & König, 2011).

Die bisherigen Befunde aus TEDS-M bestätigen damit die Befunde aus der Schul- und Unterrichtsforschung, wonach die im Folgenden aufgeführten individuellen Merkmale von Lernenden und institutionellen Rahmenbedingungen Prädiktoren für Leistung sind. Als individuelle Merkmale werden dabei insbesondere soziodemographische (Ehmke & Jude, 2010; Stanat, Rauch & Segeritz, 2010), kognitive (Helmke & Schrader, 2006) und affektiv-motivationale Merkmale (Möller, 2008) genannt. Auf der institutionellen Ebene gelten die erfahrenen Lerngelegenheiten (Helmke, 2008) als Prädiktoren für Schüler_innenleistungen.

Diese Ergebnisse können Anregungen für weitere Forschung zur Lehrer_innenausbildung und Implikationen für deren Verbesserung in Deutschland liefern. Die wichtige Rolle der individuellen Merkmale angehender Lehrkräfte für ihr Wissensniveau am Ende des Studiums gibt zunächst Anlass, über die Rekrutierungspraxis *vor Beginn* der Ausbildung nachzudenken, da das Vorwissen der Studierenden ausschlaggebend für den Wissenserwerb in der Lehrer_innenausbildung ist (Laschke, 2013). Zugleich zeigen die Befunde, wie wichtig die institutionellen Rahmenbedingungen *während der Ausbildung* für das Wissensniveau der angehenden Mathematiklehrkräfte sind. Lerngelegenheiten und die damit verknüpften Lehr-Lernmethoden bieten die Basis für eine erfolgreiche Ausbildung von Lehrkräften. Dabei wird im Kontext von Diskussionen zur Reform der Lehrer_innenausbildung immer wieder eine stärkere Orientierung an Forschung diskutiert (Terhart, 2000).

Im Rahmen von TEDS-M wurden über die Testung des Wissens der angehenden Lehrkräfte hinaus u.a. die Lerngelegenheiten erhoben. Dies schließt sowohl die studierten Themengebiete ein als auch die erfahrenen Lehr-Lernmethoden. Insofern ist es möglich, auf Basis repräsentativer Daten die Forschungsorientierung in der Lehrer_innenausbildung in Deutschland zu beschreiben. Bevor dies geschieht, wird im Folgenden zunächst der theoretische Rahmen der Studie dargelegt, indem das Konzept des Professionswissens als Facette der professionellen Kompetenz von Lehrkräften erläutert und die Bedeutung forschungsorientierter Lehr-Lernmethoden als Teil der gebotenen institutionellen Rahmenbedingungen diskutiert wird, bevor im Anschluss auf die Erfassung dieser Konstrukte in TEDS-M und deren Umfang in Deutschland eingegangen wird. Damit soll aufgezeigt werden, inwieweit TEDS-M zur Forschung über die Lehrer_innenbildung beitragen konnte und wie Deutschland im Vergleich zu den übrigen Teilnehmerstaaten in Bezug auf den Wissensumfang und im Hinblick auf die Forschungsorientierung innerhalb der Lehramtsausbildung aufgestellt ist.

3. Theoretischer Rahmen

3.1 Professionelle Kompetenz in TEDS-M

In Anlehnung an den Kompetenzbegriff von Weinert (1999) wurde in TEDS-M das professionelle Wissen angehender Lehrkräfte als ein wesentliches Moment professioneller Lehrer_innenkompetenzen gesehen. Überzeugungen zum Lehren und Lernen von Mathematik stellen weitere wichtige Kompetenzfacetten dar (Blömeke, Kaiser & Lehmann, 2010, S. 13). Im Mittelpunkt des vorliegenden Beitrags steht das professionelle Wissen der angehenden Lehrkräfte.

Das Professionswissen wurde in TEDS-M, ausgehend von den Arbeiten Shulmanns (1986), weiter ausdifferenziert (Blömeke, Kaiser & Lehmann, 2010, S. 169ff.), und zwar im Bereich mathematisches Fachwissen (*mathematical content knowledge*, MCK) und mathematikdidaktisches Wissen (*mathematical pedagogical content knowledge*, MPCK). Für Deutschland, Taiwan und die USA wurde darüber hinaus das allgemein-pädagogische Wissen (*general pedagogical knowledge*, GPK) erfasst, welches nach Shulman (1986) als ein wesentlicher Aspekt professioneller Kompetenzen gesehen werden kann, da es zur Vernetzung verschiedener beruflicher Anforderungen von Lehrkräften beiträgt. Insbesondere die Ausdifferenzierung des mathematischen und mathematik-didaktischen Wissens findet sich in ähnlicher Form auch in anderen nationalen und internationalen Studien zu professionellen Kompetenzen von Lehrkräften (Blömeke et al., 2010, S. 170).

3.2 Forschungsorientierte Lehr-Lernmethoden

Die Lehrer_innenausbildung steht seit jeher vor der Herausforderung, Theorie und Praxis miteinander zu verzahnen bzw. den Studierenden die Anwendung von Theoriewissen in der Praxis zu ermöglichen. Hierbei spielen die in der Ausbildung verwendeten Lehr-Lernmethoden eine zentrale Rolle (Blömeke, Felbrich, Müller, Kaiser & Lehmann, 2008). Immer wieder wird die Forderung nach forschendem Lernen gestellt, da „Forschung (…) als Strategie zur Bearbeitung komplexer Probleme gesehen werden [kann], wie sie auch im Berufsleben vorkommen, so dass im Zuge einer Beteiligung an Forschung erworbene Problemlösestrategien in die Berufstätigkeit transferiert werden können" (Fichten, 2010, S. 132).

Bastian, Combe, Hellmer, Hellrung & Merziger (2003) verweisen darauf, dass gerade im Kontext der Lehrer_innenausbildung ein schwieriges Verhältnis der Studierenden zur Forschung gegeben ist, indem es – anders als in vielen anderen universitären Studiengängen – oftmals eher um das Rezipieren von Forschungsergebnissen und weniger um die aktive Teilnahme an deren Entstehen geht. Das „(Er)lernen von Forschung" und das „Lernen durch Forschung" (Bastian et al., 2003, S. 153f.) können aber als zwei zentrale Momente des forschenden Lernens gesehen werden.

Beim „(Er)lernen von Forschung" sollen sich die Studierenden mit den Phasen und Methoden des Forschungsprozesses selbst vertraut machen. Das „(Er)lernen von Forschung" kann dazu beitragen, eigene Überzeugungen kritisch zu hinterfragen und einen *forschenden Habitus* auszubilden, der unter Umständen bis in die spätere Berufstätigkeit erhalten werden kann (Bastian et al., 2003). Das „Lernen durch Forschung" ermöglicht den Studierenden demgegenüber den Erwerb von allgemeinen und inhaltsbezogenen Kompetenzen. Hierzu zählen z.B. Team- und Kooperationsfähigkeit, aber auch die konkrete Verzahnung von wissenschaftlichen Erkenntnissen mit praktischen Problemen (Bastian et al., 2003). Mit dem forschenden Lernen wird also der Anspruch vertreten, dass die Studierenden einerseits inhaltliches Wissen erwerben bzw. anwenden und andererseits Methoden für einen reflexiven Umgang mit den komplexen Situationen ihres späteren beruflichen Alltags erwerben (Helsper, 2000). Helsper (2000) sieht beispielsweise in der theoriegeleiteten Fallrekonstruktion eine Möglichkeit der Verzahnung von erziehungswissenschaftlichen und fachdidaktischen Inhalten der Ausbildung. Aus den Studien zur professionellen Kompetenz sind bislang eher mittlere Zusammenhänge zwischen dem pädagogischen und dem fachbezogenem bzw. fachdidaktischen Wissen bekannt (Blömeke & König, 2010). Der von Helsper vorgeschlagene Ansatz könnte hier möglicherweise zu einer stärkeren Vernetzung des Wissens beitragen, da in der Analyse von Unterrichtsbeispielen immer verschiedene Aspekte des Unterrichts thematisiert werden sollten.

Die Frage, wie forschendes Lernen umgesetzt werden kann wird dabei kontrovers diskutiert (Huber, 2003; Altrichter & Mayr, 2004; Fichten, 2010). Huber (2003) sieht einen ersten Schritt darin, in universitären Veranstaltungen den Forschungsprozess sichtbar werden zu lassen und nicht ausschließlich Ergebnisse zu rezipieren. Dieser Schritt beinhaltet z.B. eine kritische Diskussion von Forschungsergebnissen und einen Diskurs darüber, wie Ergebnisse entstehen und mit welchen Schwierigkeiten und auch Grenzen im Forschungsprozess zu rechnen ist (Huber, 2003).

Darüber hinaus ist es nach Huber (2003) unabdingbar, dass die Studierenden eigene Erfahrungen mit Forschung bzw. Forschungstätigkeit machen. Dabei sind verschiedene Realisierungsformen denkbar. Huber (2003) nennt z.B. die Recherche und Strukturierung von Literatur, Fallstudien (Analyse konkreter Unterrichtssituationen), das Durchführen von kleinen Forschungsvorhaben in Universitätsseminaren, Beteiligung an realen Forschungsvorhaben (z.B. als Hilfskraft), eigene empirische Untersuchungen im Rahmen von Abschlussarbeiten u.a.

Altrichter & Mayr (2004) diskutieren ebenfalls, dass forschendes Lernen in der Lehrer_innenausbildung auf unterschiedlichen Ebenen eingebunden werden kann. Auch bei ihnen steht am Anfang die „Wissensrezeption" und „basale Methodenkompetenzen" (ebd., S. 170). Hierunter fällt für sie das Lesen und kritische Diskutieren von einschlägiger Forschungsliteratur. Auf den nächsten drei Stufen sehen sie wie Huber (2003) eine punktuelle Beteiligung von Studierenden, was z.B. in der Fallanalyse, der Beteiligung an Forschungsprojekten oder der Realisierung von eigenen kleinen Forschungsprojekten geschehen kann (Altrichter & Mayr, 2004). Eine letzte Stufe, die außerhalb der Erstausbildung liege, sei Forschung mit der scientific community als Zielgruppe und der Rezeption der Ergebnisse in wissenschaftlichen Diskursen (ebd.). Zumbach & Moser (2012) schlagen vor diesem Hintergrund vor, forschendes Lernen nicht als „dichotome Kategorien" (S. 222) im Sinne von „findet statt" oder „findet nicht statt" zu betrachten, sondern viel mehr von einem Kontinuum auszugehen, das sich zwischen den von Huber (2003) sowie Altrichter und Mayr (2004) beschriebenen Polen der Rezeption und Diskussion wissenschaftlicher Erkenntnisse bzw. der Produktion eigener wissenschaftlicher Ergebnisse bewegt.

4. Untersuchungsdesign

4.1 Stichprobe

TEDS-M fokussierte angehende Primar- und Sekundarlehrkräfte für das Fach Mathematik im letzten Jahr ihrer Lehrer_innenausbildung (Tatto, Schwille, Senk, Rodriguez, Bankov, Reckase, Ingvarson, et. al., 2009; Tatto et al., 2012). Dem vorliegenden Beitrag liegt die Stichprobe der zukünftigen Mathematiklehrkräfte zu Grunde, die eine Lehrberechtigung für die Sekundarstufe I anstreben. Die Erhebung wurde in 16 Ländern durchgeführt (Tabelle 1). Insgesamt wurden in die Sekundarstufenstudie von TEDS-M in den beteiligten Ländern 8185 angehende Lehrkräfte einbezogen, wobei Kanada aufgrund mangelnden Rücklaufs nachträglich ausgeschlossen wurde.

Tabelle 1: Teilnahmeländer der Sekundarstufen-I-Studie von TEDS-M

Botswana	Chile	Deutschland	Georgien
(Kanada)	Malaysia	Norwegen	Oman
Philippinen	Polen	Russland	Schweiz
Singapur	Taiwan	Thailand	USA

Je nach Gestaltung der Lehrer_innenausbildung in den Teilnehmerstaaten unterschieden sich die Ausbildungsgänge. Eine Lehrberechtigung für die Klassenstufe 8 wurde als gemeinsames Kriterium festgelegt. In Deutschland umfasst diese Definition sowohl angehende Mathematiklehrkräfte mit einer Lehrberechtigung für die Klassenstufen 1 bis 9/10 (Grund-, Haupt- und Realschullehrkräfte; GHR), für die Klassenstufen 5/7 bis 9/10 (Haupt- und Realschullehrkräfte; HR) oder 5/7 bis 12/13 (Gymnasial- und Gesamtschullehrkräfte; GyGS) (Blömeke et al., 2010).

Die Stichprobenziehung folgte einem mehrstufigen stratifizierten Sampling-Design mit Zufallsziehungen repräsentativer Einheiten sowohl auf der Ebene der Ausbildungsinstitutionen (in Deutschland Studienseminare aller 16 Bundesländer) als auch auf der Ebene der angehenden Mathematiklehrkräfte. In Deutschland bildeten die drei beschriebenen Ausbildungsgänge ein explizites und die Bundesländer ein implizites Stratum. Insgesamt wurden in Deutschland 771 angehende Mathematiklehrkräfte im letzten Jahr ihrer zweiten Phase der Lehrer_innenausbildung, dem Referendariat, getestet und befragt.

4.2 Instrumente

4.2.1 Professionelles Wissen von Mathematiklehrkräften

Um das Wissen der angehenden Mathematiklehrkräfte in den 16 TEDS-M-Teilnehmerstaaten zu erfassen, wurden diese auf ihr mathematisches (MCK) und mathematikdidaktisches Wissen (MPCK) hin getestet. Darüber hinaus erfolgte die Testung des allgemeinpädagogischen Wissens (PCK), als nationale Option, in Deutschland, Taiwan und USA.

Das mathematische Wissen wurde mit Hilfe von 74 Items, das mathematikdidaktische mit 27 Items und das allgemeinpädagogische Wissen mit 77 Items getestet.[2] MCK wurde zum überwiegenden Teil anhand von Multiple-Choice- bzw. Complex-Multi-

---

2   Aufgrund der breiten Konstrukte war eine hohe Anzahl von Testitems erforderlich, die in einem Balanced-Incomplete-Blockdesign eingesetzt wurden (Adams & Wu, 2002). Die Leistungstests wurden, basierend auf Item-Response-Modellen der Rasch-Familie, mit Hilfe der Software *Conquest* (Wu, Adams, Wilson & Haldane, 2007) skaliert, wobei das eindimensionale Raschmodell für dichotome Items und das Partial-Credit-Modell für mehrstufige Items eingesetzt wurden (Tatto et al., 2012). Um die unterschiedliche Größe der Teilnehmerländer auszugleichen, wurden diese gewichtet. Die resultierenden Personenparameter wurden im Interesse besserer Lesbarkeit auf einen Mittelwert von 500 und eine Standardabweichung von 100 linear transformiert. Die Skalierung erfolgte für die drei Dimensionen MCK, MPCK und GPK getrennt (Tatto et al., 2009). Die guten Reliabilitäten der Leistungsmaße (WLE zwischen 0,70 und 0,91) deuten darauf hin, dass diese sich für den Ländervergleich eignen.

ple-Choice-Aufgaben und MPCK mit einem Drittel an Constructed-Response-Items geprüft. Für die Testung des allgemeinpädagogischen Wissens wurden für mehr als die Hälfte der Aufgaben offene (Constructed-Response) Antwortformate verwendet.

Im MCK-Test wurden vier Subdimensionen abgedeckt: Arithmetik (27 Items), Algebra (22 Items), Geometrie (23 Items) und Stochastik (4 Items). Als kognitive Anforderungen ging es um das Erinnern von Wissen, um das Anwenden und um das Generieren von Handlungsoptionen bzw. Bewerten. Abbildung 1 zeigt exemplarisch wie Mathematikwissen im Bereich Geometrie erfasst wurde. Das Item entspricht der mittleren Schwierigkeitsstufe und der kognitiven Anforderung des Anwendens von Wissen. Es handelt sich um ein so genanntes Partial-Credit-Item, d.h. dass es nur dann als vollständig richtig gelöst bewertet wurde, wenn alle drei Teilaufgaben richtig beantwortet wurden. Wurden nur eine oder zwei Teilaufgaben richtig beantwortet, wurde das Item als teilweise richtig gewertet.

Der Test für die Erfassung von Didaktikwissen beinhaltete curriculares und planungsbezogenes Wissen (12 Items) sowie interaktionsbezogenes Wissen (15 Items). Zum Beispiel wurde eine Aufgabe mit vier Items zur Erfassung des mathematikdidaktischen Wissens gestellt, die der Subdimension curriculares und planungsbezogenes Wissen zuzuordnen sind und ein mittleres Schwierigkeitsniveau haben (Abb. 2).

Allgemeinpädagogisches Wissen wurde für die Dimensionen Strukturierung von Unterricht (5 Items), Umgang mit Heterogenität (8 Items), Klassenführung und Motivation (16 Items) sowie Leistungsbeurteilung (10 Items; Blömeke et al., 2010) getestet. Ein Item zur Erfassung der Subdimension Leistungsbeurteilung mit der kognitiven Anforderung Erinnern wird in Abb. 3 präsentiert.

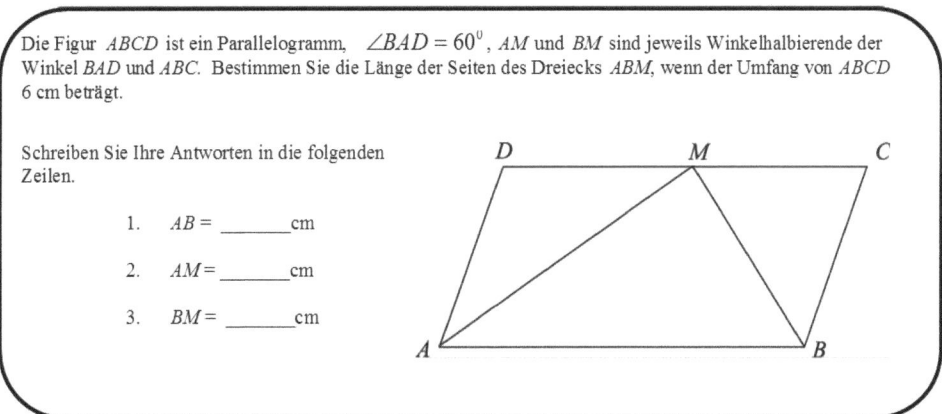

Die Figur $ABCD$ ist ein Parallelogramm, $\angle BAD = 60^0$, AM und BM sind jeweils Winkelhalbierende der Winkel BAD und ABC. Bestimmen Sie die Länge der Seiten des Dreiecks ABM, wenn der Umfang von $ABCD$ 6 cm beträgt.

Schreiben Sie Ihre Antworten in die folgenden Zeilen.

1. $AB =$ _____ cm

2. $AM =$ _____ cm

3. $BM =$ _____ cm

Abbildung 1: Item zum mathematischen Fachwissen (richtige Lösungen: AB = 2 cm, AM = Wurzel aus 3 oder Äquivalent, BM = 1 cm), Quelle: Laschke & Blömke, 2014.

Ein Mathematiklehrer möchte einigen Schüler(inne)n zeigen, wie die Formel zum Lösen quadratischer Gleichungen hergeleitet werden kann.

Entscheiden Sie, ob die folgenden Kenntnisse benötigt werden, um die Herleitung zu verstehen.

Kreuzen Sie ein Kästchen pro Zeile an.

		Nötig	Nicht nötig
A.	Wie man lineare Gleichungen löst.	☐	☐
B.	Wie man Gleichungen der Form $x^2 = k$ löst, wobei $k > 0$.	☐	☐
C.	Wie man das Quadrat eines Trinoms ergänzt.	☐	☐
D.	Wie man komplexe Zahlen addiert und subtrahiert.	☐	☐

Abbildung 2: Items zum mathematikdidaktischen Wissen (richtige Lösungen: A = nötig, B = nötig, C = nötig, D = nicht nötig), Quelle: Laschke & Blömke, 2014.

Wenn diagnostische Urteile fair und genau sein sollen, dann müssen sie drei Gütekriterien erfüllen. Welche sind das? Bitte nur ein Kästchen ankreuzen.

A.	Neutralität, Reliabilität, Veridikalität	o
B.	Objektivität, Reliabilität, Validität	o
C.	Objektivität, Reliabilität, Veridikalität	o
D.	Neutralität, Reliabilität, Validität	o

Abbildung 3: Item zum pädagogischen Wissen (richtige Lösung: B)

4.2.2   Forschungsorientiere Lehr-Lernmethoden

Neben der Testung des fachspezifischen und allgemeinpädagogischen Wissens wurden in TEDS-M auch die in der Mathematiklehrer_innenausbildung gebotenen Lerngelegenheiten erhoben, um Daten zum implementierten Curriculum zu gewinnen. Dazu wurde nach den mathematischen, mathematikdidaktischen und allgemeinpädagogischen Inhalten gefragt, die die angehenden Mathematiklehrkräfte belegt hatten, sowie nach den Lehr-Lernmethoden, die sie in ihrer Ausbildung erfahren haben (Laschke & Blömeke, 2014).

Für das mathematische Fachwissen wurde nach Inhalten der universitären Mathematik und der Schulmathematik gefragt (z.B. Mathematik vom höheren Standpunkt aus). Im Bereich des pädagogischen Wissens wurden sowohl theoretische Grundlagen der Pädagogik als auch praxisrelevante Aspekte wie z.B. der Umgang mit Heterogenität erfragt. Verschiedene Fragen bezogen sich auch auf die schulpraktischen Erfahrungen. Im Bereich des mathematikdidaktischen Wissens wurden ebenfalls theoretische Grundlagen erfragt.

Darüber hinaus wurde nach den erfahrenen Lehr-Lernmethoden gefragt. Insgesamt wurden 15 Items eingesetzt, die auf vierstufigen Likert-Skalen zu beantworten waren (ebd.). Die forschungsorientierten Lehr-Lernmethoden wurden dabei differenziert nach Lesen von fachspezifischen oder fachdidaktischen Forschungsarbeiten erhoben, sowie dem Lesen von Forschungsarbeiten zu Unterricht und Lernen und ob Unterrichtsbeispiele (z.B. Filme, Videoaufzeichnungen, Unterrichtstranskripte) analysiert wurden.

Neben diesen forschungsorientierten Aspekten wurden folgende weitere Lehr-Lernmethoden abgefragt:
- Lehr-Lernmethode „Zuhören" (Einzelitem)
- Lehr-Lernmethode „Gruppenarbeit" (Einzelitem)
- Lehr-Lernmethode „Aktive Beteiligung" (5 Items) (z.B. an Diskussionen beteiligen, Seminare gestalten)
- Lehr-Lernmethode „Problemlösen" (4 Items) (z.B. Beweise durchführen, mathematische Probleme lösen)

Der Konzeption zufolge lassen sich die im Rahmen von TEDS-M erfassten forschungsorientierten Lehr-Lernmethoden in das oben beschriebene Kontinuum einordnen, wonach die Pole zum einen aus dem Rezipieren und Diskutieren von Forschungsliteratur und zum anderen aus der Produktion von eigenen Forschungsergebnissen bestehen (Huber, 2003; Altrichter & Mayr, 2004; Zumbach & Moser, 2012). Die Lektüre von Forschungsarbeiten und die Analyse von Unterrichtsbeispielen stellen zwei Facetten forschungsorientierten Lernens dar. So verweisen Huber (2003) und Altrichter & Meyer (2004) auf die Fallanalyse als eine Möglichkeit, Lehramtsstudierende am Forschungsprozess teilhaben zu lassen. Die eingesetzten Items bilden jedoch nicht das gesamte Spektrum der Möglichkeiten forschungsorientierten Lehrens und Lernens ab. Bastian et al. (2003) betonen, dass sowohl das „(Er)lernen von Forschung" als auch das „Lernen durch Forschung" Gegenstand der Lehrerausbildung sein sollten. Über die Lektüre von Forschungsliteratur hinaus müsse der Forschungsprozess transparent gemacht werden (ebd.) und die Forschungsliteratur sollte kritisch diskutiert werden (Altrichter & Meyer, 2004). Inwieweit dies in der Ausbildung der TEDS-M-Teilnehmer_innen berücksichtigt wurde, lässt sich anhand der eingesetzten Items nicht rekonstruieren. Dies ist u.a. der Tatsache geschuldet, dass TEDS-M die Testung des Wissens der angehenden Lehrkräfte fokussiert und somit nur sehr begrenzte Zeit für die Abfrage individueller Merkmale und institutioneller Rahmenbedingungen zur Verfügung stand, so dass nicht alle wichtigen Facetten in den einzelnen Bereichen erfasst werden konnten.

5. Ergebnisse

5.1 Professionswissen am Ende der Lehrer_innenausbildung

Die absteigend gereihten Ergebnisse der Teilnehmerländer für das am Ende der Lehrer_innenausbildung vorliegende mathematische und mathematikdidaktische Wissen sind in Abb. 4ab dargestellt. Äquivalent zu den Befunden internationaler Vergleichsstudien zu Leistungen von Schülerinnen und Schülern zeigt sich in TEDS-M, dass sich die beteiligten ostasiatischen Länder Taiwan und Singapur im Hinblick auf das fachspezifische Wissen an der Leistungsspitze befinden, während Deutschland zusammen mit den USA im Mittelfeld verortet war. Am Ende der Leistungsskala liegen Botswana, Chile und Georgien.

In Bezug auf das allgemeinpädagogische Wissen weisen die angehenden Lehrkräfte in Deutschland, wie auch jene in Taiwan, hervorragende Leistungen aus (Tabelle 2), wobei sich ausweislich der Streuung die Leistungsspitze in Deutschland durch ein noch höheres Wissensniveau auszeichnet als jene in Taiwan (Blömeke et al., 2010).

Mathematische Kompetenz angehender Sekundarstufen-I-Lehrkräfte	
Land	**Mittelwert (SE)**
Taiwan	667 (3,9)
Russland	594 (12,8)
Singapur	570 (2,8)
Polen[***,1]	540 (3,1)
Schweiz[*]	531 (3,7)
Deutschland	**519 (3,6)**
USA[**,1,3]	505 (9,7)
International	500 (1,5)
Malaysia	493 (2,4)
Thailand	479 (1,6)
Oman	472 (2,4)
Norwegen[2,n]	444 (2,3)
Philippinen	442 (4,6)
Botswana	441 (5,3)
Georgien[1]	424 (8,9)
Chile[1]	354 (2,5)
IEA: Teacher Education and Development Study	© TEDS-M Germany

Mathematikdidaktische Kompetenz angehender Sekundarstufen-I-Lehrkräfte	
Land	**Mittelwert (SE)**
Taiwan	649 (5,2)
Russland	566 (10,1)
Singapur	553 (4,7)
Schweiz[*]	549 (5,9)
Deutschland	**540 (5,1)**
Polen[***,1]	524 (4,2)
USA[**,1,3]	502 (8,7)
International	500 (1,6)
Thailand	476 (2,5)
Oman	474 (3,8)
Malaysia	472 (3,3)
Norwegen[2,n]	463 (3,4)
Philippinen	450 (4,7)
Georgien[1]	443 (9,6)
Botswana	425 (8,2)
Chile[1]	394 (3,8)
IEA: Teacher Education and Development Study	© TEDS-M Germany

Abbildung 4a und 4b: Ländervergleich in TEDS-M, Quelle: Blömeke et al., 2010.

Tabelle 2: Pädagogisches Wissen

Pädagogische Kompetenzen angehender Sekundarstufen I-Lehrkräfte	
Land	Mittelwert (SE)
Deutschland	576 (4.9)
Taiwan	572 (3.2)
International	500 (2.2)
USA	440 (3.0)

5.2 Forschungsorientierte Lehr-Lernmethoden in der Lehrer_innenausbildung

Im Folgenden wird aufgezeigt, welchen Anteil die erfragten forschungsorientierten Lehr-Lernmethoden in der Mathematiklehrer_innenausbildung in Deutschland im Vergleich zu den übrigen TEDS-M-Teilnehmerstaaten haben. Dazu werden zunächst die relativen Häufigkeiten für die vier Antwortkategorien (nie, selten, gelegentlich, oft) dokumentiert. Anschließend wird darauf eingegangen, wie stark forschungsorientierte Lehr-Lernmethoden im Vergleich zu anderen Methoden des Lehrens und Lernens im Rahmen der Ausbildung in Deutschland vertreten sind. Fehlende Werte werden jeweils nicht berücksichtigt.

5.2.1 Häufigkeit forschungsorientierter Lehr-Lernmethoden im internationalen Vergleich

In Deutschland geben mehr als 60% der angehenden Mathematiklehrkräfte am Ende ihrer Ausbildung an, im Rahmen ihrer mathematikdidaktischen Lehrveranstaltungen nie mathematische Forschungsarbeiten gelesen zu haben (Tabelle 3). Im internationalen Vergleich zeigt sich, dass diese Kategorie in Deutschland mit Abstand am häufigsten angegeben wurde. Darüber hinaus haben 25% der Referendarinnen und Referendare in Deutschland selten Forschungsarbeiten aus dem Bereich Mathematik gelesen. Lediglich 10% haben gelegentlich mathematische Forschungsarbeiten gelesen und nur 4% oft.

Ähnliche Ergebnisse zeigen sich für das Lesen von mathematikdidaktischen Forschungsarbeiten in der Mathematiklehrer_innenausbildung. In keinem anderen TEDS-M-Teilnehmerland ist der Anteil, der nie mathematikdidaktische Forschungsarbeiten gelesen hat, so hoch wie in Deutschland (Abb. 5a). Äquivalent zum o. g. Ergebnis haben lediglich 4% „oft" Forschungsarbeiten im Bereich Mathematikdidaktik gelesen (Tabelle 3).

Tabelle 3: Forschungsorientierte Lehr-Lernmethoden in der Ausbildung von Mathematiklehrerinnen und Mathematiklehrern in Deutschland (Häufigkeiten und Standardfehler, SE)

Forschungs-orientiertes Lernen (deutsche Stichprobe)	Mathematische Forschungsarbeiten lesen		Mathematik-didaktische Forschungsarbeiten lesen		Forschungsarbeiten zu Unterricht und Lernen lesen		Unterrichts-beispiele analysieren	
	Häufigkeiten (in %)	SE	Häufigkeiten (in %)	SE	Häufigkeiten (in %)	SE	Häufigkeiten (in %)	SE
Nie	61,7	2,8	45,5	3,0	40,8	2,9	33,4	3,6
Selten	25,1	2,9	32,0	2,8	37,8	2,8	31,7	2,8
Gelegentlich	9,7	2,4	18,9	3,1	16,1	2,5	29,9	2,1
Oft	3,6	1,0	3,7	0,5	5,3	1,2	5,1	0,8

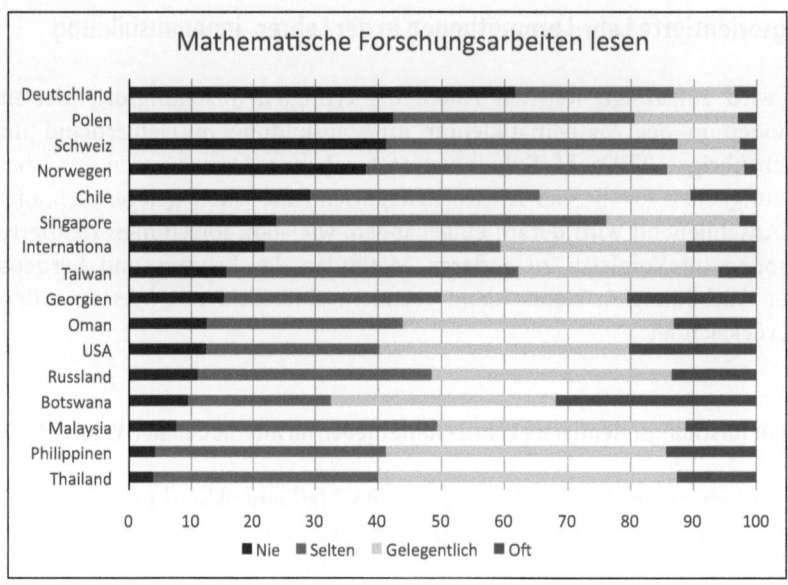

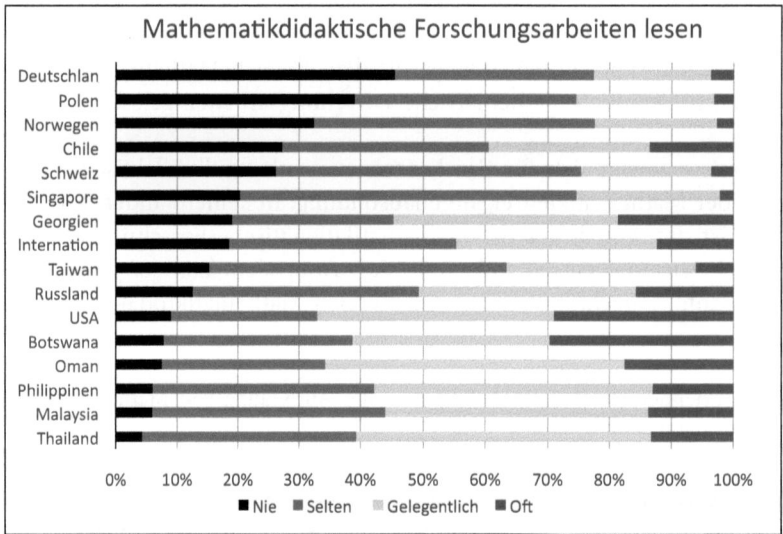

Abbildung 5a und 5b: Prozentualer Anteil der Antwortkategorien für die Items „Mathematische" bzw. „Mathematikdidaktische Forschungsarbeiten lesen"

Ein ähnliches Bild wie für das Lesen von mathematischen und mathematikdidaktischen Forschungsarbeiten zeigt sich für das Rezipieren von unterrichtsbezogenen Forschungsarbeiten und das Analysieren von Unterrichtsbeispielen (Abb. 6a, b). Deutsche Referendarinnen und Referendare geben wiederum am häufigsten an, dass dies nicht Gegenstand ihrer Ausbildung war. Dies betrifft etwas mehr als 40% der Befragten. Nur 5% der angehenden Lehrkräfte haben „oft" unterrichtsbezogene Forschungsarbeiten gelesen (Tabelle 3).

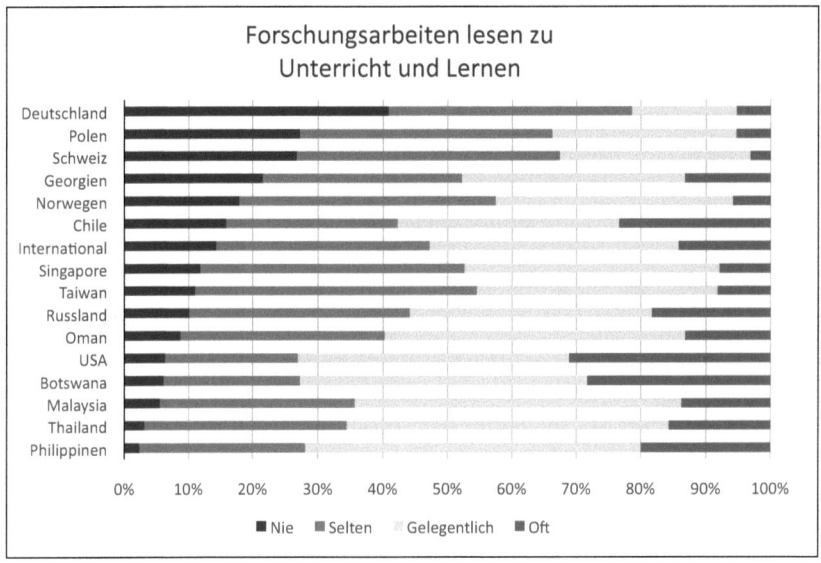

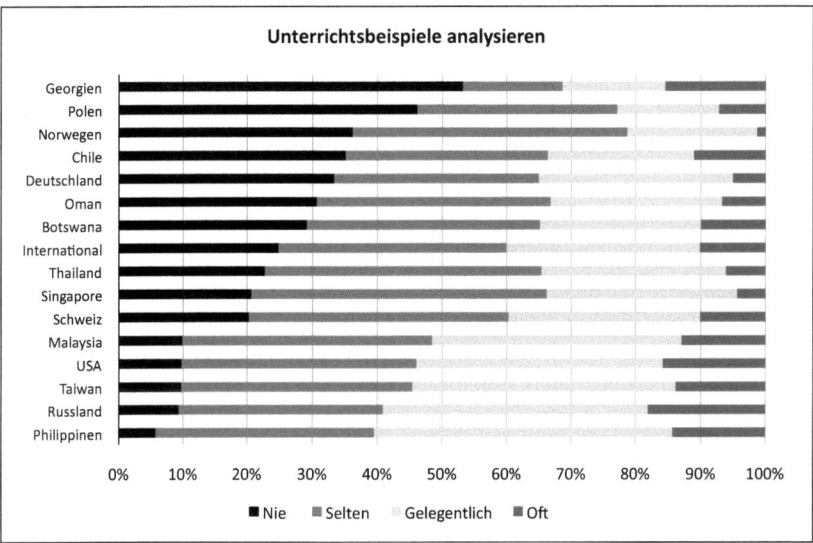

Abbildung 6a und 6b: Prozentualer Anteil der Antwortkategorien für die Items
„Forschungsarbeiten lesen zu Unterricht und Lernen" sowie
„Unterrichtsbeispiele analysieren"

Ein anderes Bild zeigt sich in Bezug auf das Analysieren von Unterrichtsbeispielen.
Diese Aktivität wird in der Literatur als ein wesentlicher Aspekt des forschungsorientierten Lernens genannt (Huber, 2003). Ihm kommt im Rahmen der Didaktikausbil-
dung in Deutschland mehr Beachtung zu. 35% der Studierenden gaben an, „gelegentlich" oder „oft" (5%) Unterrichtsbeispiele analysiert zu haben; auf die Kategorien „Nie"
bzw. „Selten" entfallen ebenfalls etwa ein Drittel. Die Ergebnisse für Deutschland entsprechen damit etwa dem internationalen TEDS-M-Mittel (Abb. 6b).

4.2.2 Profil der mathematikdidaktischen Ausbildung in Deutschland hinsichtlich der angewendeten Lehr-Lernmethoden

Ergänzend zu den berichteten Häufigkeitsverteilungen wird im Folgenden ein Profil der mathematikdidaktischen Ausbildung in Deutschland in Bezug auf die angewendeten Lehr-Lernmethoden entwickelt. Dies geschieht anhand von so genannten ipsativen Werten. Diese lassen sich als intraindividuelle Mittelwerte beschreiben, mit deren Hilfe das relative Gewicht eines Merkmals im Vergleich zu anderen beschrieben werden kann. Auf diese Weise wird also die Bedeutung forschungsorientierter Lehr-Lernmethoden im Vergleich zu weiteren Lehr-Lernmethoden ermittelt, die im Rahmen der Mathematikdidaktikausbildung angewendet wurden (Fischer, 2004).

Technisch gesehen wurden die genannten Lehr-Lernmethoden zu diesem Zweck zunächst z-transformiert, um sie im Sinne der Vergleichbarkeit zu standardisieren.[3] Auf diese Weise können jene Lehr-Lernmethoden identifiziert werden, auf denen ein Schwerpunkt in der Ausbildung lag, sowie jene, die eher vernachlässigt wurden, und zwar jeweils relativiert am mittleren Umfang der von der einzelnen Lehrkraft erfahrenen Lehr-Lernmethode sowie in Relation zum internationalen Profil. Positive ipsative Werte deuten darauf hin, dass die entsprechende Lehr-Lernmethode eine größere Rolle spielt als im internationalen Mittel. Negative Werte verweisen auf eine vergleichsweise geringere Relevanz der Lehr-Lernmethode.

In Deutschland stellt das Zuhören eine relativ bedeutsame Lehr-Lernmethode dar. Gruppenarbeit, aktive Beteiligung und Problemlösen rangieren um die Skalenmitte. Dies deutet darauf hin, dass das Profil der Lehr-Lernmethoden in Deutschland in Bezug auf diese Aspekte dem internationalen Gewicht entspricht. Als deutlich unterrepräsentiert werden *forschungsorientierte Lehr-Lernmethoden* wahrgenommen (Abb. 7). Diese werden offenbar im Rahmen der Mathematikdidaktikausbildung in Deutschland zugunsten der übrigen Methoden vernachlässigt. Insofern kann davon ausgegangen werden, dass in Deutschland sowohl das Lesen von Forschungsliteratur als auch das Analysieren von Unterrichtsbeispielen gegenüber den weiteren Methoden des Lehrens und Lernens in den Hintergrund tritt.

Mit den zur Verfügung stehenden Daten kann jedoch nur über einen Teil der einzelnen Aspekte forschungsorientierten Lernens eine Aussage getroffen werden. Wie oben ausgeführt, konnte im Rahmen von TEDS-M keine flächendeckende Abfrage von forschungsorientierten Lehr-Lernmethoden erfolgen. Insofern beschränkt sich die Reichweite der Analyseergebnisse auf die Lektüre von wissenschaftlicher Literatur und die Analyse von Unterrichtsbeispielen.

Darüber hinaus ist zu beachten, dass die jeweiligen weiteren Lehr-Lernmethoden, die für die Profilbildung berücksichtigt wurden, nicht erschöpfend und auch nicht überschneidungsfrei sind.

---

3   Z-Transformationen resultieren jeweils in Mittelwert = 0 und Varianz = 1. Für jede Person wurde der Mittelwert über alle Lehr-Lernmethoden gebildet und dieser dann von der jeweiligen einzelnen Lehr-Lernmethode, deren relatives Gewicht bestimmt werden soll, abgezogen (also z.B. $M_{Zuhören\_ipsativ} = M_{Zuhören} - (M_{Zuhören} + M_{Gruppenarbeit} + M_{aktiveBeteiligung} + M_{Problemlösen} + M_{Forschungsorientierung})/5$).

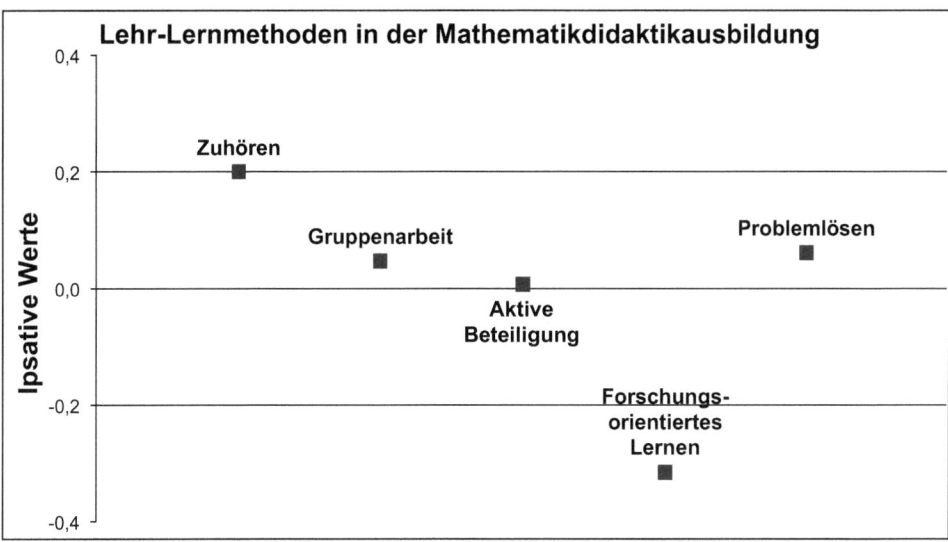

Abbildung 7:   Relatives Gewicht der Lehr-Lernmethoden

5.   Zusammenfassung

Mit TEDS-M liegen erstmalig Daten vor, die es erlauben, repräsentative Aussagen über die Ergebnisse und Rahmenbedingungen der Mathematiklehrer_innenausbildung in 16 Ländern zu treffen. Wie sich hinsichtlich des fachbezogenen Wissens gezeigt hat, schneiden die ostasiatischen Staaten, insbesondere Taiwan, im TEDS-M-Ländervergleich hervorragend ab. Deutschland rangiert nur knapp über dem internationalen Mittelwert. Jedoch zeichnen sich die angehenden Lehrkräfte in Deutschland im Vergleich zu den USA durch umfangreiches Wissen im Bereich allgemeiner Pädagogik aus, ebenso wie die Studierenden in Taiwan (Blömeke et al., 2010).

Differenzierte Analysen auf Basis von TEDS-M haben gezeigt, dass sowohl die Inhalte der Mathematikdidaktikausbildung als auch die damit verknüpften Lehr-Lernmethoden im Zusammenhang mit dem Professionswissen stehen. Studierende, die forschungsorientierte Lehr-Lernmethoden in ihrer Ausbildung erfahren haben, weisen ein umfangreicheres pädagogisches Professionswissen auf (Blömeke & König, 2011). Dies deutet darauf hin, dass die Forschungsorientierung im Lehramtsstudium als eine wichtige Komponente zu verstehen ist, die den Erwerb des Professionswissens befördert. Mit Hilfe forschungsorientierter Lehr-Lernmethoden kann nicht nur inhaltliches Wissen erworben und angewendet werden, sondern es können darüber hinaus Methoden vermittelt werden, die die angehenden Lehrkräfte auf die spätere berufliche Praxis vorbereiten, die einen reflexiven Umgang mit komplexen Situationen verlangt.

Dem theoretischen Diskurs folgend zeigt sich, dass die konkrete Ausgestaltung forschungsorientierter Lehr-Lernmethoden auf unterschiedlichem Wege geschehen kann und muss (Huber, 2003; Altrichter & Mayr, 2004; Fichten, 2010). Zwei Elemente des forschungsorientierten Lernens sind das Lesen von Forschungslektüre sowie die Analyse von Fallbeispielen (u.a. Huber, 2003). Diese Aspekte wurden auch im Rahmen von TEDS-M erhoben. Neben der Frage nach der Lektüre mathematischer und mathe-matikdidaktischer Forschungsarbeiten sowie unterrichtsbezogenen Forschungsarbei-ten wurde nach der Analyse von Unterrichtsbeispielen gefragt (Laschke & Blömeke, 2014). Der Ländervergleich verdeutlicht, dass in keinem anderen Land die Lektüre von Forschungsliteratur in solchem Maße ausgeklammert wird wie in Deutschland. Die Analyse von Unterrichtsbeispielen scheint hingegen sehr wohl Gegenstand der Mathematikdidaktikausbildung in Deutschland zu sein. Die diesbezüglichen Ergeb-nisse entsprechen dem internationalen Mittel. Um zu prüfen, welche Bedeutung for-schungsorientiertem Lehren und Lernen in Relation zu den übrigen erhobenen Lehr-Lernmethoden in der Mathematikdidaktikausbildung in Deutschland zukommt, wurde das Profil der Lehr-Lernmethoden betrachtet. Demnach wurden vor dem Zeitpunkt der Datenerhebung forschungsorientierte Lehr-Lernmethoden in der mathematik-didaktischen Ausbildung vernachlässigt. Dies trifft bis zum Erscheinungsjahr immer noch weitgehend zu.

6.   Diskussion der methodischen Grenzen

Die vorliegenden Ergebnisse zur Forschungsorientierung in der Lehrer_innenaus-bildung in Deutschland geben über einen Teil der Facetten forschungsorientierten Lernens Auskunft. Wie oben referiert sollte sich eine Forschungsorientierung in der Lehrer_innenausbildung nicht auf das Lesen von Forschungsbeiträgen beschränken (Bastian et al., 2003). Es sollte vielmehr Ziel sein, Forschungsprozesse offenzulegen, indem Studierende z.B. an Forschungsprojekten beteiligt werden. Als mögliche Rea-lisierungsform wird in diesem Zusammenhang die wissenschaftlich geleitete Fallana-lyse genannt (Huber, 2003; Plaimauer, dieser Band). Insofern liefert das im Rahmen von TEDS-M eingesetzte Item, mit Hilfe dessen nach der Analyse von Unterrichtsbei-spielen gefragt wird, eine wertvolle Datenbasis. Darüber hinausgehende Aspekte for-schungsorientierten Lernens waren nicht Gegenstand von TEDS-M. Insofern muss auf die begrenzte Reichweite der Forschungsinstrumente bei der Interpretation der Ergeb-nisse hingewiesen werden. Die Abfrage der Lehr-Lernmethoden konnte aufgrund der zur Verfügung stehenden Testzeit und den Kernfragen der Studie zur Kompetenz in den Bereichen Mathematik, Mathematikdidaktik und Pädagogik nur in Ansätzen erfolgen.

Ferner wurden die Daten zu den erfahrenen Lehr-Lernmethoden aus Selbstaus-künften der angehenden Mathematiklehrkräfte erhoben. Insofern geben die Daten nur begrenzt Auskunft darüber, welche Angebote tatsächlich von der Universität gemacht wurden. Es liegen vielmehr Informationen dazu vor, welche Methoden die Studieren-den ihrer Erinnerung nach erfahren haben. Zudem können Verzerrungen durch die individuell unterschiedliche Bereitschaft entstehen, eine Lehr-Lernmethode als „erfah-ren" oder „nicht erfahren" anzugeben. Dies schlägt sich v. a. in den unstandardisierten Ergebnissen, die in den Abb. 5ab und 6ab präsentiert wurden, nieder. Mit der Verwen-dung ipsativer Werte, die für die Profilbildung zu Grunde gelegt wurden, kann diesem Problem Rechnung getragen werden, da mit dieser Methode individuelle Antwortten-denzen berücksichtigt werden.

7. Schlussfolgerung

TEDS-M hat einen wichtigen Beitrag zur Forschung über die Lehrer_innenausbildung im Fach Mathematik geliefert. Mit den vorliegenden Daten konnte einerseits untersucht werden, welchen Wissensumfang die angehenden Lehrkräfte in Deutschland in den drei für den Lehrer_innenberuf zentralen Kompetenzbereichen aufweisen, andererseits wurde deutlich, wie die Mathematiklehramtsausbildung im internationalen Vergleich aufgestellt ist. Darüber hinaus liefert TEDS-M eine wertvolle Datenbasis, die eine differenzierte Analyse der Zusammenhänge innerhalb der Lehrer_innenausbildung möglich macht. Die resultierenden Befunde können wichtige Impulse für eine Verbesserung der Ausbildungsqualität liefern. Bisherige Analysen auf Basis von TEDS-M deuten z.B. darauf hin, dass forschungsorientierte Lehr-Lernmethoden in Verbindung mit mathematikdidaktischen Inhalten den Erwerb von pädagogischem Wissen befördern (Blömeke & König, 2011). Forschungsorientierte Lehr-Lernmethoden können dabei als eine Brücke zwischen dem pädagogischen und dem mathematikdidaktischen Wissen dienen und somit zu einer stärkeren Vernetzung dieser beiden Bereiche beitragen (Helsper, 2000), die häufig im Rahmen der Lehramtsausbildung getrennt voneinander gelehrt werden.

Wie oben dargelegt, sollte vor dem Hintergrund der Anforderungen der schulischen Praxis die Forschungsorientierung ein wichtiger Aspekt der Lehrer_innenausbildung sein, der die angehenden Lehrkräfte langfristig bei der Bewältigung komplexer Situationen im beruflichen Alltag unterstützen kann. Forschungsorientierte Lehr-Lernmethoden bieten die Gelegenheit, Theorie und Praxis miteinander zu verzahnen, so können beispielsweise im Rahmen von Unterrichtsanalysen mathematikdidaktische Inhalte zur Anwendung kommen. Wie die vorliegenden Ergebnisse zeigen, bleibt dahingehend im Kontext der deutschen Mathematiklehrer_innenausbildung durchaus Ausbaupotential.

Die Frage, wie das Lehramtsstudium forschungsorientiert gestaltet werden kann, gewinnt in Deutschland zunehmend an Bedeutung. Der Forderung folgend, Lehrkräfte mit einem forschenden Blick in den Beruf zu entsenden, gibt es an vielen Standorten Bemühungen, die Forschungsorientierung in der Lehrer_innenausbildung zu stärken. Wie anhand der referierten Literatur verdeutlicht wurde, gibt es vielfältige Realisierungsformen forschungsorientierten Lehrens und Lernens. Es bleibt zu untersuchen, inwieweit diese konkret einen Beitrag zur Professionalisierung von Lehrkräften leisten. Die im Rahmen von TEDS-M eingesetzten Instrumente konnten einen ersten Überblick darüber verschaffen, inwieweit die Mathematiklehrer_innenausbildung in Deutschland bereits jetzt forschungsorientiert ausgestaltet ist. Das Lesen von Forschungsbeiträgen wird dementsprechend deutlich vernachlässigt. Dies erscheint vor dem Hintergrund, dass die Lektüre von Forschungsliteratur den ersten grundlegenden Schritt für die verschiedenen, von den in diesem Beitrag rezipierten Autor_innen, vorgeschlagenen Realisierungsformen forschenden Lernens darstellt, als bedenklich.

Literatur

Adams, R. & Wu, M. (Hrsg.). (2002). *PISA 2000 technical report*. Paris, France: OECD.

Altrichter, H. & Mayr, J. (2004.) Forschung in der Lehrerbildung. In Blömeke, S., Reinhold, P. Tulodziecki, G. & Wildt, J. (Hrsg.), *Handbuch Lehrerbildung*. Bad Heilbrunn: Verlag Julius Klinkhardt, 164–184.

Bastian, J., Combe, A., Hellmer, J., Hellrung, M. & Merziger, P. (2003). Forschungswerkstatt Schulentwicklung. Das Hamburger Modell. In Obolenski, A. & Meyer, H. (Hrsg.), *Forschendes Lernen. Theorie und Praxis einer professionellen LehrerInnenausbildung*. Bad Heilbrunn: Verlag Julius Klinkhardt, 151–164.

Blömeke, S., Felbrich, A., Müller, C., Kaiser, A. & Lehmann, R. (2008). Effectiveness of teacher education. State of research, measurement issues and consequences for future studies. *ZDM – International Journal of Mathematics Education, 40*, 719–734.

Blömeke, S., Kaiser, G. & Lehmann, R. (Hrsg.). (2010). *Professionelle Kompetenz und Lerngelegenheiten angehender Mathematiklehrkräfte für die Sekundarstufe I im internationalen Vergleich*. Münster: Waxmann.

Blömeke, S., Kaiser, G. & Döhrmann, M. (2011). Bedingungsfaktoren des fachbezogenen Kompetenzerwerbs von Lehrkräften. Zum Einfluss von Ausbildungs-, Persönlichkeits- und Kompositionsmerkmalen in der Mathematiklehrerausbildung für die Sekundarstufe I. In W. Helsper & R. Tippelt (Hrsg.), *Pädagogische Professionalität. Zeitschrift für Pädagogik 57* (S. 77–113). Weinheim/Basel: Beltz.

Blömeke, S. & König, J. (2010). Pädagogisches Wissen angehender Mathematiklehrkräfte für die Sekundarstufe I im internationalen Vergleich. In S. Blömeke, G. Kaiser & R. Lehmann (Hrsg.), *Professionelle Kompetenz und Lerngelegenheiten angehender Mathematiklehrkräfte für die Sekundarstufe I im internationalen Vergleich* (S. 265–278). Münster: Waxmann.

Blömeke, S. & König, J. (2011). Zum Zusammenhang von Ausbildungsformen, -inhalten und -methoden mit dem erworbenen pädagogischen Professionswissen von Grundschullehrkräften. *Zeitschrift für Grundschulforschung, 4 (1)*, 33–46.

Blömeke, S., Suhl, U., Kaiser, G. & Döhrmann, M. (2012). Family background, entry selectivity and opportunities to learn: What matters in primary teacher education? An international comparison of fifteen countries. *Teaching and Teacher Education, 28*, 44–55.

Ehmke, T. & Jude, N. (2010). Soziale Herkunft und Kompetenzerwerb. In E. Klieme, C. Artelt, J. Hartig, N. Jude, O. Köller, M. Prenzel, W. Schneider & P. Stanat (Hrsg.), *PISA 2009. Bilanz nach einem Jahrzehnt* (S. 231–154). Münster: Waxmann (2010).

Fichten, W. (2010). Forschendes Lernen in der Lehrerbildung. In Eberhardt (Hrsg.), *Neue Impulse in der Hochschuldidaktik*. Wiesbaden: VS Verlag für Sozialwissenschaften, 127–182.

Fischer, R. (2004). Standardization to account for cross-cultural response bias: A classification of score adjustment procedures and review of research in JCCP. *Journal of Cross-Cultural Psychology, 35*, 263–282.

Hattie, J. (2009). *Visible Learning – A synthesis of over 800 meta-analyses relating to achievement*. New York: Routledge.

Helmke, A. (2008): *Unterrichtsqualität und Lehrerprofessionalität. Diagnose, Evaluation und Verbesserung des Unterrichts*. Seelze: Klett / Velber: Friedrich Verlag.

Helmke, A. & Schrader, F.-W. (2006). Determinanten der Schulleistung. In D. H. Rost (Hrsg.), *Handwörterbuch Pädagogische* Psychologie (S. 83–94). Weinheim: Beltz.

Helsper, W. (2000). Antinomien des Lehrerhandelns und die Bedeutung der Fallrekonstruktion – Überlegungen zu einer Professionalisierung im Rahmen universitärer Lehrerausbildung. In E. Cloer, D. Klika & H. Kunert (Hrsg.), *Welche Lehrer braucht das Land? Notwendige und mögliche Reformen der Lehrerbildung* (S. 142–177). Weinheim: Juventa Verlag.

Huber, L. (2003). Forschendes Lernen in Deutschen Hochschulen. Zum Stand der Diskussion. In A. Obolenski & H. Meyer (Hrsg.), *Forschendes Lernen. Theorie und Praxis einer professionellen LehrerInnenausbildung* (S. 15–36). Bad Heilbrunn: Verlag Julius Klinkhardt.

Klieme, E., Artelt, C., Hartig, J., Jude, N., Köller, O., Prenzel, M., Schneider, W. & Stanat, P. (Hrsg.). (2010). *PISA 2009. Bilanz nach einem Jahrzehnt.* Münster: Waxmann.

Kunter, M., Baumert, J., Blum, W., Klusmann, U., Krauss, S. & Neubrand, M. (Hrsg.). (2011). *Professionelle Kompetenz von Lehrkräften: Ergebnisse des Forschungsprogramms COACTIV.* Münster: Waxmann.

Laschke, C. (2013). Effects of future mathematics teachers' affective, cognitive and sociodemographic characteristics on their knowledge at the end of the teacher education in Germany and Taiwan. *International Journal of Science and Mathematics Education, 11,* 895–921.

Laschke, C. & Blömeke, S. (2014). *Teacher Education and Development Study – Learning to Teach Mathematics (TEDS-M). Dokumentation der Erhebungsinstrumente.* Waxmann: Münster.

Möller, J. (2008). Lernmotivation. In A. Renkl (Hrsg.), *Lehrbuch Pädagogische Psychologie* (S. 263–298). Bern: Huber.

Mullis, I. V. S., Martin, M. O. & Foy, P. (2008). *TIMSS 2007 international mathematics report. Findings from IEA's trends in international mathematics and science study at the fourth and eighth grades.* Chestnut Hill, MA: TIMSS & PIRLS International Study Center, Boston College.

Shulman, L. S. (1986). Those who understand: Knowledge growth in teaching. *Educational Researcher, 15,* 4–14.

Stanat, P., Rauch, D. & Segeritz, M. (2010). Schülerinnen und Schüler mit Migrationshintergrund. In E. Klieme, C. Artelt, J. Hartig, N. Jude, O. Köller, M. Prenzel, W. Schneider & Stanat, P. (Hrsg.), *PISA 2009 Bilanz nach einem Jahrzehnt* (S. 200–230). Münster: Waxmann.

Tatto, M. T., Schwille, J., Senk, S., Rodriguez, M., Bankov, K., Reckase, M, D., Ingvarson, L., Peck, R., S. Rowley, G., Dumais, J., Carstens, R., Brese, F. & Meinck, S. (2009). *Teacher Education Study in Mathematics (TEDS-M): Technical summary.* East Lansing, MI: Teacher Education International Study Center, College of Education, Michigan State University.

Tatto, M. T., Schwille, J., Senk, S.L., Ingvarson, L., Rowley, G., Peck, R., Bankov, K., Rodriguez, M. & Reckase, M. (2012). *Policy, practice, and readiness to teach primary and secondary mathematics in 17 countries: Findings from the IEA Teacher Education and Development Study in Mathematics (TEDS-M).* Amsterdam: IEA.

Terhart, E. (2000). *Perspektiven der Lehrerbildung in Deutschland. Abschlussbericht der von der Kultusministerkonferenz eingesetzten Kommission.* Weinheim: Beltz.

Weinert, F. E. (1999). *Konzepte der Kompetenz. Gutachten zum OECD-Projekt „Definition and Selection of Competencies: Theoretical and Conceptual Foundations (DeSeCo)".* Neuchâtel: Bundesamt für Statistik.

Wu, M. L., Adams, R. J., Wilson, M. R. & Haldane, S. (2007). *ACER ConQuest 2.0: General item response modelling software [Computer program manual]*. Camberwell, Australia: Australian Council for Educational Research.

Zumbach, J. & Moser, S. (2012). Problembasierte Lehre als Methode zur Umsetzung forschungsorientierter Hochschullehre in der LehrerInnenausbildung. In M. Mair, G. Brezowar, G. Olswoski & J. Zumbach (Hrsg.), *Problem-based learning im Dialog* (S. 221–232). Wien: facultas, 221–232.

Irina Andreitz, Florian Müller, Elpis Dirninger und Johannes Mayr

Bedingungen und Wirkungen forschenden Lernens in der Lehrer_innenfortbildung

Ergebnisse aus der Begleitforschung der Lehrgänge Pädagogik und Fachdidaktik für Lehrer_innen (PFL)

1. Einleitung

Während die dritte Phase der Lehrer_innenbildung lange einen „weißen Fleck" auf der Landkarte deutschsprachiger Bildungssysteme darstellte, haben inzwischen sowohl die Systemsteuerung wie auch die empirische Forschung das Thema für sich entdeckt. Die Systemsteuerung nutzt die Lehrer_innenfortbildung im Zuge von Reformprozessen (z.B. Bildungsstandards, Qualitätsmanagement oder die neue Reifeprüfung in Österreich) verstärkt als Instrument zur Implementierung verschiedener Maßnahmen (Altrichter, 2010), während sich die Forschung insbesondere mit Bedingungen effektiver Fortbildungen und dem damit einhergehenden Outcome beschäftigt. Die Suche nach Antworten auf die Frage danach, welche Elemente wirksame Fortbildung kennzeichnen, ist dabei nicht nur durch bloßes Erkenntnisinteresse motiviert. Mit ihr geht auch der Wunsch einher, in Zukunft effektive(re) bzw. wirksame(re) Fortbildungsveranstaltungen zu konzipieren. Neben den intendierten Wirkungen auf Lehrer_innenebene (im Sinne erfolgreicher Lernprozesse, wie z.B. der Veränderung von beruflichen Überzeugungen und der Erweiterung des Handlungsrepertoires im Unterricht, Lipowsky, 2011), rückt auch die Wirkung auf Schüler_innenebene zunehmend in den Fokus des Interesses. Im Hinblick auf die Lehrer_innenebene hat sich bisher u.a. gezeigt, dass sogenannte „One-Shot-Fortbildungen" (ebd.), also Veranstaltungen, die von kurzer Dauer sind, abstraktes Wissen vermitteln und nur wenig Möglichkeiten zum selbstgesteuerten Lernen eröffnen, auf geringe Akzeptanz bei den Teilnehmerinnen und Teilnehmern stoßen (Altrichter, 2010; Lipowsky, 2010). Gleichzeitig macht diese Art der Veranstaltungen in Österreich derzeit einen Großteil des Angebots aus (Andreitz & Müller, in Druck).

Ein Ansatz, der sich neben dem „traditionellen" Angebot inzwischen in der Aus- und Fortbildung von Lehrkräften etabliert hat, ist jener des forschenden Lernens. Sich über längere Zeit forschend-lernend mit dem eigenen beruflichen Handeln auseinanderzusetzen und sich dabei in intensivem Austausch mit Kolleginnen und Kollegen zu befinden, wird als ein Schlüssel zur Professionalitätsentwicklung angesehen. Dies schlägt sich seit längerer Zeit in theoretischen und konzeptionellen Überlegungen und in praktischen Anwendungen in Aus- und Weiterbildung sowie in empirischen Untersuchungen nieder (z.B. Altrichter, 2002; Dirks & Hansmann, 2002; Hollenbach & Tillmann, 2009; Roters, Schneider, Koch-Priewe, Thiele & Wildt, 2009; Fichten, 2010; Müller, Andreitz & Mayr, 2010). Was für die Lehrer_innenfortbildung im Allgemeinen gilt, gilt dabei für diesen Ansatz im Speziellen: Hinsichtlich des Wirkungsnachweises befindet man sich weiterhin „auf einem empirisch wenig abgesicherten Gelände" (Fichten, 2010, S. 280).

Ein Angebot aus der Fort- bzw. Weiterbildung von Lehrkräften, das auf die Prinzipien forschenden Lernens – konkret der Aktionsforschung im Sinne Elliots (1991) – aufbaut, sind die an der Alpen-Adria-Universität Klagenfurt angebotenen Universitätslehrgänge „Pädagogik und Fachdidaktik für Lehrer_innen" (PFL). Neben einem kurzen Überblick über forschendes Lernen in der Lehrer_innenfortbildung stellt der vorliegende Beitrag diese Lehrgangsreihe kurz vor und berichtet Ergebnisse aus der dazugehörigen Forschung. Dabei wird unter anderem der Frage nachgegangen, inwiefern sich die Selbsteinschätzungen der PFL-Teilnehmer_innen bezüglich ihrer Kompetenzen, ihrer Interessen und ausgewählter Wissensbereiche verändern. Ferner werden auch Befunde zur Einschätzung der Lernumwelt und zu den im Lehrgang angewandten Lernstrategien sowie zur Zufriedenheit vorgestellt und diskutiert. Der Beitrag stellt eine überarbeitete und erweiterte Version eines Artikels über forschendes Lernen in der Lehrer_innenfortbildung am Beispiel PFL (Müller et al., 2010) dar.

2. Forschendes Lernen in der Lehrer_innen(fort)bildung

Sowohl wissenschaftliche Erkenntnis wie auch praktische Erfahrung haben gezeigt, dass Lernen kein rein intellektueller und akademischer Vorgang ist, sondern auch ein aktiv-praktischer, emotionaler und sozialer Prozess (z.B. Altrichter, 2002). Dies gilt sowohl für die Lehrer_innenfortbildung wie auch für andere Lernkontexte. Gleichzeitig lassen Ergebnisse aus der Innovationsforschung (z.B. Rogers, 2003) und Transferforschung kaum Hoffnung aufkommen, doch noch jenen Mechanismus zu entdecken, der einen einfachen Transfer von Innovationen und wissenschaftlichen Erkenntnissen in die Praxis ermöglicht. Ein solcher Transfer ist im Gegenteil ein komplexer Prozess, der oft schwer und nur unter bestimmten Bedingungen funktioniert. Neben verschiedenen anderen hemmenden Faktoren (für eine Übersicht im Kontext von Modellversuchsprogrammen siehe Nickolaus & Gräsel, 2006) liegt ein Grund für Transferprobleme in alltagsfernen, wenig authentischen und unterkomplexen Lernsituationen. In diesen wird zwar theoretisches Wissen erworben, das aber im Handeln kaum oder gar nicht wirksam wird, also „träge" bleibt (z.B. Gerstenmaier & Mandl, 1994; Renkl, 1994).

Ausgehend von diesen Überlegungen zielen Ansätze des forschenden Lernens darauf ab, die Kluft zwischen Wissen und Handeln zu verringern, indem die jeweils eigene Praxis in den Fokus gerückt wird; der Transfer ist demnach Teil des Lernens). Forschendes Lernen wird in der Ausbildung von Lehrkräften (z.B. im Rahmen der Oldenburger Teamforschung; Fichten, 2010; Börnert, Debus, Gerdes, Lübben, Norden & Temme, in diesem Band) wie auch bei ihrer Fortbildung eingesetzt. Einer „der prominentesten" Ansätze ist dabei die Aktionsforschung (Schön, 1987; Elliott, 1991; Wittwer, Salzgeber, Neuhauser & Altrichter, 2004; Altrichter & Posch, 2007). Die professionelle Entwicklung wird hier in einem wiederholten Kreislauf von Aktion und Reflexion konzipiert. Lehrer_innen erkunden ihren eigenen Unterricht systematisch, interpretieren die daraus gewonnenen Ergebnisse und leiten daraus neue Handlungsideen ab (Reflexion), die sie umsetzen (Aktion), wiederum überprüfen usw. (vgl. Altrichter & Soukup-Altrichter, in diesem Band). Als wichtiges Kernkonzept der Aktionsforschung im Sinne Elliots gilt die „professional community". Die individuelle Erforschung und Weiterentwicklung des eigenen Unterrichts oder der Schule wird in eine professionelle Gemeinschaft eingebettet. Um der Gefahr einer zu starken Selbstreferenzialität von Lehrer_innengruppen entgegen zu wirken (denn kollegiales Miteinander kann auch Lernen verhindern, z.B. Corcoran, Fuhrman & Belcher, 2001), werden in solchen Aktionsforschungsprozessen „kritische Freunde" (externe Kolleg_innen oder Expert_innen aus der Wissenschaft) eingebunden, die mit ihrem Wissen und ihren Interventionen als Korrektiv dienen können.

Den Fragen ob, wie bzw. wie lange (also wie „nachhaltig") Fortbildung wirkt, geht man im Zusammenhang mit anderen Professionen schon länger auf den Grund (zur nachhaltigen Wirkung in vier verschiedenen Disziplinen siehe Zehetmeier, 2014). Das Interesse der (Wirkungs-)Forschung an der Lehrer_innenfortbildung ist in den letzten Jahren gestiegen (z.B. Huber, 2009; Lipowsky, 2010; 2011). Neben Arbeiten zur Wirkung im Bereich der Ausbildung (z.B. Bolland, 2011, Fichten, 2010; Koch-Priewe & Thiele, 2009; Danusso, Testa & Vicentini, 2010) existieren auch einige empirische Befunde für die Fortbildung. So konnten Cordingley, Bell, Thomason und Evans (2003) in einer breit angelegten Meta-Analyse zur Wirkung aktionsforschungsähnlicher Ansätze[1] zeigen, dass sich „Collaborative Continuing Professional Development" (CPD) positiv auf das Selbstvertrauen, die Selbstwirksamkeitsüberzeugung, die Motivation zur Teamarbeit und auf die Bereitschaft, das eigene Handeln im Unterricht zu ändern, auswirkt (siehe auch Cordingley, Bell, Thomason & Firth, 2005). In dem Forschungsüberblick konnten auch Effekte von kollaborativen Fortbildungen auf der Schüler_innenebene gefunden werden, z.B. im Bereich der Lernmotivation, der Leistungen und Einstellungen zu den Fächern und der aktiven Partizipation im Unterricht. Auch andere Überblicksstudien und Einzelstudien kommen zu ähnlichen Befunden, die allerdings je nach Studie und Fortbildung erheblich variieren. Es zeichnet sich dabei der Trend ab, dass Fortbildungen mit kollaborativen und reflexiven Anteilen zumindest in einzelnen Bereichen Wirkungen auf die Kognitionen von Lehrkräften und zum Teil auch auf die jeweiligen Schüler_innen haben (Gow, Kember & MacKay, 1996; Gough, Kiwan, Sutcliffe, Simpson & Houghton, 2003; Seider & Lemma, 2004; Gärtner, 2007; Benke, Hospesová & Tichá, 2008). Insgesamt ist die Forschungslage allerdings noch zu lückenhaft, um hier valide Aussagen machen zu können.

3. Die PFL-Lehrgänge

An der Alpen-Adria-Universität Klagenfurt werden seit dem Jahr 1982 Universitätslehrgänge angeboten, in denen forschendes Lernen als Methode der Fortbildung einen zentralen Stellenwert einnimmt. Ausgehend von den Prinzipien der Aktionsforschung orientieren sich die Lehrgänge an der Berufspraxis der Lehrkräfte in Schule und Unterricht, welche gleichzeitig den primären Lernort darstellen (Posch, Rauch &

---

[1] Die Arbeit von Cordingley et al. (2003) bezieht sich nicht ausschließlich auf Aktionsforschung als Methode der Fortbildung, sondern auf Fortbildungen und Entwicklungsmaßnahmen, die Aspekte der Aktionsforschung berücksichtigen.

Mayr, 2009; Rauch, 2013). Innerhalb der je zweijährigen Lehrgänge führen die Lehrkräfte individuelle Unterrichtsentwicklungsprojekte durch, die ihren Ausgangspunkt in den beruflichen Herausforderungen der Lehrkräfte haben und die in Abstimmungen mit Entwicklungsprozessen an der eigenen Schule konzipiert werden. Bei der Durchführung werden sie von einem interdisziplinären Expertenteam von erfahrenen und geschulten Lehrpersonen und Wissenschaftlerinnen und Wissenschaftlern betreut.

In drei jeweils einwöchigen Seminaren werden den Teilnehmerinnen und Teilnehmern Informationen u.a. zu pädagogischen und fachdidaktischen Entwicklungen und zu Evaluationsmethoden vermittelt (Abb. 1). Diese können in die individuellen Entwicklungsprojekte einfließen, die in der Zeit zwischen den Seminaren von den Lehrkräften durchgeführt werden. Eine Dokumentation und Reflexion der jeweiligen Projekte findet in den so genannten „Reflective Papers" statt (vgl. Rosenberger, in diesem Band), die von den Lehrkräften verfasst werden.

Exemplarische Inhalte der PFL-Lehrgänge

Fachdidaktik

- Fachliche Präkonzepte von Schülerinnen und Schülern
- Methoden kognitiver Aktivierung
- Instruktionsmethoden- Bildungsstandards

Bildungswissenschaft

- Klassenführung
- Interaktive Lehr-Lernformen
- Evaluationsmethoden

Beispiele für Unterrichtsprojekte der Teilnehmer_innen

- „Mein erstes Jahr teamteaching"
- Lesen verbindet. Auswirkungen gruppendynamischer Prozesse auf ein Leseprojekt
- Ausnützung von Motivation für Videofilme für sprachdidaktische Arbeit im Englischunterricht
- Wie erreiche ich eine möglichst gestreute Beteiligung an "speaking activities" im Englischunterricht
- Mitarbeit - Förderung und Aktivierung im Mathematikunterricht
- Präkonzepte - Alltagsvorstellungen – Misskonzepte [in den Naturwissenschaften]
- Exkursionsdidaktik mit fächerübergreifendem Charakter

Abbildung 1:   Überblick über Inhalte der Universitätslehrgänge „Pädagogik und Fachdidaktik für Lehrer_innen" (PFL) an der Alpen-Adria-Universität Klagenfurt (siehe auch IUS, 2013)

Die Lehrgänge verfolgen ferner das Ziel, die Lehrkräfte beim fachdidaktischen und bildungswissenschaftlichen Kompetenzenerwerb sowie bei der Veränderung von adäquaten Einstellungen und Überzeugungen (z.B. life long learning, konstruktivistische Sicht des Lehrens und Lernens usw.), Motivation und Interessen, selbstbezogener Kognitionen (z.B. Selbstwert) sowie von Reflexions- und Netzwerkkompetenzen (z.B. Reflexion der eigenen Praxis, Teamarbeit) zu unterstützen. Folglich stellt der Austausch zwischen den Akteurinnen und Akteuren ein weiteres wichtiges Element der Lehrgänge dar. Kollegialer Austausch zwischen den Teilnehmerinnen und Teilnehmern (z.B. im Zuge der fünfmal stattfindenden Regionalgruppentreffen) wie auch der Austausch zwischen den Teilnehmer_innen und Wissenschaftler_innen sollen den Aufbau einer „professional community" fördern.

In den Anfängen als Fortbildung für Lehrkräfte allgemeinbildender höherer Schulen konzipiert, können inzwischen Lehrer_innen aller Schultypen daran teilnehmen. Zum Zeitpunkt der hier vorgestellten Studie wurden Lehrgänge für die Unterrichtsfächer Englisch, Mathematik und Naturwissenschaften, ein fächerübergreifender Lehrgang für Kunst, Geschichte und Deutsch (jeweils für Lehrkräfte der Sekundarstufe I und II) sowie ein eigener Lehrgang für die Primarstufe angeboten.

4. Die Studie

4.1 Theoretische Basis

Die Lehrgänge werden anhand eines Längsschnittdesigns untersucht. Als theoretische Basis dient dabei das „Angebots-Nutzungsmodell" von Helmke & Weinert (1997), das ursprünglich in der Unterrichtsforschung angewendet wurde und inzwischen auch im Kontext der Lehrer_innenfortbildung eingesetzt wird (Lipowsky, 2010, siehe aber z.B. Kohler & Wacker, 2013). Vereinfacht dargestellt beinhaltet das Modell folgende Annahmen:

Die Lehrkräfte beginnen ihren jeweiligen Lehrgang mit bestimmten, individuellen *Eingangsvoraussetzungen* (Erwartungen an den Lehrgang, Interessen, Kompetenzen usw.). Dort finden sie bestimmte *Lerngelegenheiten* vor (in Form von Informationen aber auch Personen). Die Teilnehmer_innen nutzen diese Lerngelegenheiten *in Abhängigkeit von* (a) ihren *Eingangsvoraussetzungen* und (b) von der *Qualität der Lernumwelt* im Lehrgang, indem sie z.B. bestimmte Lernstrategien anwenden. Der individuell aus dem Lehrgang gezogene *Lerngewinn* wird also als abhängig von den individuellen Voraussetzungen, den Lerngelegenheiten und den Nutzungsstrategien gesehen. Dieser besteht z.B. in der Erweiterung von Wissensbeständen, der Veränderung von Überzeugungen und der Entwicklung bestimmter Kompetenzen.

Die im Lehrgang entwickelten Kompetenzen (im weitesten Sinn, vgl. Alleman-Ghionda & Terhart, 2006) sollen sich in weiterer Folge im beruflichen Handeln niederschlagen. Der Lehrgang soll damit einen Beitrag zur Weiterentwicklung des professionellen Handelns leisten und schlussendlich zu einer Verbesserung des Lernens der Schüler_innen beitragen.

4.2 Design und Forschungsfragen

Das Design der PFL-Begleitforschung (Abb. 2) sah ursprünglich die folgenden vier Erhebungszeitpunkte vor:

1. *Vor dem Lehrgang* werden Persönlichkeitseigenschaften, die beruflichen Vorerfahrungen der Teilnehmer_innen, ihre berufsbezogenen Interessen, eine Selbsteinschätzung ihrer berufsbezogenen Kompetenzen und Wissensbestände sowie ihre Motive für die Teilnahme mithilfe eines Fragebogens online erhoben.
2. *Beim ersten Seminartermin* wird eine Videotestung durchgeführt (s. u.).

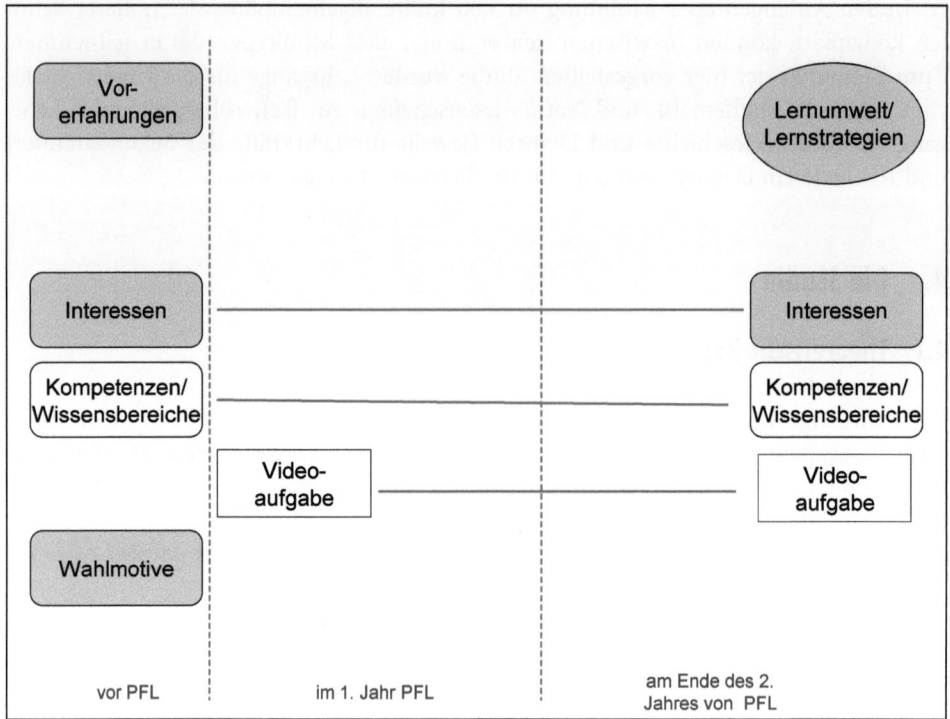

Abbildung 2:   Untersuchungsplan mit Erhebungsdimensionen

3. *Nach dem ersten Jahr* wird ein Fragebogen zur Einschätzung verschiedener Lerngelegenheiten und deren Nutzung vorgelegt (ebenfalls online).
4. Die Einschätzungen zu Interessen, Kompetenzen und Wissen werden *am Ende der
   Lehrgänge* wiederholt und durch einige Fragen zur Zufriedenheit und um Skalen
   zur Lernmotivation der Teilnehmer_innen erweitert (Papier-Bleistift-Fragebogen).

Die Videotestung wird am Ende ebenfalls wiederholt. Ziel ist es, in Ergänzung zu den
Selbsteinschätzungen der Teilnehmer_innen (Kompetenzen und Wissen, s.o.) eine
Messung ihrer Analysekompetenz vorzunehmen. Auf diesem Weg soll auch überprüft
werden, ob sie die fachdidaktischen und pädagogischen Fortbildungsinhalte bei der
Analyse von fremdem Unterricht einsetzen.
   Bisher wurden insgesamt zwei Durchgänge der PFL-Lehrgangsreihe wissenschaft-
lich begleitet. Aufgrund des schlechten Rücklaufs der Zwischenbefragung während des
ersten Untersuchungsdurchgangs, bei dem die Lehrkräfte verschiedene Lerngelegenheiten inner- und außerhalb der Lehrgänge beurteilen sollten, wurde beim nächsten
Durchgang darauf verzichtet.

Im vorliegenden Beitrag sollen die folgenden Fragestellungen beantwortet werden:
- Wie schätzen die Teilnehmer_innen die Qualität der Lernumwelt in den jeweiligen Lehrgängen ein?
- Welche Lernstrategien wenden die Teilnehmer_innen in den Lehrgängen an?
- Welche Motivation weisen die Teilnehmer_innen beim Lernen im Lehrgang auf?
- Verändert sich das Interesse an den beruflichen Tätigkeiten von Lehrpersonen, die Selbsteinschätzung von Kompetenzen sowie ihr Wissen im Laufe der Lehrgänge?

4.3 Instrumente

Anhand der Fragebögen[2] werden u.a. die folgenden Dimensionen untersucht:[3]
- zu t1: die Motive für die Teilnahme an den Lehrgängen.
- zu t1 und t2: die *berufsbezogenen Interessen und Kompetenzen* (Selbsteinschätzungen der Teilnehmer_innen), anhand adaptierter „Lehrer-Interessen-Skalen" von Mayr (1998)
- zu t1 und t2: PFL-spezifisches Wissen (Selbsteinschätzungen)
- zu t2: im Lehrgang angewandte *Lernstrategien* (aufbauend auf dem LIST-Fragebogen zu Lernstrategien; Wild, 2000), ergänzt durch die Skala „Reflektieren", da dieser Bereich aufgrund des Lehrgangskonzepts von besonderem Interesse war
- zu t2: die retrospektive Einschätzung der *Lernumwelt* (aufbauend auf Prenzel, 1996 sowie Müller, 2001 und Müller & Palekcic, 2005)
- zu t2: die retrospektiv eingeschätzte Lernmotivation der Teilnehmer_innen während des Lehrgangs (ebenfalls basierend auf der Selbstbestimmungstheorie)

Im Zuge der Videotestung werden die Teilnehmer_innen zu Beginn und am Ende des jeweiligen Lehrgangs darum gebeten, Videoausschnitte eines problem- und handlungsorientiert gestalteten Mathematikunterrichts zu analysieren (aus der DVD „Einführungssequenzen", Reusser, Pauli & Krammer, 2004). Sie sollen dabei u.a. Ereignisse und Momente im Unterricht identifizieren, in denen die Denk- und Lernprozesse der Schüler_innen angeregt werden (Lerngelegenheiten) und ihre Angaben begründen. Das Design der Videostudie wurde von der Arbeitsgruppe „Binationale videogestützte Fortbildung für Lehrpersonen aus Deutschland und der Schweiz" übernommen (Krammer et al., 2009). Im vorliegenden Beitrag werden ausgewählte Ergebnisse der Fragebogenuntersuchung vorgestellt. Ergebnisse der Videoaufgabe sind in Müller et al. (2010) sowie bei Müller, Andreitz, Krainer & Mayr (2011) abgebildet.

---

2 Eine genaue Beschreibung der im Fragebogen verwendeten Instrumente findet sich bei Müller et al. (2010).
3 Im Folgenden werden die Erhebungen vor dem Lehrgang mit t_1 und die am Ende des Lehrgangs mit t_2 bezeichnet.

4.4 Sample

Die Daten stammen aus zwei PFL-Durchgängen (2006 bis 2008 und 2009 bis 2011) mit insgesamt fünf verschiedenen Lehrgängen (ArtHist, Englisch, Mathematik, Naturwissenschaften, Grundschule und Integration). Von den insgesamt 262 Personen, die sich an den Befragungen beteiligten, konnten die Daten von 131 Lehrkräften einander zugeordnet werden (Teilnahme zu t1 *und* t2). Davon sind 69% weiblich und 27% männlich (4% machten keine Angabe zu ihrem Geschlecht). Im Durchschnitt waren die Teilnehmer_innen zum Zeitpunkt der Befragung 41 (± 9) Jahre alt, mit einer durchschnittlichen Dienstzeit von 15 (± 9.4) Jahren.

Die Lehrkräfte kommen aus den unterschiedlichsten Schultypen, wobei der Großteil, nämlich 34%, an einem Gymnasium unterrichtet. 22% der Lehrer_innen unterrichten an einer Hauptschule, 13% an einer Berufsbildenden Mittleren oder Höheren Schule und 15% unterrichten an anderen Schultypen (z.B. Polytechnische Schule, Volksschule, Neue Mittelschule u.a.). Zwölf Prozent gaben an, an mehreren Schultypen zu unterrichten, wodurch keine eindeutige Zuordnung möglich war und vier Prozent machten keine Angabe zum Schultyp.

4.5 Ergebnisse

Die Beurteilung der Lernumwelt in den Lehrgängen fällt insgesamt sehr positiv aus (Tabelle 1). Auf der fünfstufigen Skala erreichen die „Förderung von Autonomie- und Kompetenzenerleben" sowie „sozialer Einbindung" hohe Werte. Die Lehrgänge werden als intellektuell herausfordernd erlebt (Skala „Geistige Herausforderung") und die Teilnehmer_innen attestieren den Lehrenden selbst ein hohes Interesse an den vermittelten Themen. Die Wahrnehmung der Teilnehmer_innen hinsichtlich der Relevanz der vermittelten Inhalte und der Instruktionsqualität ist ebenfalls hoch. Die Werte auf der Skala „Expert_innenorientierung" fallen etwas niedriger aus. Diese Skala beinhaltet u.a. Fragen danach, inwiefern die Lehrenden selbst zeigen, wie sie praktische Aufgaben oder Probleme im Beruf lösen oder theoretische Fragestellungen bearbeiten.

Tabelle 1: Beurteilung der Lernumwelt, angewandte Lernstrategien und Lernmotivation im Lehrgang am Ende des jeweiligen Lehrgangs (t2). Skalierung: 1 = trifft gar nicht zu, 5 = trifft voll zu

Skala	M_{t2} (SD_{t2})	Cronbach's Alpha
Qualität der Lernumgebung		
Autonomieförderung	4.30 (0.83)	0.85
Kompetenzförderung	4.32 (0.80)	0.80
Soziale Einbindung[1]	4.50 (0.71)	0.73
Interesse der Lehrenden	4.35 (0.77)	0.84
Relevanz der Inhalte	4.26 (0.76)	0.83
Qualität der Instruktion	4.12 (0.83)	0.81
Geistige Herausforderung	4.36 (0.64)	0.86
Expert_innenorientierung	3.80 (0.96)	0.77
Lernstrategien		
Zusammenhänge herstellen	4.37 (0.54)	0.71
Kritisches Prüfen	3.86 (0.72)	0.76
Wiederholung	3.82 (0.73)	0.70
Anstrengung	3.87 (0.68)	0.69
Reflektieren	4.54 (0.50)	0.78
Lernmotivation		
Selbstbestimmt	4.13 (0.83)	0.88
Kontrolliert	2.07 (0.66)	0.71
Zufriedenheit		
Zufriedenheit mit den Regionalgruppen-treffen	4.42 (0.88)	-
Zufriedenheit mit dem jeweiligen Lehrgang	4.34 (0.75)	-

1 Soziale Einbindung durch Lehrende und Teilnehmer_innen (Gesamtskala mit insgesamt 3 Items)

Die Teilnehmer_innen nehmen sich selbst retrospektiv als hoch selbstbestimmt motiviert (4.13 ± 0.83) wahr. Kontrollierte Motivationsformen (z.B. extrinsische Motivation) nehmen im Hinblick auf das Lernen in den Lehrgängen einen weit geringeren Stellenwert ein (2.07 ± 0.66; Tabelle 1). Hinsichtlich des Zusammenhangs zwischen Motivations- und Umweltvariablen zeigt sich, dass insbesondere die Wahrnehmung der geistigen Herausforderung der Lehrgangsinhalte ($r = 0.367$, $p < 0.01$) und die Relevanz der Inhalte ($r = 0.328$, $p < 0.01$) mit dem selbstbestimmten Lernen im Lehrgang im Zusammenhang stehen. Für diese Motivationsform ergibt sich auch mit der Skala „Expert_innenorientierung" ein positiver Zusammenhang ($r = 0.298$, $p < 0.01$). Die Korrelationen zwischen der Förderung von Autonomie, Kompetenzen und sozialer Einbindung fallen erwartungsgemäß signifikant positiv aus.

Sowohl die positive Wahrnehmung der Lernumwelt wie auch die Einschätzung der eigenen Motivation korrespondieren mit der Beurteilung der Lehrgänge. Die Zufriedenheit mit den Lehrgängen fällt insgesamt hoch aus (4.34 ± 0.75). Die Regionalgruppentreffen werden – anhand einer separaten Frage – sehr positiv bewertet (4.42 ± 0.88). Diese Treffen, bei denen gemeinsam mit den Lehrenden aber auch mit den anderen Teilnehmerinnen und Teilnehmern intensiv an den jeweiligen Unterrichtsentwicklungsprojekten gearbeitet wird, sind aus Sicht der Teilnehmer_innen ein wichtiger Bestandteil der Lehrgänge.

Lehrkräfte befassen sich von Berufs wegen mit den Lernprozessen von Schülerinnen und Schülern. Wie aber gestalten die Lehrkräfte selbst ihr Lernen, wenn sie mit in einem Setting wie der PFL-Lehrgangsreihe konfrontiert sind? Es zeigt sich, dass die Lernstrategien in unterschiedlichem Ausmaß angewendet werden (Tabelle 2). Während insbesondere die zwei tiefenverarbeitenden Strategien („Reflexion", „Zusammenhänge herstellen") das Lernen in den verschiedenen Lehrgängen bestimmen, sind die Werte auf der dritten zu dieser Kategorie gehörenden Strategie („Kritisches Prüfen") geringer ausgeprägt. Die beiden anderen Strategien „Anstrengung" und „Wiederholung" spielen beim Lernen ebenfalls eine etwas weniger wichtige Rolle. Die PFL-Lehrgänge bauen in ihrer Konzeption auf die Elemente forschenden Lernens auf. Insofern ist das Ergebnis, dass tiefenverarbeitende bzw. elaborierende Lernstrategien verstärkt zum Einsatz kommen, erwartungskonform.

Die Interessen, Kompetenzen und das Wissen der Teilnehmer_innen bzw. ihre Veränderung werden anhand von Selbsteinschätzungen im Längsschnitt untersucht. Abgesehen von zwei Wissensbereichen („Fachdidaktisches und pädagogisches Theoriewissen", „Management und Evaluierung") attestieren sich die Teilnehmer_innen bereits zu Beginn des jeweiligen Lehrgangs relativ hohes Interesse, Kompetenzen und Wissen in den verschiedenen Bereichen (Tabelle 2).

Erwartungsgemäß verändern sich die Interessen innerhalb von zwei Jahren nur geringfügig. Bei vier der insgesamt acht Bereiche ergeben sich dennoch signifikante Steigerungen. Dieses Ergebnis ist insofern bemerkenswert, als insbesondere die ersten drei Themenbereiche in den PFL-Lehrgängen intensiver behandelt werden. Dass das Interesse an Fortbildung etwas angestiegen ist, kann als zusätzliche positive Bewertung der Lehrgänge interpretiert werden.

Bei den Kompetenzen kommt es bei allen der insgesamt acht Bereiche zu größtenteils moderaten Veränderungen (Tabelle 2). Die Selbsteinschätzungen zu den vorgegebenen Wissensbereichen sind ebenfalls angestiegen, wobei der Zugewinn bei den beiden Skalen „Fachdidaktisches und pädagogisches Theoriewissen" und „Management und Evaluierung" besonders groß war. Wie bereits erwähnt waren die Beurteilungen in diesen beiden Bereiche zu t1 am niedrigsten ausgefallen.

Tabelle 2: Veränderung von Interessen, Kompetenzen und Wissen (Selbsteinschätzungen); t1: vor Lehrgangsbeginn, t2: am Ende des jeweiligen Lehrgangs, $p < 0.01$ (t - Test, zweiseitig); d = Effektstärke

Skala	M_{t1} (SD$_{t1}$)	M_{t2} (SD$_{t2}$)	p	d	Cronbach's α
Interessen[1]					
Unterrichten	4.14 (0.45)	4.26 (0.45)	0.004	0.27	0.76
Schule entwickeln	3.27 (0.97)	3.58 (0.91)	0.000	0.41	0.79
Reflexion eigener Handlungen	3.93 (0.60)	4.06 (0.56)	0.006	0.44	0.70
Sich fortbilden	4.18 (0.55)	4.27 (0.52)	0.024	0.20	0.59
Soziale Beziehungen fördern	3.80 (0.62)	3.89 (0.58)	0.060	–	0.62
Auf spezifische Bedürfnisse eingehen	3.75 (0.66)	3.84 (0.60)	0.193	–	0.68
Verhalten kontrollieren und beurteilen	3.15 (0.70)	3.06 (0.65)	0.198	–	0.69
Mit Eltern und Kollegen zusammenarbeiten	3.35 (0.61)	3.36 (0.59)	0.973	–	0.57
Kompetenzen[2]					
Unterrichten	3.89 (0.49)	4.16 (0.46)	0.000	0.54	0.75
Schule entwickeln	3.00 (0.95)	3.46 (0.89)	0.000	0.55	0.81
Reflexion eigener Handlungen	3.51 (0.62)	3.78 (0.54)	0.000	0.44	0.65
Sich fortbilden	3.80 (0.60)	4.01 (0.53)	0.000	0.40	0.50
Soziale Beziehungen fördern	3.65 (0.57)	3.86 (0.60)	0.000	0.39	0.64
Auf spezifische Bedürfnisse eingehen	3.27 (0.73)	3.47 (0.69)	0.001	0.33	0.70
Verhalten kontrollieren und beurteilen	3.70 (0.61)	3.84 (0.50)	0.017	0.22	0.65
Mit Eltern und Kollegen zusammenarbeiten	3.20 (0.65)	3.41 (0.60)	0.001	0.32	0.63
Wissen[3]					
Fachdidaktisches und pädagogisches Theoriewissen	2.66 (0.88)	3.47 (0.79)	0.000	0.88	0.74
Methoden der Lernförderung	3.16 (0.70)	3.69 (0.65)	0.000	0.87	0.79
Wissen über Leistungsstandards	3.14 (0.71)	3.67 (0.72)	0.000	0.79	0.66
Management und Evaluierung	2.62 (0.86)	3.49 (0.80)	0.000	1.05	0.64

[1] Frage nach den Interessen: „Wie gerne führen Sie die folgenden Tätigkeiten aus", 1 = sehr ungern, 5 = sehr gern;
[2] Frage nach den Kompetenzen: „Wie gut beherrschen Sie die folgenden Tätigkeiten", 1 = gar nicht, 5 = sehr gut;
[3] Frage nach dem Wissen: „Wie hoch schätzen Sie Ihr Wissen ein?", 1 = sehr niedrig, 5 = sehr hoch

4.6   Zusammenfassung und Diskussion

Die Beurteilung durch die teilnehmenden Lehrkräfte zeigt, dass Fortbildungsangebote wie PFL, die auf den Prinzipien des forschenden Lernens basieren, praxisnahes Lernen sowie einen intensiven Austausch mit Experten und Kolleginnen und Kollegen ermöglichen, sehr gut aufgenommen werden. Dies gilt für die Lehrgänge insgesamt, im Speziellen aber für die Arbeit in Kleingruppen (Regionalgruppentreffen), bei denen eine intensive Auseinandersetzung mit dem eigenen Unterricht bzw. dem Unterrichtsentwicklungsprojekt ermöglicht wird. Für die hohe Akzeptanz und Zufriedenheit sind neben dem Angebot an sich aber auch die individuellen Voraussetzungen der Teilnehmer_innen relevant (wie beispielsweise das hohe Anfangsinteresse an den Themen und der Fortbildung generell).

Die Teilnehmer_innen nehmen sich hinsichtlich des Lernprozesses als hoch selbstbestimmt motiviert wahr. Im Hinblick auf die Lernumwelt in den Lehrgängen sind in diesem Zusammenhang insbesondere die intellektuelle Herausforderung durch die Lehrgänge, die Relevanz der Inhalte (siehe hierzu z.B. Schellenbach-Zell, 2009) und die Art der Vermittlung von Problemlösestrategien durch die Lehrenden (Skala „Expert_innenorientierung") als wichtige Faktoren zu nennen.

Die Teilnehmer_innen wenden einen Mix an Lernstrategien an, wobei insbesondere „Reflektieren" und „Zusammenhänge herstellen" verstärkt zur Anwendung gelangen. Der Befund, dass elaborierende Strategien beim Lernen angewendet werden, entspricht der Leitidee „der reflektierenden Praktikerin_des reflektierenden Praktikers", die in den Lehrgängen vertreten wird.

Hinsichtlich der Veränderung von Interessen, Kompetenzen und Wissen im Lauf der Lehrgänge zeichnet sich ein positives Bild. So konnte in vier von insgesamt acht Interessensbereichen sowie in allen Kompetenzen- und Wissensbereichen ein signifikanter Zuwachs nachgewiesen werden. Bei den Interessen fanden in jenen Bereichen signifikante Veränderungen statt, die im Rahmen der PFL-Lehrgangsreihe intensiver behandelt werden (u.a. „Unterrichten", „Schule entwickeln, „Reflexion eigener Handlungen"). Vorsichtig interpretiert können die Veränderungen von Interessen, Kompetenzen und Wissen als Wirksamkeitsbelege angesehen werden. Gleichzeitig bleibt offen, ob diese subjektiven Einschätzungen der Teilnehmer_innen sich auch praktisch, d.h. auf der Ebene des unterrichtlichen Handelns niederschlagen. Ferner könnte auch sozial erwünschtes Antwortverhalten zu t2 bei der Einschätzung der eigenen Kompetenzen eine Rolle spielen.

Als Ergänzung zu den Selbsteinschätzungen wurde die Analysekompetenz der Teilnehmer_innen vor und nach dem jeweiligen Lehrgang mithilfe von Videoaufgaben erhoben. Die bisherigen Befunde im Rahmen der Videoaufgabe haben gezeigt, dass es den Teilnehmerinnen und Teilnehmern kaum gelungen ist, die Inhalte der Lehrgänge bzw. das darin erworbene Wissen im Rahmen der Videoaufgabe spontan anzuwenden (Müller et al., 2010; Müller et al., 2011). Neben methodenkritischen Begründungen kann die Ursache des weitgehenden Ausbleibens der Anwendung auch im mangelnden Trainings- und Übungsangebot in den Lehrgängen selbst liegen. In zukünftigen Untersuchungen soll diesem Problem ein höherer Stellenwert eingeräumt werden.

5. Ausblick

Im Jahr 2013 ist die Begleitforschung des PFL-Durchgangs bei ihrem dritten Durchgang angelangt. In Rückbezug auf das erweiterte Angebots-Nutzungsmodell wurden Änderungen am Design vorgenommen. So werden in den Erhebungen sowohl schulische Kontextbedingungen, weitere individuelle Voraussetzungen der Teilnehmer_innen (z.B. die Selbstwirksamkeitserwartung und Fortbildungserfahrung) und die PFL-spezifischen Lerngelegenheiten (speziell die Regionalgruppentreffen) intensiver untersucht. War die eigene Forschung bisher v. a. quantitativ ausgerichtet, werden nun auch qualitative Methoden eingesetzt (leitfadengestützte Interviews mit den Lehrenden und den Teilnehmer_innen, die insbesondere Wirkfaktoren fokussieren). Zusätzlich dazu wurde für zwei der PFL-Lehrgänge (Englisch und Deutsch) ein Instrument zur Untersuchung von Kompetenzen der Teilnehmer_innen im Bereich kompetenzorientierten Unterrichtens entworfen, da wesentliche Schwerpunkte in den künftigen Lehrgängen die Themen Standards und Kompetenzorientierung sein werden. Die ersten Ergebnisse der derzeit laufenden Untersuchung sind Mitte 2014 zu erwarten. Langfristig ist auch geplant, vor und nach dem jeweiligen Lehrgang Videovignetten aus dem Unterricht der Teilnehmer_innen zu analysieren, um so die möglichen Wirkungen der Lehrgangsreihe auf das Unterrichtsverhalten erforschen zu können.

Vergleicht man das Konzept der PFL-Begleitforschung mit den vier Ebenen von Lipowsky (2010) wird deutlich, dass dabei vor allem die Untersuchung von Ebene 1 (Reaktionen und Einschätzungen der teilnehmenden Lehrkräfte) und – erweitert auf die Kompetenzen, Unterricht zu analysieren – von Ebene 2 (Erweiterung der Lehrerkognitionen) im Fokus standen. Ein Ziel ist es, im weiteren Verlauf der Forschungsaktivitäten verstärkt die Veränderungen im beruflichen bzw. unterrichtspraktischen Handeln der Lehrkräfte (Ebene 3) und in weiterer Folge die Wirkung der Fortbildungsmaßnahme auf Ebene der Schüler_innen (Ebene 4) zu untersuchen. Denn auch wenn die bisherigen Befunde ein positives Bild der Lehrgänge zeichnen bleibt noch offen, inwieweit die nachgewiesenen Wirkungen auch tatsächliche Praxisrelevanz für Lehrkräfte und Schüler_innen haben.

Literatur

Allemann-Ghionda, C. & Terhart, E. (Hrsg.). (2006). Kompetenzen und Kompetenzentwicklung von Lehrerinnen und Lehrern: Ausbildung und Beruf. *Zeitschrift für Pädagogik*, 51. Beiheft.

Andreitz, I. & Müller, F. H. (in Druck). Teacher in-service training – The situation in Austria. In K. G. Karras & C. C. Wohlhuter (Hrsg.), *International handbook of teacher in-service training.*

Altrichter, H. (2002). Die Rolle der ‚professional community' in der Lehrerforschung. In U. Dirks & W. Hansmann (Hrsg.), *Forschendes Lernen in der Lehrerbildung. Auf dem Weg zu einer professionellen Unterrichts- und Schulentwicklung* (S. 17–36). Bad Heilbrunn: Klinkhardt.

Altrichter, H. (2010). Lehrerfortbildung im Kontext von Veränderungen im Schulwesen. In F.H. Müller, A. Eichenberger, M. Lüders & J. Mayr (Hrsg.), *Lehrerinnen und Lehrer lernen. Konzepte und Befunde zur Lehrerfortbildung* (S. 17–34). Münster: Waxmann.

Altrichter, H. & Posch, P. (2007). *Lehrerinnen und Lehrer erforschen ihren Unterricht. Unterrichtsentwicklung und Unterrichtsevaluation durch Aktionsforschung* (4. neu bearbeitete Aufl.). Bad Heilbrunn: Klinkhardt.

Benke, G., Hospesová, A. & Ticha, M. (2008). The use of action research in teacher education. In K. Krainer & T. Wood (Hrsg.), *International handbook of mathematics teacher education* (Vol. 3, S. 283–307). Rotterdam, The Netherlands: Sense Publishers.

Bolland, A. (2011). *Forschendes und biografisches Lernen. Das Modellprojekt Forschungswerkstatt in der Lehrerbildung.* Bad Heilbrunn: Klinkhardt

Corcoran, T. B., Fuhrman, S. H. & Belcher, C. L. (2001). The district role in instructional improvement. *Phi Delta Kappan*, 83 (1), 78–84.

Cordingley, P., Bell, M., Thomason, S. & Evans, D. (2003). The impact of collaborative continuing professional development (CPD) on classroom teaching and learning (Vol. 1). In *Research Evidence in Education Library*. London: EPPI-Centre, Social Science Research Unit, Institute of Education, University of London.

Cordingley, P., Bell, M., Thomason, S., Rundell, B. & Firth, A. (2005). The impact of collaborative continuing professional development (CPD) on classroom teaching and learning. Review: How do collaborative and sustained CPD and sustained but not collaborative CPD affect teaching and learning? In *Research Evidence in Education Library*. London: EPPI-Centre, Social Science Research Unit, Institute of Education, University of London.

Danusso, L., Testa, I. & Vicentini, M. (2010). Improving prospective teachers' knowledge about scientific models and modelling: design and evaluation of a teacher education intervention. *International Journal of Science Education, 32* (7), 871–905.

Dirks, U. & Hansmann, W. (Hrsg.). (2002). *Forschendes Lernen in der Lehrerbildung. auf dem Weg zu einer professionellen Unterrichts- und Schulentwicklung*. Bad Heilbrunn: Klinkhardt.

Elliott, J. (1991). *Action research for educational change*. Milton Keynes: Open University Press.

Fichten, W. (2010). Konzepte und Wirkungen forschungsorientierter Lehrerbildung. In J. Abel & G. Faust (Hrsg.), *Wirkt Lehrerbildung? Antworten aus der empirischen Forschung* (S. 271–283). Münster: Waxmann.

Gärtner, H. (2007). *Unterrichtsmonitoring*. Münster: Waxmann.

Gerstenmaier, J. & Mandl, H. (1994). *Wissenserwerb unter konstruktivistischer Perspektive* (Forschungsbericht Nr. 33). München: Ludwig-Maximilian-Universität, Lehrstuhl für empirische Pädagogik und pädagogische Psychologie.

Gough, D., Kiwan, D., Sutcliffe, K., Simpson, D. & Houghton, N. (2003). *A systematic map and synthesis review of effectiveness of personal development planning in improving student learning* (Project report). London: EPPI-Centre, Social Science Research Unit, Institute of Education, University of London.

Gow, L., Kember, D. & McKay, J. (1996). Improving student learning through action research into teaching. In D. Watkins & J. B. Biggs (Hrsg.), *The Chinese learner: cultural, psychological and contextual influences* (S. 243–265). Hong Kong: CERC and ACER.

Helmke, A. & Weinert, F. E. (1997). Bedingungsfaktoren schulischer Leistungen. In F. E. Weinert (Hrsg.), *Enzyklopädie der Psychologie* (Bd. 3, S. 71–176). Göttingen: Hogrefe.

Hollenbach, N. & Tillmann, K.-J. (Hrsg.). (2009). *Die Schule forschend verändern – Praxisforschung aus nationaler und internationaler Perspektive*. Bad Heilbrunn: Klinkhardt.

Huber, S. (2009). Wirksamkeit von Fort- und Weiterbildung, In O. Zlatkin-Troitschanskaia, K. Beck, D. Sembill & R. Nickolaus (Hrsg.), *Lehrerprofessionalität: Bedingungen, Wirkungen und ihre Messung* (S. 451–463). Weinheim: Beltz.

IUS (Institut für Unterrichts- und Schulentwicklung). *Praxisforschungsberichte*. Verfügbar unter: http://ius.aau.at/publikationen/praxisforschung [06.01.2013].

Koch-Priewe, B. & Thiele, J. (2009). Versuch einer Systematisierung der hochschuldidaktischen Konzepte zum Forschenden Lernen. In B. Roters, R. Schneider, B. Koch-Priewe, J. Thiele & J. Wildt (Hrsg.), *Forschendes Lernen im Lehramtsstudium. Hochschuldidaktik, Professionalisierung, Kompetenzentwicklung* (S. 271–292). Bad Heilbrunn: Klinkhardt.

Kohler, B. & Wacker, A. (2013). Das Angebots-Nutzungsmodell. *Die Deutsche Schule, 105* (3), S. 241–255.

Krammer, K., Schnetzler, C. L., Pauli, C., Ratzka, N. & Lipowsky, F. (2009). Kooperatives netzgestütztes Lernen mit Unterrichtsvideos. Wie Mathematiklehrpersonen aus Deutschland und der Schweiz gemeinsam ihren Unterricht analysieren und entwickeln. In K. Maag Merki & B. Steinert (Hrsg.), *Kooperation und Netzwerkbildung. Strategien zur Qualitätsentwicklung in Einzelschulen* (S. 40–52). Seelze: Friedrich.

Lipowsky, F. (2010). Lernen im Beruf. Empirische Befunde zur Wirksamkeit von Fortbildung. In F. H. Müller, A. Eichenberger, M. Lüders & J. Mayr (Hrsg.), *Lehrerinnen und Lehrer lernen. Konzepte und Befunde zur Lehrerfortbildung* (S. 35–50). Münster: Waxmann.

Lipowsky, F. (2011). Theoretische Perspektiven und empirische Befunde zur Wirksamkeit von Lehrerfort- und Weiterbildung. In E. Terhart, H. Bennewitz & M. Rothland (Hrsg.), *Handbuch zur Forschung zum Lehrberuf* (S. 398–417). Münster: Waxmann.

Mayr, J. (1998). Die „Lehrer-Interessen-Skalen" (LIS). Ein Instrument für Forschung und Laufbahnberatung. In J. Abel & C. Tarnai (Hrsg.), *Pädagogisch-psychologische Interessenforschung in Studium und Beruf* (S. 111–125). Münster: Waxmann.

Müller, F. H. (2001). *Studium und Interesse. Eine empirische Untersuchung bei Studierenden.* Münster: Waxmann.

Müller, F. H., Andreitz, I. & Mayr, J. (2010). PFL – Pädagogik und Fachdidaktik für Lehrerinnen und Lehrer. Eine Studie zu Wirkungen forschenden Lernens. In F. H. Müller, A. Eichenberger, M. Lüders & J. Mayr (Hrsg.), *Lehrerinnen und Lehrer lernen. Konzepte und Befunde zur Lehrerfortbildung* (S. 177–196). Münster: Waxmann.

Müller, F. H., Andreitz, I., Krainer, K. & Mayr, J. (2011). Effects of a research-based learning approach in teacher professional development. In Y. Li & G. Kaiser (Hrsg.), *Expertise in mathematics instruction: an international perspective* (S. 131–149). New York: Springer.

Müller, F. H. & Palekcic, M. (2005). Bedingungen und Auswirkungen selbstbestimmt motivierten Lernens bei kroatischen Hochschulstudenten. *Empirische Pädagogik, 1* (2), 134–165.

Nickolaus, R. & Gräsel, C. (2006). *Innovation und Transfer. Expertisen zur Transferforschung.* Baltmannsweiler: Schneider

Prenzel, M. (1996). Bedingungen für selbstbestimmt motiviertes und interessiertes Lernen im Studium. In J. Lompscher & H. Mandl (Hrsg.), *Lehr- und Lernprobleme im Studium* (S. 11–22). Bern: H. Huber.

Posch, P., Rauch, F. & Mayr, J. (2009). Forschendes Lernen in der Lehrerfortbildung. Die Universitätslehrgänge „Pädagogik und Fachdidaktik für Lehrer/innen" und „Professionalität im Lehrberuf" an der Universität Klagenfurt. In B. Roters, R. Schneider, B. Koch-Priewe, J. Thiele & J. Wildt (Hrsg.), *Forschendes Lernen im Lehramtsstudium* (S. 196–220). Bad Heilbrunn: Klinkhardt.

Rauch, F. (2013). Das Weiterbildungsprogramm „Pädagogik und Fachdidaktik für LehrerInnen" (PFL): Aktionsforschung in der LehrerInnenbildung. *Erziehung & Unterricht, 163* (3–4), 226–229.

Renkl, A. (1994). *Träges Wissen* (Forschungsbericht Nr. 41). München: Ludwig-Maximilian-Universität, Lehrstuhl für empirische Pädagogik und pädagogische Psychologie.

Reusser, K., Pauli, C. & Krammer, K. (Hrsg.). (2004). Unterrichtsvideos mit Begleitmaterialien für die Aus- und Weiterbildung von Lehrpersonen (DVD Nr. 1). Zürich: Pädagogisches Institut der Universität Zürich.

Rogers, E. M. (2003). *Diffusion of Innovations.* New York: Free Press.

Roters, B., Schneider, R., Koch-Priewe, B., Thiele, J. & Wildt, J. (Hrsg). (2009). *Forschendes Lernen im Lehramtsstudium. Hochschuldidaktik, Professionalisierung, Kompetenzentwicklung.* Bad Heilbrunn: Klinkhardt.

Ryan, R. M. & Deci, E. L. (2002). Overview of self-determination theory: An organismic dialectical perspective. In E. L. Deci & R. M. Ryan (Hrsg.), *Handbook of self-determination research* (S. 3–33). Rochester: University of Rochester Press.

Schellenbach-Zell, J. (2009). *Motivation und Volition von Lehrkräften in Schulinnovationsprojekten.* Dissertation, Bergischen Universität Wuppertal. Verfügbar unter http://elpub.bib.uni-wuppertal.de/servlets/DerivateServlet/Derivate-1132/dg0902.pdf [15.10.2013].

Schön, D. (1987). *Educating the reflective practitioner.* San Francisco: Jossey-Bass.

Seider, S. N. & Lemma, P. (2004). Perceived effects of action research on teachers' professional efficacy, inquiry mindsets and the support they received while conducting projects to intervene into student learning. *Educational Action Research, 12* (2), 219–238.

Wild, K.-P. (2000). *Lernstrategien im Studium. Strukturen und Bedingungen.* Münster: Waxmann.

Wittwer, H., Salzgeber, G., Neuhauser, G. & Altrichter, H. (2004). Forschendes Lernen in einem Lehrgang zum kooperativen offenen Lernen. In S. Rahm & M. Schratz (Hrsg.), *LehrerInnenforschung* (S. 105–118). Innsbruck: Studienverlag.

Zehetmeier, S. (2014). The others' voice. Availing other disciplines' knowledge about sustainable impact of professional development programs. *The Mathematics Enthusiast, 11* (1), 173–196.

Kurt Haim und Christoph Weber

KLEx® – Eine Experimentiertechnik zur Förderung kreativer Problemlösekompetenzen im naturwissenschaftlichen Unterricht

1. Einleitung

Der nachfolgende Beitrag stellt ein Unterrichtskonzept für den naturwissenschaftlichen Unterricht dar, das auf die Förderung der kreativen Problemlösekompetenzen der Schüler_innen abzielt. Der erste Teil des Beitrags befasst sich mit der universellen Bedeutung von Problemlösekompetenzen. Anschließend wird der Bezug zwischen Problemlösen und Kreativität hergestellt und es werden mögliche Ansätze zur Förderung dieser Kompetenzen diskutiert. Im letzten Teil wird das Unterrichtskonzept vorgestellt sowie auf erste Ergebnisse des Forschungsprojektes, das die Wirksamkeit dieses Unterrichts untersucht, eingegangen.

2. Problemaufriss

Die Kernaufgabe der Schule muss darin liegen, junge Menschen in ihrer Entwicklung zu unterstützen, auf das Leben mit anderen vorzubereiten, sie zum Schutz unserer natürlichen Ressourcen zu erziehen und ihnen das Rüstzeug für eine nachhaltige Teilnahme an der Wissensgesellschaft zu vermitteln (Eder & Hofmann, 2012).

Diese Forderung lässt sich aber nur verwirklichen, wenn Menschen lernen, gegenwärtige Problemlagen zu erkennen und entsprechende Problemlösestrategien zu entwickeln. Deshalb wird es eine wesentliche Aufgabe im Bildungsprozess sein, Methoden zu entwickeln, die zu einer großen geistigen Flexibilität führen, die Lernende zur erfolgreichen Lösung einer noch unbekannten Problemsituationen befähigen (Schmidkunz & Lindemann, 2003).

Im österreichischen Schulsystem wird Problemlösen den überfachlichen Kompetenzen zugeordnet und ist in den allgemeinen Bildungszielen der Lehrpläne sowie in den darin formulierten didaktischen Prinzipien explizit verankert. Im Detail wird im Lehrplan der Sekundarstufe-I darauf hingewiesen, dass es Aufgabe der Schule ist, „die Schülerinnen und Schüler auf Situationen vorzubereiten, zu deren Bewältigung abrufbares Wissen und erworbene Erfahrungen allein nicht ausreichen, sondern in denen Lösungswege aktuell entwickelt werden müssen" (BGBl. II, Nr. 133/2000 und Nr. 134/2000).

Die PISA-Studie legt neben der Erhebung der fachlichen Kompetenzen (d.h. fachspezifisches Problemlösen) 2003 und 2012 einen Schwerpunkt auf Problemlösen als überfachliche Kompetenz (OECD, 2013, S. 119ff.). Im Fokus stehen Problemstellungen, die weitgehend losgelöst von fachspezifischem Wissen sind. Bei PISA 2003 liegen die Österreich-Ergebnisse im Problemlösen im OECD-Schnitt (Lang, 2004). In Hinblick auf Problemlösekompetenzen aus dem naturwissenschaftlichen Bereich zeigen jedoch die Ergebnisse der PISA-Studie 2009 (Schwantner & Schreiner, 2010), dass 21% der österreichischen Schüler_innen im Bereich der Naturwissenschaften als Risikoschüler_innen eingestuft werden müssen. Das heißt, eine_r von fünf Schülerinnen und Schülern ist aufgrund der geringen naturwissenschaftlichen Kompetenzen in den individuellen Möglichkeiten einer aktiven Teilhabe am sozialen und beruflichen Leben eingeschränkt.

3. Problemlösen als kreativer Prozess

3.1 Definition

Nach der Definition von Klieme, Funke, Leutner, Reimann und Wirth (2001, S. 185) ist „Problemlösen […] zielorientiertes Denken und Handeln in Situationen, für deren Bewältigung keine routinierten Vorgehensweisen verfügbar sind". Entsprechend der OECD (2013, S. 121f.) erfolgt Problemlösen, wenn ein unerwünschter Ausgangszustand in einen erwünschten Endzustand transformiert werden soll, diese Transformation jedoch durch Barrieren behindert wird. Von Problemlösen ist also die Rede, wenn die Mittel zum Erreichen eines Ziels unbekannt sind oder bekannte Mittel auf eine neue Weise zu kombinieren sind.

3.2 Klassifikationen von Problemen

In Hinblick auf die für Problemstellungen wichtigen Merkmale „Bekanntheitsgrad der Mittel" sowie „Klarheit der Ziele" unterscheidet Dörner (1979, S. 12ff.) unter anderem zwischen Interpolations- und Synthesebarrieren. Eine Interpolationsbarriere ist dann vorhanden, wenn neben dem Ist- und Soll-Zustand auch die Operatoren zur Überwindung der Barriere bekannt sind, nicht aber deren spezifische Kombination oder Reihenfolge. Von Synthesebarrieren spricht man, wenn die zur Überwindung der Problembarriere erforderlichen Operatoren nicht bekannt sind.

3.3 Problemlösen und Kreativität

Nach Auffassung vieler Autoren besteht zwischen Problemlösen und Kreativität eine enge Beziehung. Guilford (1971, S. 312) geht davon aus, dass sich Problemlösen und Kreativität auf dasselbe geistige Phänomen beziehen. Hussy (1998, S. 132) betrachtet den kreativen Prozess als Spezialfall des Problemlösens, der seine Besonderheit in Situationen gewinnt, in denen gängige Denk- und Vorgangsweisen nicht zielführend sind.

Torrance (1994, S. 7) definiert kreatives Problemlösen als einen Prozess, in dem ein Problem wahrgenommen wird, Ideen oder Hypothesen entwickelt und die Ideen umgesetzt bzw. die Hypothesen überprüft werden. Kreatives Problemlösen ist demzufolge ein komplexer Prozess, der Faktoren wie Persönlichkeit, Motivation, Umfeld und divergente bzw. konvergente Denkstrategien beinhaltet (Meador, 1997). Divergentes Denken stellt in diesem Zusammenhang einen besonders wichtigen Indikator für das kreative Problemlösepotential dar (Runco & Acar, 2012). Dies äußert sich auch darin, dass im Feld der Kreativitätsforschung die Einschätzung des kreativen Potentials hauptsächlich über Testverfahren erfolgt, die divergentes Denken erheben.

Guilford (1968) hat erstmals das kreative Potential mit divergentem Denken in Verbindung gebracht und nahm an, dass mehrere Komponenten dafür verantwortlich waren. Heutige Testverfahren untersuchen in diesem Zusammenhang vor allem *Fluidität*, *Flexibilität*, *Originalität* und *Elaboration*. Während man unter Fluidität die Fähigkeit versteht, eine große Anzahl von Antworten oder Ideen liefern zu können, führt Flexibilität dazu, auf unterschiedlichste Bereiche bzw. Kategorien zugreifen zu können. Originelle Ideen werden mit Neuheit oder statistischer Seltenheit gleichgesetzt.[1] Unter Elaboration versteht man die Ausarbeitung bzw. detaillierte Planung der gefundenen Ideen (Runco & Acar, 2012). Im Punkt 5 werden konkrete Beispiele aus dem Unterricht Chemie angeführt, die eine bessere Vorstellung über divergentes Denken geben.

3.4 Förderung von Problemlösekompetenzen und -strategien

Die Qualität des Problemlösens wird demzufolge von mehreren Faktoren bestimmt. So tragen das richtige Verständnis der eigentlichen Problemsituation, die Denkprozesse während der Problembearbeitung und die Systematik des Vorgehens zu erfolgreichem Problemlösen bei (Klieme et al., 2001). Für die Schule stellt sich natürlich die Frage, inwieweit Problemlösekompetenzen gefördert werden können. Aufgrund der vorhandenen multiplen Einflussgrößen eröffnet sich ein breites Spektrum an möglichen Interventionen. In der Praxis werden häufig direkte Fördermaßnahmen beschrieben, die das Problemlöseverhalten explizit beeinflussen und trainieren. Aufbauend auf dem Konzept des „Scaffolding" haben Mourtos, Okamoto & Rhee (2004) einen Ansatz entwickelt, bei dem bestimmte Problemlösestrategien geschult werden. Dieser Ansatz enthält Elemente wie Problemeingrenzung, Problemerkundung (Zielzustand bestimmen), Planung der Lösungswege, Umsetzung der Ideen sowie Überprüfung und Reflexion der Lösung.

Des Weiteren liegen Befunde vor, die auf die Wirksamkeit unterschiedlicher Förderprogramme (u.a. „Lernen mit konkreten Lösungsbeispielen", Training divergenten Denkens, …) hinweisen (Hernandez-Serrano & Jonassen, 2003; Scott, Leritz & Mumford, 2004).

3.5 Bedeutung des Faches

Als Handlungskompetenz erfordert Problemlösen sowohl eine inhaltliche Komponente (Wissen, Können, Fertigkeiten) als auch eine dispositionale Komponente (Motivation, Volition). Somit kann Problemlösen ohne fachliche Inhalte nicht wirksam gelernt werden (Eder & Hofmann, 2012, S. 80). Auch nach Leisen (2011) können Kompetenzen erst erworben werden, wenn Lernumgebungen gestaltet werden, welche die Lernenden

---

1   Zu den Konzepten Fluidität, Flexibilität und Originalität siehe auch Abschnitt 5.

in eine aktive und selbst gesteuerte Auseinandersetzung mit dem Lerninhalt bringen. Welchen Beitrag können nun naturwissenschaftliche Fächer zur Vermittlung und Förderung von Problemlösekompetenzen leisten?

In Hinblick auf das neue österreichische Kompetenzmodell für Naturwissenschaften (BIFIE, 2011), in dem das Experiment eine zentrale Stellung als Handlungskompetenz einnnimmt, wäre dieses bestens geeignet, Strategien des Problemlösens zu fördern und zu trainieren. Somit scheinen die naturwissenschaftlichen Fächer prädestiniert zu sein, als Trägerfächer für die Vermittlung und Förderung von Problemlösekompetenzen zu fungieren.

Trotzdem wird die überfachliche Kompetenz „Problemlösen" im österreichischen Schulsystem nur am Rande behandelt (Eder & Hofmann, 2012, S. 76). Vermutlich auch deshalb, da nach Pfeifer, Lutz & Bader (2002, S. 126) die Fähigkeit des problemlösenden Denkens und Handels in der Hierarchie der Lernleistung die höchste und somit schwierigste Stufe darstellt.

4. Vorstellung eines neuen Unterrichtskonzepts

Im Folgenden wird ein Unterrichtsverfahren vorgestellt, das seit 2006 von den Autoren entwickelt wurde und seit 2011 an der Pädagogischen Hochschule Oberösterreich beforscht wird (Haim, 2013). Mit der Bezeichnung *divergent-problemlösungsorientiertes Unterrichtsverfahren* (DIPLO) zielt es sowohl auf das Fördern divergenter Denkstrategien als auch auf den Erwerb kreativer experimenteller Problemlösungskompetenzen ab. Der Unterricht gliedert sich in eine *Qualifizierungsphase*, in der Grundkompetenzen sowie divergente Denkstrategien vermittelt werden und in eine *kreative Phase*, die mit einem hohen elaborativen Anteil Förderung der Problemlösekompetenzen dient (Abb. 1).

In der Qualifizierungsphase liegt der Schwerpunkt in der Vermittlung von Wissen, Basiskonzepten sowie von grundlegenden experimentellen Fertigkeiten, die über Basisexperimente erworben werden können. Als Basisexperimente werden hier traditionell bekannte Experimente verstanden, die auf reproduzierendem, stark angeleitetem Handeln basieren.

Den innovativen Teil dieser Qualifizierungsphase stellt das Aufzeigen und Trainieren divergenter Denkstrategien dar. Damit Jugendliche auf divergente Denkstrukturen effizient zugreifen können, wurde ein spezielles Übungsprogramm mit der Bezeichnung „Der kreative FOKUS" entwickelt fünf Denkstrategien und vereint flexibles, originelles, konzentriertes, unbewusstes und strategisches Denken. Mit speziellen ca. fünf minütigen Übungsphasen werden Aspekte trainiert, die für das effiziente Problemlösen eine wesentliche Rolle spielen. Auf das nähere Eingehen auf *fokusCreative* wird hier verzichtet, da es einerseits den Rahmen dieser Arbeit sprengen würde und andererseits nicht im hier präsentierten Datensatz eingesetzt wurde.

Daran anknüpfend folgt in der kreativen Phase das KLEx-Experiment, das stets den Abschluss eines Lernabschnittes darstellt. Diese Phase beruht auf individualisierter Sicherung von Handlungskompetenzen und ist stark auf Problemlösungsorientierung ausgerichtet, da der Erkenntnisgewinn schon in der Qualifizierungsphase stattgefunden hat. In KLEx, das für kreatives lösungsorientiertes Experimentieren steht, müssen

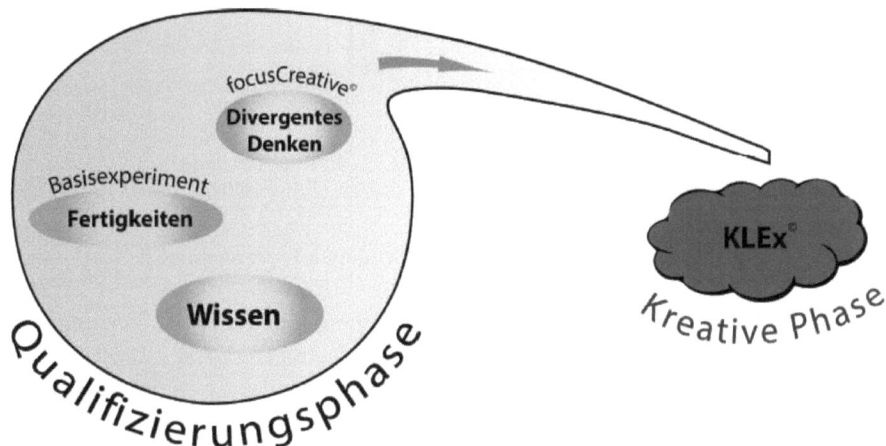

Abbildung 1: Phasenschema des divergent-lösungsorientierten Unterrichtsverfahrens

Schüler_innen ihr erworbenes Wissen sowie ihre experimentellen Fertigkeiten anwenden, um unbekannte Probleme zu lösen. Im Wesentlichen geht es darum, Bekanntes neu zu vernetzen.

KLEx kann als offene Experimentiereinheit verstanden werden, wobei auch geschlossene Elemente enthalten sind. Die nachfolgende Zuordnung bezieht sich zum Teil auf eine Arbeit von Priemer (2011), der den Grad der Offenheit mit sechs Dimensionen anzugeben versucht. So bestimmt der Fachinhalt, die Strategie, die Methode, die Lösungen, die Lösungswege sowie die einzelnen Phasen den Grad der Offenheit von Experimentieraufgaben. Während in KLEx-Einheiten der Fachinhalt und die Experimentierphasen geschlossene Dimensionen darstellen, können die zur Lösung der Aufgabe notwendigen Methoden und Lösungswege als offen bezeichnet werden. Der Grad der Offenheit wird durch die Anzahl der möglichen Lösungen bestimmt, die für die Problemlösung gefunden werden können.

4.1 Vier Phasen im KLEx

Anders als bei den Basisexperimenten, die vor allem reproduzierendes Handeln abverlangen, gliedern sich KLEx-Experimente in vier Phasen. Diese zeigen Ähnlichkeiten mit dem forschend-entwickelnden Unterrichtsverfahren nach Schmidkunz & Lindemann (2003) – mit dem Unterschied, dass hier die Problemlösung nicht zum Erschließen von neuen Inhalten, sondern zur Anwendung des Gelernten auf neue Situationen dient.

4.1.1 Kreative Denkphase

Nachdem die Problemstellung von der Lehrkraft formuliert wird, sind die Schüler_innen im Sinne von Brainstorming angewiesen, in Einzelarbeit so viele Lösungsstra-

Abbildung 2: Die vier Phasen beim kreativ-lösungsorientierten Experimentieren

tegien zu formulieren, wie ihnen in den Sinn kommen. Die dabei zur Verfügung stehende Zeit soll nicht mehr als zwei bis vier Minuten betragen. Diese Einzelarbeit gibt den Schülerinnen und Schülern Feedback darüber, wie effektiv sie in der Generierung von Ideen sind bzw. wie hoch ihre divergente Denkleistung ist.

Da sich das Potential naturwissenschaftlicher Kreativität über die Fluidität, Flexibilität und Originalität von Ideen messen lässt, wird die Problemstellung so formuliert, dass erstens mehrere Lösungen entwickelt werden können (Fluidität), die zweitens auch unterschiedlichen Kategorien (Flexibilität) zugeordnet werden können. Durch speziell gewählte Rahmenbedingungen sowie angebotene Materialien kann dies gezielt gesteuert werden.

4.1.2   Phase der Gruppenstrategie

Nach der kurzen kreativen Denkphase finden sich die Schüler_innen in kleineren Gruppen von drei bis fünf Jugendlichen zusammen. Hier tauschen sie ihre Ideen aus, formulieren auch neue Ansätze und entscheiden sich für eine gemeinsame Strategie. Nachdem die Gruppe in einer Zeit von fünf bis zehn Minuten einen Lösungsweg ausgewählt hat, präsentieren sie diesen ihrer Lehrkraft, ohne dass die übrigen Gruppen davon erfahren. Erst wenn alle Gruppen ihre Ansätze der Lehrkraft vorgestellt haben, beginnt die experimentelle Umsetzung. Durch die Bekanntgabe wird verhindert, dass Gruppen ihre Vorgehensweise von anderen kopieren, wodurch die Wahrscheinlichkeit für unterschiedliche Lösungsansätze steigt und das Ausmaß der Divergenz sichtbar wird.

4.1.3   Experimentelle Phase

Für die Umsetzung der Ideen in der Experimentierphase soll zeitlich der größte Anteil reserviert werden. Für das erfolgreiche Lösen einer unbekannten Problemstellung muss auch Misserfolg einkalkuliert werden. Bei Misserfolg kann die Gruppe die Strategie ändern, verfeinern oder überdenken. War die Gruppe erfolgreich und hat sie ihr Zeitpensum noch nicht ausgeschöpft, können bzw. sollen noch zusätzliche Varianten realisiert werden. Somit gewährleistet diese Phase die Berücksichtigung individueller Fähigkeiten und Fertigkeiten.

Abbildung 3:   Schülerinnen in der experimentellen Phase

4.1.4   Präsentation und Reflexionsphase

Am Ende der Experimentierphase müssen die Gruppen ihren eingeschlagenen Weg
sowie ihre Ergebnisse auf Papier oder Tafel kurz zusammenfassen. Die Lehrkraft wählt
nun bestimmte Gruppen aus und lässt diese kurz vor der Klasse präsentieren. Hier
sollen jedoch nicht nur jene Gruppen zum Zug kommen, die das Problem erfolgreich
gelöst haben, sondern auch jene, denen es nicht gelungen ist. So wie in der realen Wissenschaft können auch jene Vorgehensweisen, die nicht zum Erfolg geführt haben,
interessante Erkenntnisse liefern.

Abbildung 4:   Schülerin bei der Präsentation an der Tafel

4.2 Fehlerkultur im KLEx

Um eine neue Idee auszuprobieren, die vorher noch nie erprobt wurde, ist vor allem Mut zum Risiko und eine passende Fehlerkultur notwendig. Dieser Mut zum Risiko kann von den Schülerinnen und Schülern nur dann verlangt werden, wenn sie in der experimentellen Phase nicht dem Druck einer Leistungsfeststellung ausgesetzt sind. Ein misslungenes Experiment oder ein fehlgeschlagener Weg darf in der Experimentierphase keine negativen Folgen in der Mitarbeit mit sich bringen. So muss den Schülerinnen und Schülern von Anfang an bewusst gemacht werden, dass auch misslungene Versuche ihren „wissenschaftlichen" und vor allem didaktischen Wert haben. Nur in diesem Klima trauen sich die Schüler zu, quer zu denken und aus ihrem Denkmuster auszubrechen.

Um die Lösungsstrategien nachhaltig in den Köpfen der Schüler_innen zu verankern, wird am Ende der Experimentierphase ein Blatt mit dem Titel „Lösungsvorschläge" ausgeteilt, in dem alle erdenklichen Lösungvorschläge samt Begründungen aufgelistet sind. Mit dieser Zusammenfassung lernen die Schüler_innen somit auch an konkreten Lösungsbeispielen.

5. Die Beforschung des Unterrichtskonzepts

Seit dem Wintersemester 2011 wird an der PH OÖ die Wirksamkeit des Unterrichtskonzepts beforscht. Dabei stand bisher die Frage nach den Effekten der KLEx-Methode auf die divergenten Problemlösekompetenzen von Schüler_innen im Vordergrund. Nach einer Pilotierungsstudie im Schuljahr 2011/12, die der Entwicklung entsprechender Messinstrumente (u.a. divergentes Problemlösen, Chemiekompetenzen) diente, wurde im Schuljahr 2012/13 eine erste Studie zur Wirkung des Unterrichtsverfahrens im Fach Chemie (Sekundarstufe I) durchgeführt. Dabei stand das kreativ-lösungsorientierte Experimentieren (KLEx) im Zentrum des Interesses. Im Wintersemester 2013/2014 wurde ein weiteres Forschungsprojekt gestartet, das die Wirkung des gesamten Unterrichtskonzepts (KLEx und „Der kreative FOKUS") in den Blick nimmt. Nachfolgend wird das Projekt zur Wirkung der KLEx-Methode beschrieben und erste Ergebnisse werden vorgestellt.

Zur Untersuchung der Wirkung der Unterrichtsmethode wurde ein quasi-experimentelles Forschungsdesign mit zwei Messzeitpunkten gewählt. Zur Minimierung des Einflusses der Lehrkräfte (u.a. Persönlichkeit, Unterrichtsstil) auf die Studienergebnisse war vorgesehen, dass Lehrkräfte jeweils mit mindestens zwei Klassen am Projekt teilnehmen.[2] Die Klassen wurden per Zufall als Experimental- bzw. Kontrollklasse gewählt, um auch den Einfluss der Schüler_innenmerkmale zu kontrollieren. Im Rahmen von Fortbildungsveranstaltungen an der PH OÖ, bei der die KLEx-Methode vorgestellt wurde, wurden sechs Lehrkräfte (13 Klassen mit insgesamt 270 Schüler_innen) aus unterschiedlichen Schultypen (3 AHS, 2 NMS, 1 HS) für die Teilnahme am Projekt gewonnen.

---

2   Eine Lehrkraft nahm mit 3 Klassen teil.

Für die Kontrollklassen war vorgesehen, dass entsprechende Basisexperimente zu acht Themenbereichen durchgeführt werden. In den Experimentalklassen sollte neben den Basisexperimenten für jeden Themenbereich auch ein KLEx-Experiment durchgeführt werden. Um eine möglichst hohe Standardisierung des Unterrichts zu erlangen, bekamen die Lehrkräfte entsprechende Unterlagen zu den acht Themengebieten.

Die erste Messung fand im Dezember 2012[3] statt. Die zweite Erhebung erfolgte Ende Juni 2013. Da die Untersuchung auf die Wirksamkeit der Methode in der Sekundarstufe I fokussierte, war es nicht möglich, bereits zum ersten Erhebungszeitpunkt wesentliche Zielvariablen zu messen. Im Regelfall wird Chemie das erste Mal in der 8. Schulstufe unterrichtet. Somit wurde etwa auf die Erhebung der Chemiekompetenzen bzw. fachspezifischen divergenten Problemlösekompetenzen zum Zeitpunkt der ersten Messung verzichtet. Um dennoch mögliche Unterschiede zwischen Schüler_innen der KLEx- und Kontrollklassen vor der Durchführung der Experimente feststellen zu können, wurden zum Zeitpunkt der ersten Messung Merkmale wie die „Freude am Fach Chemie" und „die fachspezifische Leistungseinschätzung" erhoben. Ein Überblick über das Forschungsdesign der Studie ist in Abb. 5 dargestellt.

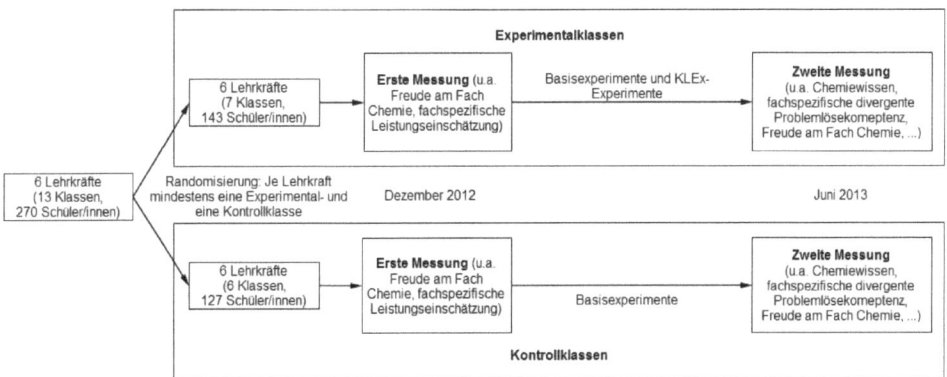

Abbildung 5:   Forschungsdesign im Überblick

Analysen der ersten Messung zeigen, dass zum Teil Unterschiede zwischen den Schülerinnen und Schülern der Experimental- und Kontrollklassen bestehen, was auf die begrenzten Möglichkeiten der Randomisierung zurückzuführen ist. So äußern etwa Schüler_innen der Kontrollklassen eine höhere Freude am Fach Chemie (d = 0,27; $p = 0,04$; $n = 244$).[4]

---

3   Der Beginn der Studie mit Dezember 2012 wurde gewählt, damit Schüler_innen, die in der Regel das erste Mal in ihrer Schullaufbahn das Fach Chemie hatten, einen gewissen Einblick in die Thematik erlangen können und somit eine Einstellung zum Fach entwickeln können. Dies wurde als nötig erachtet, da die Studie neben den harten Erfolgsindikatoren (Kompetenzen) auch weiche Kriterien wie die „Freude am Fach" oder die „fachspezifische Leistungseinschätzung" berücksichtigt.

4   Alle Vergleiche zwischen Klassen bzw. zwischen erster und zweiter Messung basieren auf T-Tests.

Nach der ersten Befragung begannen die Lehrkräfte mit dem vorgesehenen Unterricht. Während in den Kontrollklassen nur Basisexperimente durchgeführt wurden, erhielten die Experimentalklassen sowohl Basis- als auch KLEx-Experimente.

Im Verlauf des Projekts wurden organisatorische Probleme sichtbar, da durch das vorgegebene Design (erste Erhebung erst im Dezember) die zeitlichen Möglichkeiten zur Durchführung aller acht Experimente beschnitten wurden. Durch das enge Zeitkorsett von sechs Monaten konnten schon geringe Unterrichtsausfälle die Umsetzung aller acht Experimente erschweren. So konnte keine Lehrkraft alle KLEx-Experimente durchführen. Vier Lehrkräfte konnten sieben und jeweils eine Lehrkraft konnte fünf bzw. sechs KLEx-Experimente realisieren. Anschließende Projekte sollten darauf achten, dass ein größerer zeitlicher Spielraum für die Experimente gegeben ist, damit schon zu Schulbeginn die Basis- und KLEx-Experimente in den Unterricht implementiert werden können.

Am Ende des Sommersemesters 2013 wurden die Lehrkräfte mit ihren Schulklassen an die PH OÖ eingeladen. Einen halben Tag lang wurden unterschiedliche Erhebungen und Testungen (u.a. Fachwissen in Chemie[5]) durchgeführt, wobei ein Test zur Bestimmung der fachspezifischen divergenten Problemlösekompetenz im Zentrum des Interesses stand.[6] Für die Erhebung der divergenten Problemlösekompetenz wurden die Schüler_innen mit folgender Problemstellung konfrontiert:

> „Vor dir stehen zwei Becher mit Wasser. In einem Becher befindet sich destilliertes Wasser, im anderen Becher konzentriertes Salzwasser. Finde möglichst viele Wege, um das destillierte Wasser vom Salzwasser unterscheiden zu können! Dazu stehen dir auch folgende Materialen zur Verfügung. Notiere auch, welches Ergebnis du für Salzwasser erwartest!"

Tabelle 1: Übersicht über die angegebenen Materialien

6 Teelichter	2 Spritzen (10 ml)
2 Kunststoffbecher	2 Campinggasbrenner
Kunststoffwanne + Eiswürfel	2 mal Zündhölzer
Taschenlampe (mit 4,5V) + Glühbirne	1 Ei
Bleistiftminen + Papier	1 Wäscheklammer
4 Drähte	Waage
Messlöffel	1 Magnesiastäbchen
2 Salzstreuer	

Alle Schüler_innen haben im Unterricht über die Basisexperimente viele Methoden kennengelernt, die für die Lösung obiger Problemstellung geeignet wären. So erlernten die Schüler_innen über die Basisexperimente Grundtechniken wie Filtration, Destillation und Abwägen sowie Messung der Leitfähigkeit, Flammenfärbung, Herstellung von Kältemischung und Dichtebestimmung.

Als echte Problemstellung erweist sich die Aufgabe deshalb, weil hier die ausgewählten Materialien, die eher einen Bezug zum Alltag als zu einem Chemielabor her-

---

5   Bei der Testzusammenstellung wurde darauf geachtet, dass nur solche Themenbereiche berücksichtigt werden, die auch von allen Lehrkräften im Unterricht durchgemacht wurden.
6   Die Klassen konnten aufgrund von Krankheitsfällen unter den Schüler_innen nicht vollständig getestet werden.

stellen, eine Lösungsbarriere darstellen. Bezüglich Problemklassifikation handelt es sich hier um eine typische Interpolationsbarriere, da die Operatoren zur Überwindung der Barriere bekannt sind bzw. sein sollten, nicht aber deren spezifische Kombination. Insgesamt können 13 mögliche Kategorien von Lösungen unterschieden werden, die u.a. die Untersuchung der Leitfähigkeit bzw. der Flammenfärbung oder auch die Bestimmung des Siedepunkts umfassen. Tabelle 2 zeigt einen Auszug über mögliche Lösungskategorien und es werden auch konkrete Lösungsbeispiele von Schülerinnen und Schülern angeführt.

Tabelle 2:   Auszug möglicher Lösungen nach Kategorie

Kategorie	Idee (Beispiel)	Erwartetes Ergebnis (Beispiel)	Lösung (Beispiel)
Leitfähigkeit	Überprüfen, ob die Lösung leitet.	Salzwasser leitet den Strom	Die Drähte an der Batterie der Taschenlampe anschließen, dann den Strom durch das Wasser fließen lassen.
Eindampfen	Verdampfen	Das Wasser verdampft, Salz bleibt im Glas zurück.	Gläser über den Gasbrenner halten.
Siedepunkt	Kochen	Salzwasser siedet später	Ich koche beide Lösungen und beobachte, welche später siedet.

Die Fluidität des Denkens ergibt sich aus der Anzahl der genannten Lösungen der einzelnen Schüler_innen. Die Flexibilität wird durch die Anzahl der genannten Lösungskategorien abgebildet. Die Originalität ergibt sich aus der Anzahl der statistisch seltenen (< 5%) Lösungen. Bei der verwendeten Fragestellung stellt jede Lösung eine Kategorie dar, wodurch die Fluidität gleich der Flexibilität ist. Tabelle 3 stellt exemplarisch die Berechnung von Flexibilität und Originalität für zwei hypothetische Schüler_innen dar.

Tabelle 3:   Beispiele für die Berechnung von Flexibilität (Summe der genannten Lösungen) und Originalität (Zahl der Lösungen mit einer Häufigkeit < 5%). Die Zahlen in Klammern sind die relativen Häufigkeiten der Lösungskategorien.

	Lösungen	Flexibilität	Originalität
Schüler_in A	- Gefrierpunkt (17%) - Geschmack (72%) - Verdunstung, Eindampfen, Destillation (75%)	3	0
Schüler_in B	- Löslichkeitsvermögen von Salz (4%) - Siedepunkt (3%)	2	2

Die Ergebnisse der 2. Messung am Schuljahrende zeigen, dass sich Experimental- und Kontrollklassen hinsichtlich des Wissens in Chemie nicht unterscheiden ($d = 0,05$; $p = 0,76$; $n = 234$). Ebenso zeigen sich keine Unterschiede in der Originalität der Lösungen zwischen KLEx- und Kontrollklassen ($d = 0,14$; $p = 0,26$; $n = 238$).

Inhaltlich substanzielle Unterschiede ergaben sich jedoch im Ausmaß der divergenten Problemlösefähigkeiten ($d = 0,29$; $p = 0,02$; $n = 238$). Die Schüler_innen der Experimentalklasse finden im Schnitt rund 2,7 korrekte Lösungen für die Problemstellung (Salzwasser und destilliertes Wasser unterscheiden), während die Schüler_innen der Kontrollklasse rund 2,2 Lösungen generieren können. Schüler_innenmerkmale, die zum Zeitpunkt der ersten Messung erhoben wurden (Freude am Fach, fachspezifische Leistungseinschätzung) haben statistisch keinen Einfluss auf die Ergebnisse.[7] Bei gleichem Wissen finden Schüler_innen der Experimentalklassen mehr Lösungen als Schüler_innen der Kontrollklassen ($d = 0,32$; $p = 0,01$; $n = 234$). Dieser Befund lässt den Schluss zu, dass die KLEx-Experimente die Anwendbarkeit von Wissen fördern und zur Entwicklung von fachspezifischen divergenten Problemlösekompetenzen beitragen.

6. Fazit und Ausblick

Der Beitrag folgt der Annahme, dass Problemlösen als überfachliche Kompetenz im Schulkontext nur in Verbindung mit fachlichen Inhalten gelernt werden kann (Eder & Hofmann, 2012). Es wurde ein Unterrichtskonzept für den naturwissenschaftlichen Unterricht vorgestellt (Haim, 2013), das speziell die Förderung von divergenten Problemlösekompetenzen in den Fokus nimmt. Erste Forschungsergebnisse für das Fach Chemie der Sekundarstufe I weisen darauf hin, dass die beschriebenen KLEx-Experimente die intendierte Wirkung aufweisen. In der weiteren Folge gilt es, weitere Fragen in den Blick zu nehmen. So konnten etwa Effekte der Methode auf die chemiespezifischen Problemlösekompetenzen gezeigt werden. Es bleibt jedoch die Frage offen, ob KLEx-Experimente auch in der Lage sind, Problemlösen als überfachliche Kompetenz (OECD, 2013) fördern zu können. Darüber hinaus werden die Ergebnisse eines derzeit laufenden Forschungsprojektes zeigen, ob das gesamte Unterrichtskonzept (KLEx und „Der kreative FOKUS") stärkere Effekte bringt. Abschließend ist darauf zu verweisen, dass sich die bisherigen Studien ausschließlich auf das Fach Chemie fokussieren. In diesem Zusammenhang gilt es in Zukunft die Wirkung der Methode in anderen naturwissenschaftlichen Fächern (vor allem Physik) zu untersuchen. Die Entwicklung eines entsprechenden Unterrichtskonzepts für Physik ist derzeit bereits im Laufen. Ebenso wird es in Zukunft von Interesse sein, die Wirkung der Methode in der Lehrer_innenausbildung zu analysieren.

Literatur

BIFIE (2011). *Kompetenzmodell Naturwissenschaften 8. Schulstufe.* Verfügbar unter: https://www.bifie.at/node/1472 [14.10.2013].

Dörner, D. (1979). *Problemlösen als Informationsverarbeitung.* Stuttgart: Kohlhammer

Eder, F. & Hofmann, F. (2012). Überfachliche Kompetenzen in der österreichischen Schule: Bestandsaufnahme, Implikationen, Entwicklungsperspektiven. In B. Herzog-Punzenberger (Hrsg.), *Nationaler Bildungsbericht Österreich 2012. Band 2. Fokussierte Analysen bildungspolitischer Schwerpunktthemen* (S. 71–110). Graz: Leykam.

Guilford, J. P. (1971). *The nature of human intelligence.* New York: McGraw-Hill

Guilford, J. P. (1968). *Creativity, intelligence and their educational implications.* San Diego: Robert Knapp.

---

7   Hier wurde eine OLS-Regression gerechnet, bei der entsprechende Kovariaten berücksichtigt wurden.

Haim, K. (2013): Kreatives Lösungsorientiertes Experimentieren – KLEx. *Praxis der Naturwissenschaften – Chemie in der Schule, 4/62,* 34–37.

Hernandez-Serrano, J. & Jonassen, D. (2003). The effects of case libraries on problem solving. *Journal of Computer Assisted Learning, 19,* 103–114.

Hussy, W. (1998). *Denken und Problemlösen.* Stuttgart: Kohlhammer.

Klieme, E., Funke, J., Leutner, D., Reimann, P. & Wirth, J. (2001). Problemlösen als fächerübergreifende Kompetenz. Konzeption und erste Resultate aus einer Schulleistungsstudie. *Zeitschrift für Pädagogik, 47* (2), 179–200.

Lang, B. (2004). Problemlöse-Kompetenz im internationalen Vergleich. In G. Haider & C. Reiter (Hrsg.), *PISA 2003 – Internationaler Vergleich von Schülerleistungen. Nationaler Bericht* (S. 90–95). Graz: Leykam.

Leisen, J. (2011). Kompetenzorientiert unterrichten. *Naturwissenschaften im Unterricht Physik, 123/124,* 4–10.

Meador, K.S. (1997). *Creative thinking and problem solving for young learners.* Englewood: Teacher Ideas Press.

Mourtos, N. J., Okamoto, N. D. & Rhee, J. (2004). Defining, teaching, and assessing problem solving skills. In *Proceedings of the 7th UICEE Annual Conference on Engineering Education* (S. 9–13).

OECD (2013). PISA 2012 assessment and analytical framework: Mathematics, reading, science, problem solving and financial literacy. OECD Publishing.

Pfeifer, P., Lutz, B. & Bader, H. J. (2002). *Konkrete Fachdidaktik Chemie.* München: Oldenburg Verlag.

Priemer, B. (2011). Was ist das Offene beim offenen Experimentieren. *Zeitschrift für Didaktik der Naturwissenschaften, 17,* 315–337.

Runco, M. A. & Acar, S. (2012). Divergent thinking as an indicator of creative potential. *Creativity Research Journal, 24* (1), 66–75.

Schmidkunz, H. & Lindemann, H. (2003). *Das forschend-entwickelnde Unterrichtsverfahren – Problemlösen im naturwissenschaftlichen Unterricht* (6. Auflage). Hohenwarsleben: WESTARP Wissenschaften.

Schwantner, U. & Schreiner, C. (2010). *PISA 2009. Internationaler Vergleich von Schülerleistungen. Erste Ergebnisse Mathematik, Lesen, Naturwissenschaften.* Graz: Leykam.

Scott, G., Leritz, L. E. & Mumford, M. D. (2004). The effectiveness of creativity training: A quantitative review. *Creativity Research Journal, 16* (4), 361–388.

Torrance, E. P. (1994). *Creativity. Just wanting to know.* Pretoria, South Africa: Benedict Books.

Daniela Martinek und Franz Hofmann

Welche Rolle spielt beruflicher Druck bei Lehrpersonen?

Selbstauskünfte von Lehrer_innen zur Einschätzung einer wichtigen beruflichen Dimension

1. Einführung

Dieser Beitrag beschäftigt sich mit der Frage, wodurch beruflicher Druck und damit die Motivation von Lehrer_innen beeinflusst werden und wie es gelingen kann, Lehrpersonen beruflich besser zu motivieren. Die Motivation von Lehrer_innen hat in der bildungswissenschaftlichen und psychologischen Forschung bisher wenig Beachtung erfahren (Müller & Hanfstingl, 2010), wenngleich diese für die Berufszufriedenheit eine entscheidende Rolle spielt (Van den Broeck, Vansteenkiste, De Witte, Soenens & Lens, 2010) und die Unterrichtsgestaltung von Lehrkräften beeinflusst (Taylor, Ntoumanis & Standage, 2008). Auf den theoretischen Überlegungen der Selbstbestimmungstheorie basierend eruiert diese empirische Untersuchung mit 199 AHS[1] Lehrer_innen und 26 AHS Leiter_innen, wodurch sich Lehrkräfte unter Druck gesetzt fühlen können. Die Analyse der Arbeitsbedingungen für Lehrpersonen aus dieser Perspektive kann für die Konzeption von Interventionsprogrammen genützt werden und um gezielt Veränderungsvorschläge zu entwickeln. Als erste Schritte in diese Richtung werden Anregungen für zukünftige Forschungsprojekte und für die Einbindung dieser Forschungsergebnisse in bildungspolitische Entwicklungen gegeben.

2. Theoretische Befunde zu Druck im Lehrberuf

Die Selbstbestimmungstheorie (Deci & Ryan, 2008) geht davon aus, dass Menschen, deren psychologische Bedürfnisse nach Autonomie, Kompetenzen und sozialer Einbindung befriedigt werden, günstigere motivationale Regulationen entwickeln, proaktiver handeln und mehr Wohlbefinden verspüren. Empirische Untersuchungen unterstreichen die Bedeutung motivationaler Merkmale, wie intrinsische und autonome Motivation, Enthusiasmus für das Fach und die Tätigkeit, Vertrauen in die eigenen Kompetenzen, Zielorientierungen und selbstregulative Fähigkeiten, für den Erfolg im Lehrberuf[2] und die Berufszufriedenheit (De Jesus & Lens, 2005; Kunter, 2010; Van den Broeck et al., 2010). Die berufliche Motivation beeinflusst u.a. die Unterrichtsgestaltung von Lehrpersonen. Verspüren Lehrer_innen wenig autonome Motivation in Bezug auf ihren Beruf, dann verhalten sie sich ihren Schüler_innen gegenüber eher kontrollierend (Pelletier & Sharp, 2009) und fördern die Autonomie ihrer Schüler_

---

1 Allgemein bildende Höhere Schulen (AHS) sind in Österreich ein spezifischer Schultyp im Sekundarstufenbereich.
2 Mit dem Ausdruck „Lehrberuf" ist der Beruf der Lehrerin_des Lehrers gemeint.

innen weniger (Taylor et al., 2008). Das Erleben beruflicher Autonomie wird eingeschränkt, wenn sich Lehrkräfte beruflich unter Druck gesetzt fühlen. Druck wird dann erlebt, wenn das Denken, Handeln und Fühlen einer Lehrperson ohne Berücksichtigung deren individueller Perspektive in eine erwünschte Richtung gelenkt wird bzw. werden soll (Reeve & Assor, 2011). Innerhalb der Lehrerschaft gibt es gravierende interindividuelle Unterschiede in der Wahrnehmung und Bewertung des Lehrberufs (Kunter, 2010). Unter Druck gesetzt fühlen sich Lehrpersonen, wenn sie entgegen ihrer Überzeugung und Wertvorstellungen handeln sollen oder Tätigkeiten übernehmen müssen, mit denen sie sich nicht identifizieren können. Beruflicher Druck kann ab einer gewissen Intensität zur Belastung werden, jedoch können sich Lehrpersonen auch unter Druck gesetzt fühlen, ohne nachfolgend längerfristig über Belastungen zu klagen, wenn sie über günstige Strategien in Bezug auf die Wahrnehmung und den Umgang mit beruflichem Druck verfügen. Beruflicher Druck und wahrgenommene Kontrolle kann von äußeren Einflussfaktoren wie Zeitdruck, curricularen Vorgaben oder hohen Standards, vom Verhalten der Schüler_innen (Pelletier, Séguin-Lévesque & Legault, 2002) sowie von der Lehrperson selbst beeinflusst werden (Reeve, 2009). Müller, Andreitz und Hanfstingl (2008) berichten, dass Lehrer_innen in Österreich durch curriculare Vorgaben, administrative Aspekte und öffentliche Diskussionen unter Druck geraten können. Davon abgesehen liegen derzeit kaum detaillierte empirische Befunde vor, wodurch sich österreichische Lehrer_innen beruflich unter Druck gesetzt fühlen bzw. wie diese Einschätzungen mit der Sichtweise der Schulleiter_innen korrespondieren.

3. Empirische Befunde zu Druck im Lehrberuf

Nähere Erkenntnisse liefert eine schriftliche Befragung von 199 Lehrer_innen und 26 Schulleiter_innen aus allgemein bildenden höheren Schulen (AHS) im Bundesland Salzburg. Wenngleich die Stichprobe der Schulleiter_innen gering erscheint, so ist anzumerken, dass es im Bundesland Salzburg insgesamt 28 AHS gibt und eine Analyse dieser Stichprobe, die beinahe einer Vollerhebung entspricht, gerechtfertigt erscheint. Von den Lehrpersonen, die Angaben zum Geschlecht und ihrem Alter machten, waren 63% Frauen und 37% Männer. 9% der Lehrkräfte waren unter 30 Jahre alt, 20% unter 40, 27% unter 50, 39% unter 60 und 5% unter 70 Jahre (1 bis 40 Dienstjahre). Befragte Lehrer_innen unterrichten diverse Unterrichtsfächer und arbeiten mit einer bis 13 Klassen pro Semester. 132 Lehrpersonen gaben an, in der Stadt tätig zu sein, 66 Lehrkräfte waren an ländlichen Schulen beschäftigt. An Hand einer Skala mit 40 Items (Martinek, 2012a) beurteilten Lehrpersonen, wie sehr sie sich durch diverse berufliche Aspekte unter Druck gesetzt fühlen (fünfteilige Skala: 1 = „Ich fühle mich nicht unter Druck gesetzt"; 5 = „Ich fühle mich in sehr hohem Maße unter Druck gesetzt"). Auch die Schulleiter_innen wurden gebeten, ihre Einschätzungen aus Sicht der Lehrpersonen zu treffen. Die Datenanalyse erfolgte mit SPSS 20. Eine explorative Faktorenanalyse (KMO: 0.87; p nach Bartlett: 0.00; Promax; Kappa = 6) mit den Daten der Gesamtstichprobe führte aufgrund nicht eindeutiger bzw. unzureichender Faktorladungen (< 0.5) zum Ausschluss von sechs Items. Basierend auf dem Kaiser-Kriterium (Eigenwerte zwischen 10.94 und 1.03) resultierte eine neunfaktorielle Lösung, die 70.50% der Varianz erklärte (Tabelle 1).

Tabelle 1: Quellen beruflichen Drucks unter AHS Lehrerinnen und Lehrern (Subskalen basierend auf den Ergebnissen einer explorativen Faktorenanalyse, sortiert nach Eigenwerten; in Klammern die Gesamtzahl der Items je Subskala, Beispiele solcher Items *kursiv* gedruckt)

Subskalen und *Beispielitems*[1]	.	Eigenwerte
1. Druck durch Schüler_innen und Eltern (6 Items) *Konflikte mit Schüler_innen;* *Zusammenarbeit mit wenig kooperativen / defensiven Eltern*	α = 0.89	10,94
2. Anforderungen in Bezug auf den Unterricht (5 Items) *Selbst gesteckte Unterrichtsziele erreichen*	α = 0.81	2.69
3. Zusätzliche berufliche Anforderungen und mangelnde Anerkennung (6 Items) *Gesetzliche Bestimmungen, Vorschriften und Erlässe;* *schlechtes Image des Berufes in der Öffentlichkeit*	α = 0.79	2.22
4. Fort- und Weiterbildung (3 Items) *Besuch von Fortbildungsveranstaltungen*	α = 0.85	1.66
5. Umgang mit Kolleginnen und Kollegen (3 Items) *Unkollegiales Verhalten*	α = 0.88	1.53
6. Mitarbeit bei schulischen Schwerpunkten (3 Items) *Mitarbeit bei Schulprojekten*	α = 0.87	1.42
7. Arbeitsorganisation und Zeitaufwand (3 Items) *Zeitaufwand für Unterrichtstätigkeit, Vor- und Nachbereitung,* *Arbeiten an zwei Arbeitsplätzen (Schule und Zuhause)*	α = 0.74	1.33
8. Lehrverpflichtung und Anzahl der Schüler_innen (3 Items) *Hohe Lehrverpflichtung;* *hohe Anzahl der zu unterrichtenden Schüler_innen*	α = 0.78	1.16
9. Unterrichtsbesuche (2 Items) *Unterrichtsbesuche der Schulleiterin_des Schulleiters*	α = 0.73	1.03

[1] Wie sehr fühlen sich Lehrer_innen durch folgende berufliche Situationen unter Druck gesetzt?

Unter diesen beurteilten die Lehrpersonen drei Faktoren als einflussreichste Druckquellen: die „Lehrverpflichtung und die Anzahl der zu unterrichtenden Schüler_innen", „Zusätzliche berufliche Anforderungen (wie Verwaltungsaufgaben, gesetzliche Vorgaben) und mangelnde Anerkennung (durch Vorgesetzte, Behörden und in der Öffentlichkeit)" sowie „Anforderungen in Bezug auf den Unterricht" (z.B. Lehrplanforderungen, Stoffumfang oder Notengebung; Tabelle 2). Ebenfalls teilweise unter Druck gesetzt fühlen sich AHS Lehrer_innen durch die „Organisation der Arbeit an zwei Arbeitsplätzen (in der Schule und zu Hause) und den für Vor- und Nachbereitung benötigten Zeitaufwand", durch schwer motivierbare und verhaltensauffällige Schüler_innen sowie durch Schwierigkeiten mit Eltern. Moderater Druck wurde darüber hinaus mit der Partizipation an schulischen Schwerpunkten verbunden. Nur in geringem Maße trugen laut Lehrkräften der Umgang mit Kolleginnen und Kollegen,

Aspekte der Fort- und Weiterbildung und Unterrichtsbesuche durch dritte Personen zu beruflichem Druck bei (Tabelle 2).

Tabelle 2: Beruflicher Druck aus Sicht von AHS Lehrer_innen (fünfteilige Skala; Mittelwerte ± Standardabweichung. $N = 199$)

AHS Lehrer_innen		
Lehrverpflichtung und Anzahl der Schüler_innen 3.15 ± 1.04	Zusätzliche berufliche Anforderungen und mangelnde Anerkennung 2.98 ± 0.85	Anforderungen in Bezug auf den Unterricht 2.89 ± 0.84
Arbeitsorganisation und Zeitaufwand 2.81 ± 0.98	Druck durch Schüler_innen und Eltern 2.79 ± 0.92	Mitarbeit bei schulischen Schwerpunkten 2.32 ± 0.95
Umgang mit Kolleginnen und Kollegen 1.91 ± 0.93	Fort- und Weiterbildung 1.89 ± 0.81	Unterrichtsbesuche 1.44 ± 0.70

Tabelle 3: Beruflicher Druck aus Sicht von AHS Leiter_innen (fünfteilige Skala; Mittelwerte ± Standardabweichung. $N = 26$)

AHS Leiter_innen		
Lehrverpflichtung und Anzahl der Schüler_innen 3.16 ± 1.02	Zusätzliche berufliche Anforderungen und mangelnde Anerkennung 3.00 ± 0.84	*Anforderungen in Bezug auf den Unterricht* 2.94 ± 0.86
Arbeitsorganisation und Zeitaufwand 2.73 ± 0.98	Druck durch Schüler_innen und Eltern 2.82 ± 0.93	Mitarbeit bei schulischen Schwerpunkten 2.34 ± 0.95
Umgang mit Kolleginnen und Kollegen 1.98 ± 0.95	Fort- und Weiterbildung 1.86 ± 0.79	*Unterrichtsbesuche* 1.52 ± 0.76

Kursiv gedruckt sind Bereiche. in denen sich die Einschätzung durch Schulleiter_innen von jenen der Lehrer_innen signifikant unterscheiden.

Die Einschätzungen der Schulleiter_innen in Bezug auf die Intensität von Druckquellen im Lehrberuf deckten sich in etlichen Bereichen mit den Ergebnissen der Lehrer_innenbefragung. Signifikante Unterschiede gab es in vier Bereichen. Schulleiter_innen schätzten den Druck durch Anforderungen in Bezug auf den Unterricht (Mann-Whitney U-Test; $Z = -2.51$; $N_1 = 26$; $N_2 = 199$; $p < 0.01$), durch den Umgang mit Kolleginnen und Kollegen ($Z = -3.06$; $p < 0.00$) und durch Unterrichtsbesuche ($Z = -4.56$; $p < 0.00$) höher ein als die Lehrpersonen selbst. Den aus der Arbeitsorganisation und dem Zeitaufwand resultierenden Druck hingegen stuften die Schulleiter_innen geringer ein als die Lehrer_innen ($Z = -3.42$; $p < 0.00$; Abb. 1). Die Schulleitung unterschätzte also auffallenderweise den auf Lehrpersonen lastenden Druck durch Organisatorisches und Zeitaufwand. In Abbildung 1 werden die abweichenden Einschätzungen durch die Lehrer_innen und Schulleiter_innen, inwieweit die jeweilige Tätigkeit als Druckquelle wahrgenommen wird, dargestellt. Es wird deutlich, dass die Schulleiter_innen den Druck durch die Bereiche „Fort- und Weiterbildung" sowie „Organisation und Zeitaufwand" unterschätzen, während sie bei den anderen Bereichen den Druck höher einschätzen, als dies die Lehrer_innen selber tun. Die beobachteten Effektstärken (Abb. 1) liegen durchaus im bedeutsamen Bereich.

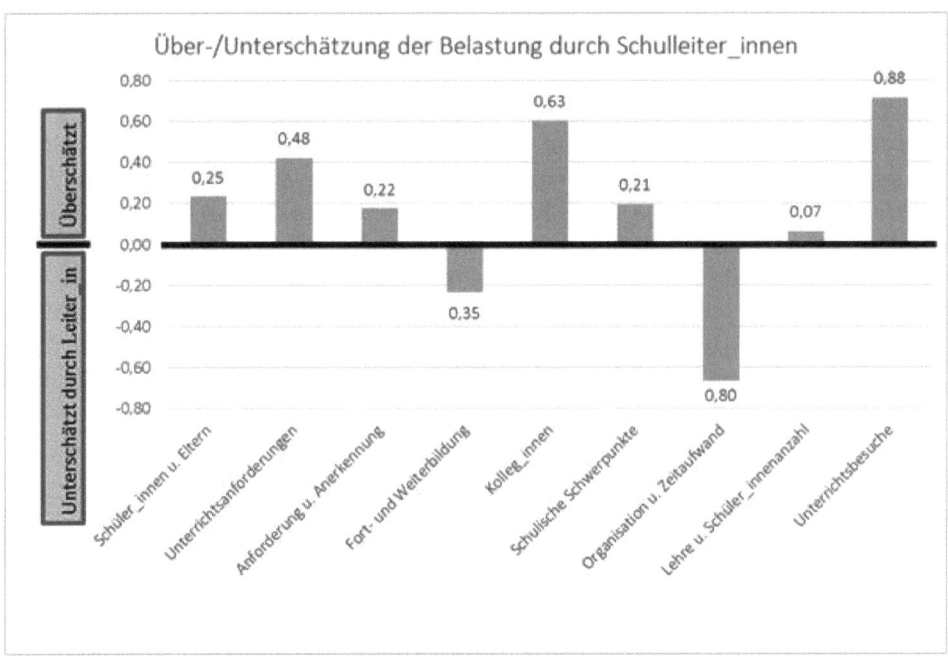

Abbildung 1:   Über- und Unterschätzung des Drucks im Lehrberuf durch Schulleiter_innen. Die Säulen stellen Effektstärken dar (MW Lehrer_innen minus MW Schulleiter_innen dividiert durch die mittlere Standardabweichung).

4. Diskussion

Die im Rahmen dieser Studie befragten AHS Lehrpersonen berichten, unter mittelmäßigem bis geringem beruflichem Druck zu stehen. Es stellt sich die Frage, in welchem Ausmaß aus diesen Drucksituationen belastende Beeinträchtigungen für Lehrpersonen resultieren können. Lehrpersonen erleben weniger berufliche Belastung, wenn sie über vergleichsweise besser entwickelte Selbststeuerungsfähigkeiten verfügen (Albisser, Kirchhoff & Albisser, 2009). Mit Hilfe von Selbststeuerungsfähigkeiten erleben sie sich auch in beruflich herausfordernden Situationen (d.h. bei hoher situativer Beanspruchung) als selbstwirksam, innerlich ausgeglichen und im Hinblick auf ihre Interaktionspartner_innen als empathisch und konstruktiv kommunizierend (Abele & Candova, 2007; Klusmann, 2011). Sind gut ausgeprägte Selbststeuerungsfähigkeiten ein vorrangiges Merkmal im „Anforderungsprofil" von Lehrpersonen (vgl. Frey & Jung, 2011)? Nach dem verhältnismäßig positiven Gesamtergebnis unserer Befragung sind Selbststeuerungsfähigkeiten nicht von vorrangiger Bedeutung. Aufgrund der Tatsache, dass die Standardabweichungen der einzelnen Subskalen relativ hoch sind (Tabelle 2), ist es aber doch sinnvoll, im Rahmen der Diskussion der referierten Befunde einen Blick auf die Selbststeuerungsfähigkeiten von Lehrpersonen zu werfen. Da diese in der vorliegenden Studie nicht erhoben wurden, soll auf Befunde aus Deutschland rekurriert werden, die darüber Auskunft geben, wie Lehrpersonen im Hinblick auf den Entwicklungsgrad ihrer Selbststeuerungsfähigkeiten einzuschätzen sind. Diese Befunde divergieren in Abhängigkeit zum verwendeten Instrument erheblich: Klusmann, Kunter, Trautwein und Baumert (2006) bedienen sich der Typologie des AVEM *sensu* Schaarschmidt (Schaarschmidt & Kieschke, 2007). In einer Stichprobe von über 300 Mathematiklehrkräften war nur etwa ein Drittel (31,2%) dem „Typ G", also dem „Gesundheitstyp", der u.a. durch gut ausgeprägte berufliche Selbststeuerungsfähigkeiten zu charakterisieren ist (Klusmann, 2011), zuzuordnen. Abele und Candova (2007) untersuchten ebenfalls rund 300 Mathematiklehrkräfte zu Beginn ihrer Berufstätigkeit (in einem vierjährigen Längsschnitt der ersten Berufsjahre), unter anderem auf ihre beruflichen Selbstwirksamkeitserwartungen, die sie als „wichtige persönliche Ressource zur Selbstregulation" ansehen (Abele & Candova, 2007, S. 108), weil sie vor Belastungserleben schützen. Im Gegensatz zu Klusmann et al. (2006) sind die Lehrpersonen der Stichprobe von Abele und Candova (2007) bezüglich ihrer Selbstwirksamkeitserwartungen als gut bis sehr gut zu taxieren. Auch die Selbstwirksamkeitserwartungen während der ersten Berufsjahre stiegen zusätzlich signifikant an (von 3.81 ± 0.62 auf 4.08 ± 0.53 bei einer fünfteiligen Skala mit 5 = stimmt genau). Auch in der Skalenübersicht von Schwarzer und Jerusalem (1999) liegen die Mittelwerte für die berufsbezogene Selbstwirksamkeitserwartung auf einer vierteiligen Skala rund um 3.00. Weitere Forschungsarbeiten zum Ausprägungsgrad von deren Selbststeuerungskompetenzen sind notwendig, um zu verstehen, warum sich die Lehrpersonen im Hinblick auf ihre Berufsausübung belastet fühlen und wie diese Einschätzungen mit beruflichem Druck korrespondieren. Die bisherigen Befunde ergeben nicht zuletzt deswegen ein widersprüchliches Bild, da sie auf unterschiedlichen Begriffsoperationalisierungen (z.B. betreffend der Konzeptionen von „Druck" oder „Selbststeuerung") mit allen damit verbundenen Konsequenzen beruhen.

4.1 Zum Ergebnis der Subskala „Lehrverpflichtung und Anzahl der Schüler_innen"

Die empirischen Mittelwerte der neun Subskalen liegen mit einer Ausnahme unter dem theoretischen Mittelwert der Skala. Die Subskala „Lehrverpflichtung und Anzahl der Schüler_innen" weist mit 3.15 den vergleichsweise höchsten Mittelwert und mit 1.04 auch die vergleichsweise höchste Standardabweichung auf (Tabelle 2). Die befragten AHS-Lehrpersonen fühlen sich durch das wöchentlich zu erbringende Stundenausmaß und die diesbezügliche Konfrontation mit einer großen Anzahl an Schülerinnen und Schülern am meisten unter Druck gesetzt. In dieser Studie bleibt dabei offen, ob mit „Anzahl der Schüler_innen" insbesondere die jeweiligen Klassenfrequenzen gemeint sind oder aber die Gesamtzahl der Schüler_innen, mit denen Lehrpersonen im Durchlauf einer Woche im Unterricht in (mehr oder weniger nahen) Kontakt kommen. Diese Unterscheidung ist deswegen wichtig, weil die druckrelevante Gesamtzahl der Schüler_innen von den Stundendotierungen der einzelnen Unterrichtsfächer abhängt (diese Dotierungen schwanken in österreichischen AHS zwischen einer Wochenstunde und bis zu fünf Wochenstunden pro Unterrichtsfach) und die Gesamtzahl kann zwischen den Lehrpersonen – je nachdem, welche Kombination an Unterrichtsfächern sie aufweisen – erheblich differieren. Eine genauere Differenzierung dieser Angaben könnte in nachfolgenden Studien stärker berücksichtigt werden – insbesondere da in der öffentlichen Diskussion häufig das Argument angeführt wird, dass angesichts sinkender Betreuungsrelationen[3] die Zahl der zu betreuenden Schüler_innen als von Lehrpersonen ins Treffen geführte Druck- und Belastungsquelle wenig glaubwürdig sei.

Analysen zur gesundheitlichen Situation von Lehrpersonen dokumentieren, dass Lehrpersonen sich beruflich eher psychisch als physisch beansprucht fühlen und insbesondere häufig an depressiven Störungen leiden (z.B. Erschöpfungszustände, Nervosität und Reizbarkeit, Schlafstörungen; Jehle & Schmitz, 2007; Lehr, 2011; zur erhöhten Burnout-Gefährdung: Krause & Dorsemagen, 2007). Aus dieser Perspektive kann man das Ergebnis im Bereich der „Lehrverpflichtung und Anzahl der Schüler_innen" (Tabelle 2) dahingehend interpretieren, dass Lehrpersonen professionelle Qualitätsansprüche in Bezug auf die Betreuung ihrer Schüler_innen haben. Sind sie mit einer (zu) hohen Anzahl von Lernenden konfrontiert, können diese Qualitätsansprüche nicht ausreichend realisiert werden. Damit entsteht eine Ist-Soll-Diskrepanz, die von Lehrkräften als Druck empfunden wird. Diese Sichtweise korrespondiert mit den Einschätzungen der AHS Leiter_innen in unserer Befragung (Tabelle 3), die ebenfalls der Meinung sind, dass der Bereich „Lehrverpflichtung und Anzahl der Schüler_innen" Druck auf die Lehrpersonen ausübt.

4.2   Zum Ergebnis der Subskala „Druck durch Schüler_innen und Eltern"

In einschlägigen Publikationen zur Belastungsforschung werden undiszipliniert agierende Schüler_innen als eine erhebliche Druckquelle dargestellt (Krause & Dorsemagen, 2007). In der hier referierten Studie liegt der Mittelwert der Subskala „Druck durch Schüler_innen und Eltern" – sowohl aus Sicht der Lehrkräfte als auch der Schulleiter_innen – im Mittelfeld und deutlich unter dem subjektiven Belastungspotenzial der Subskala „Lehrverpflichtung und Anzahl der Schüler_innen". Möglicherweise beruht diese Diskrepanz darauf, dass die befragten Personen aus dem Bereich der AHS stammen und nicht aus dem der Hauptschulen bzw. der Neuen Mittelschulen, in denen Undiszipliniertheiten und Unterrichtsstörungen deutlich häufiger auftreten (Eder, 2009).

---

3   D.h. die Anzahl der Schüler_innen sinkt stärker als die Anzahl der sie unterrichtenden Lehrpersonen und damit verkleinern sich auch die Betreuungsrelation (Vogtenhuber, Lassnig, Bruneforth, Herzog-Punzenberger, Auer & Gumpoldsberger, 2012).

5.   Zusammenfassung und Forschungsperspektiven

Zusammenfassend kann festgehalten werden, dass beruflicher Druck für Lehrer_innen an den AHS eine Rolle spielt, wenngleich dieser Einfluss erfreulicherweise moderat bis gering ist. Eine besondere Rolle scheinen dabei die Lehrverpflichtung und die Anzahl der unterrichteten Schüler_innen sowie berufliche Anforderungen zu spielen. Interessanterweise schätzen Schulleiter_innen den beruflichen Druck auf Lehrpersonen generell – abgesehen von dem Bereich „Arbeitsorganisation und Zeitaufwand" – höher ein als die betroffenen Kolleginnen und Kollegen selbst. Relativierend soll angemerkt werden, dass die Ergebnisse dieser Studie aufgrund der selektiven Stichprobe und des Untersuchungsdesigns mit Einschränkungen zu interpretieren sind.

Für weitere Forschungsvorhaben ergeben sich aus den Ergebnissen und Erfahrungen dieser Studie folgende Desiderate:
- Für eine Klärung der Frage, in welchem Ausmaß sich Lehrpersonen (durchaus im Vergleich zu anderen Berufsgruppen) beruflich unter Druck gesetzt oder auch belastet fühlen, ist eine (gleichzeitige) Erhebung der ihnen zur Verfügung stehenden Selbststeuerungsfähigkeiten notwendig. Auf diese Weise könnte die subjektive Bewältigung ungünstiger berufsbezogener Rahmenbedingungen abgeschätzt werden.
- Es wird empfohlen, auch differenziertere Informationen über die jeweils von den Lehrpersonen unterrichteten Fächer zu erheben, und darüber hinaus zu klären, was unter „Anzahl der Schüler_innen" genau gemeint ist: Klassenfrequenzen oder Gesamtzahl der Schüler_innen. Diese Informationen wären insbesondere im aktuellen (auf Österreich bezogenen) Zusammenhang mit den Verhandlungen zu einem neuen Dienstrecht für Lehrer_innen von Bedeutung.
- Die abweichenden Einschätzungen von Schulleiter_innen und Lehrer_innen könnten im Rahmen schulinterner Fortbildungen aufgegriffen werden. Da von Schulleitungen getroffene Maßnahmen einen wesentlichen Einfluss auf die Arbeitsbedingungen von Lehrer_innen haben, könnte somit eine bessere Passung zwischen Steuerung und praktischem Bedarf erzielt werden.
- Für Unterstützungsmaßnahmen, in denen entweder das Ziel verfolgt wird, im beruflichen Handeln so zu agieren, dass Drucksituationen möglichst vermieden werden oder intendiert wird, die Selbststeuerungsfähigkeiten zu stärken, werden derzeit theoriebasiert Angebote evaluiert bzw. entwickelt: Auf der Grundlage der Selbstbestimmungstheorie der Motivation steht ein von der Erstautorin konzipiertes webunterstütztes Training zu autonomieförderndem Verhalten von Lehrpersonen zur Verfügung[4] (Martinek, 2012b). Für die Stärkung von Selbststeuerungsfähigkeiten wird vom Zweitautor derzeit ein Fortbildungscurriculum erprobt, in dem eine Integration von persönlichkeitsorientierten und didaktisch-kommunikativen Kompetenzen im Mittelpunkt steht.[5]

---

4   www.edumoodle.at/skill.
5   www.selbststeuernlernen.net.

Literatur

Abele, A. E. & Candova, A. (2007). Prädiktoren des Belastungserlebens im Lehrerberuf: Befunde einer 4-jährigen Längsschnittsstudie. *Zeitschrift für Pädagogische Psychologie, 21* (2), 107–118.

Albisser, S., Kirchhoff, E. & Albisser, E. (2009). Berufsmotivation und Selbstregulation: Kompetenzentwicklung und Belastungserleben von Studierenden, berufseinsteigenden und erfahrenen Lehrpersonen. *Unterrichtswissenschaft, 37* (3), 262–288.

Deci, E. L. & Ryan, R. M. (2008). Self-determination theory: A macrotheory of human motivation, development, and health. *Canadian Psychology, 49* (3), 182–185.

De Jesus, S. N. & Lens, W. (2005). An integrated model for the study of teacher motivation. *Applied Psychology: An International Review, 54* (1), 119–134.

Eder, F. (2009). Die Schule der 10- bis 14-Jährigen als Angelpunkt der Diskussion um Struktur und Qualität des Schulsystems. In W. Specht (Hrsg.), *Nationaler Bildungsbericht Österreich 2009. 2. Fokussierte Analysen bildungspolitischer Schwerpunktthemen* (S. 33–53). Graz: Leykam.

Frey, A. & Jung, C. (2011). Kompetenzmodelle und Standards in Lehrerbildung und Lehrerberuf. In E. Terhart, H. Bennewitz & M. Rothland (Hrsg.), *Handbuch der Forschung zum Lehrerberuf* (S. 540–572). Münster: Waxmann.

Jehle, P. & Schmitz, E. (2007). Innere Kündigung und vorzeitige Pensionierung von Lehrpersonen. In M. Rothland (Hrsg.), *Belastung und Beanspruchung im Lehrerberuf. Modelle Befunde Interventionen.* 1. Aufl. (Lehrbuch, S. 160–184). Wiesbaden: VS Verlag für Sozialwissenschaften.

Klusmann, U. (2011). Allgemeine berufliche Motivation und Selbstregulation. In M. Kunter, J. Baumert, W. Blum, U. Klusmann, S. Krauss & M. Neubrand (Hrsg.), *Professionelle Kompetenz von Lehrkräften. Ergebnisse des Forschungsprogramms COACTIV* (S. 277–294). Münster: Waxmann.

Klusmann, U., Kunter, M., Trautwein, U. & Baumert, J. (2006). Lehrerbelastung und Unterrichtsqualität aus der Perspektive von Lehrenden und Lernenden. *Zeitschrift für Pädagogische Psychologie, 20* (3), 161–173.

Krause, A. & Dorsemagen, C. (2007). Ergebnisse der Lehrerbelastungsforschung: Orientierung im Forschungsdschungel. In M. Rothland (Hrsg.), *Belastung und Beanspruchung im Lehrerberuf. Modelle Befunde Interventionen.* 1. Aufl. (Lehrbuch, S. 52–80). Wiesbaden: VS Verlag für Sozialwissenschaften.

Kunter, M. (2010). Forschung zur Lehrermotivation. In E. Terhart, H. Bennewitz & M. Rothland (Hrsg.), *Handbuch der Forschung zum Lehrerberuf* (S. 527–539). Münster: Waxmann.

Lehr, D. (2011). Belastung und Beanspruchung im Lehrerberuf in der personenbezogenen Forschung: Gesundheitliche Situation und Evidenz für Risikofaktoren. In E. Terhart, H. Bennewitz & M. Rothland (Hrsg.), *Handbuch der Forschung zum Lehrerberuf* (S. 757–773). Münster: Waxmann.

Martinek, D. (2012a). Autonomie und Druck im Lehrberuf. *Zeitschrift für Bildungsforschung, 2,* 23–40.

Martinek, D. (2012b). Selbstbestimmung und Kontrollreduzierung in Lehr- und Lernprozessen. *Studien zur Schulpädagogik* (Band 72). Hamburg: Dr. Kovac.

Müller, F. H., Andreitz, I. & Hanfstingl, B. (2008). *Die Bedeutung der Selbstbestimmung von Lehrpersonen für Unterricht und Lernen – empirische Befunde aus dem Interventionsprojekt IMST.* Verfügbar unter: http://ius.uni-klu.ac.at/publikationen/wiss_beitraege/dateien/IUS_Forschungsbericht_3.pdf [17.06.2013].

Müller, F. H. & Hanfstingl, B. (2010). Special issue editorial. Teacher motivation. *Journal for Educational Research Online, 2* (2), 5–8.

Pelletier, L. G., Séguin-Lévesque, C. & Legault, L. (2002). Pressure from above and pressure from below as determinants of teachers' motivation and teaching behaviors. *Journal of Educational Psychology, 94* (1), 186–196.

Pelletier, L. G. & Sharp, E. C. (2009). Administrative pressures and teachers' interpersonal behaviour in the classroom. *Theory and Research in Education, 7* (2), 174–183.

Reeve, J. (2009). Why teachers adopt a controlling motivating style toward students and how they can become more autonomy supportive. *Educational Psychologist, 44* (3), 159–175.

Reeve, J. & Assor, A. (2011). Do social institutions necessarily suppress individuals' need for autonomy? The possibility of schools as autonomy-promoting contexts across the globe. In: V. I. Chirkov, R. M. Ryan & K. M. Sheldon (Hrsg.), *Human Autonomy in Cross-Cultural Context. Perspectives on the Psychology of Agency, Freedom, and Well-Being* (S. 111–132). Dordrecht, Heidelberg, London, New York: Springer.

Schaarschmidt, U. & Kieschke, U. (2007). Beanspruchungsmuster im Lehrberuf: Ergebnisse und Schlussfolgerungen aus der Potsdamer Lehrerstudie. In M. Rothland (Hrsg.), *Belastung und Beanspruchung im Lehrerberuf. Modelle Befunde Interventionen.* 1. Aufl. (S. 81–98). Wiesbaden: VS Verlag für Sozialwissenschaften.

Schwarzer, R. & Jerusalem, M. (Hrsg.). (1999). *Skalen zur Erfassung von Lehrer- und Schülermerkmalen: Dokumentation der psychometrischen Verfahren im Rahmen der wissenschaftlichen Begleitung des Modellversuchs Selbstwirksame Schulen.* Berlin: R. Schwarzer.

Taylor, I. M., Ntoumanis, N. & Standage, M. (2008). A self-determination theory approach to understanding the antecedents of teachers' motivational strategies in physical education. *Journal of Sport & Exercise Psychology, 30*, 75–94.

Van den Broeck, A., Vansteenkiste, M., De Witte, H., Soenens, B. & Lens, W. (2010). Capturing Autonomy, Competence and Relatedness at Work: Construction and Initial Validation of the Work-related Basic Need Satisfaction Scale. *Journal of Occupational and Organizational Psychology, 83*, 981–1002.

Vogtenhuber, S., Lassnig, L., Bruneforth, M., Herzog-Punzenberger, B., Auer, C. & Gumpoldsberger, H. (2012). Indikatoren B: Inputs – Personelle und finanzielle Ressourcen. In M. Bruneforth & L. Lassnig (Hrsg.), *Nationaler Bildungsbericht Österreich 2012. Band 1: Das Schulsystem im Spiegel von Daten und Indikatoren* (S. 31–60). Graz: Leykam.

Katharina Rosenberger

Schriftliche Praxisreflexionen –
Ein Garant für Kompetenzentwicklung?

1. Selbstkritik und Selbstreflexion in der Lehrer_innenbildung

Spätestens seit Herbarts Neukonzeption der Lehrer_innenbildung stellt die kritische Auseinandersetzung mit der eigenen Lehrpraxis eine wichtige Säule des Professionalisierungsprozesses dar (Anhalt, 2003). Das ursprüngliche Konzept der Selbstkritik, die Ausgangspunkt einer anschließenden Reflexion („Konferenz") mit dem_der Übungslehrer_in war, hat sich an den meisten Ausbildungsstätten als mündliche Nachbesprechung und schriftliche Reflexionsarbeit etabliert. Aus erkenntnistheoretischer Sicht knüpft diese Entwicklung an John Deweys Verständnis des „reflektierenden Denkens" oder auch des „kritisch überlegenden Denkens" (Dewey, 2009, S. 12 und S. 58) bzw. darauf aufbauend an seine Forderung nach einer „Denkschulung" an. Bei neuen Erfahrungen, beim Auftauchen von Schwierigkeiten oder Situationen, die Staunen hervorrufen, „müssen Beobachtungen einsetzen, die bewusst darauf gerichtet sind, die Natur der Schwierigkeit aufzudecken und den besonderen Charakter des Problems klar herauszustellen. Es ist das Vorhandensein oder Nicht-Vorhandensein dieser Stufe, das weitgehend den Unterschied zwischen der echten Reflexion (oder dem kritisch überlegenden Denken) und dem unkritischen Denken bildet" (Dewey, 2009, S. 58). An der Tätigkeit als Lehrer_in interessierte Personen sollen sich – spätestens seit den bahnbrechenden Arbeiten von Donald Schön (1983, 1990) – bereits in der Ausbildungsphase zu „reflective practitioners" entwickeln. Konstitutiv für den Anfang einer solchen Entwicklung könnten folgende Faktoren sein, die nach Dewey (2009, S. 13) in jedem Reflexionsprozess enthalten sind: „(a) einen Zustand der Beunruhigung, des Zögerns, des Zweifelns, und (b) einen Akt des Forschens und Suchens, um weitere Tatsachen zu entdecken, welche das, was für wahr gehalten wird, bekräftigen oder widerlegen sollen".

Die Reflexion der eigenen Lehrtätigkeit stellt vor allem während der Ausbildung eine spezielle Herausforderung dar, da sich hier eine Neubewertung des Verhältnisses von Theorie und Praxis sowie eine Fokussierung der verschiedenen Wissensarten, praktischer Kenntnisse und Erfahrungen, Wahrnehmung, Intuition, Emotion, der Haltung zum eigenen Tun, der Anpassung an Traditionen, Erwartungen der Praxisgemeinschaft etc. etabliert. Lehramtsstudierende sollen durch eine bewusste Auseinandersetzung mit Situationen und Erlebnissen ein praktisch-pädagogisches Verstehen und ein entsprechend breites Handlungsrepertoire entwickeln. Ziel der Lehrer_innenbildung sind in diesem Sinne „Menschen, die mit praktischer Weisheit ausgestattet sind" (Kessels & Korthagen, 2002, S. 39). Dass dies kein leicht zu erreichendes Ziel ist, zeigt etwa der Befund von Wyss (2008, S. 1), in dem sie feststellt, dass die wenigen Resultate von Studien zur Reflexionsfähigkeit von Lehrpersonen bezüglich ihres eigenen Unterrichts darauf hinweisen, dass „Lehrpersonen keine guten Beurteiler ihres eigenen Unterrichts sind und sich auch ungern mit der Evaluation des Unterrichts beschäftigen".

Die Lehrpraktika (an Pädagogischen Hochschulen: Schulpraktische Studien) sollen – so die verbreitete Annahme – durch Förderung der Reflexionskompetenzen einen nachhaltigen Beitrag zur Qualität der Unterrichtskompetenzen leisten. Während es zum „Lernen im Praktikum" mittlerweile schon eine Reihe von wissenschaftlichen Beiträgen gibt (etwa Hascher, Cocard & Moser, 2004; Hascher, 2006; Leonhard, 2011; und für die Unterrichtsbesprechung Seyfried & Seel, 2005; Fischöder, Kranz-Uftring & Schomacher, 2008; Schüpbach, 2011), wurde der Teilaspekt der schriftlichen Reflexionsarbeit bisher jedoch wenig beleuchtet. Es finden sich in unterrichtswissenschaftlichen Büchern zum Thema Schulpraxis zwar Hinweise auf die inhaltliche Gestaltung bzw. konkrete Reflexionsfragen (wobei manchmal offen bleibt, ob diese schriftlich oder mündlich oder in einer anderen Form bearbeitet werden sollen), etwa um das „Bewusstsein für die Bedeutung der Bedingungsdimension des Unterrichts zu schärfen" (Beyer, 2006a, S. 67) oder um die Bildungsbedeutung der durch die Hospitationen und Unterrichtsversuche gemachten Erfahrungen zu erhöhen (Beyer, 2006b, S. 214). Dazu existieren auch einige empirische Studien zur Reflexionsqualität von Unterrichtsbeobachtungen (Klement & Teml, 1996; Korthagen, 2002; Homberger, 2003; Krainer, 2003; Mühlhausen & Pabst, 2005). Die inhaltliche Dimension von Reflexionstexten im Kontext von Lehrveranstaltungen zur Begleitung der Unterrichtspraxis wird nach meinem Kenntnisstand jedoch äußerst selten thematisiert (zwei Ausnahmen sind Davis, 2006 und Roters, 2012). Also: Wie sind diese Texte verfasst? Wie gehen Hochschullehrende mit diesen Texten um? Welche Rückmeldungen geben sie? Wie verwerten Studierende dieses Feedback? Inwiefern sind die von Studierenden und Hochschullehrenden eingesetzten Ressourcen und Bemühungen zweckdienlich? Welche Qualitätskriterien für Reflexionsberichte über den eigenen Unterricht könnten sinnvoll sein?

In diesem Beitrag möchte ich ein Forschungsprojekt (Oktober 2012–August 2014, Kirchliche Pädagogische Hochschule Wien/Krems) vorstellen, das sich einigen dieser Fragen widmet. Der Blick auf die Reflexionspraktiken umfasst dabei auch eine kritische Auseinandersetzung mit den institutionellen Bedingungen, die diese Handlungen und Interpretationsweisen der Akteur_innen mitstrukturieren. Die individuellen Erfahrungen, die Menschen machen, zeigen sich den Akteur_innen als psychologische Phänomene, folgen aber bestimmten kulturellen Mustern (Illouz, 2011, S. 32). Diese sozialen Erfahrungen sind daher nicht „privat", weil sie immer innerhalb einer Institution stattfinden, die diese organisiert. In der von uns untersuchten Praxis des Schreibens von Reflexionsberichten wird dies besonders deutlich sichtbar.

2. Ein Forschungsprojekt zur Praxis von schriftlichen Reflexionsberichten

In den Lehrpraktika vieler Ausbildungsinstitutionen schreiben Studierende Reflexionsberichte über ihre Unterrichtserfahrungen – entweder regelmäßig nach Tagespraktika oder einmalig und komprimiert nach geblockten Unterrichtspraktika. Deren Behandlung bzw. Auswertung reduziert sich meistens darauf, dass diese Texte von den jeweiligen Hochschullehrenden gelesen und in ausführlicher oder knapper Form schriftlich kommentiert werden. In manchen Fällen gibt es auch gar keine inhaltliche Rückmeldung. Tiefer gehende Gespräche über die verfassten Texte oder Diskussionen über in den Reflexionen angeklungene Themen etwa in einer Seminargruppe werden bisweilen nur ansatzweise angeboten, oft weil die Zeitressourcen für Nachbesprechungen angesichts der hohen Studierendenzahl eine intensivere Begleitung nicht zulassen. Der Lerneffekt, der durch schriftliche Reflexionen entstehen soll, wird – wie es scheint – als etwas, das durch das Textverfassen selbst von allein einsetzt, angenommen. Kriterien für die Qualität der zur Papier gebrachten Gedanken werden von den Hochschullehrenden häufig nicht thematisiert; etwa das Vorhandensein einer Auswertung des gehaltenen Unterrichts wie auch (selbst-)reflektiver Aussagen und Aspekte der Entwicklung von Emotionalität, Wertorientierung und Persönlichkeit (Arnold, Hascher, Messner, Niggli, Patry & Rahm, 2011, S. 15).

Ausgehend von diesen Überlegungen geht ein interdisziplinäres Team der Kirchlichen Pädagogischen Hochschule Wien/Krems[1] der Frage nach, wie das schriftliche Reflektieren von gehaltenem Unterricht unter den vor Ort gegebenen Rahmenbedingungen gestaltet werden könnte, so dass Studierende dies nicht – wie oft geäußert – als „zusätzliche Pflichtübung", sondern als wesentliches Element für ihre eigene Weiterentwicklung erkennen. Grundlage dafür ist eine systematische Auseinandersetzung mit studentischen Reflexionstexten aus dem zweiten Semester. Parallel dazu beschäftigten sich Studierende des 3. Semesters in einer Übungsveranstaltung zu empirischen Forschungsmethoden mit dem Thema „Schulpraktische Studien" und durchleuchteten deren Bedeutung für Studierende. Die Transkripte aus den in dieser Lehrveranstaltung durchgeführten Interviews wurden dem Forschungsteam zur Verfügung gestellt und liefern bereichernde Einblicke in das Erleben und die Sichtweisen der Studierenden. Ein Überblick über die methodischen Bausteine des Projekts ist in Abbildung 1 dargestellt. Jeder Projektteil wird im Folgenden im Detail beschrieben.

---

[1] Das interdisziplinäre Team setzt sich aus Lehrenden der Kirchlichen Pädagogischen Hochschule Wien/Krems zusammen (Reinhard Feldl, Rita Humer, Julia Köhler, Ingrid Prcha und Katharina Rosenberger), die selbst seit Jahren als Gruppenbetreuer_innen in Schulpraktischen Studien eingesetzt waren.

Teil 1: Textanalyse: „Was studentische Reflexionstexte Lehrenden mitteilen"	Teil 2: Übungslehrveranstaltung: „Studierende untersuchen ihre Schulpraxis"
– Stichprobe: 3 männliche und 3 weibliche Studierende aus 2 verschiedenen Praxisgruppen à je 3 Reflexionstexte – Analyse: Dokumentarische Methode (nach Bohnsack, 2006) und komparative Längsschnittanalyse – Ziel: Herausarbeiten von Habitus und Orientierungsrahmen der jeweiligen Studierenden durch eine Rekonstruktion von Kollektivvorstellungen	– Vorgegebenes Forschungsthema: „Schulpraktische Studien aus Sicht der Studierenden" – Design: Qualitativ-empirische Forschung – Vorgegebene Erhebungsmethode: Leitfadeninterviews (die Transkripte stehen in weiterer Folge auch der Forschungsgruppe zur Verfügung) – Arbeit im Plenum unter Anleitung; in Kleingruppen; allein
Teil 3: Praxisforschung: „Hochschullehrende untersuchen die Schulpraktischen Studien aus Sicht der Lehrenden"	**Teil 4: Meta-Analyse: Hochschulentwicklung**
– Ziel 1: Erhebung und Diskussion der Reflexionsbetreuung bzw. der zugrunde liegenden Erwartungen und Ansprüche – Ziel 2: Einschätzung der Effizienz und Effektivität – Ziel 3: Entwickeln neuer Szenarien der Betreuung von Studierenden – Methode: Zyklen von Doing-Reviewing-Learning-Applying (vgl. Aktionsforschung)	– Begleitende Meta-Reflexion während des gesamten Projektes (Ist diese Art von Praxisforschung ein geeignetes Mittel zur Weiterentwicklung von Lehre und Forschung an der Hochschule?) – Konsolidierung der Dokumentarischen Methode als Methodologie für zukünftige Projekte bzw. Lehrveranstaltungen

Abb. 1: Überblick über die Teile des Projekts

Projektteil 1 – Textanalyse: *Was studentische Reflexionstexte Lehrenden mitteilen*

Das Forschungsteam setzt sich in regelmäßigen Sitzungen mit ausgewählten Reflexionsberichten von Studierenden des 2. Semesters auseinander, die im Anschluss an die wöchentliche Tagespraxis verfasst worden waren. Die Texte werden mit der Dokumentarischen Methode (nach Bohnsack, 2006) in zwei abgrenzbaren Schritten interpretiert: zuerst mit der formulierenden Interpretation (Was wird gesagt bzw. thematisiert?) und danach mit der reflektierenden Interpretation (Wie, d.h. in welchem Rahmen wird das Gesagte behandelt? Was ist der Orientierungsrahmen bzw. Habitus der_des Verfasserin_Verfassers?). Der Orientierungsrahmen kristallisiert sich allerdings erst „vor dem Vergleichshorizont anderer Fälle im Modus von Homologien und Kontrasten in konturierter und empirisch überprüfbarer Weise" (Bohnsack, 2006, S. 43) heraus. Da diese rekonstruktive Methode relativ zeitaufwändig ist, muss die Stichprobe der Texte verhältnismäßig klein gehalten werden, um sie innerhalb der zur Verfügung stehenden Zeit untersuchen zu können. Aus jeder der beiden Praxisgruppen, zu der die Reflexionstexte stammen, werden daher drei Studierende als exemplarische Fälle ausgesucht, die von ihren damaligen Gruppenbetreuer_innen auf Basis bisheriger Leistungen (Beteiligung bei Lehrveranstaltungen, schriftliche Seminarbeiträge, Gespräche etc.) als typisch in Bezug auf „wenig reflektiert", „mittelmäßig reflektiert" und „sehr reflektiert" eingeschätzt werden. Von diesen sechs Personen werden Texte aus drei Zeitpunkten (am Anfang, in der Mitte und gegen Ende des Semesters) analysiert und dann kontrastiv sowohl fallintern wie auch fallextern miteinander verglichen. Insgesamt werden folglich 18 Reflexionsberichte von sechs Studierenden interpretiert.

Für die Textanalyse von besonderer Bedeutung sind dabei die drei Reflexionsfragen, die an dieser Pädagogischen Hochschule als Orientierungsstruktur für die Berichte dienen (in Anlehnung an Teml, 2002, S. 166ff.):

a. *Gelungenes präzisieren*: Was ist mir besonders gelungen? (Beispiel, in dem alles gepasst hat) Warum hat es gepasst? Wie war mein Gefühl dabei?

b. *Fragwürdiges thematisieren*: Welche Situationen sind es wert, noch einmal genauer überdacht zu werden? (Beschreibung der Situation) Warum? Weshalb glaube ich, so und nicht anders gehandelt zu haben? Unterscheiden sich vielleicht meine Wahrnehmungen von anderen? Inwiefern? Welche Handlungsalternativen wären möglich? Was könnte ich anders machen?

c. *Zukünftiges konkretisieren*: Was war mein persönlicher Schwerpunkt in dieser Einheit? Möchte ich ihn weiterverfolgen? Warum? Ergibt sich ein neuer Schwerpunkt? Was kann ich konkret in der Zukunft machen, um mein Ziel zu erreichen? Was brauche ich, damit ich dieses Ziel erreichen kann?

Diese Fragen wurden vor einigen Jahren auf Basis der „Anregungen zur Reflexion", die Teml (2002) im Zusammenhang mit einer „beratungsorientierten Nachbesprechung" publiziert hat, für die schriftlichen Reflexionsberichte überarbeitet – mit dem Ziel, durch eine Vorstrukturierung die Qualität dieser Studierendentexte durch gezielte Fragestellungen zu erhöhen. So wie es in der Dokumentarischen Methode bei Gruppendiskussionen üblich ist die Einstiegsfragen mitzuinterpretieren, müssen auch diese Reflexionsfragen analysiert werden, weil sie die studentischen Reflexionstexte als Hintergrundstruktur substantiell mitgestalten.

Projektteil 2 – Übungslehrveranstaltung: *Studierende untersuchen ihre Schulpraxis*

Gleichlaufend zur Arbeit des Forschungsteams wurden für Studierende des 3. Semesters im Rahmen ihres verpflichtenden Forschungsmoduls zwei Übungslehrveranstaltungen („qualitativ-empirischer Forschungsworkshop") angeboten, in denen die Schulpraktischen Studien aus Sicht der Studierenden untersucht werden sollten. Ziel der Lehrveranstaltungen war die Planung und Realisierung eines überschaubaren qualitativ-empirischen Forschungsprojekts, um dabei exemplarisch Grundlegendes zu Datenerhebung, -aufbereitung sowie -analyse zu lernen. In beiden Übungsgruppen wurden sowohl das Forschungsthema (Schulpraktische Studien) sowie die Erhebungsmethode (leitfadengestützte Interviews) vorgegeben. Die Forschungsfragen sowie der Interviewleitfaden wurden in den Gruppen gemeinsam erarbeitet. Die Daten wurden teilweise gemeinsam unter Anleitung und teilweise im Rahmen des betreuten Selbststudiums ausgewertet. Um die Ergebnisse auch in die Arbeit des Forschungsteams der Hochschullehrenden einfließen lassen zu können, wurden die Studierenden gebeten, einerseits einen Fragenblock zu den schriftlichen Praxisreflexionen in den Interviewleitfaden zu integrieren und andererseits die von ihnen erstellten Interviewtranskripte dem Forschungsteam zur Verfügung zu stellen.

Dass die Vorgehensweise „Studierende befragen Studierende" eine eigene Qualität hat und Aussagen generierte, die wahrscheinlich nicht zustande gekommen wären, wenn Studierende von Lehrenden oder anderen Forscher_innen befragt worden wären, zeigen folgende Interviewausschnitte:[2]

Y: un::::d

Am: (aso jetzt kommt das alles heraus)

Y: ja sicher ((lacht))

Am: Scheiße ((lacht))

Y: ((lacht)) das kommt auch drauf äm::::: (3) äm::: genau also wir haben jetzt gerade von der Besprechungsstunde gesprochen und welche Erwartungen hast du an deinen Gruppenbetreuer?

Das in den Lehrveranstaltungen eingesetzte „Peer-Interview" unterstützte bei vielen befragten Studierenden das Gefühl, ehrlich ihre Meinung sagen zu können, wie auch ein weiteres Interview verdeutlicht:

Y: Profitierst du vom Schreiben der Reflexionsberichte?

Tf: Nein für mich ist das mehr eine Art Bestandsüberprüfung für die Betreuerin ich glaub ich kann mich selbst ganz gut reflektieren und einschätzen (1) und weiß wann etwas gepasst hat und wann nicht

Y: Hast du das Gefühl in deinen Reflexionsberichten ehrlich sein zu können?

Tf: ((schüttelt den Kopf)) nein nicht ganz als Student sitzt man einfach auf dem kürzeren Ast und ehrlich::: wer hat heutzutage schon wirklich Verständnis für etwas also das Herz ausschütten tu ich einer Freundin oder eventuell einer netten Kollegin bei meinen Betreuern mach ich das eher nicht auf alle Fälle bis jetzt noch nicht (.) die Praxislehrerin ist ja keine Freundin von mir zu der ich ein freundschaftliches Vertrauensverhältnis habe (2) für mich ist sie eine Vorgesetzte von der man abhängig ist

Projektteil 3 – Praxisforschung: *Hochschullehrende untersuchen die Schulpraktischen Studien aus Sicht der Lehrenden*

In einem dritten Schritt sollen auf Basis der Erkenntnisse der ersten Projektteile Möglichkeiten entwickelt und eingesetzt werden, die die Reflexionsarbeit mit den Studierenden optimieren. Dabei können schon anderenorts erprobte Konzepte Anwendung finden (etwa Seyfrieds „Modell der Subjektiven Relevanz" (2002) oder das „Art-Coaching" nach Burow & Schmieling-Burow, o.J.), oder auch neu entwickelte Ideen getestet werden. Jene Teammitglieder, die in diesem Jahr Praxisgruppen betreuen, sollen einige dieser Möglichkeiten umsetzen. Im Sinne des gängigen Kreislaufs der Praxisforschung ergibt sich daraus ein immer wieder kehrender Ablauf von Erprobung, Evaluierung und Feinjustierung.

Nach etwas mehr als einem Semester seit Beginn des Forschungsprojekts zeigt sich allerdings, dass die Diskussion über Alternativen in der Gestaltung der Reflexionstexte

---

2   Transkribiert wurde nach einer vereinfachten Version des TiQ („Talk in Qualitative Social Research" – Przyborski & Wohlrab-Sahr, 2010, S. 166f.).

die Textanalyse begleitet, so dass dieser Projektteil schon früher als geplant begonnen hat. So beschlossen zwei Kolleg_innen aus dem Team, angeregt durch die in der Forschungsgruppe intensiv geführte Diskussion über den Einfluss der drei oben dargestellten Frageimpulse auf die Reflexionstexte, in ihrer derzeitigen Praxisgruppe bewusst auf diese zu verzichten, um Texte zu ermöglichen, die keinen strukturellen Vorgaben mehr folgen. Diese Texte könnten dann im zweiten Projektjahr auch als Vergleichsmaterial herangezogen werden.

Projektteil 4: *Meta-Analyse: Hochschulentwicklung*

Die Etablierung einer Forschungsgruppe an der Hochschule, die sich zielgerichtet und über einen längeren Zeitraum hinweg ihrer eigenen Praxis (und der der Studierenden) widmet, löste einen inspirierenden Auseinandersetzungsprozess aus. Die Mitglieder des Forschungsteams stehen in intensivem und laufendem Austausch untereinander, wobei die Kombination von Aktionsforschung und „klassischer" sozialwissenschaftlicher Forschung (hier die Dokumentarische Methode) im Sinne der „Scholarship of Teaching and Learning" (Tremp, 2012) mehrere Dimensionen berührt (siehe dazu auch HEA, 2006):

- Erkenntnis-Dimension (inhaltlich, methodisch)
- Reflexions-Dimension (Gegenstand: eigene Lehrpraxis, institutionelle Rahmungen)
- Kommunikations-Dimension (intern im Team und mit anderen Kolleg_innen, extern bei Projektpräsentationen)
- Konzeptions-Dimension (Entwicklung lernprozessorientierter Konzepte)
- Arbeits-Dimension (lokale Praxisgemeinschaft, allgemeines Berufskollektiv)

Da das Forschungsprojekt erst im Sommer 2014 abgeschlossen sein wird, können zum gegenwärtigen Zeitpunkt noch keine Endergebnisse präsentiert werden. Im Sinne einer Bilanzierung des momentanen Erkenntnisstandes und im Bewusstsein, dass sich das Forschungsprojekt komplexen Fragen widmet, sollen im nächsten Kapitel jedoch einige Themenfelder angesprochen werden, die dem Forschungsteam als zentral erscheinen.

3. Einblicke und Ausblicke

3.1 Der institutionelle Kontext

Wie schon in Kapitel 1 angesprochen ist davon auszugehen, dass Erfahrungen nicht privat, also bar jeder Sozialität, sind. Dies betrifft auch die Erfahrung der eigenen Emotionen: „Erfahrungen zeichnen sich durch Formen, Intensitäten und Beschaffenheiten aus, die daraus resultieren, wie Institutionen das Gefühlsleben strukturieren." (Illouz, 2011, S. 32) Studierende lernen in ihrer Ausbildung nicht nur konkrete Wissensinhalte, sondern wachsen auch in eine bestimmte Fachkultur (Wahrnehmungs- und Handlungsmuster, Denkstile, Haltungen, Wertorientierungen). Bourdieu verwendet in diesem Zusammenhang den Habitusbegriff, der einerseits Grundlage bewusster Handlungen, zugleich dem Bewusstsein aber auch entzogen ist. Außerdem ist der Habitus in der Bourdieuschen Theorie eine Vermittlungsdistanz zwischen der Makro- und der Mikroebene, zwischen sozialer Ordnung und individuellem Handeln. Die Institutionen der Lehrer_innenbildung wären nach dieser Einteilung auf einer Mesoebene zu verorten. Sie materialisieren durch ihre Praktiken allgemeine soziale Ordnungsschemata, sind aber auch Träger einer eigenen lokalen Kultur (Kraler, Schnabel-Schüle, Schratz & Weyand, 2012), in der geteilte Traditionen und Konventionen transportiert, bekräftigt und gleichzeitig weiterentwickelt werden. Studierende wie Lehrende nehmen also an einer kollektiven Praxis teil und konstituieren mit ihren Interaktionen und Interdependenzen eine Praxisgemeinschaft. Soziologisch gesehen sind die studentischen Reflexionstexte also Teil „eines umfassenderen gesellschaftlichen Handlungs-, Deutungs-, Gegenstands-, Wert-, Formierungs- und Sinnsystem[s]" (Soeffner, 1986, S. 73), das aber eine lokale Verankerung hat. Der Auftrag an die Studierenden, in schriftlicher Form über ihr Erleben zu reflektieren, ist funktioneller Ausdruck der Ausbildungspraxis an dieser Hochschule. Das Schreiben wird dabei als Denk- und Lernwerkzeug auf dem Weg zur_zum „reflective practitioner" verstanden und in diesem Sinne auch beurteilt. Mit Foucault könnte man solche Verbalisierungspraktiken als „Technik der Selbstenthüllung" interpretieren, die „instrumentell der Herausbildung eines neuen Selbst" (1993, S. 62) dienen. Vor allem die Tatsache, dass die Reflexionsberichte zusammen mit der Unterrichtsplanung abgegeben werden müssen, in gewisser Weise also auch die Relation zwischen den beiden Textsorten von Bedeutung ist, macht den impliziten Rechtfertigungscharakter der Reflexionstexte deutlich.

3.2 Denken und Schreiben

Weshalb sollen Studierende ihre Gedanken verschriftlichen? Das Schreiben erfüllt in diesem Zusammenhang die Funktion eines Denkwerkzeugs bzw. einer Kreativitätstechnik. Vor allem im schulischen bzw. akademischen Kontext kann es dazu verhelfen, „das eigene Wissen, die eigenen Gefühle oder Meinungen zu objektivieren, um sich damit auseinander zu setzen" (Molitor-Lübbert, 2002, S. 33). Es dient also dem Denken und umgekehrt. Schreiben ist nicht nur ein Niederschreiben, sondern auch eine kognitiv generative Arbeit. Die Schrift als symbolische Form im Sinne Cassirers schafft Distanz (Cassirer, 2010). „Das in Texten niedergelegte Wissen ist vom Wissenden getrennt, entsubjektiviert, und wirkt objektiver, weil Widersprüche und Beweise explizit gemacht werden können. Schreiben dient somit der kognitiven Präzisierung und Konservierung von Gedankengut. [...] Texte ermöglichen eine symbolische Verdoppelung der Realität und schaffen damit ein Medium, mit dem man und an dem man arbeiten kann." (Molitor-Lübbert, 2002, S. 46) Dies formuliert eine Studierende folgendermaßen:

Y: Inwieweit unterstützt dich die schriftliche Reflexion in der Entwicklung deiner Lehrerpersönlichkeit?

Af: Für mich ist die schriftliche Reflexion ziemlich wichtig da ich noch einmal schriftlich festhalten kann was mir alles gelungen ist und was nicht (.) ich kann so meine Stärken und Schwächen erkennen und mich mit ihnen auseinandersetzen was ich sonst vielleicht gar nicht machen würde

Mit dem Verschriftlichen wird in gewisser Weise das „wilde" Denken gezähmt und in eine gestaltbare Form gebracht. „Nur ein Selbst, das darüber nachgedacht hat, was es sagt, kann etwas äußern, das es nicht denkt. Solch ein Denken, das sich von der Rede unterscheidet, und solch ein denkendes Selbst, das sich vom Redenden unterscheidet, kann nur existieren, wenn die Rede in ihrem Prinzip der Flüchtigkeit verwandelt und in den Gedanken eingefroren wurde, der im verschrifteten Gedächtnis gespeichert ist." (Illich & Sanders, 1988, S. 85)

3.3 Die Textsorte „Reflexionsbericht" – eine sozialisatorische Interaktion

Die Analyse der Reflexionstexte muss eine Betrachtung über die erzeugte Textsorte mit einbeziehen, weil sie nicht ohne ihre institutionelle Rahmung gesehen werden können. Im Hinblick auf die asymmetrische Beziehung zwischen Studierenden und ihren Gruppenbetreuer_innen bzw. Mentor_innen handelt es sich bei Reflexionstexten immer auch um eine „Rechtfertigungs-Kommunikation", die – so zeigen es manche der untersuchten Reflexionsberichte – mitunter den Typus eines Geständnisses oder einer Art Beichte annehmen lassen. Gefordert ist schließlich Offenheit und Ehrlichkeit – sich selbst und den Betreuer_innen bzw. Mentor_innen gegenüber, also Kategorien der Selbstüberprüfung und Selbsthinterfragung.

Wir mussten im Zuge unserer bisherigen Auseinandersetzung feststellen, dass die gewünschte Orientierung der Berichte selbst den Lehrpersonen oft nicht klar ist und daher den Studierenden auch nicht transparent kommuniziert werden kann. Offenkundig wird dies auch an der Bezeichnungsvielfalt solcher Texte, die an den unterschiedlichen Hochschulen unter anderen als (Reflexions-, Erfahrungs-, Praktikums-) Bericht, akademisches Journal, Reflected Paper, (Entwicklungs-, Praktikums-)Portfolio, (Lern-, Praktikums-)Tagebuch aufscheinen. Es muss also der Fokus, mit dem diese Texte geschrieben werden sollen, entschleiert werden: Sollten die Texte eher biographisch oder akademisch/wissenschaftlich ausgerichtet sein? Sollte der Blick auf die Schüler_innen bzw. auf das Klassengeschehen gerichtet oder eher introspektiv sein? Stehen schulpädagogische, allgemeindidaktische oder fachdidaktische Themen im Mittelpunkt? Sollte der Text eher einen persönlich-privaten oder einen (halb-)öffentlichen Charakter haben? Oder obliegt die Gestaltung der Texte ganz den Studierenden? Zudem liegen häufig auch die Maßstäbe für eine Bewertung dieser Texte im Dunkeln: Sollten Orthographie, Schreibstil, Textaufbau bei der Beurteilung miteinbezogen werden oder würden diese die Reflexionsarbeit sogar konterkarieren?

3.4 Perspektive der Studierenden: Äußerungen nach strategischen Gesichtspunkten?

Mit dem Verfassen und Abgeben von Reflexionstexten erlauben Studierende einen Einblick in ihre Sicht und Erlebnisse konkreter Situationen sowie in ihren Umgang mit eigenen Problemen, Zweifeln, Ambivalenzen. Dies erfordert die Bereitschaft, etwas von sich preiszugeben, was normalerweise im Bereich des Privaten verortet wird. Das Verfassen und die Weitergabe von Reflexionstexten setzt Vertrauen voraus. Nicht alle Studierenden lassen sich darauf gleich ein – abhängig auch von der Beziehung, die sie zu ihren Gruppenbetreuer_innen bzw. Mentor_innen haben. Schließlich ist nicht zu leugnen, dass es sich um ein „Reflektieren unter Kontrollbedingungen" handelt. Gerade Texte wie diese erfüllen nicht nur einen Selbstzweck, sondern sind auch eine Bühne, um ein bestimmtes Image von sich zu vermitteln. Mit Goffman könnte man hier von einer Selbstdarstellung sprechen, die (meist) strategische Züge hat, vor allem dann, wenn die Akteurinnen und Akteure den Rahmen und die Gerichtetheit der Selbstdarstellung mitberücksichtigen. In unserem Datenmaterial finden sich daher die unterschiedlichsten Ausführungen, die durch die verfügbare Reflexionsfähigkeit, aber auch durch die jeweiligen Motivationslagen der Studierenden geprägt werden (Deci & Ryan, 1993).

Des Weiteren wird in vielen Interviews auch die Bedeutung eines für die Studierenden verwertbaren Feedbacks deutlich. Hier kollidieren die mündlichen Nachbesprechungen in der Schule im Anschluss an die gehaltene Stunde mit dem_der Praxislehrer_in mit den schriftlichen Reflexionsberichten, die den Gruppenbetreuerinnen und Gruppenbetreuern an der Hochschule abgegeben werden müssen. Fast die Hälfte der befragten Studierenden sehen wenig bis gar keine Bedeutung für sich im Schreiben von schriftlichen Praxisreflexionen (Tabelle 1) – als Hauptgrund wird dafür angegeben, dass dies durch ihre Nachbesprechung (die selten mehr als 10–15 Minuten ausmacht) ohnehin abgedeckt wäre.

Tabelle 1: Bedeutung der Reflexionsberichte für die Studierenden (Angaben in Absolutzahlen)

	Workshop 1	Workshop 2	insgesamt
positive Bedeutung	13	17	30
wenig bis gar keine Bedeutung	14	27	41
uneindeutige Aussage	6	11	17
Summe	33	55	88

3.5 Perspektive der Lehrenden: Im Spannungsfeld zwischen Beraten, Betreuen und Beurteilen

Die Aufgabenstellung an die Studierenden, über Erlebtes schriftliche Reflexionen zu verfassen, hat eine lange Tradition und wird oft unhinterfragt in überlieferter Weise fortgeführt. Doch wie soll mit diesen Texten verfahren werden? Und woran lässt sich die Qualität dieser Texte erkennen? Welche Rückmeldungen können von den Lehrenden in der Lehrer_innenbildung gegeben werden? Welche Rückmeldungen sind überhaupt sinnvoll? Hochschullehrende, die Lehramtsstudierende in den Schulpraktika betreuen, sind herausgefordert, in diesem Zusammenhang sinnvolle und angemessene Angebote zu bieten. Diese hängen nicht nur von den Rahmenbedingungen – wie die zur Verfügung stehenden Zeitressourcen oder die Anzahl der zu betreuenden Studierenden – ab, sondern vor allem auch von den vorherrschenden impliziten Vorannahmen, die die Ansprüche und Erwartungen der Lehrenden lenken. Hier mehr Klarheit und Einsicht zu bekommen, ist mit ein Ansinnen des beschriebenen Projekts.

4. Viele Fliegen mit einem Schlag

Die Zielstellungen des in diesem Beitrag vorgestellten Forschungsprojektes liegen zusammengefasst auf durchaus unterschiedlichen Ebenen und berühren die Bereiche Lehre und Forschung:

- als Beitrag zur Sozialisierung der Studierenden im Rahmen der Schulpraktischen Studien (Fokus: Reflexionsfähigkeit von Studierenden)
- als Beitrag zur Qualifizierung der Studierenden im Rahmen von Forschungsworkshops (Fokus: Forschungskompetenzen von Studierenden)
- als Beitrag zur Professionalisierung der Hochschullehrenden (Fokus: Lehrkultur an der Hochschule durch Weiterentwicklung hochschuldidaktischer Aspekte)
- als Beitrag zur Forschungskultur an der Hochschule durch ein Praxisforschungsprojekt von Hochschullehrenden (Fokus: Forschung von Hochschullehrenden)
- als Beitrag einer anschlussfähigen Bildungsforschung in den Bereichen Reflexionsfähigkeit und Praxisausbildung von Lehramtsstudierenden

Diese Vielfalt zeigt auf, welche unterschiedlichen Rollen Forschung in der Lehrer_innenbildung in einem einzigen Forschungsprojekt vereinen kann. Dabei ist anzumerken, dass die Verbindung von Forschung und Lehre bzw. der direkte Einfluss des einen Tätigkeitsbereichs auf den anderen zwar unter dem Stichwort „forschungsgeleitete Lehre" (Österreichisches Hochschulgesetz, 2005, § 9, Abs. 7) rechtlich vorgeschrieben ist, was darunter konkret verstanden werden kann, muss meiner Ansicht nach noch weiter geklärt werden. Wie sich gezeigt hat, passen jedoch mitunter Forschungsthematik, Forschungsdesign, beteiligte Personen sowie zur Verfügung stehende Ressourcen von Vornherein so zusammen, dass die Wissensentwicklung und Handlungsqualität von Hochschullehrenden wie auch Studierenden in einträglicher Weise davon profitieren können.

Literatur

Anhalt, E. (2003). Herbart, Herbartianismus und die Lehrerbildungsdiskussion. In R. Coriand (Hrsg.), *Herbartianische Konzepte der Lehrerbildung. Geschichte oder Herausforderung* (S. 141–164). Bad Heilbrunn: Klinkhardt.

Arnold, K.-H., Hascher, T., Messner, R., Niggli, A., Patry, J.-L. & Rahm, S. (2011). *Empowerment durch Schulpraktika*. Bad Heilbrunn: Klinkhardt.

Beyer, K. (2006a). Bedingungen des Unterrichts. In K. Beyer, R. Wisbert, R., W. Plöger, K.-U. Wasmuth & E. Anhalt (Hrsg.), *Schulpraktikum: Einführung in die theoriegeleitete Planung, Durchführung und Reflexion* (S. 63–68). Baltmannsweiler: Schneider-Verlag Hohengehren.

Beyer, K. (2006b). Das Fachpraktikum. In K. Beyer, R. Wisbert, R., W. Plöger, K.-U. Wasmuth & E. Anhalt (Hrsg.), *Schulpraktikum: Einführung in die theoriegeleitete Planung, Durchführung und Reflexion* (S. 192–216). Baltmannsweiler: Schneider-Verlag Hohengehren.

Bohnsack, R. (2006). Dokumentarische Methode. In R. Bohnsack, W. Marotzki & M. Meuser, (Hrsg.), *Hauptbegriffe qualitativer Sozialforschung* (S. 40–44). Stuttgart: Budrich.

Burow, O.-A. & Schmieling-Burow, Chr. (o.J.). *Art-Coaching: Das expressive Selbstportrait als Weg zur Klärung der persönlichen und beruflichen Identität im Pädagogik-Studium.* Verfügbar unter: http://www.uni-kassel.de/fb1/burow/downloads/ArtCoaching.pdf [25.12.2013].

Cassirer, E. (2010/1923). *Philosophie der symbolischen Formen: Erster Teil – Die Sprache.* Hamburg: Meiner.

Davis, E. (2006). Characterizing productive reflection among preservice elementary teachers: Seeing what matters. *Teaching and Teacher Education, 22,* 281–301.

Deci, E. & Ryan, R. (1993). Die Selbstbestimmungstheorie der Motivation und ihre Bedeutung für die Pädagogik. *Zeitschrift für Pädagogik, 39* (2), 223–238.

Dewey, J. (2009/1909). *Wie wir denken.* Zürich: Verlag Pestalozzianum.

Fischöder, K., Kranz-Uftring, H. & Schomacher, P. (2008). *Besprechen und Reflektieren in der Praxis.* Berlin: Cornelsen Scriptor.

Foucault, M. (1993). Technologien des Selbst. In M. Foucault, R. Martin, L. Martin, W. Paden, K. Rothwell, H. Gutman & P. Hutton (Hrsg.), *Technologien des Selbst* (S. 24–62). Frankfurt am Main: Fischer.

Hascher, T. (2006). Veränderungen im Praktikum – Veränderungen durch das Praktikum. *Zeitschrift für Pädagogik,* 51. Beiheft, S. 130–149.

Hascher, T., Cocard, Y. & Moser, P. (2004). Forget about theory – practise is all? *Teachers and Teaching: Theory and practice, 10* (6), S. 623–637.

HEA (2006). *National professional standards framework for teaching and supporting learning in higher education.* Verfügbar unter: http://www.heacademy.ac.uk/assets/documents/professional/ProfessionalStandardsFramework.pdf [26.3.2013].

Homberger, D. (2003). *Lexikon Schulpraxis: Theorie- und Handlungswissen für Ausbildung und Unterricht.* Baltmannsweiler: Schneider-Verlag Hohengehren.

Illich, I. & Sanders, B. (1988). *Das Denken lernt schreiben. Lesekultur und Identität.* Hamburg: Hoffmann und Campe.

Illouz, Eva (2011). *Warum Liebe weh tut. Eine soziologische Erklärung.* Frankfurt am Main: Suhrkamp.

Kessels, J. & Korthagen, F. (2002). Das Verhältnis von Theorie und Praxis. In J. Korthagen (Hrsg.), *Schulwirklichkeit und Lehrerausbildung* (S. 27–40). Hamburg: EB-Verlag.

Klement, K. & Teml, H. (Hrsg.). (1996). *Schulpraxis reflektieren: Wege zum forschenden Lernen in der Lehrerbildung.* Innsbruck: StudienVerlag.

Korthagen, F. (2002). Spezifische Instrumente und Techniken zur Reflexionsförderung. In J. Korthagen (Hrsg.), *Schulwirklichkeit und Lehrerausbildung* (S. 216–240). Hamburg: EB-Verlag.

Kraler, C., Schnabel-Schüle, H., Schratz, M. & Weyand, B. (2012). (Hrsg.). *Kulturen der Lehrerbildung. Professionalisierung eines Berufsstands im Wandel.* Münster: Waxmann.

Krainer, K. (2003). Bereitschaft und Kompetenz zur Reflexion eigenen Denkens und Handelns: ein Schlüssel zur Professionalität im Lehrberuf. *Erziehung und Unterricht, 153* (9–10), S. 970–977.

Leonhard, T. (2011). *Evaluations- und Forschungsbericht Schulpraktische Studien 2008–2010.* Verfügbar unter: http://www.ph-heidelberg.de/fileadmin/de/studium/praktikumsaemter/ghs-rl/SPS_Eval-Bericht_08–10.pdf [25.12.2013].

Molitor-Lübbert, S. (2002). Schreiben und Denken. Kognitive Grundlagen des Schreibens. In D. Perrin, I. Böttcher, O. Kruse & A. Wrobel (Hrsg.), *Schreiben. Von intuitiven zu professionellen Schreibstrategien* (S. 33–46). Wiesbaden: Westdeutscher Verlag.

Mühlhausen, U. & Pabst, J. (2005). Reflexionsqualität entwickeln und beurteilen. In U. Mühlhausen (Hrsg.), *Unterrichten lernen mit Gespür* (S. 209–238). Baltmannsweiler: Schneider Verlag Hohengehren

Przyborski, A. & Wohlrab-Sahr, M. (2010). *Qualitative Sozialforschung.* München: Oldenbourg.

Roters, B. (2012). *Professionalisierung durch Reflexion in der Lehrerbildung.* Münster: Waxmann.

Schön, D. (1983). *The Reflective Practitioner.* USA: Basic Books.

Schön, D. (1990). *Educating the Reflective Practioner.* San Francisco: Joessey-Bass Publishers.

Schüpbach, J. (2011). Hält die ‚Nahtstelle‘, was sie verspricht? *journal für lehrerInnenbildung, 11* (3), S. 34–39.

Seyfried, C. & Seel, A. (2005). Subjektive Bedeutungszuschreibungen als Ausgangspunkt schulpraktischer Reflexion. *journal für lehrerInnenbildung, 5* (1), S. 17–24.

Seyfried, C. (2002). Subjektive Relevanz als Ausgangspunkt für reflexive Arbeit in der Schule In K. Klement, A. Lobendanz & H. Teml (Hrsg.), *Schulpraktische Studien* (S. 39–52). Innsbruck: StudienVerlag.

Soeffner, H.-G. (1986). Handlung – Szene – Inszenierung. Zur Problematik des „Rahmen"-Konzeptes bei der Analyse von Interaktionsprozessen. In W. Kallmeyer (Hrsg.), *Kommunikationstypologie* (S. 73–91). Düsseldorf: Schwann.

Teml, H. (2002). „Praxisberatung" als Förderung von „Praxisreflexion". In K. Klement, A. Lobendanz & H. Teml, H. (Hrsg.), *Schulpraktische Studien* (S. 157–174). Innsbruck: StudienVerlag.

Tremp, P. (2012). Hochschullehre und LehrerInnenbildung. *journal für lehrerInnenbildung, 12* (3), S. 9–19.

Wyss, C. (2008). Zur Reflexionsfähigkeit und -praxis der Lehrperson [Schwerpunkt: Reflexives Lernen]. *Bildungsforschung, 2* (5). Verfügbar unter: www.bildungsforschung.org/Archiv/2008-2/lehrperson/ [5.5.2009].

Autorinnen und Autoren

Herbert Altrichter, o.Prof., Dr. phil, ist Universitätsprofessor für Pädagogik und Pädagogische Psychologie an der Johannes-Kepler-Universität Linz seit 1996; Arbeitsschwerpunkte: Schulentwicklung und Governance des Bildungswesens, Evaluation, qualitative Forschungsmethoden, neue Lernformen, Lehrerbildung

Irina Andreitz, Mag.[a] wissenschaftliche Mitarbeiterin am Institut für Unterrichts- und Schulentwicklung an der Alpen-Adria Universität Klagenfurt. Arbeitsschwerpunkte: Motivationspsychologie in Schule und Unterricht, insb. auch bei Lehrkräften, Prozesse und Wirkungen von Professionalisierungsmaßnahmen für Lehrkräfte, Evaluation in Unterrichts- und Schulentwicklung.

Sigrid Blömeke, Prof., Dr., ist Universitätsprofessorin für Systematische Didaktik und Unterrichtsforschung und Direktorin des Interdisziplinären Zentrums für Bildungsforschung an der Humboldt-Universität zu Berlin. Zuvor war sie Universitätsprofessorin für Medienpädagogik an der Universität Hamburg sowie Forschungsprofessorin für Kompetenzmessung bei Mathematiklehrkräften an der Michigan State University (USA). Zu ihren Forschungsfeldern gehören die Modellierung und Messung von Lehrerkompetenzen, internationale Vergleichsstudien und Medienpädagogik.

Moritz Börnert, Lisa Debus, Sophia Gerdes, Tim Lübben, Svea Norden und Liesa Temme waren zum Zeitpunkt des Verfassens dieses Buchbeitrags Lehramtsstudierende der Carl von Ossietzky Universität Oldenburg, haben zwischenzeitlich das Masterstudium erfolgreich abgeschlossen und sind aktuell Studienreferendare im Vorbereitungsdienst.

Sabine Digel, arbeitet als wissenschaftliche Assistentin an der Eberhard Karls Universität Tübingen, Institut für Erziehungswissenschaft, Abt. Erwachsenenbildung/ Weiterbildung. Ihre aktuellen Arbeits- und Forschungsschwerpunkte sind: Fallbasiertes Lernen, Empirische Lehr-Lernforschung, Kompetenzdiagnostik, Wissensmanagement im Kontext der Erwachsenenbildung/ Weiterbildung und Bildungssoziologie.

Elpis Dirninger, MMag.[a], ist Mitglied im Begleitforschungsteam PFL der Alpen-Adria Universität Klagenfurt. Seit 2012 leitet sie die Servicestelle Qualitätsmanagement an der Pädagogischen Hochschule Kärnten. Ihre inhaltlichen Schwerpunkte sind die Qualitätsentwicklung in der Lehrer_innenausbildung, Wirkungen von Lehrer_innenfortbildung und Kompetenzen der Lehrer_innen in der Analyse von Unterricht.

Simone Dunekacke, M.A., ist nach dem Studium des Grundschullehramts und der Erziehungswissenschaften als wissenschaftliche Mitarbeiterin an der Humboldt-Universität zu Berlin in der Abteilung für systematische Didaktik und Unterrichtsforschung tätig. Sie arbeitet hier im Bereich der erziehungswissenschaftlichen Lehrer_ innenausbildung und forscht zu mathematikdidaktischen Kompetenzen von angehenden Lehrer_innen und Erzieher_innen.

Ewald Feyerer, Dr., war Sonderschullehrer und wissenschaftlicher Begleiter integrativer Schulversuche. Seit 1994 ist er in der Lehrer_innenbildung tätig, momentan Leiter des Instituts Inklusive Pädagogik an der Pädagogischen Hochschule Oberösterreich in Linz sowie des Bundeszentrums Inklusive Bildung und Sonderpädagogik, das im Auftrag des Bundesministeriums für Unterricht, Kunst und Kultur an der PH OÖ eingerichtet wurde. Seine inhaltlichen Schwerpunkte sind inklusive Lehrer_innenbildung, Curriculumsentwicklung, Haltungen und Kompetenzen für inklusiven Unterricht, der Aufbau inklusiver Regionen und bildungspolitische Rahmenbedingungen.

Wolfgang Fichten, Prof. Dr., Dipl.-Psych., war Gymnasiallehrer und an Einrichtungen der Erwachsenenbildung beschäftigt. Seit dem Wechsel an die Universität Oldenburg 1975 ist er in der universitären Lehrer_innenbildung tätig und hat anfangs vor allem in den Bereichen Pädagogische Psychologie und Gesundheitspsychologie gearbeitet. Er ist Mitglied des Beirats der Arbeitsstelle Schulreform im Didaktischen Zentrum und leitet seit 1996 die „Forschungswerkstatt Schule & Lehrer_innenbildung". Seine aktuellen Arbeitsgebiete sind Schul- und Unterrichtsforschung, Wissenschaftstransfer und Evaluation.

Andrea Gerber, Mag.[a] Dr.[in], Lehramt an Volksschulen, Studium für Pädagogik- und Sonder-/Heilpädagogik und Studium Instrumental- und Gesangspädagogik am Konservatorium der Stadt Wien. Schulbuchautorin. Seit 2004 Mitarbeit an der Erstellung von Bildungsstandards im Bundesministeriums für Unterricht, Kunst und Kultur, seit 2007 planende Koordinatorin im Bereich der Lehrer_innenfortbildung, seit 2008 Professorin an der Pädagogischen Hochschule Wien im Bereich Fachdidaktik Mathematik, Mitarbeiterin am Fachdidaktikzentrum für Naturwissenschaften und Mathematik der PH Wien.

Claudia Haagen-Schützenhöfer, Dr.[a], ist Lehrerin für Physik, Englisch und Projektmanagement, promoviert in Erziehungswissenschaft. Seit 2009 ist sie Post-Doktorandin am AECCP der Universität Wien und dort als empirisch forschende Physikdidaktikerin tätig, wie auch in der Lehrer_innenaus- und Fortbildung. Ihre momentanen inhaltlichen Schwerpunktsetzungen sind Lehr- und Lernforschung im Bereich der Optik für Sekundarstufe I, sprachsensibler Physikunterricht und fachbezogenes Professionswissen von Lehrkräften.

Kurt Haim, Mag. Dr., leitet seit 2008 das Fachdidaktikzentrum der Naturwissenschaften sowie seit 2013 den Fachbereich „Naturwissenschaftliche Bildung" an der Pädagogischen Hochschule Oberösterreich; Lehrender im Fach Chemie sowie Fachdidaktik Chemie an der Pädagogischen Hochschule Oberösterreich; Forschungsschwerpunkte sind naturwissenschaftliche Kreativität und divergentes Problemlösen.

Katharina Hirschenhauser, Mag.ª Dr.ⁱⁿ, Verhaltensbiologin, lehrt an der Pädagogischen Hochschule Oberösterreich im Bereich Praxisforschung, Sachunterricht für die Primarstufe und Biologie für die Sekundarstufe I, habilitiert an der Universität Wien. Forschungsschwerpunkte sind vergleichende Studien zu sozialen Gruppenmechanismen zwischen Konflikt und Kooperation sowie Stressforschung – aktuell im Schulbereich.

Franz Hofmann, Mag. Dr., ist ao. Universitätsprofessor am Fachbereich Erziehungswissenschaft der Universität Salzburg und auch an der Abteilung Bildungswissenschaft, Schulforschung und Schulpraxis der School of Education an der Universität Salzburg tätig. Forschungsschwerpunkte im Bereich der Unterrichtsforschung, der Lehrer_innenbildung und der Schulentwicklung. Publikationen zu Fragen der Unterrichtsqualität, der Lehrer_innenbildung, der Bildungsstandards sowie zu forschungsmethodischen Fragen.

Barbara Holub, Dr.ª, war Volksschullehrerin mit Schwerpunkt Integration und Mehrstufenklassen. Seit 2010 leitet sie das Fachdidaktikzentrum für Naturwissenschaften und Mathematik an der Pädagogischen Hochschule Wien und ist als Lehrende im Bereich Sachunterricht tätig. Sie ist verantwortlich für den Aufbau und die Implementierung der Forscherwerkstatt an der Hochschule. Aktuelle Schwerpunkte sind der naturwissenschaftliche Unterricht mit Fokus auf die Heterogenität, die Curriculumsentwicklung und das Projekt ISI-Wien (Innovative Schulideen).

Daniel Ingrisani, Dr., war Primarlehrer, wissenschaftlicher Assistent am Institut für Erziehungswissenschaft der Universität Bern und hatte verschiedene Dozentenstellen inne. Zurzeit ist er Dozent an der Abteilung für Lehrer_innenbildung für die Sekundarstufe I der Universität Freiburg (Schweiz). Seine Arbeitsschwerpunkte: Lehrer_innenbildungsreform, Karriereverläufe, Berufswahlmotive und Bewältigungsprozesse von Lehrerinnen und Lehrern, wissenschaftliches Arbeiten und Schreiben in der Lehrer_innenbildung, ICT-gestützte und webbasierte Hochschullehre, fachintegrierter Einsatz von ICT in der Volksschule.

Christin Laschke ist wissenschaftliche Mitarbeiterin und Doktorandin am Institut für Erziehungswissenschaften der Humboldt-Universität zu Berlin sowie Koordinatorin des *Fast Track* für Lehramtsstudierende der Humboldt-Universität. Seit 2012 vertritt sie die Interessen der Promovierenden im Interdisziplinären Zentrum für Bildungsforschung der Humboldt-Universität. Zu ihren Forschungsinteressen gehören die Bildung in Deutschland und Taiwan mit besonderem Schwerpunkt auf der Mathematiklehrer_innenausbildung.

Daniela Martinek, Mag.ª Dr.ⁱⁿ, ist als Assistenzprofessorin an der School of Education der Universität Salzburg im Bereich der Bildungswissenschaft tätig. Sie ist ausgebildete Volksschullehrerin und Erziehungswissenschafterin. Sie war Leiterin des Kompetenzzentrums für Forschung an der Pädagogischen Hochschule Salzburg und ist in der Lehrer_innenaus-, Fort- und Weiterbildung aktiv. Ihre Forschungsschwerpunkte beschäftigen sich mit dem Aspekt der Selbstbestimmung in Lehr- und Lernprozessen, der beruflichen Motivation von Lehrpersonen und der Motivation von Schülerinnen und Schülern.

Johannes Mayr, Dr., Volks-und Hauptschullehrer, Studium der Psychologie und der Erziehungswissenschaft, klinischer Psychologe, Habilitation in Pädagogischer Psychologie, seit 1975 in der Lehrer_innenbildung tätig, derzeit Professor für Qualitätsentwicklung und Qualitätssicherung im Bildungsbereich sowie Leiter der Koordinationsstelle Lehramt an der Alpen-Adria-Universität Klagenfurt. Tätigkeitsschwerpunkte: Forschungs- und Entwicklungsarbeit zu Lehrer_innenbildung, Laufbahnberatung für Lehrkräfte, Schulklima und Klassenführung

Hilbert Meyer, Prof. Dr., ist seit 1975 Professor für Schulpädagogik an der Carl von Ossietzky Universität Oldenburg; emeritiert zum Wintersemester 2009/10. Seine langjährigen Arbeitsschwerpunkte sind die Allgemeine Didaktik, die Unterrichtsmethodik und die Schul- und Unterrichtsentwicklung. Aktuell arbeitet er an einer Buchpublikation zum Thema „Unterrichtsentwicklung" (Berlin 2015).

Florian H. Müller, ao. Univ. Prof., Dr., forscht und lehrt am Institut für Unterrichts- und Schulentwicklung der Alpen-Adria-Universität Klagenfurt. Seine Arbeitsschwerpunkte sind Motivationspsychologie, Interessenforschung, Lehrerbildungsforschung sowie die Analyse von Lehr- und Lernumwelten, insbesondere in Schule und Hochschule.

Renate Ogris-Steinklauber, Dr.[in] Mag.[a] phil., war Volksschullehrerin und Sonderschullehrerin. Seit 1995 ist sie in der Lehrer_innenbildung im Bereich Humanwissenschaften mit den Schwerpunkten Erziehungswissenschaft, Soziologie, Schulentwicklung und Sonderpädagogik, an der Kirchlichen Pädagogischen Graz tätig. Gleichzeitig Lehrende am Kolleg für Sozialpädagogik im Bereich Sonder- und Heilpädagogik sowie Soziologie. Mitarbeit im Evaluierungsteam der KPH an Schulen und österreichweiten Studien, z. B. die Implementierung des LDG. Momentane Schwerpunkte neben der Lehre: Leiterin des „Aufbauenden Studiums Sonderschullehramt".

Christine Plaimauer, Mag.[a] Dr.[in], war Hauptschullehrerin, seit 2008 ist sie in der Lehrer_innenbildung tätig. Derzeitige inhaltliche Schwerpunkte sind Pädagogische Soziologie, Reflexion, Schreiben als Denkwerkzeug, Beratung und Coaching in diversen Lehrgängen und Masterlehrgängen, sowie Mitarbeit im Zentrum für Persönlichkeitsbildung. Mitarbeiterin sowie auch Leiterin diverser Forschungsprojekte in den Bereichen Leistungsbeurteilung, Bildungsstandards, Inklusion, Mentoring und Berufseinstieg. Supervisorin und Coach n. ÖAGG.

Katharina Rosenberger, Mag.[a] Dr.[in]; ist Professorin an der Kirchlichen Pädagogischen Hochschule Wien/Krems, wo sie Unterrichtswissenschaften, Erziehungswissenschaften und qualitative Forschungsmethoden unterrichtet. Sie arbeitete viele Jahre als Lehrerin im Pflichtschulbereich. Ihre derzeitigen Forschungsschwerpunkte sind Lehrer_innenbildung, Lernen und Raum, Heterogenität im Bildungsbereich sowie Methodologie der qualitativ-empirischen Forschung.

Andrea Seel, Mag.ᵃ Dr.ⁱⁿ, ist seit 25 Jahren in der Aus-, Fort- und Weiterbildung von Lehrerinnen und Lehrern tätig, zunächst als Assistentin am Institut für Erziehungswissenschaften der Karl-Franzens-Universität Graz, danach an der Pädagogischen Akademie der Diözese Graz-Seckau, wo sie das Interdisziplinäre Institut für Forschung und Entwicklung aufbaute. Sie ist Vizerektorin an der Kirchlichen Pädagogischen Graz, Vorsitzende der Österreichischen Gesellschaft für Forschung und Entwicklung im Bildungswesen (ÖFEB) und befasst sich mit Lehrer_innenbildung und Didaktik.

Katharina Soukup Altrichter, Dr.ⁱⁿ, langjährige Tätigkeit als Volksschullehrerin und in der Lehrer_innenaus-, Fort- und Weiterbildung zunächst in Wien, dann als Humanwissenschafterin und in der Forschung an der Pädagogischen Hochschule Oberösterreich. Derzeit Vizerektorin für Lehre und Forschung an der PH OÖ; Arbeitsschwerpunkte sind die Lehrer_innenbildung, Forschung in der Lehrer_innenbildung, Aktionsforschung, qualitative Forschungsmethoden, Unterrichts-, Schul- und Organisationsentwicklung, Evaluation und Moderation.

Harald Spann, Mag. Dr., war AHS-Lehrer (Fächer: Bewegung und Sport, Englisch) bis 2010 und ist seit 2002 in der Lehrer_innenbildung im Fachbereich Englisch (Schwerpunkt: Literaturdidaktik) tätig. Seit 2013 Mitarbeiter im Zentrum für innovative Lehr- und Lernkulturen (Bereich Kasuistik) an der Pädagogischen Hochschule Oberösterreich. Seine derzeitigen Forschungsschwerpunkte sind fremdsprachliche Literaturdidaktik und pädagogische Kasuistik in der Lehrer_innenbildung.

Fritz C. Staub, Prof. Dr., war nach seinem Studium an der Universität Bern und in der Lehrer_innenbildung des Kantons Aargau, am Max-Planck-Institut für psychologische Forschung in München, am Learning Research and Development Center der University of Pittsburgh sowie an der Universität Zürich tätig. Ab 2006 war er Professor für Allgemeine Didaktik inne und Leiter der Lehrer_innenbildung für die Sekundarstufe I an der Universität Freiburg. Seit 2012 ist er Professor für Gymnasialpädagogik sowie Lehr- und Lernforschung an der Universität Zürich, mit den Arbeitsschwerpunkten Pädagogische Psychologie sowie Mentoring und Coaching in der Aus- und Weiterbildung von Lehrpersonen.

Peter Vetter, Dr., hat an der Universität Bern im Bereich der Pädagogischen Psychologie promoviert und ist seit 2006 Dozent für Forschungsmethodik in der Lehrer_innenbildung der Universität Freiburg (Schweiz). Zudem ist er Co-Präsident der Arbeitsgruppe „Forum Forschung in der Lehre" der Schweizerischen Gesellschaft für Lehrer_innenbildung. Seine momentanen inhaltlichen Schwerpunktthemen sind Forschungsmethodik, Unterrichtsevaluation und -entwicklung.

Christoph Weber, Mag., studierte Soziologie an der Johannes Kepler Universität Linz und war ab 2004 als wissenschaftlicher Mitarbeiter am Institut für Soziologie und am Institut für Strafrecht der Johannes Kepler Universität Linz tätig. Seit 2013 Leiter der Koordinations- und Servicestelle für Forschung an der Pädagogischen Hochschule Oberösterreich. Seine Forschungsschwerpunkte sind Methoden der quantitativen Sozialforschung, Chancengleichheit im Bildungssystem und Sozialisationsforschung.

David Wohlhart war Lehrer in Sonderschulen und Integrationsklassen. Er ist seit 1986 in der Fortbildung für Lehrer_innen tätig und unterrichtet derzeit an der Kirchlichen Pädagogischen Hochschule Graz. Er entwickelt pädagogische Software und ist Autor von Schulbüchern. Seine gegenwärtigen Arbeitsschwerpunkte sind die inhaltliche Gestaltung der „Pädagog_innenbildung Neu", die Implementierung inklusiver Regionen, die Gestaltung und Analyse von Online Lernsystemen und die Konzeption von Mathematik-Lehrwerken.